清 史 論 集

看清宮檔案說歷史故事

（二十九）

莊 吉 發 著

文史哲學集成
文史哲出版社印行

國家圖書館出版品預行編目資料

清史論集：看清宮檔案說歷史故事 / 莊吉發著. --
初版. -- 臺北市 : 文史哲, 民 108.10-
　　冊；　公分. -- (文史哲學集成；725)
　　含參考書目
　　SBN 957-549-110-6 (第一冊：平裝) -- ISBN957-549-
111-4(第二冊) .--ISBN957-549-166-1 (第三冊) . --ISBN 957-
549-271-4 (第四冊) .-- ISBN957-549-272-2(第五冊) .--ISBN
957-549-325-7 (第六冊) .--ISBN957-549-326-5 (第七冊) --
ISBN 957-549-331-1 (第八冊) .--ISBN957-549-421-0 (第九冊)
--ISBN957-549-422-9 (第十冊) .--ISBN957-549-512-8 (第十一
冊) -- ISBN 957-549-513-6 (第十二冊). -- ISBN957-549-551-9 (第
十三冊). -- ISBN957-549-576-4 (第十四冊). -- ISBN957-549-605-1
(第十五冊) -- ISBN957-549-671-X (第十六冊). -- ISBN 978-957-
549-725-5 (第十七冊). -- ISBN978-957-549-785-9 (第十八冊). --
SBN978-957-549-786-6 (第十九冊) ISBN978-957-549- 912-9
(第二十冊) -- SBN978-957-549-973-0 (第二十一冊). -- SBN978-
986-314-035-1 (第二十二冊). -- ISBN978-986-314-138-9 (第二十
三冊). -- ISBN978-986-314-257-7 (第二十四冊). -- ISBN978-986-
314-321-5 (第二十五冊). -- ISBN978-986-314-338-3 (第二十六冊)
-- BN978-986-314-396-3 (第二十七冊) -- ISBN978-986-314-
447-2 (第二十八冊). -- ISBN 978-986-314-491-5 (第二十九冊).

1.清史　2.文集
627.007　　　　　　　　　　　　　　　　108016875

文 史 哲 學 集 成　725

清 史 論 集 (二十九)
看清宮檔案說歷史故事

著　　　者：莊　　　　　吉　　　　　發
出 版 者：文　史　哲　出　版　社
http:// www.lapen.com.tw
e-mail：lapen@ms74.hinet.net
登記證字號：行政院新聞局版臺業字五三三七號
發 行 人：彭　　　　　正　　　　　雄
發 行 所：文　史　哲　出　版　社
印 刷 者：文　史　哲　出　版　社
臺北市羅斯福路一段七十二巷四號
郵政劃撥：16180175　傳真886-2-23965656
電話886-2-23511028　　886-2-23941774

定價新臺幣六六〇元

民 國 一 〇 八 年 (2019)十 月 初 版
民 國 一 〇 九 年 (2020)七月修訂再版

清 史 論 集
（二十九）
——看清宮檔案說歷史故事

目　次

出版說明

　　我國歷代以來，就是一個多民族的國家，各民族的社會、經濟及文化方面，雖然存在著多樣性及差異性的特徵，但各兄弟民族對我國歷史文化的締造，都有直接或間接的貢獻。滿族以非漢部族入主中原，建立清朝，參漢酌金，一方面接受儒家傳統的政治理念，一方面又具有滿族特有的統治方式，在多民族統一國家發展過程中有其重要的地位。在清朝長期的統治下，邊疆與內地逐漸打成一片，文治武功之盛，不僅堪與漢唐相比，同時在我國傳統社會、政治、經濟、文化的發展過程中亦處於承先啓後的發展階段。蕭一山先生著《清代通史》敍例中已指出原書所述，爲清代社會的變遷，而非愛新覺羅一朝的興亡。換言之，所述爲清國史，亦即清代的中國史，而非清室史。同書導言分析清朝享國長久的原因時，歸納爲兩方面：一方面是君主多賢明；一方面是政策獲成功。《清史稿》十二朝本紀論贊，尤多溢美之辭。清朝政權被推翻以後，政治上的禁忌，雖然已經解除，但是反滿的情緒，仍然十分高昂，應否爲清人修史，成爲爭論的焦點。清朝政府的功過及其是非論斷，人言嘖嘖。然而一朝掌故，文獻足徵，可爲後世殷鑑，筆則筆，削則削，不可從闕，亦即孔子作《春秋》之意。孟森先生著《清代史》指出，「近日淺學之士，承革命時期之態度，對清或作仇敵之詞，旣認爲仇敵，即無代爲修史之任務。若已認爲應代修史，即認爲現代所繼承之前代，尊重現

代，必不厭薄於所繼承之前代，而後覺承統之有自。清一代武功
文治，幅員人材，皆有可觀。明初代元，以胡俗為厭，天下既
定，即表彰元世祖之治，惜其子孫不能遵守。後代於前代，評量
政治之得失以為法戒，乃所以為史學。革命時之鼓煽種族以作敵
愾之氣，乃軍旅之事，非學問之事也。故史學上之清史，自當占
中國累朝史中較盛之一朝，不應故為貶抑，自失學者態度。」錢
穆先生著《國史大綱》亦稱，我國為世界上歷史體裁最完備的國
家，悠久、無間斷、詳密，就是我國歷史的三大特點。我國歷史
所包地域最廣大，所含民族份子最複雜。因此，益形成其繁富。
有清一代，能統一國土，能治理人民，能行使政權，能綿歷年
歲，其文治武功，幅員人材，既有可觀，清代歷史確實有其地
位，貶抑清代史，無異自形縮短中國歷史。《清史稿》的既修而
復禁，反映清代史是非論定的紛歧。

　　歷史學並非單純史料的堆砌，也不僅是史事的整理。史學研
究者和檔案工作者，都應當儘可能重視理論研究，但不能以論代
史，無視原始檔案資料的存在，不尊重客觀的歷史事實。治古史
之難，難於在會通，主要原因就是由於文獻不足；治清史之難，
難在審辨，主要原因就是由於史料氾濫。有清一代，史料浩如煙
海，私家收藏，固不待論，即官方歷史檔案，可謂汗牛充棟。近
人討論纂修清代史，曾鑒於清史範圍既廣，其材料尤夥，若用
紀、志、表、傳舊體裁，則卷帙必多，重見牴牾之病，勢必難
免，而事蹟反不能備載，於是主張採用通史體裁，以期達到文省
事增之目的。但是一方面由於海峽兩岸現藏清代滿漢文檔案資
料，數量龐大，整理公佈，尚需時日；一方面由於清史專題研
究，在質量上仍不夠深入。因此，纂修大型清代通史的條件，還
不十分具備。檔案資料的整理與出版，可以帶動歷史的研究。臺

北國立故宮博物院一向本著學術公開，資料共享的原則，以進行院藏檔案的整理與出版。檔案走出庫房，以通俗化的方式介紹檔案，有助於認識檔案。本集以「看清宮檔案說歷史故事」為主要內容，雖然點點滴滴，缺乏系統，然而尊重客觀的歷史事實，重視檔案的重要性，卻是不可忽視的問題，錯謬疏漏，在所難免，尚祈讀者不吝教正。

二〇一九年十月　莊吉發　謹識

故宮檔案的典藏與整理

　　史料與史學，關係密切，沒有史料，便沒有史學。史料有直接史料和間接史料的分別，檔案是一種直接史料，具有高度的史料價值。歷史學家憑藉檔案，比較公私記載，作有系統的排比、敘述與分析，使歷史的記載，與客觀的事實，彼此符合，始可稱為信史。發掘檔案，掌握直接史料，就是重建信史的正確途徑。近數十年來，由於檔案的不斷發現及積極整理，頗能帶動清代史的研究。

　　清宮文物，主要是我國歷代宮廷的舊藏，故宮博物院即由清宮遞嬗而來。民國六年（1917）七月，張勳復辟，破壞國體，違反清室優待條件。民國十三年（1924）十一月五日，攝政內閣總理黃郛代表民意，修正皇室優待條件。廢除皇帝尊號，溥儀即日遷出紫禁城，並交出國璽及各皇宮。國務院成立辦理清室善後委員會，以接收清宮，敦聘李煜瀛為委員長。李煜瀛，字石曾，早年赴法留學，並加入革命黨，他深悉巴黎羅浮宮（Louvre）為昔日法國王宮，大革命後改成博物館，返國後即倡議改清宮為博物院，以利中外人士的參觀。同年十一月二十日，李煜瀛正式就職任事，辦理清室善後委員會開始分組點查清宮物品。民國十四年（1925）九月二十九日，因點查工作將次告竣，為遵照組織條例的規定，並執行攝政內閣的命令，辦理清室善後委員會乃籌備成立故宮博物院。同年十月十日雙十節，在清宮乾清門內舉行開幕典禮，北平故宮博物院正式成立。

　　北平故宮博物院的成立，不僅成為中外人士參觀遊覽之所，

其有裨於歷代文物的保全，更是功不可沒。北平故宮博物院成立後，即在圖書館下設文獻部，以南三所爲辦公處，開始集中宮內各處檔案。民國十四年（1925）十二月，提取東華門外宗人府玉牒及檔案存放寧壽門外東西院。民國十五年（1926）一月，北平故宮博物院向國務院接收清代軍機處檔案，移存大高殿。同年二月，著手整理軍機處檔案。八月，提取內務府檔案，存放南三所。民國十六年（1927）十一月，改文獻部爲掌故部。民國十七年（1928）六月，掌故部接收東華門內清史館。民國十八年（1929）三月，改掌故部爲文獻館。同年八月，著手整理宮中懋勤殿檔案及內務府檔案。九月，接收清代刑部檔案，移存大高殿。十月，清史館檔案移存南三所。十一月，清史館起居注冊稿本移存南三所。十二月，著手整理清史館檔案；壽皇殿方略移存大高殿。民國十九年（1930）三月，提取實錄庫所存漢文實錄及起居注冊，移存大高殿。同年六月，清理皇史宬實錄。八月，整理乾清宮實錄。民國二十年（1931）一月，著手整理內閣大庫檔案。

　　九一八事變後，華北局勢動盪不安，爲謀文物的安全，北平故宮博物院決定南遷。民國二十一年（1932）八月，文獻館所保存的各種檔案物件，開始裝箱編號。十一月，北平故宮博物院改隸行政院。民國二十二年（1933）二月六日起，文物分批南遷上海。民國二十三年（1934）十月二日，公佈修正國立北平故宮博物院組織條例。民國二十五年（1936）八月，南京朝天宮庫房落成。十二月八日，文物由上海再遷南京朝天宮。七七事變發生後，文物疏散後方，分存川黔各地。抗戰勝利後，文物由後方運回南京。

　　民國三十七年（1948）十二月，徐蚌戰事吃緊，北平故宮博

物院與南京中央博物院籌備處決議甄選文物精品，分批遷運臺灣。民國三十八年（1949），遷臺文物存放於臺中北溝。同年八月，北平故宮博物院、中央博物院籌備處等單位合併組織聯合管理處。民國四十四年（1955）十一月，改組為國立故宮中央博物院聯合管理處。民國五十年（1961），行政院在臺北市士林外雙溪為兩院建築新廈。民國五十四年（1965）八月，新廈落成，行政院公佈國立故宮博物院管理委員會臨時組織規程，明定設立國立故宮博物院，將中央博物院籌備處文物，暫交國立故宮博物院保管使用。新址為紀念孫中山先生百歲誕辰，又稱中山博物院。同年十一月十二日，正式開幕。

民國三十八年（1949）一月，大陸文管會接收北平故宮博物院，以後改稱北京故宮博物院。民國四十年（1951）五月，文獻館改稱檔案館，將原管圖書、輿圖、冠服、樂器、兵器等移交北京故宮博物院保管部，從此，檔案館成為專門的明清檔案機構。民國四十四年（1955）十二月，檔案館移交檔案局，改稱第一歷史檔案館。民國四十七年（1958）六月，第一歷史檔案館改名為明清檔案館。民國四十八年（1959）十月，明清檔案館併入中央檔案館，改稱明清檔案部。民國六十九年（1980）四月，明清檔案部由國家檔案局接收，改稱中國第一歷史檔案館。

北平故宮博物院原藏明清檔案，從民國三十八年（1949）以後，分存海峽兩岸。北平故宮博物院文獻館南遷的明清檔案，共計3773箱，其中遷運來臺，現由國立故宮博物院典藏者，計204箱，共約四十萬件冊。北京中國第一歷史檔案館現藏明清檔案，共74個全宗，一千餘萬件。其中明代檔案只有三千多件，以清代檔案佔絕大多數。從時間上看，包括滿洲入關前明神宗萬曆三十五年（1607）至入主中原清朝末年宣統三年（1911），此外還

有溥儀退位後至民國二十九年（1940）的檔案。從所屬全宗看，
有中央國家機關的檔案，有管理皇族和宮廷事務機關的檔案，有
軍事機構的檔案，有地方機關的檔案，也有個人全宗的檔案。從
檔案種類和名稱來看，其上行文書、下行文書、平行文書及特定
用途的文書包括：制、詔、誥、敕書、題、奏、表、箋、咨、
移、札、片、呈、稟、照、單、函、電、圖、册等等。從文字上
看，絕大部分是漢文檔案，其次是滿文及滿漢合璧檔案，此外也
有少量的外交檔案及少數民族文字檔案。

　　臺北國立故宮博物院現藏清代檔案，按照清宮當年存放的地
點，大致可以分爲《宮中檔》、《軍機處檔》、《內閣部院
檔》、《史館檔》及各項雜檔等五大類。從時間上看，包括明神
宗萬曆三十五年（1607）至清宣統三年（1911）的清朝官方檔
案，此外還有少量宣統十六年（1924）的檔案。從文字上看，絕
大部分是漢文檔案，其次是滿文檔案，此外也含有少量藏文、蒙
文、回文等少數民族文字檔案。從文書的性質看，有上行文書、
下行文書、平行文書等，亦可謂品類繁多。

　　《宮中檔》的內容，主要是清代歷朝君主親手御批及軍機大
臣奉旨代批的奏摺及其附件。此外，諭旨的數量，亦相當可觀。
從時間上看，主要包括康熙朝中葉至宣統末年。按照書寫文字的
不同，可以分爲漢文奏摺、滿文奏摺及滿漢合璧奏摺。清初本
章，沿襲明代舊制，公事用題本，私事用奏本，公題私奏，相輔
而行。康熙年間採行的奏摺是由明代奏本因革損益而來的一種新
文書。定例，督撫等題奏本章均須投送通政使司轉遞內閣，奏摺
則逕呈御覽，直達天聽，不經通政使司轉遞。奏本與題本的主要
區別，是在於文書內容的公私問題，奏摺則相對於傳統例行文書
的缺乏效率及不能保密而言，不在內容公私的區別；凡涉及機密

事件，或多所顧忌，或有滋擾更張之請，或有不便顯言之處，或慮獲風聞不實之咎等等，俱在摺奏之列。奏摺在採行之初，一方面可以說是皇帝刺探外事的工具，一方面則為文武大臣向皇帝密陳聞見的文書。臣工進呈御覽的奏摺，以硃筆批諭發還原奏人。皇帝守喪期間，改用墨批。同治皇帝、光緒皇帝都以沖齡即位，他們親政以前，都由軍機大臣奉旨以墨筆代批，而於守喪期間，改用藍批。因御批奏摺，以硃批者居多，所以習稱硃批奏摺。康熙皇帝在位期間，奏摺奉御批發還原奏人後，尚無繳回內廷的規定。雍正皇帝即位以後，始命內外臣工將御批奏摺查收呈繳，嗣後繳批遂成定例。御批奏摺繳還宮中後，貯存於懋勤殿等處，因這批檔案原先存放於宮中，所以習稱為《宮中檔》。

　　軍機處開始設立的名稱叫做軍需房，是由戶部分設的附屬機構，其正式設立的開始時間是在雍正七年（1729）。其後，名稱屢易，或稱軍需處，或稱辦理軍需處。雍正十年（1732），辦理軍機事務印信頒行後，因印信使用日久，遂稱辦理軍機事務處，習稱辦理軍機處，簡稱軍機處。雍正十三年（1735）八月二十二日，雍正皇帝崩殂，乾隆皇帝繼承大統，以總理事務王大臣輔政。同年十月二十九日，乾隆皇帝以西北兩路大軍已經撤回，故諭令裁撤辦理軍機處，總理事務處遂取代了辦理軍機處。由於準噶爾的威脅並未解除，軍務尚未完竣，軍機事務仍需專人辦理。乾隆二年（1737）十一月，因莊親王允祿等奏辭總理事務，乾隆皇帝即下令恢復辦理軍機處的建置，並換鑄銀印。軍機大臣以內閣大學士及各部尚書、侍郎在辦理軍機處辦事或行走，而逐漸吸收了內閣或部院的職權，其職掌範圍日益擴大，它不僅掌戎略，舉凡軍國大計，莫不總攬，逐漸取代了內閣的職權，國家威命所寄，不在內閣，而在辦理軍機處。臺北國立故宮博物院現藏《軍

機處檔》，主要分為月摺包和檔冊兩大類。月摺包主要為《宮中檔》奏摺錄副存查的抄件及原摺的附件如清單、圖冊等等，其未奉御批的部院衙門奏摺，或代奏各摺，則以原摺歸檔，俱按月分包儲存，稱為月摺包。國立故宮博物院現藏月摺包始自乾隆十一年（1746）十一月，迄宣統二年（1910）七月。除月摺包外，各種檔冊的數量，亦相當可觀。依照現藏檔冊的性質，大致可以分為目錄類、諭旨類、專案類、奏事類、記事類、電報類等六大類，主要為軍機處分類彙抄經辦文移的檔冊。

　　皇太極在位期間，積極仿效明朝政治制度。天聰三年（1629）四月，設立文館，命儒臣繙譯漢字書籍，並記注滿洲政事。天聰五年（1631）七月，設吏、戶、禮、兵、刑、工六部。天聰十年（1636）三月，改文館為內國史、內秘書、內弘文三院，各置大學士、承政、理事官等員。順治十五年（1658）七月，內三院更名內閣，其大學士加殿閣大學士，別置翰林院，軍國機要，綜歸內閣。自從雍正年間設立辦理軍機處後，內閣權力雖然漸為辦理軍機處所奪，但它承辦例行刑名等政務的工作，並未輕減，所保存的文獻檔案，亦極可觀。徐中舒撰〈內閣檔案之由來及其整理〉一文已指出，「清代內閣在雍乾以前為國家庶政所自出之地，在雍乾以後猶為制誥典冊之府，所存檔案，都是當時構成史蹟者自身的敘述。雖不免帶些官家的誇張，究竟還是第一等的史料。」國立故宮博物院現藏內閣部院檔，大致可以分為五大類：第一類，是內閣承宣的文書，如詔書、敕書、誥命等；第二類，是帝王言動國家庶政的當時記載，如起居注冊、六科史書等；第三類，是官修書籍及其文件，如滿漢文實錄等；第四類，是內閣日行公事的檔冊，如上諭簿、絲綸簿、外紀簿等；第五類，是盛京移至北京的舊檔，如滿文原檔等，各類檔案都可說

是直接史料。

　　史館檔包括清朝國史館及民國初年清史館的檔案。清代的國史館，設在東華門內，成爲常設修史機構，附屬於翰林院。民國三年（1914），國務院呈請設立清史館，以修清史。史館檔的內容，主要爲紀、志、表、傳的各種稿本及其相關資料。

宮中檔案奏摺制度的起源
及其史料的價值

　　明太祖一面廢宰相，用重刑，一面厲行察舉制度，獎勵臣民上書言事，故自洪武以降吏治澄清達百有餘年。明初定制，凡臣民上書於御前者稱爲奏本，上書於東宮者稱爲啓本，俱用細字體書寫。其後在京諸司以奏本不便，凡一應公事改用題本，其格式較奏本略小，而字稍大。至於各官循例奏報或奏賀如乞恩、認罪、繳敕、謝恩以及在外軍民陳情建言、申訴等事，則仍用奏本①。

　　清初沿襲前明舊制，公題私奏，相輔而行。惟明代獎勵臣民上書言事，封章絡繹，漫無限制，迨其末造，弊端叢生，臣工交章參劾，以致廷議誤國。清世祖等深悉其弊，順治二年四月，嚴飭撫按除緊急重大文移外，不得擅動承差，擾累驛站。是年閏六月初三日，通政使李天經以諸司章奏太繁，奏請嚴賜申飭，旋奉旨凡撫鎮按臣奏報及賀捷章奏，准其封進，謝恩者概免。監司等官一切事件，悉聽撫按代題，總鎮諸臣除事關軍機及兵馬錢糧外，其餘俱歸督撫具題。是月十二日，世祖又諭六部都察院，略謂「在內六部文武衙門，在外督撫鎮按道府州縣營衛等官，均屬政事之司，果能矢忠矢公清廉勤愼，各盡職業，天下自致太平。若乃舍己職掌，越俎出位，妄言條奏，徒博虛名，貽誤政事，實心爲國之人，斷不如是。明季諸臣竊名譽，貪貨利，樹黨與，肆排擠，以欺罔爲固然，以姦佞爲得計，任意交章，煩瀆主聽，使其主心志眩惑，用人行政，顚倒混淆，以致寇起民離，禍亂莫救，覆轍在前，後人炯鑑，宜痛加悛改，豈容仍襲故套，以蹈顚

蹶②。」是年十月，又禁止投誠官員自敍章奏。嗣後臣工題奏權已受嚴格限制，其無言責者不准動輒具本陳奏，至於監司等員亦無題奏權。

清初定制，京內各部院衙門題本逕送內閣，稱爲部本，各省督撫將軍題本於封固以後，加以夾板，或用木匣盛儲，內用棉花填緊，外加封鎖，周圍縫口又以油灰抹黏。外用黃布包固，督撫捧拜旣畢，即填用火牌交付驛夫飛遞到京，由駐京提塘官接捧投送通政司開取③，轉遞內閣，稱爲通本。部本與通本皆先經閣臣票擬呈覽，奉旨後照旨批寫朱字，故又稱紅本④，由內閣存儲。內外臣工題奏本章，俱不過三百字，並以半幅黃紙摘錄本中大意，附於疏中，稱爲貼黃⑤，其字數不許過一百字，如字數溢額，許通政司駁回⑥。直省督撫封進本章，例有揭帖，分遞部院科道，惟各省具揭多未隨本章同發，而先期另封投遞，通政司按期收本，不查揭帖先後，輒先發提塘分送，以致拜疏未上，具揭先行。通政司每因副本緘封不固，書辦得以抄出傳送，致使本章未呈覽，京中已宣傳某省題請某事，某官題參某人，各處爭先抄送，名爲「小抄」。各省題達案件，督撫等輒將審查口供看語加以刪改，以求畫一，或刪改原揭虧空數目，或將審擬各案改擬輕重，或司府尚未揭報，而督撫於本內代敍，俱於出本後始將原詳粘籤發換，仍批此籤並繳，屬員不便抗衡，只得照籤改詳，徇私曲法，通同欺罔。

直省題奏本章，旣經通政司掛號，輾轉遞進，臣工上言，非壅則洩⑦。具題時旣有副本，又有貼黃，繁複遲緩⑧。清聖祖親政後，勵精圖治，關心民瘼，鑑於傳統本章制度積習相沿，弊端叢生，爲欲周知施政得失，地方利弊及民情風俗等，於是令臣工於露章題奏外，另准用密奏，仿照部頒奏本款式書寫，因革損

益，不經通政司轉呈，逕達御前。為求簡便及保持機密，命臣工具摺時必須親手繕寫，字畫隨意，不必按奏本用細字體書寫。並令臣工於具奏時將摺子即清單附呈御覽，臣工遵旨將晴雨錄或清單乘奏事之便，繕寫附入本內以聞，簡便易行，不必另繕黃冊，特本具奏，通行日久以後，雖未附清單或摺子，仍習稱之為「奏摺」，或簡稱為「摺子」⑨。聖祖在位期間，屢諭內外諸臣繕摺具奏，凡有見聞，必須據實奏聞，或於請安摺內附陳密奏，或兼報雨水糧價，故中外之事，不能欺隱，諸王文武大臣等知有密奏，莫測其所言何事，各知警懼修省，奏摺制度有裨於國計民生甚鉅。

清聖祖在位期間，內而滿漢大臣，外而督撫提鎮，皆准其用摺密奏。世宗亟於整飭政風，鞏固君權，以求言為急，故於御極之初，即令臣工照舊摺奏。例如康熙六十一年十二月二十日，京口將軍何天培具摺請旨稱「奴才荷蒙老主天恩，以京口將軍之任，每年進有請安摺子，並隨時奏明本地雨水情形、米價數目在案。茲恭遇主子繼登寶位，凡天時民事，無不上關睿慮，但奴才至愚極昧，嗣後每年請安摺子應否照常具奏，伏祈主子洪恩示下。」原摺奉世宗硃批云「仍許奏摺」。雍正元年二月，復令科道等官每日一人上一密摺，輪流具奏，一摺祇言一事，事無鉅細，皆許其據實敷陳，即或無事可言，摺內亦須聲明無可陳言的緣故⑩。

世宗擴大採行奏摺制度，為欲充分發揮其功能，於是放寬臣工專摺具奏的特權，准許藩臬兩司亦用摺奏事，國立故宮博物院現藏康熙朝宮中檔奏摺，就其具奏人官職而言，最多者為總兵官，巡撫居次，提督又次之。而雍正朝則以藩臬兩司為最多，巡撫居次，總兵官又次之。世宗雖准藩臬兩司奏摺，但因人而異，

各省辦理並未一致，故藩臬兩司於抵任之初，每有奏請恩賜摺奏者。例如雍正五年九月，浙江布政使孔毓璞奏稱「布政司一官有句宣責任，凡地方行止事宜，均須籌畫，而錢糧出入尤當慎重。臣於本年七月十九日抵任，隨准陞任布政使容將一切正雜支放起存數目移送前來，現在逐一清查核算，循例具詳，聽候撫臣盤察具題外，但臣稟質愚蒙，見事遲鈍，非仰藉聖明指示，竊恐措置失宜，況浙藩錢糧，頭緒甚多，政務紛繁，責任綦重。緣曾蒙聖訓，藩臬皆賜摺奏，用敢瀆仰慕聖恩賜臣一例用摺，則十一府屬中凡於緩急重輕之事，皆可仰賴機先，行止悉當，臣亦得荷生成無既矣。」惟藩臬兩司中仍有因未曾奏請賜准摺奏而不敢用摺奏事者，雍正六年八月初三日，世宗令怡親王等傳諭直省藩臬一體用摺具奏。是年九月初三日，廣西布政使張元懷接到寄信上諭一紙，略謂「各省藩臬有准其具摺奏事者，亦有本人未曾奏請具摺，朕遂未曾降旨者，今思藩臬乃地方大員，應准其各就所見所聞，具摺陳奏，且即此可以觀其人之居心辦事，爾等可寄信與廣西布政使張元懷，伊若有陳奏事件，初次具摺，差人交門上奏事人轉奏，嗣後從何處轉奏，再降諭旨可也⑪。」藩臬兩司具摺陳奏從何處轉奏，必須遵奉密諭而行，就一般情形而言，藩臬兩司初次具摺，可逕齎至宮門交奏事人員轉奏，下次奏摺則應遵奉御批交大學士張廷玉、蔣廷錫或怡親王等轉奏。間亦有例外，例如雍正十二年九月初旬，福州將軍阿爾賽因署理閩浙總督事務至福建省城，向福建布政使張廷枚傳降上諭，略云「福建藩臬兩司，如有未經准其奏摺者，爾即傳諭，藩司有事具摺交大學士張廷玉轉奏，臬司有事具摺交大學士蔣廷錫轉奏。」張廷枚隨遵奉上諭令家人齎摺至張廷玉處，並具稟懇請代奏，惟張廷玉卻令其家人自行齎至宮門交奏事官員張文彬轉奏。嗣後奏摺應齎至何處進

呈，張廷枚因無所適從，復具摺請旨，奉硃批「到宮門傳奏」。

　　世宗亟於求言，於藩臬兩司以下人員亦准其用摺奏事，雍正二年十一月初八日，廣西提督韓良輔具摺謝恩，奉硃批「知道了，府道副參中如有借奏摺威嚇挾制上司者密以據實奏聞。」由此可知在雍正初年知府、道員、副將、參將等人員已准其用摺奏事。雍正八年二月初八日，江南驛鹽道陳弘謀具摺請旨稱「臣於雍正七年十月內蒙恩授臣揚州府知府特恩令臣仍帶御史銜，復命臣具摺陳奏。茲蒙恩陞授今職，應否仍帶御史銜並具摺陳奏之處，臣未敢擅便，謹繕摺請旨。」奉硃批「今不必仍帶御史職銜，奏摺自應如舊，但須倍加慎密。」知府陳弘謀係帶御史銜以言官名義具摺奏事，陞授道員後已不必仍帶御史職銜。世宗放寬臣工專摺具奏權，內而六部九卿翰詹科道及八旗等官，外而督撫將軍提鎮及司道知府副參等俱准其用摺奏事。此外休致人員，亦令其照舊用摺奏事。例如雍正九年十二月十七日，太子太保原任貴州提督楊天縱歸田閑住，所有欽賜摺匣應繳進或帶回鄉裡，楊天縱具摺請旨，奉世宗硃批云「你帶歸里為請安用，汝雖休致，因汝年紀太過，不得已成全你起見，朕實深惜之。今雖閑居，可凡有所聞所見與用人行政國計民生有裨益之陳奏，何妨照舊奏聞，以盡汝之心，特諭。」至於同知、知縣間亦奉諭具摺陳奏，惟其文書形式與一般通行奏摺略異，尾幅文末雖書明「謹奏」字樣，惟封面不書「奏摺」字樣，而於封面居中下方書明職銜姓名，並於居中上方鈐印，其首幅起須繕明履歷，並敘明具奏緣由，然後書寫應奏事件，例如雍正初年，知縣張淑郿引見後遵旨具奏釐剔州縣書役及錢糧積弊時，於封面居中下方書「浙江寧波府慈谿縣知縣臣張淑郿」字樣，首幅繕明履歷及具奏緣由云「臣張淑郿係直隸正定府正定縣人，年四十歲，由康熙四十八年進

士，於康熙五十七年二月內除授浙江杭州府臨安縣知縣，雍正三年三月內爲海疆務在得人等事奉旨調任寧波府慈谿縣知縣。今奉硃筆旨意著入於六十五員內輪流調來引見，遵將任內一切正雜錢糧銀米交代清楚，蒙浙江巡撫李衛給咨赴部引見。」原奏奉世宗硃批「九卿議奏」，並自第三幅末行起裁下交九卿議奏，封面右上角以硃筆書明「已行」字樣。世宗在位期間每將密奏裁去職銜姓名交廷臣或地方大員議奏，前引知縣張淑郿所呈奏書即屬此類密奏。

　　世宗在位期間，爲廣耳目，頗借重於地方微員。世宗放寬臣工摺奏權的原因，據世宗於諭旨內所稱乃欲收明目達聰公聽並觀之意。雍正八年七月初七日，內閣奉上諭云「虞書曰明四目達四聰，先儒註曰：廣四方之視聽，以決天下之壅蔽也。蓋天下之患，莫大於耳目錮蔽，民情物理不能上聞，則雖有勵精圖治之心，而措置未必合宜，究難成一道同風之盛，是以各省督撫大臣於本章之外，有具摺之例。蓋國家之事，有不便宣露於本章者，亦有本章所不能備悉者，亦有應用密奏請旨者，是奏摺之用，乃愼密周詳之意。朕又以督撫一人之耳目有限，各省之事，豈無督撫所不及知，或督撫所不肯言者，於是又有准提鎮藩臬具摺奏事之旨，即道員武弁等亦間有之，此無非公聽並觀之意，欲周知外間之情形耳⑫。」惟世宗擴大採行奏摺制度，放寬臣工專摺具奏權的眞正動機，一方面固然鑑於傳統本章制度礙於體制，非壅即洩，另一方面則欲於直省督撫與藩臬或將軍提督與總兵副參上下之間以及地方與中央之間維持一種制衡作用，並以私奏輔助公題的不足而採取的權宜措施。世宗曾鑑於巡按每與督撫爭權，反滋地方煩擾，於雍正元年正月查嗣庭覲見時諭以每省各設一御史，以便與督撫彼此相制，令查嗣庭妥議陳奏。是年十月十四日，查

嗣庭遵旨密奏，略謂「臣以爲欲令督撫少知顧忌，莫若令各省藩司亦得用密摺啓奏。夫今之藩司，即古之方伯，職在承宣，其任最重，凡民生利弊，屬員賢否，以及地方公事，本不宜袖手旁觀，今既得便宜上聞，則與督撫雖無相制之形，實有相制之勢，官既不煩添設，權亦不患獨操矣⑬。」質言之，督撫爲封疆大員，向來獨操地方大權，藩司等使用密摺奏事，凡有聞見，應據實奏陳。因此，藩司等雖非御史，惟因其享有摺奏權，其實已與御史無異。御史原爲「天子耳目官」⑭，奏摺制度雖然破壞傳統的御史制度⑮，但因世宗放寬臣工摺奏權的結果，使君主的耳目遍佈於全國各地，臣工繕摺具奏時有揭參及建白的特權，其作用實與御史無異。任蘭枝提督四川學政時，世宗曾諭以「凡事不必迎合督撫，督撫若有無端搜尋難爲你處，使人來密奏朕聞。」世宗本意亦欲以學政與督撫相制，不令督撫獨操大權。雍正二年十一月，福州將軍宜兆熊具摺奏請限制臣工摺奏權，略謂「欽惟我皇上御極以來，勵精圖治，博採群言，每多下問。竊臣愚見，以爲在京六部九卿科道諸大臣，在外督撫將軍提督各臣，凡有事件，准其密奏。至於在京武職副都統等，在外總兵官等，似不宜准其密奏，恐言路煩雜，不肖者藉此反生多事，以致妄瀆宸聰。」奉硃批云「知道了，不妨，只遵朕旨而行，君臣之間，一點不必存形跡⑯。」世宗一方面利用奏摺，使臣工之間彼此相制，另一方面以君臣爲一體，不可存任何形跡，充分發揮奏摺制度的功能，靈活運用，頗有助於君權的鞏固與強化。

　　清初奏摺，依其書寫文字的不同，可分爲漢字摺、清字即滿字摺與滿漢字合璧摺等。漢滿臣工因文字表達能力的不同，准其使用漢字或滿字繕摺具奏。康熙六十一年十一月二十九日，世宗即位後曾諭大學士等具摺密奏保舉人材云「爾等具摺或滿字或漢

字，各須親寫，不可假手於子弟，詞但達意，不在文理之工拙，其有不能書寫者，即行面奏。」⑰漢字摺以漢文御批爲原則，間亦以滿文御批，例如雍正元年二月二十七日川陝總督年羹堯於「奏請川省應行事宜」一摺，是漢字摺，原摺封面奉世宗滿文硃批云「uheri baita icihiyara wang ambasa harangga jurgan acafi gisurefi wesimbu」，意即「總理事務王大臣該部議奏。」⑱滿字摺亦有以漢文批諭者，例如雍正元年十一月初七日年羹堯以滿文繕摺具奏，世宗卻以漢文批諭云「覽此奏朕纔放了心了，好一大險，眞正佛天之大慈恩也，向後之舉一切尅著萬全而爲之，阿彌陀佛！」間亦於同一摺中以滿漢文硃批者，硃筆諭旨有時亦批於其他臣工摺上。雍正五年四月初四日，福建總督高其倬具摺奏聞挐獲奸民，奉硃批云「批諭在毛文銓摺上。」雍正七年九月初八日，暫署湖北巡撫印務布政使徐鼎具摺奏聞商民承領兵丁生息銀兩事，奉硃批云「邁柱奏摺有批諭，可問之。」至於滿漢字合璧摺，多係各部院滿漢大臣公同會議的奏摺。在現藏康熙朝宮中檔內未見此類奏摺，在雍正年間則屢見不鮮。滿漢字合璧以滿文硃批爲主，間亦以滿漢字分別批諭，以致文意不同。例如雍正元年七月初二日，經筵講官協理內閣大學士事務尙書署都察院左都御史教習庶吉士徐元夢、禮部尙書張廷玉、左副都御史協理工部侍郎薩爾納、左副都御史江球、金應璧於「奏爲題參原任河南道監察御史賀有章事」一摺，係滿漢字合璧摺，世宗分別以滿漢文硃批，其滿文硃批云：「ho io jang ni hacilame wesimbuhe jedz be bi tuwafi jai hese wasimbumbi.」意即「賀有章條奏摺子，朕覽後再降諭旨。」惟其漢文硃批則云：「此參奏不是了，賀有章奉皇考旨招募番民探聽地方情形，並未命限有無部文，又不曾交與地方官，原因其奏之當，故命其從容私自察訪，或有益於事之聖意

也。今賀有章驚聞龍馭上殯，匍匐回京，情在可嘉，何罪之有。況覽其前奏，一片忠君愛國之誠，觀之令人凜然，朕一二日內見此人，如未老朽，朕還要用此人，此本發回勿庸議⑲。」

　　清初奏摺，依其使用紙張的不同，可分爲黃綾摺、黃紙摺與素紙摺等⑳。若依奏摺性質的差異，則可分爲請安摺、謝恩摺、奏事摺與密摺等類。君臣名分旣嚴，臣工必須定期具摺請安。世宗勤於批諭，臣工具摺請安，有時批諭訓示亦甚詳，例如雍正元年四月初六日，河南巡撫石文焯具摺請安，奉硃批云：「朕安，所奏何天培之事，爾心朕甚嘉之，但何天培作人老成清政，任他如何不諳練，較之吳存禮貪庸之流，必勝數倍，汝但放心，保管是個好巡撫，向後如有所聞，仍當密奏無隱，朕再作道理，不可以未做文官，恐不諳而廢之不用也。所奏參題之事，查盤倉糧之事，知道了，截漕一事，已發部議。」請安摺內容簡單，僅書「跪請皇上聖安」或「主子萬安」字樣，惟就雍正朝而言，請安摺因硃批文字較多，其史料價值較他朝爲高。世宗爲表示關懷臣工健康，亦常於請安摺批諭時乘便垂詢，例如雍正四年七月十八日，高其倬調任閩浙總督後具摺請安，奉硃批云「朕躬甚安，你好麼，身子可好否，較在京時如何？」是年十月十三日，世宗於高其倬請安摺內批諭云「朕躬甚安，朕即位尙未到湯山，偶因冬暇，閑來行幸，非有爲也，恐你繫懷，特諭爾知，你好麼？」福建陸路提督總兵官吳陞具摺請安，奉硃批「朕安，你好麼？你向來居官聲名好到極頂，朕甚嘉之，好生愛惜你的老身子，多多給朕出些年力。」臣工具摺請安時爲表示鄭重，多用黃綾摺。聖祖在位期間，總兵官杜呈泗所進黃綾請安摺，其原摺封面有套印雙龍圖案者。雍正元年三月初九日，湖廣總督楊宗仁所進黃綾請安摺，其封面上亦繪有龍形圖案。世宗勤儉持身，於臣工繕摺具奏

時，屢諭其不可浪費綾絹。雍正三年五月二十八日，浙江巡撫署理將軍印務法海進呈黃綾請安摺，奉硃批云：「朕躬甚安，你好麼？可惜綾了，向後除面套，摺身用黃色好。」定例請安摺封套應使用黃綾，其摺面可使用黃綾或黃紙，其摺身則應使用黃紙，摺面及摺身俱用黃紙者稱爲黃紙摺。臣工具摺奏事時應使用素紙摺，不宜用黃面黃封，以節省綾絹。雍正三年六月初三日，福建巡撫黃國材具摺奏聞查拏奸民，奉硃批云：「請安摺用綾爲面，表汝鄭重之意猶可，至奏事摺而概用綾絹，物力維艱，殊爲可惜，以後改用素紙可也，將此諭亦傳知滿保遵奉。」綾絹可惜，餘幅綾紙俱不可太多，摺頁若薄，可以兩三摺合併於一封套內，不必一摺用一封套，但爲便於留中或發交議奏，可以多用封套。

　　聖祖在位期間曾令臣工於請安摺內附陳密奏，康熙五十一年正月，復諭領侍衛內大臣、大學士、都統、尚書、副都統、侍郎、學士、副都御史等與各省將軍督撫提鎮一體於請安摺內將應奏之事，開列陳奏。聖祖南巡時亦諭經筵講官王鴻緒，京中如有可聞之事，密書奏摺，與請安摺合封奏聞。臣工遵旨於請安摺封內附呈密奏，或乘請安之便於摺內兼報雨水糧價及密陳聞見。惟就一般情形而言，請安摺與奏事不應合封一處。康熙五十三年九月二十九日，兩廣總督趙弘燦具摺請安兼陳江南巡撫張伯行疏參其弟原任揚州知府趙弘煜等事，聖祖批諭云：「知道了，請安摺子當另摺纔是，不合⑳。」康熙五十四年二月初十日，廣西巡撫陳元龍具摺請安，奉硃批云「皇太后萬安，朕安，奏摺土司一事，封在請安摺封內不合。」臣工於奏事摺內可以兼請聖安，但報災、參官、人命等事，不宜兼書，病故人寫在請安摺內尤屬不敬。世宗亦屢諭臣工不可將奏事與請安摺合封一處，雍正十年三月十七日，福建巡撫趙國麟具摺奏聞臺灣大甲社番殺傷兵役，奉

硃批云：「此摺入與請安摺套內，復書奏摺二件，亦可謂不達理體，不敬之至也。」山東布政使張保具摺請安時，世宗斥其為「小器粗鄙之至」，並以「再來奏事另用封套。」臣工奏謝恩賞御書、珍品及調補陞轉寬免降罰等，則可遇便具摺謝恩，此即謝恩摺。臣工密奏時，間亦於奏摺封面書明「密摺」，或「密奏」字樣。凡有密奏，必須極端愼密，世宗屢以「不密則失身」，「少不密，後悔莫及」，「稍露則禍隨之」等語告誡臣工。雍正七年閏七月二十日，李建功具摺謝恩，奉硃批云「凡密奏之摺，少若不密，或以此為榮，而誇張炫耀於人，則取禍之道也，愼之，戒之。」雍正八年三月十七日，因廣東習氣不堪，盜賊甚多，世宗極感憂慮，故令廣東右翼副都統安華傳諭總督郝玉麟、巡撫傅泰、布政使王士俊。是年四月十一日，王士俊具摺覆奏後奉硃批云：「凡如此等之奏，少不甚密，為害噬臍不及時，莫忘今日之恩諭也。有人論汝曾有三寸封奏可打發吳如繹離粵之語，況吳如繹之離粵乃自取，今又離鎮江，乃伊自作，豈王士俊復能令吳如繹離鎮江也，況汝上司豈有聽汝屬員之言而為去就之理。倘若暗合情事，未免招庸愚之物論，上關朕用人理體，下關汝身家之利害，不思愼密，乃無忌憚，但知目前假榮而不計異日之實禍之小人也，誌之，愼密之㉒。」

　　聖祖採行奏摺制度後，屢諭諸臣必須親自繕摺具奏，不能假手於任何人。康熙四十三年七月二十九日，江寧郎中曹寅具摺奏謝欽點巡鹽並請恩准陛見，奉硃批云：「朕體安善，爾不必來，明春朕欲南方走走未定，倘有疑難之事，可以密摺請旨。凡奏摺不可令人寫，但有風聲，關係匪淺，小心，小心，小心，小心！」硃批旨意，亦一字不假手於人。聖祖曾因右手病，不能寫字，而用左手執筆批諭。世宗在位期間，除密摺必須由具奏人親

手書寫外，其餘摺件，已酌准令人代寫。雍正元年九月十六日，署甘肅巡撫事務布政使傅德奏覆欽奉上諭日期，奉硃批云：「摺內文與字俱佳，係爾親筆自作自書耶？抑或他人代爾起草書寫耶？」世宗雖垂詢書寫之人，但未加斥責。是年十一月十三日，傅德齎摺家人恭捧硃批奏摺回署。十二月初六日，傅德據實覆奏，略謂「臣於滿漢文義，素學粗淺，是以前曾請容臣量度事宜措詞所得，無論滿漢書奏，昨所奏之摺，係臣說與主意，令教臣子讀書之方正璐草創，臣又細加修飾添改，令其書寫。今蒙聖恩批問，臣謹據實以對，嗣後臣所奏事件，無論滿漢有關要者，臣即手書，如尋常無庸秘密之事，仍令人書寫，實屬恩便。」奉硃批：「知道了，好。」雍正二年三月二十六日，漕運總督張大有因盤糧催漕忙迫之時，寫字手顫，凡緊要密摺，仍親自書寫外，其餘公事奏摺，請准其令人代寫。奉硃批云「何必請旨，應當如是的。若密事還親寫，即字大行草些不妨，辭達而已，敬不在此。」雍正三年九月初九日，雲貴總督高其倬遵旨奏聞事一摺，因患瘧疾，手顫不能成書，故令其姪高定勳代寫。現藏年羹堯滿文奏摺多於漢文摺，但似非其親寫，因年羹堯滿文欠佳。據年羹堯奏稱「臣於清字原未深曉，若緩緩看念，亦能解識，遇有不解之話，摘出一二句問人，若平常粗淺之事，臣妻即能看念，所以要緊旨意從無人見㉓。」雍正六年八月初十日，福建巡撫朱綱具摺奏謝恩賜磁器等物，奉硃批云「覽，再來奏摺應機密者親書，其餘可令人代寫者，不必逐件費力與無用之處，聞你瘡已全愈，深為慰悅。」監督淮安關稅務慶元具摺奏報實收稅銀數目，奉硃批云：「原非機密事件，代寫何妨，如遇應密之奏，亦不必拘定楷書，筆畫隨意大小俱無關礙也。」臣工間亦令幕僚代寫，雍正八年九月初六日，福建巡撫趙國麟奏稱「蒙皇上天恩，賜臣本箱

四個，凡地方機宜事務，臣自當詳悉密奏，恭請聖訓指示遵行，其摺稿皆臣親撰，不敢假手旁人。惟繕寫奏摺，臣因素不工小楷，又年近六旬，眼花手拙，字跡老草疎縱，恐涉不敬。臣有幕友劉光煜係浙江山陰縣生員，隨臣十年，為人誠實謹慎，臣處以密室，凡有奏摺令其代臣敬謹繕清，可無疎漏之虞㉔。」旋奉硃批云「此汝干係，何必奏聞朕也。」惟世宗屢飭臣工不可令幕賓門客綴輯浮泛文詞，混行瀆奏。

臣工繕摺既畢，即封入奏摺封套內，用摺匣盛儲，外用黃袱包裹。摺匣加鎖後即拜發交親信家丁齎遞。其摺匣、袱褥、鎖鑰俱由內廷頒賜，就一般而言，御賜匣為四個，以便輪流齎奏。雍正四年七月十八日，閩浙總督高其倬初蒙賜匣四個，旋因浙省事務繁多，不敷使用，復奏請再賜摺匣四個。若程途遙遠，摺匣不敷接濟時亦可奏請添發。內廷頒賜摺匣，係由兵部以火牌馳遞發下，臣工奉到摺匣後須具摺謝恩。如摺匣不敷使用內廷尚未添發時，臣工只得以夾板固封進呈，但因長途往返，夾板繩索易於鬆散，粘貼謹封易於脫落。奏摺奉有硃批，關係重大，臣工為求慎密起見，故屢請賜匣，以免損壞或洩露。

奏摺齎遞過程與題本不同，督撫等題奏本章定例由驛馳遞，督撫奏摺如有應速遞者，准其由驛馳遞。奏摺驛遞時，應於招匣外復用木匣裝盛，以棉花填緊，用油灰封口，然後拜發，以求慎密。至於尋常事件，雖係督撫亦僅能令齎摺千總或把總，或親信家人自備腳力齎進。雍正元年四月二十五日，兵部傳旨「無要緊摺子，不可擅騎驛馬。」雍正二年閏四月二十五日，漕運總督張大有具摺奏請准其進摺家人騎用驛馬，奉硃批云：「若有要緊奏摺乘驛來，若尋常奏報某幫過某閘等奏，非難遲緩者，不但不當騎驛馬，可以不必頓奏，到天津通州光景，朕約略可知，不必徒

勞驛站。」提鎮等員若擅動驛馬，必受嚴詞切責，雍正二年六月二十日，鎮守雲南永北等處地方副將管總兵事馬會伯「奏陳武闈解額等事」一摺，由驛馳遞，旋奉硃批云「已有旨之事，你所奏此三事，內兩件皆已奉諭者，況皆非緊要奏聞之事，勞驛而來，甚不是了。再如此等閑奏摺，或隨本來，或差人徐來，不可亂動驛馬，特諭。」廣西巡撫郭鉷以所轄廣西一省去京甚遠，中又隔以洞庭之險，往返需兩月有餘，且湖南一帶，從無驛馬可僱，必至武昌方可僱覓，而自京回粵途中，武昌驛匹又從不肯僱至粵西，沿途又無歇店，是以具摺奏請准其摺奏由驛站遞至武昌後，即令齎摺人役僱騎至京，俟摺奏發下後齎摺人役仍僱騎兼程至武昌再由驛站回粵西，並用廣西巡撫衙門關防印票到驛驗照給以馬匹。奉世宗硃批云「所奏知道了，若用印票，無例不便，另有旨諭部，賞你十張火牌，用完再領，若非急奏請旨要務，可以隨本之便發來亦可也，酌量行之。」督撫摺奏雖事涉緊要，世宗間亦不准其由驛馳遞。雍正五年十月初一日，四川巡撫憲德以川省距京遙遠，應奏請聖訓之處甚多，每次差家人齎奏，即使包程往返，亦須兩月有餘，如遇緊急事件，未免曠日持久。因此，憲德具摺奏請嗣後奏摺，若非緊急者，仍照舊差家人包程齎奏，如遇有緊急事件，即由驛遞咨兵部轉呈御覽，所奉硃批亦即發兵部限日遞回，世宗批諭云：「非軍機重務使不得。」

　　藩臬道府於地方事務，不過奉行承辦，並無專主之責，督撫例應奏聞事件，必須註明督撫辦理，不得擅自差人齎摺越例瀆奏。雍正二年二月，雲南楚姚總兵南天培具摺奏明汛兵營伍事宜，奉硃批云「知道了，雲南路途窵遠，爾等差人齎摺，自備腳力，所費不少，若令乘驛，又未免勞擾郵傳，嗣後酌量必應奏者具奏，不可無事頻來，至於尋常非甚機密事件，轉交督撫臣隨伊

等奏摺之便附來亦可。」世宗曾屢諭藩臬等員，倘該督撫上司有欺隱不實，徇私不法及所見不同時，則應密摺奏聞，惟其齎摺家人必須自僱腳驟，包程往返，以致每有摺匣墜落損壞之事。雍正二年六月初一日，雲南布政使李衛接管藩庫交盤後繕摺具奏，因途間稽遲至七月中始至京師，正值怡親王出口，不敢由宮門遞進，又復帶回，不意行至河南元村驛，黃水偶發，過岔河連人馬沖倒，將御賜黃匣漂流，雖經撈獲，但已濕透，齎捧回滇後，竟霉粘一處。摺匣甚至有被盜者，雍正五年十月十一日，怡親王等字寄廣東督撫稱「常賚署中被盜，將摺匣之鎖鑰俱皆失去，而借將軍鑰用，此等事該撫該將軍隱匿未奏。」湖南辰沅靖道王柔曾鑑於各省司道知府所進奏摺，其齎摺人役行至中途歇店，致有夜遭竊劫情事，摺奏機密，硃批緊要，宵小竟敢膽玩窺竊，有關朝廷體統，是以奏請降旨各省督撫轉飭各該屬員，凡差委齎摺人役，沿途不得住宿客店，應給護身印牌，仍自僱腳驟，令其於沿途俱赴驛站衙門歇宿，並飭各驛官查驗印票，登簿容留，以便往回查封，且撥該地方汛兵防護。世宗批諭云「此奏不通之極，況汝等微員未及奏對品級之大，朕密令奏摺者頗有，原為廣朕聞見，諄諄諭汝等不可聲張洩露作福作威，挾制上司，恐嚇同僚。今若奉明旨，令守備縣令等奏密摺成何理體。況督撫摺奏亦未有如是行事也，兩司奏摺，朕尚皆命不至宮門，令廷臣密達，況汝等微員也。觀汝逞一時高興，孟浪不通處甚多，朕實代汝憂之，當知己識見平庸，萬不可自恃任性，方保無虞，一切處慎密為之，不然莫謂朕恩庇不能久長也㉕。」甘肅布政使諾穆圖係原任山西巡撫諾岷之子，奉旨駐西寧辦理噶斯糧餉，雍正九年八月初八日，諾穆圖具摺奏稱「伏查西寧至京，計程四千餘里，即僱包程驟頭往返動須兩月。臣職任轉輸，身居邊地，凡所見所聞，有

關封疆軍務之事，理應隨時入告，難容刻緩，臣請嗣後尋常陳奏事件，仍照舊僱寬驛頭，責差家奴馳進外，如遇緊要事件，以及應行密奏者，仰祈聖恩准臣由驛賫部轉進（旁硃：亂道），不唯緊急軍需不致遲誤，即臣一得之愚亦可隨時陳奏。」奉硃批云「奏匣帶用使得，何得有緊要軍需？汝屬員馳驛奏聞事，觀汝凡事多孟浪燥妄，若不至懲改，則又必至如汝父為負恩人矣，務平和詳慎安靜為要，若少恃才陵傲，悔不及矣㉖。」

　　清初本章制度，定例官員奏事，一切錢穀刑名兵丁馬匹等地方公務，皆用題本，本身私事，俱用奏本。直省文武諸臣奏事有未便遞用題本而事關機要者，故繕摺賫奏請旨。雍正十一年八月二十日，署理湖廣提督杭州副都統張正興於〈奏請立法稽查差賫摺奏以杜弊端事〉一摺指出，臣工所差賫摺人役自京回程時，恐不肖人役於途中私自繞道逗留以致耽延時日，故奏請嗣後各省文武諸臣差賫奏摺，俱用印信批文，給與賫摺員役投文奏事人員驗明批上印信職銜月日，然後將奏摺收進呈覽，俟奏摺發出奏事人員將文批登掛月日發給賫回，以便內外皆有稽查，則弊端可杜。世宗覽奏後，批諭云「據汝所奏固是，但失密摺之意也，況賫摺員役本地起身日期已載明，由其自京回程，傳奏人員亦自登記年月，差役亦未必敢逗留遲滯也，向後著傳奏者粘貼某日發回字樣即是矣㉗。」督撫題奏本章馳遞通政司後，除本章封固外，另有隨本批迴一張，將拜發日期及勒限於某日交投之處開寫明白，隨本投遞，通政司收到之日，即將收到日期註明於原批之上，鈐蓋印信發回查封。雍正十二年十一月初九日，巡視西城協理浙江道事監察御史恆文條陳時指出，外省凡有奏摺之員，其差役賫交奏事官員之時，奏事官員不過取具自備驛頭，或乘騎驛馬以及差人姓名門單一紙，即行恭送大內，是否本人，以及沿途有無遲誤之

處，終實無憑查核。是以恆文奏請照齎交通政司之例，凡有奏摺事件，俱令奏事官員亦具批迴一張，將差人年貌姓名拜發日期，及限於某日交投之處，一一明白開寫，隨招投遞，奏事官員接收後，即將收到日期，並發出日期，一併註明於原批之上發回，令各處按期查對，如此不僅可以防錯誤假冒之端，亦可以杜逗留稽遲之弊。恆文條奏，事涉更張，尤失密奏本意，世宗未允其請。

自秦漢以降的中國傳統政治始終保持王室與政府即內朝與外朝的劃分㉘。清初題本與奏本最大的區別，仍在題奏內容公私的差異，公題私奏，禮部屢飭各省遵行。至於奏摺則無論公私事件，皆准臣工具摺奏陳。清初諸帝以天下臣工為其股肱耳目，君臣一體，臣工於循常例行公務之外，尚須私下替皇室或內朝效力，京中或直省若有偶發事件，臣工必須據實奏聞。對於行之已久的制度，欲有更張改革時，亦須先行具摺請旨。臣工各就所聞所見，具摺奏陳，以便皇帝集思廣益，奏摺遂成為君臣於處理政務過程中私下協議的工具。山東巡撫陳世倌具摺請安時，世宗批諭云「朕安，你好麼？此本吳襄之奏，部中之議，據你意見孰是，明白寫來，和你商量。」易言之，題本與奏摺的區別，在公文性質上仍有公私之分。惟所謂公事與私事，卻不在其內容，而是因為摺奏事件，並非臣工例行公務，原非正式的公文，而是臣工於公務之餘替內廷服務的私事，因此奏摺不能鈐蓋各衙門印信。任蘭枝提督四川學政時，曾具奏稱「臣係小臣，本不敢援大吏自行封進之例，因蒙聖恩念係內廷行走之員，許其差人摺奏。」任蘭枝係以內廷行走人員的身分而取得摺奏權。雍正元年六月，高斌由織造陞任浙江布政使後具摺奏明收兌錢糧事宜，奉硃批云「好，勉之，奏摺不必頻多，比不得織造之任，無可奏之事，不必奏摺，若有應奏聞事件，不妨。」高斌係滿洲鑲黃旗

人，初隸內務府，雍正元年，授內務府主事，再遷郎中，管蘇州織造㉙。高斌在織造任內，隸屬內廷，為皇帝耳目，凡有所聞，皆可用摺奏聞。題本定例由驛馳遞，奏摺則應羌遣親信員役自僱腳騾齎呈，不能擾累驛站，擅動驛馬，致妨公務。奏摺到京，須交內廷奏事官員轉呈皇帝御覽，或由皇帝親信大臣轉奏，或交其本門主轉呈，不能逕至公門或通政司轉遞。臣工具摺時應親手書寫，或在密室繕摺，皇帝亦應親手批諭，世宗批摺尤勤，每摺手批數十言，或數百言。雍正初年，滿保、黃國材二人奏摺，世宗批諭不下數十萬言，一字不假手於人。硃批奏摺發還原奏人後，臣工亦應在密室啟封捧讀，巡撫藩司恭逢鄉試入闈時，其硃批奏摺亦不得齎入闈中。世宗日理萬幾，日則召見臣工，夜則燈下批摺，有時竟「墮淚披覽」，御極十有三年，常如一日。此固然不令洩漏，亦因摺奏係私事，故於公務之餘，閱摺批諭。雍正三年，署直隸總督蔡珽具摺奏明鑲紅旗漢軍候選縣丞張鍾人品學問。世宗於硃批末尾附書云「白日未得一點之暇，將二鼓，燈下書字不成字，莫笑話㉚。」世宗批覽奏摺多在夜晚，不僅是「以示勤政」㉛，奏摺的性質與例行本章不同，亦為主要原因之一。清初奏摺制度係屬於密奏制度，但不在形式上是否書明「密摺」字樣，或內容上以重大機密事件為限，其所以稱為密奏者，在表面上固因奏摺係由特定人員直接上給君主本人的一種秘密報告，而不經內閣公開處理的文件㉜，其實亦由於奏摺係君臣私下秘密往來通訊或密商事務的信件，而非政府正式的公文。簡言之，題本係督撫以行省首長的地位，於處理公務時呈遞君主的公文，奏摺則係督撫等除正式公文之外，另以私人的身分呈遞給君主的文書㉝。

　　奏摺內容既無公私之分，故摺奏範圍極為廣泛，舉凡錢糧、雨雪、收成、糧價、吏治、營務、緝盜、剿匪、薦舉、參劾、民

情風俗及臣工本身私事等，凡涉及機密事件，或多所顧忌，或有更張之請，或有不便具題之處，固在摺奏之列，即臣工生辰八字亦可具摺奏聞。雍正六年四月二十九日，陝西總督岳鍾琪具摺奏稱「查提臣馮允中、鎮臣袁繼蔭、張佐三人年甲，臣已查明具奏，其副將王剛年歲因未送到，亦經奏明在案。今據副將王剛開稱現年四十六歲，四月十六日子時生，係癸亥丁巳戊子壬子等因開送前來，理合具奏。」世宗批諭云「王剛八字想來是好的，馮允中看過，甚不相宜，運似已過，只可平守，袁繼蔭亦甚不宜，恐防壽云云，張元佐上好正旺之運，諸凡協吉，參將王廷瑞、遊擊陳弼此二人命運甚旺好，若有行動，此二人可派入，今既數人不宜用，卿可再籌畫數人，即將八字一併問來密奏，所擬將官中要用人員不妨亦將八字送來看看，命運之理難徵，然亦不可全不信，即朕此謹慎求全一點誠敬之念，想上天自必洞鑑賜佑卿等所指協吉也，爲日尚遠，如副參中有可用之人陞用他一般也㉞。」臣工固應定期具摺恭請聖安，亦可將其自身健康狀況繕摺奏聞。例如雍正元年四川巡撫蔡珽〈奏請恩准解任回京〉一摺稱「臣素稟陰虛，鬚早見白（墨批：不妨），常患怔忡，然頻頻服藥，尚可支持。昨四月間忽又患目疾（墨批：小病耳），視物皆兩，始則一日偶一二次，今乃一日之中竟居其半，心中愈急，疾愈甚（墨批：見性之人，急之一字如何說得出口，急什麼？）臣方欲竭力事主，稍申素抱而竟患此疾，有負聖恩，思之自恨，言之淚下㉟。」世宗據奏後特遣御醫前往調治其疾。雲貴總督鄂爾泰曾奏稱，「臣之一身疾病，疴癢呼吸之間，上關聖慮。」世宗在位期間，屢賜臣工平安丸藥，藥性平穩，卻可治時症。奏摺亦可談家常瑣事，例如雍正二年十一月二十八日山東巡撫黃炳具摺恭進荔枝酒，世宗批諭云「黃色者佳，照此則上好矣，紅色者不用，

再不可多，若厭煩又不是了，從來不善飲酒，博爾多知道的，原為賜人玩，非要用之物也。」雍正三年五月十八日，甘肅巡撫石文焯奏謝其子石禮哈委署貴州巡撫，奉硃批云「此子你一點不必關心，不要你管，保在朕身上。」同年九月二十五日，湖廣湖南岳常道楊晏具摺奏明其父所得捐項陋規及家產房屋數目，奉硃批云「是何言歟？如何教朕料理起你家務來了，如此撒嬌兒使不得，你弟兄們共同商量速速完結好，可惜你們功名與朕恩典。」

摺奏固然不可據為定案，硃批亦非正式旨意。因此，君主批諭時可以怒斥臣工，或批示戲旨。雍正元年七月初四日，佟吉圖具摺奏陳忱悃時曾稱「奴才今絲毫不能出力，被人糾參。奴才有負恩之愆，致皇上失知人之鑑。」世宗批諭云「知人則哲，為帝其難之，朕這樣平常皇帝如何用得起你這樣人。」同年七月初六日，雲南驛鹽道李衛具摺奏聞雲貴總督高其倬人品居官，奉硃批云「羞不羞，這樣總督用不著你保留。」雍正三年七月初八日，西安右翼漢軍副都統金無極奏聞年羹堯在陝情形，奉硃批云「所奏知道了，從前諂諛年羹堯所以極力稱揚年羹堯之好處，今既更換一班新人，自當轉回復向新人諂諛稱揚矣，實代汝愧之。」同年十一月十六日，甘肅巡撫石文焯繕摺奏明帑項久懸未補緣由，世宗批諭云「無恥之極，難為你如何下筆書此一摺。」雍正六年十一月初六日，沈廷正奏陳欲效法鄂爾泰存心行事，奉硃批云「亦不過醜婦效顰耳，亦屬大言不慚。」世宗每以「笑話」、「可笑」、「厚顏」、「胡說」、「昏憒」、「瑣屑卑鄙」、「扁淺小器」、「滿紙乖謬」、「天誅地滅」、「混帳人」、「瘋顛」、「無恥」、「濫小人」、「庸愚下流」等詞斥責臣工。雍正七年六月二十九日，吏部尚書署陝西總督查郎阿於〈奏明巡撫憲德咨商四川建昌涼山土司事宜〉一摺，奉硃批云「甚

是，憲德此事料理錯謬之極，當寄密札著實羞辱之。」臣工過
失，理應訓誨之，世宗竟暗令大臣羞辱之，有失帝王體。世宗偶
亦於奏摺批諭時作遊戲文章，雍正四年，署直隸總督蔡珽奏聞天
津知州陳雅琛動用驛馬等事，奉世宗旁硃「故人家在桃花岸，直
到門前溪水流。」硃筆小字附註云「因遺落做字戲諭。」

　　世宗採行密奏制度，不僅欲周知內外情形，同時亦利用奏摺
作為教誨臣工的工具。世宗於《硃批諭旨》御製序文中云「每摺
手批數十言，或數百言，且有多至千言者，皆出一己之見，未敢
言其必當。然而教人為善，戒人為非，示以安民察吏之方，訓以
正德厚生之要，曉以福善禍淫之理，勉以存誠去偽之功㊱。」世
宗敕編刊印《硃批諭旨》的目的不僅在教誨其臣工，且欲藉以訓
導全國社會，轉移風氣，打破舊傳統㊲。現藏宮中檔雍正朝奏摺
硃批多係世宗訓誨臣工之詞，例如雍正元年三月初八日，十阿哥
胤䄉屬下楊琳補授兩廣總督後曾具摺奏明收受節禮事宜，奉硃批
云「今日之皇帝，乃當年之雍親王也，大家今日只要共勉一個眞
字，一個好字，君臣之福不可量矣。」同年五月十四日，福建巡
撫黃國材具摺呈繳御批，世宗批諭云「君臣中外原係一體，只要
公正眞實，上下一德同心，彼此披誠即是，人非聖賢，孰能無
過，錯誤二字何妨乎。」世宗不僅訓誨臣工做好官，亦教導臣工
修身養性之道。雍正三年正月二十六日，雲南布政使兼管驛鹽道
事李衛具摺謝恩，世宗批諭云「和平二字，朕生平之羨慕，高傲
二字，朕生平之所戒，汝之氣秉亦當時存如此想。覽奏知道了，
摺中有則改之，無則加勉，日久自明，百計掩飾，終於敗露之語
盡之矣。只要你全朕用人體面就是了，只狂縱尚氣四字乃朕五衷
教導爾者，豈〔其〕他風聞之言，原不過既有此論入耳寫來教你
知道而已，原未之信也，勉為之，不必畏懼，亦不可放膽，朕不

得眞憑實據再無輕舉枉人之理也。信得自己放心又放心，少有自慊處小心又小心二語，汝當爲終身誦㊳。」世宗常勗勉臣工振作精神爲國家效力，雍正四年二月二十一日，鎮守山東登州總兵官黃元驤奏聞海防事宜，世宗批諭云「知道了，你去年來少覺有點老景，打起精神來做官，若以年老廢弛，使不得。」廣東潮州總兵官尚瀠具摺祈請陛見時，奉硃批云「你陛見來，朕深許你，況你年紀正好與國家效力之時，書勉之又勉，愼之又愼，不可自恃放縱，竭力做一千萬年的人物，方不負朕之任用也（下略）。」世宗對舊日藩邸之人諄諄教誨，提攜備至，遠勝他臣，雖家人父子亦無以逾之。雍正五年正月初七日，福建布政使沈廷正具摺謝恩，奉硃批云「朕用天下之人，尙聽眾人之參劾舉薦，況朕藩邸之人向所知者，苟且一長可取，豈有不教導任用之理？其不堪之人，焉有不處治示眾之理？若少恃恩私有干法紀，在爾等喪天良招惡報，再次天下後世將朕爲何如主也，如傅鼐、博爾多，朕何嘗未望其成一人物也，奈小人福淺，朕有何法？此二人是你等榜樣，惟有自己信得及，方能保其終令，爾等誰人敢在朕前陷害你，旣不能陷害汝，孰來照看救拔你，全在自爲，朕之耳目心思不能惑憾也。勉力實行做一好人好官，報答國家，望成一偉器，垂之史冊，豈不美歟？盛〔勝〕眼前浮小之移多多，勉之勉之㊴。」世宗訓誨臣工爲人之道云「爲人只要清晨出門時抬頭望天，至晚歸寢時以手捫心，自得爲人之道矣。」怡親王胤祥逝世時，世宗仍墮淚勗勉臣工，雍正八年四月十二日，署理江西巡撫印務謝旻奏覆欽奉硃批諭旨，世宗批諭云「怡親王已仙逝，汝更當黽勉終身，以成全朕賢弟薦舉之顏面也，墮淚書諭，汝倘犯有心之過，朕必加倍罪汝矣，勉之勉之。」臣工旣爲內廷效力，世宗亦以臣工爲其耳目，故准以密摺奏事，凡國計民生興利除弊諸

事，臣工若有私見，必須具摺據實奏明，不得欺隱迎合。世宗每
謂君臣原係一體，中外本是一家，彼此必須互相推誠，莫使絲毫
委曲於中間，如此則「何愁天下不太平，蒼生不蒙福。」世宗屢
斥臣工「朕只喜凡事據實，一切不要以慰朕懷為辭，阿諛粉飾迎
奉。」「汝等地方大臣凡事皆以實入奏，朕便酌量料理，若匿不
奏聞，朕何由而知，從何辦理也。」臣工凡事必須據實陳奏，不
可令幕賓敷陳閑話。雍正五年四月初一日，杭州織造孫文成具摺
奏覆浙江人情風俗，世宗嚴詞批諭云「凡百少不據實，你領罪不
起，朕不比皇考自幼做皇帝的，不可忘記四十年的雍親王。」

　　就清初而言，奏摺制度仍未取得法理上的地位，奏摺係君主
廣諮博採的主要工具，尚非政府處理公務的正式文書，奏摺不可
據為定案，硃批亦非經內閣公佈的正式命令，臣工奉到批諭後，
若欲付諸施行，自應另行具本謹題，俟君主向內閣或各部院正式
頒旨後始能生效。因此，臣工摺奏或交廷臣議奏，或另行具本題
請，始能付諸施行。康熙五十年九月，浙江巡撫王度昭奏請變通
停徵之例，奉硃批云「還該具題，但上本時當改數句方好。」雍
正元年正月十二日，世宗諭內閣云「現今封印，各部院應奏本
章，不用印信，照常送入內閣，票籤進呈，其應用摺奏事件，著
繕摺具奏，儻因封印之故，將應用本章具奏事件概用摺奏，日後
恐無憑據，將此通行曉諭⑩。」是年四月二十四日，四川提督岳
鍾琪具摺奏報料理兵馬起程日期及支用錢糧數目，旋奉硃批，略
謂「此事原你在京密行的事，總未經部，又未動本，如今出二千
兵，用錢糧，錢糧還可，出兵之事，不是暗事，爾可著量借何辭，
指何名，或摺或本來奏，發於或議政或該部過一明路方法⑪。」
世宗屢諭臣工應題者具題，不可因已摺奏而不具題，若密奏了
結，則無憑查核。其應咨部者則須報部存案，摺奏不可為憑。雍

正二年四月初九日，副總河兵部左侍郎稽曾筠具摺謝恩，奉硃批云「此亦當具本者，即明白回奏摺亦當從外達部，今爾身膺地方責任，應本奏者不可全用摺奏，此不得先欽差散員例也。」地方政務，或永遠遵行之事，督撫大員不可草率摺奏了事。題本到部議奏後，世宗即正式頒旨飭行。

　　禮親王昭槤曾謂「世宗慮本章或有漏洩，改命摺奏，皆可封達上前⑫。」惟就清初言，摺奏實不能取代題本。凡有一定成例可查照辦理者必須具本題奏，藩臬等員於地方事務，理應詳明督撫，若意見相同，督撫即當具題，若意見不同，則須明白摺奏以聞，不可率爾具題，地方上若有更張振興事件，應先具摺奏聞，俟世宗酌定後再行具題，尤其關於軍國大計，更不可輕易動本題請。雍正四年四月初四日，戶部侍郎辦理江西巡撫事務裴律度奏請嚴禁交盤掯勒積習，世宗批諭云「此事幸爾摺奏，若具體，朕大怪你矣，此事李紱亦大槩類同奏過，朕備悉，已訓諭矣，著李紱密書與你看。」臣工若率然具題，必受世宗嚴詞切責，或因此獲罪。臣工在具題之前，雖預先繕摺請旨，但司道不得藉摺奏挾制督撫，督撫亦不得挾制部臣。雍正元年八月初五日，福建等處承宣布政使黃叔琬具摺謝恩，世宗批諭云「雖許汝奏摺，不可因此挾制上司，無體使不得，若督撫有不合儀處，只可秘密奏聞，向一人聲張亦使不得，一省沒有兩個巡撫之理，權不畫一，下重上輕，非善政也，爾可凡事與督撫開誠，就爾所見呈知上司，若有徇私不法之舉，有實憑據之處，方是爾當奏之時。至於尋常地方事宜，與督撫共見同行之事，非爾奏之任也。奏不可頻，恐爾上司疑忌，於爾無益，爾但實心勉力秉公效力，朕自知也，特諭⑬。」太僕寺少卿須洲奉旨差往山東辦理賑濟事宜並署理布政使事務後，以山左連歲荒歉，諸事待舉，因此奏請准其用摺奏事，原摺

末幅奉硃批云「一省不便兩個巡撫，不可越分，可與巡撫黃炳一體同心方可與地方有益，當奏者有何不可告巡撫者，如見得透必可行，而巡撫不依行處，或者間而一二密奏，以出不得已之舉還可，無益、越分、頻奏、煩瀆、相爭、奪權、使不得。」世宗不令藩臬兩司明奏摺子，實恐被人議論一省吏治不專，竟置兩三個巡撫，有違體制。藩臬等於分外一切地方事宜，凡有聞見，准其密摺奏陳，惟其職分內事務，則必須循規蹈矩，不得攙越督撫職責。

臣工固不可藉摺奏挾制上司，亦不得藉此嚇詐同官屬員，妄作威福。凡蒙批諭許具題事件，不得擅將密奏內容及硃批密諭引入本內。兩司道府與督撫商酌具體事件時，不可聲言曾經奏過。世宗屢飭臣工「不可借此引旨具本恐慌部院九卿，令人不敢開口。」臣工具題時，須將摺奏內不得體及不當入本辭句刪略。例如雍正二年五月初三日，兵部右侍郎兼都察院右副都御史巡撫直隸等處地方李維鈞曾具摺奏稱「為奏明事，切照長蘆各場，素多夥黨扒販，為鹽政之大害，屢經嚴飭地方官實力緝拏，並不時察查在案。近訪有馬文標、孫六等各夥聚多人，於橋空灘嚴鎮場先後盜扒興販。臣一面飛檄地方官查拏，又復差委保定營參將李逢春、河間府同知高銳馳往嚴查密拏要犯，勿許驚擾平民。今雖准鹽臣莽鵠立移會見獲數犯發審，據天津道年裕、河間府知府浦文焯亦訪報到臣，但首犯尚未弋獲，而地方官杳無詳報，俟查明到日將失察疏防各官另疏題參，再臣思私販匪類固在地方官平時稽察臨時嚴拏（下略）。」世宗於原摺批諭云「甚好，將前引事不必，從『臣思私販匪類』起具本來奏㊽。」世宗曾諭地方大員「若遇意外風雨小事，必安然鎮靜彈壓為要，若動止驚慌失措，不但自亂主見，而且搖惑兵民，所關甚拒〔鉅〕。」是以具題時

應將危言聳聽搖惑人心之處刪略，不得寫入本章內。雍正十二年二月十二日，署理湖南巡撫印務鍾保具摺奏稱「看得湖南各屬苗人旣入版圖，均係赤子，其中強悍者十居一二，愚蠢者十居八九，地方有司自應安其良善，化其兇頑，此愚蠢者之所俯首痛心，而強悍者之所怒目不平者也（下略）。」世宗將前引原摺內「強悍者」以下文句用硃筆抹去，並批諭云「此論可嘉之至，將不便，刪去字句，另行妥擬具題請旨。」楊名時於雲南巡撫任內因誤將硃批密諭敍入題本內而獲譴㊻。凡交廷臣議奏事件，若不稱旨時，世宗即令地方官以其己意具本題達，俾轉移廷議。雍正五年五月十一日，浙江巡撫李衞摺奏稱「原奉諭旨督撫飭諭內有無兼理鹽務字樣，爾等查明應否頒給之處議奏。」世宗批諭云「此事朕著實與廷臣講論過，與朕意原不甚相合，但朕今特諭不便，你不妨再將此情由入本具題來得理之論也，朕準〔准〕行就是了。」世宗竟援引地方大吏之力，而與廷臣相抗衡。凡奉有諭旨可行具題，或奉部文例行具體案件，又無請旨密奏預聞之處，槪不得具摺奏陳，旣經具題之後更不應重複瀆奏，否則必受嚴詞申斥。雍正三年四月初四日，福州將軍宜兆熊具摺奏請嚴處不法旗員以儆邊海，世宗批諭云「此等已動本之事，又奏他做什麼？」雍正五年九月十五日，宜兆熊署理直隸總督事務後，具摺奏明稅課銀兩事宜，奉硃批云「似此已經具題之事，何必又摺奏，如密請旨再題之事猶可，此等奏甚屬煩瀆。」雍正六年十一月初六日，雲南巡撫沈廷正具摺奏聞欽賜地理全圖，奉硃批云「似此具題之事，何必又此一番瀆奏，蠻不體朕，但知自己，庸愚下流之至。」

　　世宗擴大採行奏摺制度，旨在督撫與藩臬上下之間維持制衡作用，但並非以奏摺代替本章，督撫權重，外重內輕，日久難

制，固非長治久安之道，惟地方事權不專，動輒掣肘，亦於地方無益。雍正八年七月初七日，世宗諭內閣，略謂「凡摺中所奏之事，即屬可行之事也，是以奏摺進呈時，朕見其確然可行者，即批發該部施行。若介在疑似之間，則交與廷臣查議。亦有督撫所奏而批令具本者，亦有藩臬等所奏而批令轉詳督撫者，亦有聽其言雖是，而不能必其奉行之無弊，則批令實心勉勵還朕一是字者，凡為督撫者奉到硃批之後若欲見諸施行，自應另行具本，或咨部定奪，為藩臬者，則應詳明督撫，俟督撫具題或咨部之後，而後見諸施行。若但以曾經摺奏，遂藉口已經得旨，而毅然行之，則如錢糧之開銷，官員之舉劾，以及苗疆之軍務，地方之工程，諸如此類，督撫皆得侵六部之權，藩臬皆得掣督撫之肘矣。行之日久，必滋弊端，為害甚鉅，不可不防其漸也。且各省文武官員之奏摺，一日之間，嘗至二三十件，或多至五六十件不等，皆朕親自覽閱批發，從無留滯，無一人贊襄於左右，不但宮中無檔案可查，亦並無專司其事之人，如部中之有司員筆帖式書吏多人掌管册籍，繙閱規條稽查原委也。朕不過據一時之見，隨到隨批，大抵其中教誨之旨居多。今於教誨之處則未見敬謹遵奉，而於未曾允行之事件，則以曾奏過三字，含糊藉口，以圖自便，有是理乎？況朕曾降旨，凡摺中批諭之處，不准引入章本，以開挾制部臣之漸，如此則奏摺之不可據為定案，又何待言乎？著將此曉諭各省奏摺諸臣知之，若督撫提鎮等以此愚弄屬員，擅作威福，准屬員據實揭報，或該部或都察院即行奏聞。若屬員等以此挾制上司，肆志妄行，著該督撫提鎮等即據實參奏，特諭㊻。」質言之，世宗雖充分發揮奏摺制度的功能，放寬臣工專摺具奏的權力，但由於世宗的性格及奏摺的性質不同，世宗雖欲改革傳統的本章制度，然而尚無意廢止行之已久的題奏制度，是以奏摺不

能取代題本。世宗倚信怡親王胤祥等心腹，不過並非完全信賴奏摺制度，是以無意漫無限度的擴張奏摺制度。題本與密奏必須並存而不廢，公題與私奏相輔而行，世宗俱能加以靈活運用，而使雍正朝的政治益臻清明，君權更趨集中，終於奠定清初盛世的基礎。

【註　釋】

① 李東陽等奉敕撰，申明行等奉敕重修《大明會典》（臺北，新文豐出版社，民國六十五年七月），卷二一二，頁4。

② 《大清世祖章皇帝實錄》，卷一八，頁14。順治二年閏六月壬辰，上諭。

③ 《宮中檔雍正朝奏摺》，第九輯（臺北，國立故宮博物院，民國六十七年七月），頁747。雍正六年二月初三日，甘肅巡撫莽鵠立奏摺。

④ 單士魁撰〈清代題本制度考〉，見《文獻論叢》（臺北，臺聯國風出版社，民國五十六年十月），論述二，頁178。

⑤ 蕭奭著《永憲錄》，卷三，頁225。見《近代中國史料叢刊》（臺北，文海出版社），第七十一輯。

⑥ 《欽定大清會典事例》（臺北，臺灣中文書局，據光緒二十五年刻本影印），卷一三，頁2。

⑦ 汲修主人著《嘯亭雜錄》（臺北，文海出版社），卷二，頁10。

⑧ 朱壽朋纂《東華錄》（臺北，大東書局），卷一六九，頁4725。光緒二十七年八月癸丑，據劉坤一等奏。

⑨ 莊吉發撰〈清初奏摺制度起源考〉，《食貨月刊》，復刊，第四卷，第一、二期（臺北，食貨月刊社，民國六十三年五月），頁13～22。

⑩ 《大清世宗憲皇帝實錄》，卷四，頁17。雍正元年二月丙寅，上

諭。

⑪ 《宮中檔雍正朝奏摺》，第十一輯（臺北，國立故宮博物院，民國六十七年九月），頁 451。雍正六年九月，廣西布政使張元懷奏摺。

⑫ 《起居注冊》（臺北，國立故宮博物院），雍正八年七月初七日，內閣奉上諭。

⑬ 《宮中檔雍正朝奏摺》，第一輯（民國六十六年十一月），頁 842。雍正元年十月十四日，查嗣庭奏摺。

⑭ 陶希聖等著《明清政治制度》（臺北，臺灣商務印書館，民國五十八年八月），下編，頁 71。

⑮ Pei Huang, "Autocracy At Work: A Study of the Yung-cheng Period, 1723-1735." P.130. Indiana University Press.

⑯ 《宮中檔雍正朝奏摺》，第三輯（民國六十七年一月），頁 519。雍正二年十一月二十四日，福州將軍宜兆熊奏摺。

⑰ 《大清世宗憲皇帝實錄》，卷一，頁 31。康熙六十一年十一月庚戌，上諭。

⑱ 《年羹堯奏摺專輯》（臺北，國立故宮博物院，民國六十年十二月），上冊，頁 1。

⑲ 《宮中檔雍正朝奏摺》，第一輯，頁 424。雍正元年七月初二日，協理內閣大學士徐元夢等奏摺。

⑳ 清季另有白綾摺，於皇帝或皇太后駕崩，新君嗣統，文武大臣瀝陳下悃，馳慰孝思時始可使用。

㉑ 《故宮文獻季刊》，第二卷，第四期（臺北，國立故宮博物院，民國六十年九月），頁 158。

㉒ 《宮中檔雍正朝奏摺》，第十六輯（民國六十八年二月），頁 182。雍正八年四月十一日，王士俊奏摺。

㉓ 《年羹堯奏摺專輯》，上冊，頁 56。

㉔ 《宮中檔》（臺北，國立故宮博物院），第 79 箱，370 包，9893

號。雍正八年九月初六日，福建巡撫趙國麟奏摺。

㉕　《宮中檔》（臺北，國立故宮博物院），第 79 箱，362 包，9367
　　號，王柔奏摺。

㉖　《宮中檔雍正朝奏摺》，第十八輯（民國六十八年四月），頁
　　636。雍正九年八月初八日，甘肅布政使諾穆圖奏摺。

㉗　《宮中檔雍正朝奏摺》，第二十二輯（民國六十八年八月），頁
　　21。雍正十一年八月二十日，署理湖廣提督張正興奏摺。

㉘　錢穆著《國史新論》（臺北，三民書局，民國五十八年一月），頁
　　35。

㉙　《清史稿》（香港，文學研究社），下冊，列傳九十七，頁1162。

㉚　《故宮文獻季刊》，第三卷，第三期，頁 214，蔡珽奏摺。

㉛　楊啓樵撰〈清世宗竄改硃批──雍正硃批諭旨原件研究之一〉，
　　《錢穆先生八十歲紀念論文集》（香港，新亞研究所，民國六十三
　　年），頁 288。

㉜　黃培撰〈雍正時代的密奏制度──清世宗治術的一端〉，《清華學
　　報》，新三卷，第一期（新竹，清華學報社，民國五十一年五
　　月），頁 26。

㉝　宮崎市定撰〈雍正硃批諭旨解題──其史料價值〉，《東洋史研
　　究》，第十五卷，第四號（京都，昭和三十二年三月），頁 11。

㉞　《宮中檔雍正朝奏摺》，第十輯，頁 369。雍正六年四月二十九
　　日，陝西總督岳鍾琪奏摺。

㉟　《故宮文獻季刊》，第三卷，第三期，頁 137。

㊱　《雍正硃批諭旨》（臺北，文源書局，民國五十四年十一月），世
　　宗御製序文，雍正十年三月初一日，上諭，頁 3。

㊲　Silas H. L. Wu, "Communication and Imperial Control In China: Evol-
　　ution of The Palace Memorial System, 1693-1735." P.73. Harvard Uni-
　　versity press, Cambridge, Massachusette, 1970.

㊳　《宮中檔雍正朝奏摺》，第二輯（民國六十七年一月），頁 760。

　　雍正三年正月二十六日，李衛奏摺。

㊴　《故宮文獻季刊》，第三卷，第二期，頁107。雍正五年正月初七日，沈廷正奏摺。

㊵　《大清世宗憲皇帝實錄》卷三，頁32。雍正元年正月壬辰，上諭。

㊶　《宮中檔雍正朝奏摺》，第一輯，頁205。四川提督岳鍾琪奏摺。

㊷　《嘯亭雜錄》，卷一，頁11。

㊸　《宮中檔雍正朝奏摺》，第一輯，頁569。雍正元年八月初五日，福建布政使黃叔琬奏摺。

㊹　《宮中檔雍正朝奏摺》，第二輯（民國六十六年二月），頁634。雍正二年五月初三日，直隸巡撫李維鈞奏摺。

㊺　雲南巡撫楊名時將密諭誤入疏中，《清史稿》繫於雍正四年，《碑傳集》繫於雍正五年。

㊻　《起居注冊》，雍正八年七月初七日，內閣奉上諭。

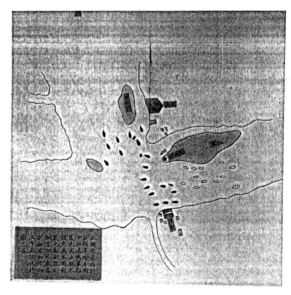

中法馬尾海戰圖

光緒十年七月初三日（一八八四年八月二十三日）

軍機處檔奏摺錄副的由來
及其史料的價值

　　辦理軍機處，簡稱軍機處，其建置時間，清代官私記述極不一致，中外史家的討論更是異說紛紜。趙翼著《簷曝雜記》謂「雍正年間，用兵西北兩路，以內閣在太和門外，儤直者多慮漏泄事機，始設軍需房於隆宗門內，選內閣中書之謹密者入直繕寫，後名軍機處①。」席吳鏊著《內閣志》云「雍正中以邊事設軍需房于隆宗門外②。」梁章鉅纂《樞垣紀略》原序云「自雍正庚戌設立軍機處，迨茲九十餘年，綱舉目張，人才輩出③。」但同書卷二，頁一又謂雍正十年二月命大學士鄂爾泰、張廷玉辦理軍機處事務，爲軍機大臣除授之始。李宗侗氏即以前二條記載不相合，而引《清史稿》軍機大臣年表內雍正七年六月始設軍機房，命怡親王允祥、張廷玉、蔣廷錫密辦軍需一應事宜，及葉鳳毛著《內閣小志》雍正八年春，葉氏爲舍人，中堂已有內外之分，軍機房即內中堂辦事處等條的記載，指出在雍正八年以前軍需房已經設立。李氏又引《世宗實錄》雍正七年六月癸未條有關征討準噶爾的上諭內「其軍需一應事宜交與怡親王、大學士張廷玉、蔣廷錫密爲辦理，其西路辦理事宜，則專於總督岳鍾琪是任。王大臣等小心愼密，是以經理二年有餘，而各省不知有出師運餉之事④。」而認爲內大學士的實存，必始自雍正五年以前。《世宗實錄》雍正九年四月庚子條又云：「即以西陲用兵之事言之，北路軍需交與怡賢親王等辦理，西路軍需交與大將軍岳鍾琪辦理，皆定議於雍正四年者。王大臣等密奉指示，一絲一粟，皆

用公帑製備，纖毫不取給於民間，是以經理數年而內外臣民並不知國家將有用兵之舉。及至雍正七年，大軍將發，飛芻輓粟，始有動用民力之時⑤。」因此，李氏指出「內大學士的實存必始自雍正四年的下半年，這可以說是軍需房成立的最始年月⑥。」

傅宗懋氏著《清代軍機處組織及職掌之研究》一書採納李氏的推論，並引清史列傳內富寧安、張廷玉、蔣廷錫等人的記載作為旁證，而說明李氏的論證實堪採信⑦。吳秀良氏撰〈清代軍機處建置的再檢討〉一文則引北平故宮博物院民國二十四年〈整理軍機處檔案之經過〉的報告內「摺包起自雍正八年」的話⑧，宮中檔奏摺及起居注冊等資料以支持《樞垣紀略》，所述軍機處設立於庚戌年即雍正八年的說法。吳氏將史事排比後指出雍正八年以前軍需房不存在，軍需大臣亦不存在。雍正八年，軍需房設立了，祕書人員出現了，內中堂利用軍需房內祕書人員辦事。雍正九年，軍需房已改為辦理軍需處，辦理軍機大臣等出現了。雍正十年，軍需處已被改為辦理軍機處，內中堂鄂爾泰和張廷玉受命辦理軍機事務。雍正十一年，辦理軍需大臣的名稱被辦理軍機大臣所代替了。雍正十二年，辦理軍機處確定改為辦理軍機緊要處。雍正十三年，世宗崩殂後，辦理軍機大臣等所辦事務併歸總理事務大臣等辦理。乾隆二年，高宗復命鄂爾泰等為辦理軍機大臣，其職責擴大了，包括軍務以外的特別事務⑨。

《世宗實錄》雍正九年四月初八日庚子上諭，又見於世宗《起居注冊》，但纂修實錄時，已將上諭刪略潤飾過。《起居注冊》初八日內閣奉上諭內，於「經理數年而內外臣民並不知國家將有用兵之舉」句後續云「以致宵小之徒，如李不器輩竟謂岳鍾琪私造戰車，蓄養勇士，訛言繁興，遠近傳播，達於朕聽。朕將岳鍾琪遵奉密旨之處，曉諭秦人，而訛言始息，即此一節觀之，

若非辦理軍需秋毫無犯，何至以國家之公事疑為岳鍾琪之私謀乎⑩？」世宗既云密辦軍需定議於雍正四年，王大臣等密奉指示，經理數年，岳鍾琪因造備戰車，訓練勇士，密辦軍需，以致訛言繁興，及至雍正七年動用民力時，臣民始知其故。易言之，在雍正七年以前辦理軍需大臣實已存在，但軍需房設立的時間則較晚。戶部正式設立軍需房的時間是在雍正七年。雍正十三年九月二十二日，總理事務兼總理戶部事務和碩果親王允禮、經筵講官總理事務少保兼太子太保保和殿大學士仍管吏部戶部尚書事張廷玉、內大臣署理戶部尚書事務兼內務府總管海望為請旨事一摺云：「查得雍正柒年派撥官兵前往西北兩路出征，一切軍務，事關機密，經戶部設立軍需房，揀選司官、筆帖式、書吏專辦，惟總理戶部事務怡賢親王同戶部堂官一二人管理。今西北兩路之兵已大半減撤，非軍興之初機密可比，所有一切案件，俱關帑項，應請旨敕令戶部堂官公同辦理，庶幾錢糧得以慎重，案件不致遲延矣⑪。」原摺奉墨批「依議，尤當慎密辦理。」允禮所述既無可置疑，軍需房實成立於七年。軍需房、軍機房或軍機處，名稱屢易，是一種新制度在草創時期的現象。雍正十年，鑄頒軍機處印信。據是年三月初三日庚申實錄的記載是「大學士等遵旨議奏辦理軍機處密行事件所需鈐封印信，謹擬用辦理軍機印信字樣，移咨禮部鑄造，貯辦理軍機處，派員管理，並行知各省及西北兩路軍營，從之⑫。」同年五月二十九日，四川總督黃廷桂接到大學士鄂爾泰等知照，文云「雍正十年四月二十三日奉旨，辦理軍務處往來文移關係重大，今特頒辦理軍機事務印記，凡行移各處事件有關軍務者，俱著用印寄去。至各處關係軍務奏摺，並移咨辦理軍務處事件，亦著用印，以昭信守，欽此⑬。」由此可知在軍機處名稱通行以前曾叫做「辦理軍務處」。在雍正十年三月，

辦理軍機事務印信啓用日久以後，遂將辦理軍需大臣改稱辦理軍機大臣，也將辦理軍務處改稱辦理軍機處。簡言之，在雍正四年定議辦理軍需時，張廷玉等即以戶部大臣兼辦軍需事務，辦理軍需大臣確已存在，至雍正七年戶部於隆宗門內正式設立了軍需房，雍正十年三月，頒用辦理軍機事務印信以後，因通行日久，遂習稱軍機處或辦理軍機處了。世宗設立軍機處的眞正原因是爲了用兵西北而密辦軍需，高宗即位後，軍機大臣有時也就近承辦高宗所交出的特旨。乾隆二年十一月二十八日，高宗諭云「昨莊親王等奏辭總理事務，情詞懇切，朕勉從所請。但目前西北兩路軍務尚未全竣，且朕日理萬幾，亦間有特旨交出之事，仍須就近承辦。皇考當日原派有辦理軍機大臣，今仍著大學士鄂爾泰、張廷玉、公訥親、尚書海望、侍郎納延泰、班第辦理，欽此⑭。」不過就乾隆初年而言，軍機大臣議奏的範圍，尚不出軍務、錢糧、河工、米穀等項，自從用兵金川，及準噶爾等戰役後，軍機處的組織日益擴大，其後軍機大臣兼辦的事項更多了。軍機處原來是戶部的分支，但因其職責範圍擴大了，軍機大臣又以大學士及各部尚書侍郎在軍機處辦事或行走，而漸漸吸收了內閣或部院的職權，軍機處遂由戶部的分支而成爲獨立的機關，這種變化是在乾隆中葉以降的現象。其後軍機處不僅掌理戎略，或戶部事宜，舉凡軍國大計，莫不總攬，終於取代內閣職權，成爲清代中央政令所自出之處。

　　清初奏摺與本章不同，奏摺不過是君主廣諮博探的工具而已，並非君臣處理國家公務的正式文書，實無法理上的地位。就康熙、雍正年間而言，摺奏固不可據爲定案，硃批上諭亦非經內閣公佈的正式旨意。臣工奉到批諭後，若欲付諸施行，必須另行具本謹題，俟君主向內閣或各部正式頒旨後始能生效。直省文武

臣工的奏摺，一日之間，或數件，數十件不等，君主親自閱覽批發，臣工定期繳回宮中的奏摺，並無掌管的人員。但摺奏事件有不乏涉及政事者，實有交部議奏或抄錄存案的必要。雍正元年，正黃旗漢軍都統兵部尚書盧詢即曾指出各衙門摺奏事件，有蒙硃批者，有奏事官轉傳諭旨者，都關係政事。因此，盧詢奏請照正本具題事件六科月終彙題之例，定限稽查，將各衙門摺奏奉旨事件，飭令各衙門一月一次，將事件挨次開列，於事件下備細註明緣由，恭呈御覽⑮。臣工條陳事件，世宗為徵詢臣工意見，常將原摺發交廷臣議奏，或裁名發下地方督撫議覆。例如雍正三年四月初七日，貴州大定鎮總兵官丁士傑奏陳耗羨歸公不宜施行一摺，世宗將原摺發交地方官議奏，並於原摺封面以硃筆書明「此丁士傑之奏，亦當留心，如有不安，不可固執舊事，密之，不可令丁士傑少覺一點。」但有關錢糧及軍機事務等項，必須交部抄錄存案，以便查核。例如雍正七年二月初一日，陝西總督岳鍾琪〈奏請撥款建造廟宇移駐達賴喇嘛事〉，奉硃批云「交部錄存矣。」同年三月三十日，岳鍾琪具奏餵養馬匹一摺，世宗批諭云「所奏是，照所請行，已交部抄錄存案，於軍需奏冊到時查核。」在軍機處設立以前，臣工奏摺已因其事件內容的不同，交部抄錄存案。軍機處設立以後，有關軍務往來文移及辦理軍需摺件，即由軍機處司員等錄副存查。雍正七年十月初一日夜間，因文選司失火，所有檔案被焚燬。世宗降旨所有內閣本章及各衙門檔案，都應於正本外，立一副本，另行收貯。如本章正本是紅字批發，副本則批墨筆存案，其他檔案副本，另用鈐記，加以區分。大學士等遵旨議奏，直省督撫題奏事件，除副本照例送通政司外，亦應一併送進內閣，俟奉旨後，內閣將副本遵照紅本用墨筆批錄，另貯皇史宬，在京各部院覆奏本章亦照此例辦理⑯。軍

機處將原摺抄錄副本後，即存放軍機處備查。軍機處又須將每日所接奏摺，所奉諭旨登錄於隨手簿。民國二十年，文獻館整理軍機處檔案時指出摺包起自雍正八年，隨手簿則始於乾隆七年。

軍機處所抄錄的奏摺副本，是按月分包儲存的，所以叫做月摺包，簡稱摺包。梁章鉅著《樞垣紀略》云「凡中外奏摺奉硃批該部議奏，該部知道者，皆錄副發鈔，其硃批覽，或硃批知道了，或硃批准駁其事及訓飭嘉勉之詞，皆視其事係部院應辦者，即發鈔，不涉部院者不發鈔。凡未奉硃批之摺，即以原摺發鈔。」

凡硃批原摺如在京衙門之摺，即存軍機處彙繳，如各省俱於本日錄副後係專差齎奏者，交內奏事封發，由驛馳奏者，即由本處封交兵部遞往。其內閣領鈔之摺，於次日繳回，同不發鈔之摺，按月歸入月摺包備查⑰。」所謂月摺包，據梁氏稱「凡發交之摺片，由內閣等處交還及彙存本處者，每日為一束，每半月為一包，謂之月摺⑱。」但月摺不能說就是月摺包。案清朝制度，奏摺按時間來分，含定期摺與不定期摺二種。不定期摺是以事情的先後，或輕重緩急，隨時具奏。定期摺，多屬尋常例行公事，或半月，或一月限期遞呈。因此，就康熙、雍正以降的文書種類而言，所謂月摺，就是各部院衙門每月定期彙奏的奏摺。例如雍正四年十月，世宗諭大學士九卿等，略謂「自督撫提鎮至於道府參遊州縣，每一缺出，苟不得其人，朕將吏、兵二部月摺翻閱再四，每至終夜不寢，必得其人，方釋然於中⑲。」清朝官制，凡內外官出缺，由吏部等選補，每月開選一次，稱為月選，吏部每月按期彙奏，此類奏摺，遂稱為月摺，其他各部衙門都有每月定期彙奏的月摺。例如《欽定大清會典事例》云「設稽察房，凡各部院遵旨議覆事件，由票籤處傳鈔後，稽察房按日記檔，俟各部

院移會到時，逐一覈對，分別已結未結，每月彙奏一次，每日軍機處交出清漢諭旨，由票籤處移交稽察房存儲，詳細覈對，繕寫清漢字合璧奏摺，與稽察事件月摺一併彙奏⑳。」就檔案名稱而言，月摺又分月摺檔與月摺包。前者是一種檔冊，又稱爲月摺簿，是國史館將已奉硃批或墨批的奏摺，逐日抄繕，按月分裝成冊，以便存案備查，凡請安、謝恩與陛見等摺件，俱不抄錄。故宮博物院現藏月摺檔起自道光朝，每季一冊，或每月一冊，咸豐朝的月摺檔，每月一冊，或二、三冊不等。同治、光緒朝的月摺檔，每月有多至五、六冊者。在月摺檔內又含有譯漢月摺檔，每季一冊，或每月一冊，這是抄錄滿文摺件的譯漢檔冊。至於月摺包則爲軍機處將原摺逐件抄錄的副本，軍機處往來文移的原件，部分奏摺原件，及知會、咨文、圖册等按月分包儲存。民國十五年二月，文獻館開始整理月摺包時，曾按包計數，其中有一月一包者，亦有半月一包者。

　　院藏宮中檔奏摺原件，除乾隆元年、四年、五年、八年、十四年、五十七年、五十八年、六十年現存各數件，主要是從乾隆十六年七月至五十四年十二月的原摺及其附件。其中乾隆十六年六月至二十一年十二月，二十八年一月至三十年十二月，三十二年七月至三十三年十二月，三十八年十一月至三十九年十二月，四十二年一月至四十四年六月，四十六年八月至四十九年五月，五十一年六月至五十四年十二月等年月，所存較全，其餘年月，現存摺件都已不全。軍機處月摺包現存檔案是起自乾隆十一年十一月，其中乾隆十一年十一月至十七年十二月，二十四年正月至同年二月，二十七年五月至同年閏五月，三十三年十一月至三十四年三月，三十四年六月至三十七年十二月，四十三年正月至四十六年九月，四十八年四月至四十九年七月，五十三年十月至五

十六年正月等年月所存檔案較齊全，其餘各年現存月摺包俱不全。從上列年分可知軍機處月摺包所包含的時間，較宮中檔為長，可補奏摺原件的闕漏。

　　就現存檔案的內容而言，宮中檔奏摺及其附件都是乾隆年間的原件，而軍機處月摺包內除乾隆年間的檔案外，尚包含康熙、雍正年間的文件，有的是原件，有的是抄件。例如月摺包內〈諭戶部〉文，原件未標明年月，從其內容所敘述的史事，查出是康熙四十九年十月初三日聖祖所頒佈的特諭。《大清聖祖仁皇帝實錄》載此道特諭，惟文詞略異，如特諭原文內「前後蠲除之數，據戶部奏稱，通共會計已逾萬萬。」實錄將「通共會計」改作「共計」。又如特諭原文內「原欲天下錢糧一概蠲免，因眾大臣集議，恐各處需用兵餉，撥解之際，兵民驛遞，益致煩苦，細加籌畫，悉以奏聞，故自明年始於三年以內，通免一周。」此段文字，實錄作「將天下錢糧一概蠲免，因眾大臣議奏，恐各處需用兵餉，撥解之際，兵民驛遞，益致煩苦，朕因細加籌畫，自明年始於三年以內，通免一周[21]。」實錄將大臣集議細加籌畫，悉以奏聞的字樣，加以潤飾後，已失原意。康熙五十年十月初三日，實錄又載前項特諭，其文字與月摺包內康熙四十九年特諭相近，足見纂修實錄時雖抄錄同一特諭，而前後增刪潤飾仍有不同。月摺包第二七七六箱，一三七包，三二二八四號，是恩詔一道，未書年月。聖祖實錄，康熙五十二年三月十八日乙未條載此道恩詔，惟詞意略異。例如月摺包內原詔云「朕五十餘年，上畏下懼，以敬以誠。」實錄作「朕五十餘年，上畏天命，下凜民碞，以敬以誠。」月摺包內原詔又云「大沛恩澤，用稱朕躋世于仁壽之至意，所有應行事例，開列于後，於戲。」實錄將「所有應行事例，開列於後。」字樣略不載，類似例子很多，不勝枚舉。

　　軍機處月摺包內也含有康熙、雍正年間的各項清單。例如：〈浙省康熙四十九年題定倉貯額數清單〉略謂「浙省康熙四十九年於一件請照江南等事案內題定應捐積米額數分別大中小治，大縣自一萬四千餘石至一萬九千餘石不等，中縣自七千石至一萬七千多餘石不等，小縣自四千五百石至一萬一千餘石不等。」同時據原清單所開列各府屬縣貯米石數，通省共額貯捐米計七十五萬二千餘石，至康熙六十一年歲底盤查通省實在存米僅二千六百餘石，足見康熙末年倉米虧空已多。另據月摺包內〈浙省雍正五年題定倉貯額數清單〉所開通省額捐米計一百四十萬石，至雍正十三年歲底盤查，實存米數計一百四十九萬六千餘石，並無虧缺。雍正年間，謝濟世捏參田文鏡文案，亦見於乾隆朝月摺包內。刑部尚書德明等會同九卿翰詹科道會議，將謝濟世擬斬立決，於軍前正法，雍正七年九月二十四日，德明等具題。是月二十六日，奉旨命刑部將謝濟世所供李紱、蔡珽向其告知密參田文鏡情由，詢取口供具奏。德明等隨傳李紱、蔡珽到案，除訊取兩人口供外，另錄謝賜履供詞，這些供詞都保存在月摺包內㉒，對研究田文鏡生平事跡，仍不失為珍貴的史料。月摺包內部分史料，有涉及清初史事者。例如〈左夢庚事實〉一紙，內云「左夢庚，山東臨清州人，明寧南侯良玉子。順治元年，良玉由湖廣統兵下南京，以誅馬士英為名，至九江病歿，夢庚領父聚徘徊江楚間。二年，英親王阿濟格率兵追流賊至九江，夢庚率所部總兵十二員，官兵十萬，船二千隻，銀三萬兩，米一萬石迎降。至京，以其眾分隸旗籍，授夢庚一等精奇尼哈番，准襲十四次。四年，擢本旗漢軍都統。六年，隨英親王征大同叛鎮姜瓖，攻左衛，克之。十年，病歿，賜祭葬如典禮，諡莊敏。夢庚無子，以兄之孫左元隱承襲。現今世職，係元廯曾孫左淵承襲。其世管佐領係元廯曾孫

左瀚管理㉓。」這是重要傳記資料，對於南明史事的研究，可供參考。《清史列傳》與《清史稿》等雖有傳，但內容略有出入。《清史列傳》等將「寧南侯」改作「寧南伯」，且未載左良玉病歿時間。左夢庚降清時所率部眾兵數及船隻銀米等數，亦未記載。月摺包〈左夢庚事實〉以順治四年擢左夢庚為漢軍都統，《清史列傳》等改繫於順治六年。順治十年，左夢庚病歿，《清史稿》將其卒年改繫於順治十一年。左夢庚無子，由兄孫等承襲世職及世管佐領，《清史稿》俱未記載㉔。

　　直省內外臣工的奏摺，凡奉有御批者，都錄副存查，月摺包內的奏摺副本，就是這類御批奏摺的抄件。其未奉御批的奏摺，即以原摺存入月摺包內，惟數量較少。奏摺既奉御批，不論發鈔不發鈔，都應另錄副本一份。御批摺件的抄錄，《樞垣紀略》記述較詳。「凡抄摺，皆以方略館供事，若係密行陳奏及用寄信傳諭之原摺，或有硃批應慎密者，皆章京自抄。各摺抄畢，各章京執正副二本互相讀校，即於副摺面註明某人所奏某事，及月日，交不交字樣，謂之開面㉕。」錄副摺件，是據原摺逐字抄寫，其與原摺不同的地方是副摺的封面與末幅的填註。錄副抄件，於末幅註明奉御批日期，間亦書明具奏時間，可以了解臣工進呈奏摺的時間及奏摺至京奉批或頒諭的日期，有助於史家的研究，至於副摺封面填註字樣更便於當時及後人的查閱舊檔。而且副摺及原摺封面右上角多編有字號，翻檢便利。例如乾隆十三年五月二十七日，兩廣總督策楞議覆吳謙銛所奏〈聽民認墾高廉等處荒地〉一摺，是草書錄副，在封面右上角書明「毀百卅九」字樣。同年七月初九日，漕運總督宗室蘊著奏〈請揀發衛備以資漕運事〉一摺，是楷書原摺，其封面右上角的編號是「傷卅七」。其他咨呈間亦編有字號，例如乾隆十六年九月初七日，咨呈一件，其字號

為「偽甲二十號」。在乾隆朝月摺包內的摺件、咨文於編號時所使用的代字主要為萬、及、毀、傷、潔、女、才、良、知、必、改、維、得、莫、靡、恃、己、信、難、量、染、詩、偽、甲、羊、克、念、作、聖、賢、德、建、作、立、形、端等字。每字編以號碼，每號一件，但也有部分摺件未予編號。抄錄奏摺時是用本紙或毛邊紙，而以高麗紙包封。

　　月摺包內的摺件，除末幅摺尾書明日期外，在封面左下方亦書明奉批日期，間於右下角註明到達日期。例如乾隆十四年八月十一日，署理江蘇巡撫印務覺羅雅爾哈善咨呈一件，封面右上角書明「莫一百三十九號」，右下角書明「九月二十八日到」字樣。乾隆三十四年七月十一日，傅恒等具奏〈貴州丹江營守備胡國正等二員請革職〉一摺，在封面左下方書明「七月十一日發」，「七月二十六日到」。本摺另附奏片一件，註明「傅恒等摺內夾片一件」，末幅亦註明「七月十一日發，七月二十六日到。」乾隆四十六年七月陳輝祖奏摺錄副封面左下角書明「七月初九日李棨抄」。同月初四日阿桂等奏摺錄副封面左下書明「毛鳳儀抄」。毛鳳儀是候補中書。

　　月摺包內的摺件，在封面居中上方，除照原摺書一「奏」字外，並於奏字下註明交或辦等字樣。例如乾隆十一年十二月二十日，兩廣總督策楞〈敬籌粵西鹽務事宜〉奏摺錄副，在封面奏字下註明「交」字樣。乾隆十二年正月初九日，新任江南河道總督周學健具奏閩省配用戰船錄副摺件，則在奏字下書一「辦」字。同日，周學健〈密陳閩省將驕兵悍惡習〉一摺，在錄副封面奏字下註明「密交」二字。是月二十一日，暫署山東巡撫方觀承〈奏除水患〉一摺，於封面居中書一「交」字，並註明「圖一附」字樣。其他或註明「單一附」，「單二」、「供單一」、「清單」

等字樣，或「提奏」字樣，例如乾隆十三年閏七月十六日，註明
「策楞到來，軍機大臣提奏」字樣。亦有註明「奉旨發抄」，
「引見時提奏」者。原摺行間裡若奉夾批，錄副摺件，則在該行
上方標明「硃」字樣，並於封面居中註明「有旁硃」或「旁硃」
等字樣。如重複抄錄時，則在重抄的副摺封面註明「重」字樣。
但副摺封面，亦有註明「不交、補交」字樣者。例如乾隆五十五
年八月初四日，貴州巡撫額勒春遵旨審擬吳文舉控告安修知佔地
燒屋一案，其錄副摺封面書明「供單一、職名單一交，又圖一不
交」，其餘例子甚多，不勝枚舉。

　　月摺包的奏摺錄副或原摺，在封面上因註明具奏人姓名及所
奏內容的簡單摘由，便於檢閱，除謝恩、陛見、請安等奏摺不抄
錄存查外，其餘摺件都另錄一份副本。因此，宮中檔部分原摺，
軍機處並未錄副存查。以乾隆五十四年正月分為例，宮中檔奏摺
的具奏人，包括：兩廣總督孫士毅、四川總督李世傑、雲貴總督
富綱、陝甘總督勒保、漕運總督敏奇、湖廣總督畢沅、江南河道
總督李奉翰、直隸總督劉峩、兩江總督書麟、河東河道總督蘭第
錫、江西巡撫何裕城、廣東巡撫圖薩布、廣西巡撫孫永清、湖北
巡撫惠齡、山東巡撫覺羅長麟、湖南巡撫浦霖、江蘇巡撫閔鶚
元、安徽巡撫陳用敷、河南巡撫覺羅伍拉納、陝西巡撫覺羅巴延
三、浙江巡撫覺羅琅玕、雲南巡撫譚尚忠、新授河南巡撫梁肯
堂、蘇州布政使奇豐額、護理山西巡撫布政使鄭源璹、貴州布政
使汪新、湖北布政使陳淮、浙江布政使顧學潮、署理福建按察使
王慶長、直隸按察使富尼善、江南狼山鎮總兵官蔡攀龍、直隸正
定鎮總兵官朱泰德、河南河北鎮總兵官王普、暫署廣西提督廣東
潮州總兵官蒼保、直隸宣化鎮總兵官劉允桂、山東兗州鎮總兵官
柯藩、河北襄陽鎮總兵官彭之年、臺灣鎮總兵官奎林、湖廣提督

俞金鰲、甘肅提督蘇靈、廣東提督高琳、浙江學政朱珪、管理鳳陽關稅務慮鳳道述德、杭州織造額爾登布，以及未書明職銜的金士松、四德、巴忠、徵瑞、蔡新、穆騰額、鄭際唐、鄂輝、全德、穆精阿、曹文植、閏正祥、海紹等五十七人。在軍機處乾隆五十四年正月分月摺包內，另有大學士管理禮部事務王傑、巡視山東漕務御史和琳、巡視南漕光祿寺少卿項家達、山西巡撫海寧、貴州巡撫李慶棻、福建巡撫徐嗣曾、雲南普洱鎮總兵官朱射斗及未書官銜的福康安、姜晟、阿桂等人的奏摺錄副抄件，其原摺不見於宮中檔。正月分月摺包內福康安的錄副奏摺，計二十件，俱不見其原摺。因此，軍機處月摺包的奏摺錄副實可補宮中檔的闕漏。但宮中檔正月分原摺具奏人內如巴忠、毓奇、蔡新、俞金鰲、鄭際唐、曹文埴、顧學潮、汪新等人的奏摺，則不見於正月分的月摺包，此即軍機處不抄錄存查的摺件。其中巴忠原摺一件，乾隆五十四年正月初三日，巴忠欽奉五十三年十二月初四日寄信上諭，將上諭全文抄錄覆奏。廷寄發下，臣工照例具摺覆奏，但軍機處有案可查，故不必重抄。毓奇奏摺一件，高宗賞賜御書福字、鹿肉等，毓奇具摺謝恩，其餘蔡新、俞金鰲、鄭際唐、曹文埴等人的奏摺，都是謝恩，俱不抄錄副本。至於汪新原摺一件，奏報貴州巡撫李慶棻身故事，月摺包不見此抄件。宮中檔乾隆朝奏摺約五萬九千五百餘件，軍機處月摺包乾隆朝奏摺錄副約四萬七千餘件，其數量少於宮中檔，主要原因就是宮中檔內很多請安、謝恩及陛見等奏摺，軍機處俱未錄副存查。

　　軍機處月摺包，原來分尋常與雜項二種，前者是不分何事、按月歸包，故稱為尋常摺包。後者則為專案的錄副摺件，按事分類，每類再按年月分包，此為清代辦理某案時，將奏摺的錄副抄件彙集歸包，在軍機處檔冊內亦有不少專檔，如安南檔、緬檔、

金川檔等。乾隆朝月摺包內，曾將辦理專案的摺件，彙集歸包，例如乾隆三十三、四年黃教事件，乾隆五十三年林爽文之役，及乾隆五十三至五十五年，安南事件等，軍機處俱將抄錄的副本及供詞等彙集歸入月摺包內，所以月摺包內的檔案種類較宮中檔為多，有漢文、滿文、藏文及回文等類。清初制度，漢大臣能書寫滿文者，得以滿文具奏，滿洲武員及內府人員等例應以滿文書寫。至於朝廷部院滿漢大臣聯銜會奏或議覆具奏時，則滿漢文併書，此類摺件，稱為滿漢合璧摺。在乾隆年間滿文的使用，已漸為漢文所代替，但在月摺包內仍有不少的滿漢合璧摺，高宗批諭時多書滿文。例如乾隆十二年十一月二十七日，鎮守盛京等處將軍達爾當阿（daldangga）〈奏陳奉省流寓災民陸增應請隨時約束〉一摺，為一滿漢合璧摺，於原摺漢文部分末幅書明「此摺係兼清，硃批亦係清字[26]。」所謂「兼清」，即兼書清語。此摺滿文部分書明："abkai wehiyehei juwan juweci aniya jorgon biyai ice sunja de, fulgiyan fi pilehe, hese, uttu icihiyarangge inu, saha sehe." 漢譯應作：「乾隆十二年十二月初五日奉硃批，如此辦的是，知道了，欽此。」由其形式觀之，實為一抄件。乾隆十三年正月二十六日，禮部尚書海望等具奏康熙二十三年聖祖東巡加恩典禮事，為滿漢合璧奏摺的原件，內附夾片一件，文中「幸魯盛典」一書，滿文照漢文音譯作："hing lu šeng diyan bithe"。乾隆十三年閏七月十五日，國史館總裁官大學士張廷玉等為天文時憲二志完稿，繕寫裝訂呈覽，具摺奏明。此為楷書原件，其滿文所批為："erebe uksun be kadalara yamun weilere jurgan de afabu"，意即「將此交宗人府、工部。」原摺內附漢字簽條一紙，書明「乾隆十三年閏七月十五日具奏，奏旨著莊親王、侍郎何國宗詳細校對，欽此。」除滿漢文的檔案外，亦有部分的藏文資料，例

如月摺包內〈喇嘛自敘永免差徭的憑據〉、〈忍的地方上公給喇嘛寺每年撥給背夫照〉、〈明正司土婦給喇嘛寺永免差役執照〉等件，俱以藏文書寫。

　　就檔案名稱而言，月摺包內的文書種類亦多於宮中檔。例如乾隆十六年九月二十四日，兵部左侍郎管理順天府府尹事蔣炳〈代順天在籍縉紳原任禮部侍郎王景曾等恭祝皇太后六旬萬壽〉一摺，原件楷書，封面居中上方書明「摺底」字樣，下書「單一」，右上角編號爲「羊一百五十」，右下方書明具奏人姓名及內容摘由，並註明硃批日期爲「九月三十日」。因王景曾等呈請代奏，蔣炳即彙合錄寫名單，將王景曾等二十六人的年歲、籍貫、經歷等分別開列。乾隆十六年九月二十四日交給奏事御前二等侍衛安泰轉奏。原件雖書明「摺底」，但就其格式而言，實與正式奏摺無異。此類代奏摺件，有時又稱爲「奏底」。例如高宗八旬大壽時，河東鹽商尉世隆等呈請代進貢品，總督據情代奏時，其原摺封面書明「奏底」二字，內附貢品清單，包括玉吉祥如意、洋鐘等二十七種。有時亦稱爲「副摺」，例如乾隆十七年十二月，福建巡撫陳弘謀具奏拿獲福州府屬羅源縣積惡棍徒張元和解送到京，協辦大學士署刑部尙書阿克敦具奏請旨照光棍例斬立決。原件爲楷書，其封面書明爲「副摺」，內附奏片一紙，註明「二十三日，刑部請旨事。」並書滿文諭旨云：“jang yuwan ho be uthai sacime wa. gūwa be gisurehe songkoi obu, hese be baire jalin.” 意即「張元和著即處斬，餘依議，爲請旨事㉗。」

　　月摺包內除奏摺以外，又含有「略節」，即約略敘述事件的大意或要點，而用書面提出的文書，間亦作「節略」。例如乾隆十三年十二月初十日，黃廷桂奏〈生息銀請兵商兼運〉文，在原件封面居中書「略節」二字，下書「此一件係黃廷桂面奏事件，

與軍機大臣商議者，已經議奏。」黃廷桂面奏時，將事件大要寫成文書呈遞御覽後批交軍機處辦理。高宗於黃廷桂略節上批諭，令查郎阿、劉於義籌畫定議具奏。查郎阿等將議奏意見書於略節之末幅，其文云「夫兵既困於無借，商又苦於承領，總不若兵借商領兩者兼行之為得也。乾隆十三年十二月初十日。」此外〈長蘆鹽課加斤倒追略節〉、〈蘆東生息略節〉等，其格式除封面書寫「略節」字樣外，其餘與奏摺格式相近，每幅六行，每行二十格，平行書十八字，惟多不書呈遞年月。

　　宮中檔內常見有臣工繳回的寄信上諭，同樣在軍機處月摺包內亦有寄信上諭。就一般而言，寄信上諭是由軍機處擬定諭旨，經御覽修改後，鈐蓋軍機處的印信於紙函外，由軍機處司員批上遲速里數，交給兵部加封後，由驛馳遞，寄信上諭因寄自內廷，故簡稱「廷寄」。又因寄信上諭的格式，首書大學士或軍機大臣字寄某人，故又簡稱「字寄」。然而所謂字寄，亦可由地方大臣寄給軍機處。例如乾隆十六年十二月二十日，高晉寄信給軍機處，封面居中書明「寄字」，其文內云「大學士管江南河道總督事高字寄辦理軍機處，案照本閣暫管兩江總督任內於本年六月十五日接准寄字，京中需用慶典綵紬十萬餘疋，令兩江總督、閩浙總督、兩淮鹽政三處勻派（中略），為此寄字，請祈察照施行。」其格式與軍機處交兵部發出的寄信上諭極相近。

　　清代驛遞制度，凡京中由驛馳送直省的文書，都使用兵部憑照，由各驛站接遞，此憑照，稱為「火票」，取其火速之義。月摺包內亦存有兵部火票。例如乾隆四十三年十月十七日，軍機處交兵部報匣一個，由六百里驛遞，兵部即填寫火票一紙。在憑照正上方書「兵部火票」四字，加蓋兵部印信，在火票右上角書「此報匣限日行六百里，遞至河南儀考工次交投，毋誤。」火票

內書明事由及沿途應注意事項等。其原文云「兵部為緊急公務事，照得軍機處交出欽差大學士高報匣壹個，事關緊要，相應馬上飛遞，為此票仰沿途縣驛派官吏，文到即選幸的役畫夜星飛馳送至該處交接，毋得擦損。倘有稽遲時刻，查出即行指名題參，毋違，速速，須票，右票仰經過地方官吏，准此。乾隆四十三年十月十七日㉘。」兵部火票是研究驛遞制度的重要資料，在宮中檔則不見此類文書。

　　批迴是差員解送物品或齎送文書的驗收字據，軍機處月摺包內間亦見有批迴。例如乾隆三十四年八月二十五日，浙江省委員解書至軍機處交投，並由按察使發給差役批迴一紙，原文云「浙江等處提刑按察使司為欽奉上諭事除外，今給批差解官管解後項書箱，前赴軍機大人臺下告投，守奉批迴，須至批者。今開解書籍拾伍箱、經板拾箱，齎公文壹角，右給批差解官張廷泰，准此。乾隆三十四年八月二十五日。按察使司押。」批迴左上角鈐蓋關防，並書「乾隆三十四年十月驗訖。」所蓋關防為「督理崇文門稅務之關防。」

　　揭帖、知會與咨文，其文書名稱不同，但功用相近，這些文書間亦歸入《軍機處・月摺包》。清初定制，京內各部院衙門題本逐送內閣，稱為部本。各省督撫將軍等題本於封固以後，加以夾板，或木匣盛貯，內用棉花填緊，外加封鎖，周圍縫口以油灰抹黏，外用黃紬布包固，督撫等捧拜既畢，即填用火牌交付驛夫飛遞到京，由駐京提塘官接捧投送通政司開取㉙。通政司堂官收本，每天以辰刻為期接收，巳刻即散，各省題本甫至京而趕不及者，由提塘官存貯過夜，次日辰刻交投。乾隆十一年二月二十八日，高宗降諭令通政司每日派堂官一人在衙門值宿接收本章，此後各省本章進城，不拘時刻，即直送通政司交收㉚。內外臣工題

奏本章，定例以半幅黃紙摘錄本中大意，附於疏中，稱爲「貼黃」[31]。其字數不許過百字。直省督撫等封進本章，除貼黃外，例有揭帖，分遞部院，其分送內閣各部院衙門的題本副本就叫做「揭帖」[32]，這與匿名揭參的文書不同。例如《軍機處‧月摺包》乾隆三十五年四月二十六日杭織造揭帖，其封面居中書明「揭帖」二字，下鈐蓋滿漢文合璧關防，文曰「杭州織造關防」。揭帖首幅第一行書明官銜及事由〈管理杭州織造兼管南北新關稅務戶部外郎西爲置辦事〉。杭州織造因奉諭爲新疆貿易紬緞，遵照辦理分織，具本謹題。揭帖末幅書明「除具題外，須至揭帖者」字樣，又於年月日期處鈐蓋杭州織造關防[33]。各部院衙門行文會辦的文書稱爲「知會」，例如乾隆三十五年八月分月摺包內所存吏部知會，是月初八日，吏部知會軍機處，其封面書明「知會」，下鈐吏部印信。知會內容爲：「吏部爲知會事，所有現任福建汀州府知府克興額係正紅旗滿洲和成佐領下人。今據正紅滿洲旗分咨報部，該員丁父憂前來，相應知會軍機處可也，須至知會，右知會軍機處。乾隆三十五年八月初八日。在揭帖末幅年月日期處鈐蓋印信。咨文與知會性質相近。例如乾隆十六年十二月分月摺包，署理湖廣總督印務巡撫湖北等處地方提督軍務兵部右侍郎兼都察院右副都御史恒文於十二月初十日移文知會軍機處，於文書封面書明爲「咨呈」下蓋印信。其首幅書明事由「爲知會事」，文書內容爲乾隆十六年十二月初九日接准兵部火票遞到軍機處咨文，令督撫遵照寄信上諭將所屬番苗黎獞繪畫圖像咨送軍機處彙奏，恒文接到咨文後，即於翌日移文軍機處。原文末幅年月日期處，註明「知會事」。月摺包內咨文數量甚多，主要是直省督撫移咨軍機處的公文。咨文封面或書「咨呈」，或書「呈」，例如乾隆十六年十月十八日，署理長蘆等處鹽政及乾隆

二十四年正月二十二日河南巡撫等咨文，在封面書一「呈」字，但其事由書明爲「咨覆事」或「咨送事」，足見此件呈文，實係咨文。咨呈例應鈐印，但亦有未加鈐蓋印信者，例如乾隆十六年九月初七日，直隸總督方觀承呈送軍機處的咨文並未用印信。清朝咨文，除以漢文書寫外，尚有滿漢兼書的咨文，例如乾隆十四年八月十一日，署理江蘇巡撫印務覺羅雅爾哈善移文軍機處的咨文，即爲滿漢文合璧的「咨呈」，在漢文部分的封面右上角註明編號爲「莫一百三十九號」，右下角註明「九月二十八日到」。根據咨文的內容，可以了解各處咨送的物品及數量等，例如乾隆十六年十一月初一日，署理湖廣總督印務湖北巡撫恒文遵旨將各屬苗傜男婦圖像分別類種照式彙繪說明，裝潢冊頁一本，咨送軍機處，對苗疆研究，頗有裨益。藩臬二司以下除進呈督撫的詳文外，間有呈遞部院大臣的稟文。例如月摺包乾隆五十五年三月二十三日，河南布政使景安呈稟中堂，封面爲褐色，居中上方貼方形素紙，其上又貼小方形紅紙，紅紙上書一「稟」字。是月二十四日，廣西思恩府知府汪爲霖呈給軍機大人的稟文，封面爲深藍紙，亦貼紙書寫「稟」字。其文註明具稟人官銜姓名，事由及內容等：「廣西思恩府知府汪爲霖謹稟軍機大人閣下，敬稟者本月二十二日巳刻，卑府等曾於河南延津縣城由五百里馳稟察核，諒蒙恩鑒。茲於二十四日行抵直隸磁州地方，卑府等沿途照料，俱屬寧適。所有行次直隸省境日期，理合由五百里飛稟憲聞，仰慰慈懷，伏乞軍機大人察核，卑府爲霖謹稟。」原稟共計三幅，每幅五行，每行二十五格，末幅書明具稟日期。月摺包內亦見有信函性質的「肅」，例如國泰在山東巡撫任內，高宗南巡入山東境內時，因燈節已過，軍機處寄信國泰不必預備煙火。但國泰先已委員齎款赴京，於內務府匠役處製備煙火。國泰接准字寄後即函

請軍機大臣代奏進呈以備內用。此函封面書一「肅」字，首幅第一行書「國泰謹請軍機大人崇祉」字樣，末幅書「伏祈中堂大人裁酌，謹肅。」國泰以私人信函請軍機大臣代奏，故未鈐印信或關防。

軍機處代擬照會屬國的文稿，亦歸入月摺包。例如乾隆十六年春間，廣西憑祥土州內地土民錯行越界種竹，安南國人即拔竹毀柵，引起糾紛，清廷即令廣西巡撫、提督照會安南國王約束其民，並查出滋事之人自行懲處。此照會書明為「謹擬照會安南國王文稿」，稿末書明「須至照會者」字樣。這類外交文書，仍不失為研究對外關係的一種直接史料，月摺包內所含直接史料，種類繁多，本文所舉各例，祇是犖犖大端者。

《軍機處·月摺包》內含有部分的原摺，有時原摺與錄副抄件同存一包之內。例如乾隆三十五年九月二十八日，山東巡撫兼提督銜富明安〈奏聞遵旨查閱營伍民樂飽暖〉一摺，是楷書原摺，奉硃批「覽奏俱悉」。原摺歸入月摺包第二七七一箱，七十九包，一二五九六號。同一月摺包一二五九五號，則為富明安奏摺的抄件。在錄副存查的抄件封面右上方註明「富明安」，並摘敘摺由。左下方註明「十月初五日」，末幅書明「乾隆三十五年十月初五日奉硃批覽奏俱悉，欽此。」下又註明「九月廿八日」。由前舉奏摺的原摺與抄件的比較可知「九月二十八日」是具奏日期，「十月初五日」則是奉硃批的日期。至於京中各部院大臣的奏摺亦多歸入月摺包，例如乾隆十四年八月二十日，太醫院御醫何徵圖奉旨探視建威將軍補熙病情。九月初六日，何徵圖抵達綏遠城診視將軍補熙後具摺奏聞。據稱補熙六脈弦遲無力，類似中風的症狀，以致左半身不遂，口眼歪斜，言語蹇澀，步履艱難。何徵圖即刺灸肩髃、曲池、列缺、風市、足三里、三陰交

等穴,內服桂枝附子湯。不久,口眼已正,言語亦清,左半身手足亦能運動。九月十二日,何徵圖本人忽患左半身麻木不仁症,舉動艱難,服藥二劑後,於次日即能運動。原摺開列〈桂枝附子湯〉藥方及〈益氣養榮丸方〉。其中桂枝附子湯方為:川桂枝四錢,白芍藥三錢,甘草一錢,製川附子五錢,當歸三錢,續斷二錢,木瓜二錢,牛膝三錢,杜仲二錢,不加引。又協辦大學士陳大受因患心陰不足挾濕傷脾之症,經右院半邵正文診看後,即用「益氣養榮湯」調治,內含人參三錢,白术四錢,土炒,陳皮一錢,茯苓二錢,肉桂一錢,去粗皮,熟地三錢,白芍二錢,酒炒,當歸二錢,酒洗,遠志一錢,去心,五味子八分,研,甘草一錢,炙,引浮麥五錢煎服。《軍機處・月摺包》奏摺錄副存有為數不少的清單。例如直省各屬雨雪糧價單、銀兩米穀單、額徵錢糧單、海關四柱清單、估變家產什物清單、發遣人犯單、枷號人犯單、紳士姓名單、鄉試題目單、中式舉人姓名年齡籍貫等第清單、貢品清單、查訪禁書解送清單、拏獲匪犯解京清單等,在錄副摺件上註明「有單」等字樣者,多附有清單原件或抄件,宮中檔原摺所附呈的清單,大部分都歸入月摺包內,這類清單間亦作「清摺」等字樣,所謂摺子,原指清單而言,清摺即是清單。

月摺包內除清摺外,尚有極重要的供摺,即供單,多為奏摺的附件,這類供單就是訊問當事人的供詞。例如閩浙總督喀爾吉等審結陳怡老案時奏稱龍溪縣民陳怡老私往「番邦」,擅娶「番婦」,謀充甲必丹,專利營私,於乾隆十四年六月內攜妻子婢僕搭船偷載回閩。喀爾吉善等將審訊供詞繕摺呈覽。原摺所附供單,經御覽發下後即歸入月摺包內。據陳怡老供稱「小的龍溪縣人,今年四十三歲。因小的有已故胞姪陳恭向在廣東香山縣開雜貨行,小的於乾隆元年往廣東去看姪子,聞得往洋生理甚好,小

的就置買茶煙等物，是那年十一月裡由廣東香山澳附搭馬狗番船往噶喇吧貿易，果然得有利息。乾隆二年，小的用番銀五十三員買了夢噶嘀的番女高冷做妾，生了兩個兒子，叫爭仔、偏仔，一個女兒叫幼仔。小的就學會了番話，因此，番邦頭目認得小的，小的又把內地好貨物送他。那頭目見小的會做買賣，又有眷口在番，因借給小的番銀三萬兩做本營運，賺有利息。」陳怡老又供「乾隆十年，番人又叫小的充甲必丹，替商人估計貨價，代通番語，凡客商到那裡住的房租，也是小的管理催討，從中獲有利息，十數年間，共積得番銀十萬餘兩。」又供「番邦的甲必丹，不是番官，並沒有俸祿，吃的不過遇內地商船到港，替他估計貨物價值，遇漢人置買番貨，代他評品物價，並管理催討客商租住的房租，就如內地牙行地保一般㉞。」清初嚴厲執行海禁政策，閩粵民人仍屢次犯禁出海，陳怡老的供詞就是重要的直接史料。又如乾隆十六年十二月十六日，湖南省耒陽縣盤獲楊煙昭，呈出字跡十紙，封圖一紙。據原摺所附供單稱楊煙昭本名叫做徐驤，是江南揚州府興化縣人。徐驤供云「十一年九月間，在寧波府奉化縣地方，一日，天色未明，我出門要到別處做生意，不料路上遇著一個面容枯瘦，遍身紫黑色的人，口吐硫磺煙，吹在我鼻子裏，我就昏迷了。據他說是曾靜的鬼魂，從此就精神恍惚，此後我走江南、湖廣，也只是看相行醫，在各處飯店裡寓歇，前年到澧州，寓在東門外杜姓飯店，又遇著曾靜的鬼魂瘋癲了。」呈出的字跡裡有「狂悖之語」，就是那魔根鬼魂所迷時才寫出曾靜的話。供摺內亦錄下署理湖南巡撫范時授等審訊的問詞，「問，你字內寫著西來曾靜，南有煙昭，分明把曾靜與你相比。又你自稱吾逆曾靜，又替彌天重犯做謝表，這明是你想慕曾靜的行為，特來訪求他餘黨了。」乾隆初年，曾靜雖被凌遲處死，但餘黨未被

清除，而且此案株連亦廣。至於邪教勢力，極為猖熾，教徒屢被查獲，錄有供詞，實為研究清代秘密會社的重要資料。例如乾隆十七年十一月初二日，暫署山東巡撫楊應琚奏明鄆城縣拏獲邪教人犯一摺，內附供單，並抄錄劉漢裔首告邪教謀反原呈。據劉漢裔供稱鄆城縣趙會龍等行空子教，教其四句真言，略謂「趙會龍又教小的肆句真言，是真空家鄉，無生父母，見在如來，彌勒我主。又說日頭叫太陽，月亮叫太陰，問是在裏在外，說是在裏，只要記住這幾句話，人就知道是教裏的人了㉟。」部分奏摺間亦將供詞抄入摺內具奏，但平常所錄詳供是另書供單，附入摺封內呈覽，然後歸入月摺包內，由於其數量較多，內容較詳，對於史事的研究，裨益甚大。

在月摺包內所附各種圖表，在奏摺錄副的封面都註明附圖件數。例如乾隆十四年十月初一日，江南河道總督高斌〈奏聞清口御壩木龍及陶莊積土塌去情形〉一摺，內附雍正十三年形勢圖、乾隆十三、四年形勢圖。圖上黃簽標明黃河在清河縣以東南岸御壩兩側介於王家庄至舊頭壩之間，有三個木龍及一個龍盤。乾隆十四年形勢圖，黃簽註明御壩外自乾隆五年淤灘，長五百餘丈，寬四五十丈不等。乾隆十四年，新淤灘長六百餘丈，寬六七十丈不等。研究清代河工水利，有不少水利形勢圖值得參考。乾隆十六年九月初六日，高斌等奏覆辦理壩工情形，內附廣西鎮南關憑祥土州隘柵圖。憑祥土州接壤安南，沿山勢相連，凡與安南可通各路，俱有排柵堵截。山屬內地者，使用黃色，山屬安南者，使用墨色，以別中外，土民種竹越界處，則用紅點，黃簽標明各段越界錯種筋竹丈數及界柵高寬丈尺。乾隆二十七年閏五月初五日，直隸總督方觀承奏明籌辦邊衝橋座要工一摺，內附修理懷來縣通濟石橋舊樣圖，橋通長五十九丈八尺二寸。另一圖為新圖式

樣，標明新改橋通長七十二丈四尺九寸，寬二丈八尺，欄板高三
尺，厚六寸，長五尺，共計二百一十八堂。至於〈清寧宮地盤樣
圖〉，則為一藍圖，標明清寧宮之南、鳳凰樓東北角為祭祀杆子
處，鳳凰樓正南為崇政殿，殿左翊門前為日晷，右翊門前為甲
亮，殿南為大清門，清宮右為崇謨閣。閣內貯放滿文原檔抄本、
清代歷朝實錄、聖訓等位置架格都繪有圖樣。月摺包內亦見有
〈捕蚄車式〉構造圖。黃簽標明「中柱高柒寸，加左右雁翅各長
貳尺，縛竹為之，推車前行，則兩翅橫掠左右，穀上蚄蚄墜入布
兜內。」蚄蟲又名蚄蚄，為稻穀害蟲之一，體呈綠色，長約六七
分即約二公分，牽稻葉作小繭於其中，成蟲為灰黃色的小蛾。捕
蚄車輪徑五寸，截圓木做成，軸長五寸，以堅木做成，橫貫左右
木內，順穀隴轉動，前行甚速。此外，月摺包內也存有各國表
文、碑文，如大遼興中府靈感寺釋迦佛舍利塔碑銘。又有檄稿，
甘肅官商與準噶爾貿易議稿、收管奴隸管約書、狀紙等，間亦附
有軍機大臣的奏片。例如乾隆三十五年八月十七日，軍機大臣具
奏「尚書豐昇額奉旨在軍機處行走，應否閱看硃批奏摺之處請旨
遵行。謹奏。乾隆三十五年八月十七日，奉旨，准其閱看，欽
此。」由乾隆朝月摺包文書種類的繁多，可知軍機處在乾隆年間
職責範圍的廣泛。

【註　釋】

① 趙翼著《簷曝雜記》，卷一，頁1，壽春白鹿堂重刊，民國46年，
　中華書局。
② 席吳鼇著《內閣志》，頁4，借月山房彙鈔，第十集。
③ 梁章鉅纂《樞垣紀略》，原序，頁1，《近代中國史料叢刊》，第
　十三輯，文海出版社。

④　《大清世宗憲皇帝實錄》，卷八二，頁 6，雍正七年六月癸未上
　　諭。

⑤　同前書，卷一〇五，頁 11，雍正九年四月庚子上諭。

⑥　李宗侗撰，〈辦理軍機處略考〉，《幼獅學報》，第一卷第二期，
　　頁 1～6，民國 48 年 4 月。

⑦　傅宗懋著《清代軍機處組織及職掌之研究》，頁 121～123，民國
　　56 年 10 月，嘉新水泥公司文化基金會。

⑧　《文獻特刊》，頁 19，民國 56 年 10 月，臺聯國風出版社。

⑨　《故宮文獻季刊》，第二卷，第四期，頁21～41，民國60年9月。

⑩　《起居注冊》，雍正九年四月初八日庚子，內閣奉上諭。

⑪　《宮中檔》，第七十八箱，五三二包，二〇四九九號，雍正十三年
　　九月二十二日，允禮等奏摺。

⑫　《大清世宗憲皇帝實錄》，卷一一六，頁 2，雍正十年三月庚申，
　　據大學士等奏。

⑬　《宮中檔》，第七十八箱，四八八包，一七四一七號，雍正十年閏
　　五月十二日，黃廷桂奏摺。

⑭　《上諭檔》，乾隆二年十一月二十八日，上諭。

⑮　《宮中檔》，第七十八箱，二八八包，四八四三之二號，雍正元年
　　九月二十六日，盧詢奏摺。

⑯　《大清世宗憲皇帝實錄》，卷八七，頁 3，雍正七年十月乙巳，據
　　大學士等奏。

⑰　《樞垣紀略》，卷一三，頁 15。

⑱　同前書，卷二二，頁 6。

⑲　《大清世宗憲皇帝實錄》，卷四九，頁 20，雍正四年十月甲戌，
　　上諭。

⑳　《欽定大清會典事例》，卷一五，頁 14，中文書局據光緒二十五
　　年刻本景印。

㉑　《大清聖祖仁皇帝實錄》，卷二四四，頁 2，康熙四十九年十月初

三日，上諭。

㉒　《軍機處檔・月摺包》，第二七七二箱，第九包，一二四六號，德明奏摺錄副。

㉓　《軍機處檔・月摺包》，第二七四〇箱，六七包，一〇〇一一號，〈左夢庚事實〉。

㉔　鑄版《清史稿》下冊，頁 1042，列傳三十五；《清史列傳》，卷七十九，頁 14，貳臣傳乙篇，中華書局。

㉕　《樞垣紀略》，卷二二，頁 6。

㉖　《軍機處檔・月摺包》，第二七七二箱，一二包，一五六三號，乾隆十二年十一月二十七日，達爾當阿奏摺錄副。

㉗　《軍機處檔・月摺包》，第二七四〇箱，六六包，九七四三號，乾隆十七年十二月二十三日，阿克敦奏摺。

㉘　《軍機處檔・月摺包》，第二七六四箱，一〇一包，二一三四九號，乾隆四十三年十月十七日，兵部火票。

㉙　《宮中檔》，第七十五箱，四三六包，一四三八三號，雍正六年二月初三日，莽鵠立奏摺。

㉚　《上諭檔》，乾隆十一年二月二十八日，內閣奉上諭。

㉛　蕭奭著《永憲錄》，卷三，頁 225。「近代中國史料叢刊」第七十一輯，文海出版社。

㉜　徐中舒撰〈內閣檔案之由來及其整理〉。《明清史料》㊀甲編，頁 7，中央研究院。民國 61 年 3 月，維新書局再版。

㉝　《軍機處檔・月摺包》，第二七七一箱，七四包，一一九七二號，乾隆三十五年四月二十六日，揭帖。

㉞　《軍機處檔・月摺包》，第二七四〇箱，三九包，五五二一號，乾隆十五年三月二十二日，喀爾吉善奏摺錄副供單。

㉟　《軍機處檔・月摺包》，第二七四〇箱，六五包，九四七五號，乾隆十七年十一月初二日，楊應琚奏摺錄副。

史館檔清史列傳的纂修體例

　　歷代修史，講求體例。清朝國史館暨民初清史館在纂修《明史》的基礎上仿《明史》纂修清史，有傳承，也有創新，是再造，也是衍義。

　　清朝國史館纂修歷朝本紀，採長編體，一帝一紀，自成系統，條理井然，帝紀卷首，詳列凡例，可以窺知本紀體例，以本紀為綱，志傳為目，於帝紀內但載大綱，其詳俱分見各志傳，不敢略，亦不敢繁，以從國史體例。黃綾本帝紀俱譯成滿文本，不失為清朝國史中特色。

　　《明史》表十三卷，為目凡五，諸王表五卷，功臣表三卷，外戚表一卷，宰輔表二卷，俱從舊例。七卿表二卷，為新創體例。清朝國史館纂修《宗室王公功績表傳》、《外藩蒙古王公表傳》、《國史貳臣表傳》等，有表有傳，俱屬創新體例。凡以軍功始封之王公，皆人自為篇，篇首有題，題則名爵並載，題下有注，注則襲替兼書。外藩蒙古回部王公表傳，以一部落為一表傳，其有事實顯著王公，即於部落表傳之後每人立一專傳，並以清、漢、蒙古字三體合繕成帙。凡建功之端委，傳派之親疏，皆可按籍而稽。

　　史家類傳之名，儒林、循吏、遊俠、貨殖，創由司馬遷，黨錮、獨行、逸民、方術，仿自范曄，其後沿名隸事，標目繁多，然而歷代以來，二十二家之史，從未有以貳臣為表傳者。乾隆年間，國史館奉命將曾仕明朝降清後復膺官爵諸臣，別樹專門，另立貳臣表傳，釐為甲乙二編，各分上中下，以修史體例褒貶人

物，史無前例。清史館纂修《清史稿》，淡化處理降人，廢貳臣
等名目，以人物生卒先後，列事作傳。貳臣傳中李永芳入甲編
中，馬光遠入乙編上。已刊《清史稿》將李永芳、馬光遠入於大
臣列傳十八，與佟養性、石廷柱、李思忠、金玉和等並列，傳末
論贊謂皆蒙寵遇，各有賢子，振其家聲云云，堪稱公允。探討
紀、志、表、傳體例，有助於了解國史館暨清史館纂修清史的得
失。清朝國史館暨民初清史館纂修列傳，皆繼承歷代正史體例，
彙傳固然以類相從，即大臣列傳，亦採以類相從的體例纂輯，藉
以反映列傳人物在歷史舞臺上所扮演的角色。從各類列傳的記
載，可以顯露當時的社會概況，以及歷史發展的過程。

勳猷茂著──開國功臣立傳以事蹟先後定次第

　　列傳的意義，就是列事作傳，將其人一生事實臚列作傳，年
經月緯，有系統的記載，以傳於後世。康熙年間（1662～
1722），清國史館已開始為開國功臣立傳。康熙四十四年
（1705）十月，清聖祖頒降諭旨，將開國元勳，凡王公侯大臣等
生平事實交翰林院掌院學士揆敘著滿洲、漢軍翰林官將所存檔子
蘇完扎爾固齊先行彙輯成編，繕呈進覽。其後又將費英東扎爾固
齊清文列傳、五大臣傳、弘毅公額亦都達爾漢轄、何和里額駙、
順科洛巴圖魯清文列傳陸續進呈①。康熙四十五年（1706）六
月，清聖祖諭修國史諸臣云：

> 開國功臣傳。當因其事蹟先後，以定次第。若視功績分次
> 第，或有本人功績少，而子孫功績多者，反置子孫於前列
> 可乎？今應分別太祖、太宗、世祖三朝功臣，以何人居
> 首，請旨定奪。至逮事三朝功臣，各於本人傳內，通行開
> 載事蹟，其子孫有立功者，附載於下，俟作傳畢，可錄出

分給其子孫各一通，令藏於家②。

　　前引諭旨指出，纂修開國功臣列傳的體例，當因功臣事蹟先後，以決定次第，不當視其功績分次第。清聖祖命國史館應分別太祖、太宗、世祖三朝功臣，至於以何人居首，必須請旨定奪。雍正元年（1723）九月，清世宗諭國史館編輯功臣列傳云：

> 著將國初以來文武諸臣內立功行間，誠敬任事卓越之才有應傳述者，行文八旗，將諸王貝勒貝子公，以及文武大臣之冊文、誥敕、碑記、功牌、家傳等項，詳加查核，暨有顯績可紀者，亦著詳察，逐一按次彙成文冊，悉付史館，刪去無稽浮誇之詞，務採確切事實，編成列傳，如此可以垂之後世，庶為國家宣力有功之大臣，不致泯沒，特諭③。

　　為功臣立傳，除實錄、內閣紅本外，其冊文、誥敕、碑記、功牌、家傳等項，也是重要史料。根據可信度較高的史料，採集確切事實，編成列傳，始可垂之後世。雍正三年（1725），清世宗又命國史館將太祖、太宗、世祖三朝實錄粘貼功臣世職名籤進呈，欽定功臣一百一十人，後來又繕定七十六人。乾隆元年（1736）三月，禮部左侍郎徐元夢為纂修國史，奏請將雍正年間（1723～1735）諸王文武臣工的譜諜、行述、家乘、碑誌、奏疏、文集，在京文職五品以上，武職三品以上，外任官員司道總兵以上，身後具述歷官治行事蹟，勒令八旗直省查明申送國史館，以備採錄傳述。經總理事務王大臣議准者，亦應錄送，作為志傳副本④。國史館纂修的列傳，已由開國功臣擴大至文武職臣工。同年十月，國史館總裁官鄂爾泰等進呈《太祖高皇帝本紀》。鄂爾泰等原欲俟四朝本紀纂修完成後始將表志列傳等項次第排纂。清高宗恐曠日持久，成書太遲，故令一面辦理本紀，一面排纂表志列傳，國史館遵旨辦理。乾隆十二年（1747），國史

館將五朝本紀清漢各四十六卷及功臣一百一十人列傳清漢各九卷，陸續進呈。同年十月，國史館將續纂功臣七十六人列傳清漢各卷繕寫裝潢進呈御覽。乾隆十三年（1748）閏七月十五日，國史館總裁官張廷玉具奏，功臣列傳編纂完成。宗室列傳，因未經奏明，故尚未編輯。

　　因史書體例有年表，國史館監修總裁官傅恒等以國史記載五朝事實，凡宗室受封、功臣宣力及簡任宰輔、九卿等官，非立年表，不無遺漏之處，故奏請補序年表。一方面將各朝本紀、志、傳等書，詳細校閱，一方面取宗室王公大臣事實，各立年表。乾隆十四年（1749）十二月，傅恒等奏請將五朝宗室王公及滿漢大臣著有勞績未經立傳者，先期行文取具事實彙齊移送國史館，開列名單，請旨定奪，續纂列傳。國史館總裁官等員自乾隆十五年（1750）六月起開始校閱宗室王公列傳及功臣列傳，有應增改之處，即粘籤進呈。可據總裁官具奏內容了解其校閱進呈傳目及卷數。乾隆十六年（1751）五月，校閱宗室王公列傳五卷，功臣列傳七卷。同年九月，校閱功臣列傳十二卷。乾隆十七年（1752）五月，五朝功臣大臣列傳續修告竣進呈御覽者凡二百三十四人。各旗直省陸續送到事實清冊，經國史館檢查考訂，可以立傳者，凡二百五十人，繕寫清單，奏請欽定，奉旨續修大臣列傳。同年十二月，國史館將都統孫塔等四十六人纂成清漢列傳各四本，先行進呈御覽。其未經編輯的傳、表，仍陸續編輯。乾隆十八年（1753）四月，國史館將續修大臣列傳二十三卷先行進呈外，又將第二十四卷至二十九卷清漢各六卷進呈御覽。同年七月，國史館續修大臣列傳第三十卷至第三十七卷止，每卷一冊，清漢各八卷八冊進呈御覽。同年十一月初八日，國史館監修總裁官傅恒等具奏時指出，陸續進過宗室王公傳五卷外，又將宗室王公傳第六

卷起至第九卷止清漢各四卷，大臣列傳第三十八卷起至第四十九卷止清漢各十二卷，大臣年表清漢各十八卷，俱已及期完竣。因卷帙繁多，未便一併進呈，所以先將大臣列傳第三十八卷起至第四十三卷止清漢各六卷進呈御覽。十一月十四日，國史館將宗室王公傳第六卷起至第九卷止清漢各四卷，大臣列傳第四十四卷起至四十九卷止清漢各六卷進呈御覽。十二月初四日，國史館將大臣年表清漢各十八卷進呈御覽。所以續修各項史書，業已告竣，經粘簽更正後，另繕正本奏請移送內閣交皇史宬尊藏。其中宗室王公列傳，共計九卷。國立故宮博物院現存《大清國史宗室列傳》五卷，就是國史館纂修的朱絲欄原輯本，是進呈本的未定稿。原輯本卷一詳列凡例如下：

> 一列聖諸子，無論有無封爵，及得罪削爵除籍，俱按名立傳。

> 一凡列聖諸子之子孫，其襲封者，自王以下，至輔國將軍以上，無論有功，及得罪，俱附於祖父傳後，彷世家體，各為立傳。

> 一凡列聖諸子之子孫，其支庶有官至一品，及顯樹功烈者，亦附傳於祖父傳後，餘則第於宗室表中見之，概不立傳。

> 一凡宗室王貝勒以下至輔國將軍，其順治年間封授者，俱按名先行立傳。至康熙年間授封者，俟恭進訖，再查明具奏，續行立傳⑤。

由前引凡例內容，可以了解宗室表、傳兩種體例，皇帝諸子，諸子之子孫自王以下至輔國將軍以上襲封者，子孫支庶官至一品及顯樹功烈者，各為立傳，諸子之子孫立傳者，俱立附傳，附於祖父傳後，彷世家體裁。其餘子孫支庶一品以下及未樹功績

者，則見於宗室表中。

表傳並列──宗室王公區分軍功與恩封

　　乾隆二十九年（1764）奉敕纂修的《宗室王公功績表傳》，表一卷，傳五卷，共六卷。乾隆四十六年（1781）奉敕撰的《欽定宗室王公功績表傳》釐為十二卷，包括表二卷，卷三至卷十二為傳，共十卷。清高宗曾對表傳的體例作了說明，節錄一段諭旨內容如下：

> 立表之式，固當如定官階為限制，仍應於各姓氏下，註明有傳無傳，使覽者於表傳並列者，即可知某某之媺惡瑕瑜，而有表無傳者，必其人無足置議；有傳無表者，必其人實可表章，則開卷瞭然，不煩言而其義自見⑥。

　　表傳並列者，可知其人的善惡瑕瑜。有表無傳者，乃因其人無足置議。有傳無表者，乃因其人有事蹟實可表彰者。清國史館纂修的《宗室王公功績表傳》、《欽定宗室王公功績表傳》是輯錄王公勳蹟，凡以軍功封爵者，自王以下，公以上，包括親王、郡王、貝勒、貝子、鎮國公、輔國公、以罪黜宗室貝勒。其以親封的王公，雖忠孝夙稱，勳猷茂著，但功非戰伐，例不備書。凡以軍功受封，後被削奪者，仍一體纂輯，以示存功著罪之意。表傳中凡以軍功始封的王公，皆人自為篇，篇自有題，題則名爵並載。題下有注，注則襲替兼書。父子各有承襲，如卷三傳一和碩禮親王代善（1583～1648）與其子多羅克勤郡王岳託（？～1638），父子分帙，不復彙附，「庶見封建之典，不以親私；箕裘之綿，非資世及⑦。」王公承襲世系，既詳於篇，後人立世表一通，列之簡首，則傳派親疏，按圖可考。國史館纂修《宗室王公功績表傳》，首據實錄，兼採國史、八旗通志，間考各王公封

冊碑文，其可信度較高。

國立故宮博物院現藏清國史館纂修宗室王公功績表傳包括乾隆二十九年（1764）奉敕纂修《宗室王公功績表傳》凡五卷，目錄一卷，世表一卷，朱絲欄寫本及英武殿刊本各七冊；乾隆四十六年（1781）敕撰《欽定宗室王公功績表傳》凡十二卷，朱絲欄寫本共十二冊，文淵閣四庫全書本共七冊，嘉慶二年（1797）武英殿刊本共六冊，嘉慶間朱絲欄寫本共十二冊。乾隆二十九年（1764）敕撰《宗室王公功績表傳》將原封和碩睿親王多爾袞以罪黜宗室置於第五卷。乾隆四十六年（1781）敕撰《欽定宗室王公功績表傳》，因多爾袞業經平反，而移置卷四即傳二。舊纂《宗室王公功績表傳·多爾袞》傳未記載一段內容云：

> 八年二月，蘇克薩哈等，首告多爾袞薨時，其侍女吳爾庫尼將殉，呼近侍羅什、博爾惠等，告以多爾袞曾製八補黃袍等衣物，令潛置棺內。羅什等如其言以殮。又多爾袞欲於永平圍房，率眾移駐，與何洛會、羅什等密議已定，特以出獵，稽遲未行。事聞，世祖令王大臣等質訊，乃以多爾袞私製黃袍等服飾，欲駐永平謀篡，及肆行僭妄，挾制中外諸罪案，昭示天下，籍其家，追削爵，黜宗室⑧。

多爾袞在順治八年（1651）以罪削爵，黜宗室，立傳時遂與莽古爾泰等人同置於舊纂表傳第五卷。清高宗指出多爾袞被定罪除封，當時清世祖尚在沖齡，未嘗親政，以致構成冤獄。平反昭雪後，復還封號，國史館遵旨增補原纂《宗室王公功績表傳》，以昭彰闡宗勳之意。多爾袞冤獄平反昭雪，就成為重修《宗室王公功績表傳》的一個重要原因。舊纂《宗室王公功績表傳》卷五以罪黜宗室原封大貝勒莽古爾泰原傳，奉敕重修《欽定宗室王公功績表傳》雖然仍置末卷即卷十二與和碩貝勒德格類等同入以罪

黜宗室傳內，惟其內容與原傳頗有出入，節錄原傳天命年間事蹟
如下：

> 莽古爾泰，太祖高皇帝第五子也。壬子年十月，從太祖征
> 烏喇，其主布占泰，悉眾距河守。莽古爾泰同諸貝勒渡河
> 擊之，墮六城，進至伏爾哈河。布占泰窮蹙，以子及大臣
> 子出質。乃於烏喇河建木城，留兵守之而還。天命元年，
> 太祖命爲大貝勒。四年三月，明總兵杜松等，率師六萬，
> 出撫順關，進至董鄂。太祖率諸貝勒迎擊，至界凡山，設
> 伏撒爾湖谷口。明兵至，伏兵邀擊，敗之。時大軍營吉林
> 崖，明兵據撒爾湖山，以兵二萬攻吉林。莽古爾泰分兵衛
> 吉林，自率諸貝勒攻撒爾湖山，破之，又破明兵於尚間崖。
> 是役也，大軍再獲全勝，軍威丕振，關內震動。明總兵劉
> 綎出師寬甸口，略董鄂。李如柏又由清河犯虎欄。莽古爾
> 泰與大貝勒代善等禦之。綎悉精銳，出瓦爾喀什林中，我
> 軍擊殲之，綎力戰死，李如柏遁。五年八月，攻明瀋陽，
> 以精銳百人，擊明兵，敗之。六年七月，鎮江守將叛投明
> 將毛文龍，同代善帥師遷金州民於復州。十年正月，明發
> 卒萬人，駐旅順口。莽古爾泰進攻，殲其眾，毀城而還。
> 是時察哈爾林丹汗兵擾科爾沁。太祖命往援之，軍至農安
> 塔，林丹汗望風遁，解科爾沁圍。十一年四月，太祖親統
> 大軍征蒙古五部，先命諸貝勒略西拉木輪。諸貝勒不能
> 進，莽古爾泰獨領甲士、乘夜渡河攻之，俘獲無算⑨。

前引天命年間，莽古爾泰事蹟，簡單扼要，其內容主要取材
於實錄。奉敕重修《欽定宗室王公功績表傳・和碩貝勒莽古爾泰
傳》也是取材於實錄，惟詳略不同，爲了便於比較，僅就天命年
間莽古爾泰事蹟節錄如下：

莽古爾泰，太祖高皇帝第五子，歲壬子九月，從上征烏
拉，克城六。莽古爾泰等請渡水擊。上止之曰：我且削其
外城，無僕無以爲主，無民無以爲君，遂燬所得六城，移
駐富勒哈河。越日，於烏拉河建木城，留兵千守。天命元
年，授和碩貝勒，以齒序，莽古爾泰爲三貝勒。四年三
月，明總兵杜松等率師六萬，出撫順關。上親總師迎擊。
莽古爾泰從至界藩，設伏薩爾滸谷口。明兵過將半，尾擊
之。我師據界藩之吉林崖。明兵營薩爾滸山，以二萬眾來
攻吉林。莽古爾泰同大貝勒代善等以兵千衛吉林，復合力
攻薩爾滸山，破之。又破明兵于尚間崖。時明總兵劉綎出
寬甸，略棟鄂。上命同代善等禦之，至瓦爾哈什窩集，擊
敗明兵二萬，陣斬綎，事詳禮烈親王傳。八月，從上征葉
赫，圍其城。其貝勒布揚古及弟布爾杭古降，葉赫平。五
年八月，上征明，由懿路蒲河進。明兵出瀋陽城者，各引
退。諭莽古爾泰領本部追之。莽古爾泰遂率健銳百人追殺
總兵李秉誠、副將趙率教兵越瀋陽城東至渾河始返。六年
七月，鎮江城降將陳良策叛投明總兵毛文龍，同代善遷金
州民於復州。十年正月，明茸城守旅順口，攻克之，殲其
眾。十一月，率師援科爾沁，解其圍。十一年四月，上征
喀爾喀巴林部，命代善諸貝勒，略西拉木倫。諸貝勒以馬
乏不能進。莽古爾泰獨領兵夜渡擊之，俘獲無算⑩。

　　對照舊纂《宗室王公功績表傳》與重修《欽定宗室王公功績
表傳》所載莽古爾泰傳的內容後可知重修本頗多增補。舊纂本記
載莽古爾泰於壬子年相當萬曆四十年（1612）十月從太祖征烏
拉，渡河擊之，墮六城，實錄所載相同，重修本繫於是年九月。
舊纂本記載天命元年（1616），太祖命莽古爾泰爲「大貝勒」，

重修本改為「授和碩貝勒，以齒序，莽古爾泰為三貝勒。」天命
元年（1616）四月，代善、阿敏、莽古爾泰、皇太極封授「和碩
貝勒」，以齒序列，代善（1583～1648）為大貝勒，阿敏
（1586～1640）為二貝勒，莽古爾泰（1587～1632）為三貝勒，
皇太極（1592～1643）為四貝勒，都是天命年間（1616～1626）
同參國務的四大貝勒。舊纂本以莽古爾泰為大貝勒，與以齒為序
的大貝勒代善易致混淆，不合體例。實錄詳載天命四年（1619）
八月清太祖征葉赫部，命四大貝勒率護軍圍布揚古經過。舊纂本
不載征葉赫之役，重修本則載「八月，從上征葉赫，圍其城，其
貝勒布揚古及弟布爾杭古降，葉赫平⑪。」所載內容，與實錄相
合。舊纂本記載「五年八月，攻明瀋陽，以精銳百人，擊明兵，
敗之⑫。」重修本據實錄增補後改為：「五年八月，上征明，由
懿路蒲河進，明兵出瀋陽城者，各引退。諭莽古爾泰領本部追
之。莽古爾泰遂率健銳百人追殺總兵李秉誠、副將趙率教兵，越
瀋陽城東，至渾河始返⑬。」所載內容與實錄相合，莽古爾泰奉
命率領精銳護軍追擊明兵，過瀋陽城東，抵渾河始還。天命十一
年（1626）四月，舊纂本記載清太祖親統大軍征蒙古五部，先命
諸貝勒略西拉木輪，諸貝勒不能進云云。諸貝勒為何不能進？語
焉不詳。重修本記載「諸貝勒以馬乏不能進」，與實錄所載內容
相合。《欽定宗室王公功績表傳》重修本確實優於《宗室王公功
績表傳》舊纂本。

　　《恩封宗室王公表》與《宗室王公功績表傳》互為表裏。清
朝宗室諸王襲爵制度，有軍功與恩封之分。由軍功封晉者，世襲
罔替，國史館遵旨纂修《宗室王公功績表傳》，各立專傳。恩封
親王襲次遞減至鎮國公，郡王襲次遞減至輔國公。乾隆三十九年
（1774）十二月十五日，清高宗頒諭降旨指出「其由恩封而得

者，雖不比軍功之各立專傳，亦應列入表內⑭。」故命軍機大臣
會同宗人府一併詳悉查明，妥議具奏。經軍機大臣會同宗人府議
准宗室王公等由恩封而得者，均應列入表內，編定進呈。乾隆二
十九年（1764）奉敕纂修《宗室王公功績表傳》時將宗室中以軍
功封授王公者，裒集表傳，其以親封之王公非由功績者，例不備
書。國史館遵旨纂修《恩封宗室王公表》，將宗室王公曾被恩封
者，無論有無襲次，俱纂入表內，以資考證。王公敘次先後，是
以當時有襲者爲正表，無襲者爲附表。功績王公各有專傳，故其
表內但書封襲，不列年月。恩封表有表無傳，故詳晰年月。表中
凡始封王公，人自爲篇，綱則書名，目則書爵，注則書封襲卒
替，封者原委畢書，襲者繼承有緒。

　　乾隆四十年（1775）十二月十八日，大學士舒赫德、于敏中
具奏進呈《恩封王公表》，其內容如下：

　　臣等前經奉旨纂輯《恩封王公表》，現俱纂輯完竣，自親
　　王起至不入八分輔國公止，現有幾次及未經承襲者共三十
　　二頁，現無襲次及無嗣者共四十四頁，恩賜品級者共十
　　頁，謹繕錄漢表四本，併酌擬凡例、目錄一本，恭呈御
　　覽，伏候欽定。所有繕寫清文，臣等即交國史館滿纂修等
　　官敬謹辦理，再行進呈，謹奏。查博爾忠鄂之曾祖準達，
　　原係歲滿封授貝子。再寧盛額之高祖額爾圖，原係恩封鎮
　　國公，均非功績所得，前經將此二人敘入功績表內，臣等
　　已於本年二月初七日會同宗人府奏明，俱應遞降承襲在
　　案，今擬改載入恩封表，其從前載入功績表傳及原板，俱
　　應請旨刪改，謹奏。（此夾片交票簽處發抄⑮）

　　大學士舒赫德等原奏內已指出纂輯完成的《恩封王公表》已
繕寫漢字表四本，凡例、目錄一本，合計五本，根據漢字表繕寫

滿文的工作，亦交國史館滿纂修等官辦理。原奏附夾片交由票簽
處發抄。乾隆二十九年（1764）奉敕撰《宗室王公功績表傳》原
載太祖高皇帝曾孫固山貝子準達初次襲，永齊降襲輔國公，二次
襲蘇爾禪，三次襲廣齡，四次襲博爾忠鄂。顯祖宣皇帝子原封固
山貝子溫齊子額爾圖降封鎮國公，初次襲愛音圖，降襲輔國公，
二次襲吉存，三次襲特通額。大學士舒赫德等原奏所附夾片指出
經查明準達原係歲滿封授貝子，額爾圖原係恩封鎮國公，均非功
績所得，二人俱應遞降承襲，不應敘入功績表內，業經奏明改載
恩封表內，並將舊纂《宗室王公功績表傳》及其原板一併刪改。
乾隆四十一年（1776）十一月初八日，大學士舒赫德等具奏，清
字《恩封王公表》已繕寫完竣，與漢字本一併進呈。欽定發下
後，即移交武英殿刊刻。《國立故宮博物院善本舊籍總目》記載
國立故宮博物院典藏《恩封宗室王公表》不分卷，乾隆四十一年
（1776）武英殿刊滿文本，共五冊；乾隆四十九年（1784）武英
殿刊漢字本，共五冊；嘉慶間內府朱絲欄寫本，共三冊。乾隆四
十二年（1777）三月初五日，大學士舒赫德等具奏請旨稱：

> 臣等恭修《恩封王公表》業經恭呈御覽，並請交武英殿刊
> 刻等因，奉旨知道了欽此，欽遵在案。查現在清漢刻本尚
> 未完竣，今年二月初二日奉上諭綿德著封爲鎮國公前往泰
> 陵、泰東陵侍奉，欽此，應請旨一併添入《恩封王公表》
> 內刊刻，臣等謹將正本粘貼黃簽，恭呈御覽⑯。

　　由引文內容可知《恩封宗室王公表》遲至乾隆四十二年
（1777）三月，滿漢文刻本仍未完竣，封授鎮國公綿德請旨添入
表內刊刻。乾隆四十一年（1776）是國史館將《恩封宗室王公
表》移交武英殿刊刻的年分。

　　《恩封宗室王公表》的人物，自親王起至不入八分輔國公

止，依次爲和碩親王、多羅郡王、多羅貝勒、固山貝子、鎭國公、輔國公、不入八分輔國公。大學士舒赫德等原奏現有襲次及未經承襲者共三十二頁，現無襲次及無嗣者共四十四頁，恩賜品級者共十頁。武英殿刊本，頁數略有不同。刊本現有襲次及未經承襲者共三十四頁，現無襲次者共二十一頁，無嗣者共二十二頁，現無襲次及無嗣者共四十三頁。標列始封王公，人自爲篇。其中和碩親王包括清世祖章皇帝第二子和碩裕親王福全、第五子和碩恭親王常寧，聖祖仁皇帝第二子追封和碩理親王允礽、第五子和碩恒親王允祺、第七子和碩淳親王允祐、第十二子和碩履親王允祹、第十三子和碩怡親王允祥、第十七子和碩果親王允禮、第二十四子和碩誠親王允秘，世宗憲皇帝第五子和碩和親王弘晝，高宗純皇帝第一子追封和碩定親王永璜、第五子和碩榮親王永琪。爲便於說明，先將世祖章皇帝第二子福全、聖祖仁皇帝第二子允礽漢字、清文表分別影印如下：

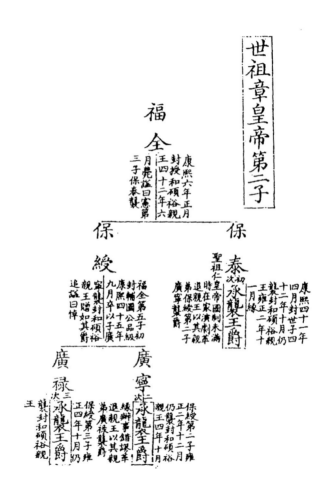

和碩裕親王福全漢字表

《恩封宗室王公表》武英殿刊本

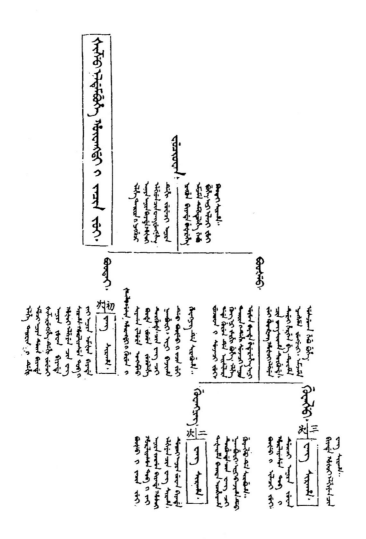

和碩裕親王福全清文表

《恩封宗室王公表》武英殿刊本

　　清世祖章皇帝生有八子，第二子福全（fuciowan）。順治十八年（1661）正月初九日，第三子玄燁（hiowan ye）即皇帝位，改翌年為康熙元年。康熙六年（1667）正月，福全封授和碩裕親王（hošoi elgiyen cin wang）。康熙四十二年（1703）十月，福全第三子保泰（bootai）初次承襲王爵，仍襲封和碩裕親王。雍正二年（1724）十一月，因聖祖國制未滿，保泰在家演劇，革退親王。同年十二月，以保泰親弟保綬第二子廣寧（guwangning）二次承襲王爵，仍襲封和碩裕親王。雍正四年（1726）十月，廣寧辦事錯謬，革退親王，以廣寧親弟保綬第三子廣祿（guwanglu）三次承襲王爵，仍襲封和碩裕親王。福全封和碩裕親王，第三子保泰初次襲，福全第五子保綬第二子廣寧二次襲，保綬第三子廣祿三次襲。恩封王公因有表無傳，所以書明封襲年月。

　　清聖祖仁皇帝生三十五子，皇二子胤礽（in ceng），皇后赫舍里氏生，康熙十四年（1675）十二月，立為皇太子。《恩封宗室王公表》標列聖祖仁皇帝第二子。清世宗即位後，避御名諱，「胤」作「允」，表中胤礽名，據玉牒改書允礽（yūn ceng）。康熙四十七年（1708）九月，以允礽秉性乖戾廢黜。四十八年（1709）三月，允礽復立為皇太子。五十一年（1712）十月，復以允礽怙惡不悛廢黜。雍正二年（1724）十二月，允礽薨於咸安宮幽禁處，追封和碩理親王（hošoi giyangga cin wang），諡號密（kimcikū）。允礽第二子弘晳（hūng si）於雍正八年（1730）五月晉封和碩理親王。乾隆四年（1739）十月，弘晳以行止不端削爵，本身黜宗室，改名四十六。以親弟允礽第十子弘㬙初次承襲王爵，襲封多羅理郡王。由《恩封宗室王公表》的記載，可知允礽是死後追封的，其事蹟據事直書，皇太子再立廢，不入《宗

室王公功績表傳》。此外，清高宗第一子永璜（1728～1750）追封和碩定親王，第三子永璋（1735～1760）追封多羅循郡王，因係死後追封，俱非以軍功封爵，故不入功績表傳。

清國史館纂修國史，多詳列凡例，義例嚴明，皇帝諸子無論有無封爵，或得罪削爵除籍，俱按名立傳，纂修《宗室王公傳》。皇帝諸子之子孫凡宗室襲封者自王貝勒以下至輔國將軍以上，無論有功及得罪，俱附於祖父傳後，彷世家體按名各為立傳。其支庶有官至一品及顯樹功烈者，亦附傳於祖父傳之後，其餘祇於宗室表中見之，概不立傳。《宗室王公功績表傳》係因輯錄王公勳蹟而纂修，凡以軍功封爵，自王以下，公以上者，俱載於表傳中，亦即輯錄因軍功而受封的宗室王公。其以軍功受封，後經降削者，亦一體編輯，並題書「原封某爵」字樣，一方面以示「存功著罪，法戒斯昭」之意；一方面可知入纂緣由，以符合全書體例。宗室中親封王公，雖忠孝夙稱，但因功非戰伐，例不纂入王公功績表傳。《恩封宗室王公表》係因輯錄親封王公而纂修，宗室王公凡曾被恩封無論有無襲次，俱按名纂入，以資考證。因表中祇載王公，故自鎮國將軍以下非由王公降襲者，俱不纂入。對照《欽定宗室王公功績表傳》和《恩封宗室王公表》，可知舊纂功績王公表內有固山貝子溫齊之子鎮國公額爾圖，但因額爾圖實係恩封，本無功績，國史館請旨後從功績王公表內撤出，改列《恩封宗室王公表》，目錄標明「顯祖宣皇帝四世子鎮國公額爾圖，初次襲愛音圖，降襲輔國公，二次襲吉存，三次襲特通額，四次襲寧盛額，降為不入八分輔國公」等字樣，《欽定宗室王公功績表傳》表二祇記載原封溫齊所立爵，而不列鎮國公額爾圖之名。又如貝子準達原收入功績王公表內，但因準達係歲滿例封貝子，後征勦吳三桂時因疏報軍機遲誤，降為鎮國公，亦

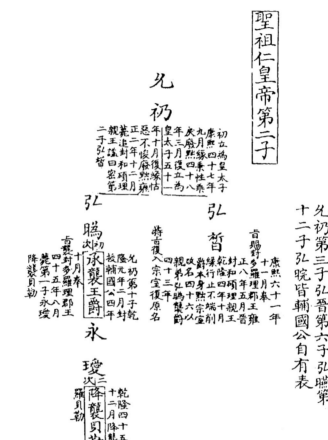

追封和碩理親王允礽漢字表

《恩封宗室王公表》武英殿刊本

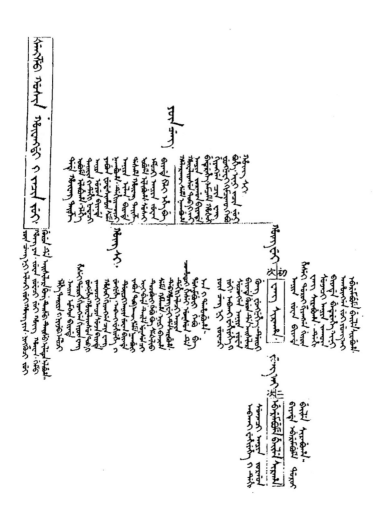

追封和碩理親王允礽清文表
《恩封宗室王公表》武英殿刊本

經國史館請旨改入《恩封宗室王公表》。表中標列「太祖高皇帝三世孫固山貝子準達，初次襲永齊，降襲輔國公，二次襲蘇爾禪，三次襲廣齡，四次襲博爾忠鄂」等字樣。由此可知《宗室王公功績表傳》與《恩封宗室王公表》是兩種不同的體例，因人立傳，不可混淆。

追闡成勞——蒙古回部王公按照部落纂立表傳

《外藩蒙古回部功績王公表傳》，又稱《蒙古回部功績表傳》，或稱《蒙古回部王公表傳》。乾隆四十四年（1779）七月二十九日，清高宗頒降諭旨，略謂「我國家開基定鼎，統壹寰區，蒙古四十九旗及外扎薩克喀爾喀諸部，咸備藩衛，世篤忠貞，中外一家，遠邁前古。在太祖、太宗時，其抒誠效順，建立豐功者，固不乏人，而皇祖、皇考及朕御極以來，蒙古王公等之宣猷奏績，著有崇勳者，亦指不勝屈。因念伊等各有軍功事實，若不為之追闡成勞，衷輯傳示，非獎勳猷而昭來許之道[17]。」於是命國史館會同理藩院將各蒙古扎薩克事蹟譜系，詳悉採訂，以一部落為一表傳。其有事實顯著之王公等，即於部落表傳後，每人立一專傳，「則凡建功之端委，傳派之親疏，皆可按籍而稽，昭垂奕世。」清高宗命國史館總裁等選派纂修各員詳慎編輯，以清、漢、蒙古字三體合繕成帙，陸續進呈，經清高宗閱定成書後，即同《宗室王公表傳》以漢字錄入《四庫全書》，其各部落並將所部之表傳專傳，以三體合書，頒給一冊，俾其子孫益知觀感奮勵。因回部各城伯克等自投誠以後，即在軍營宣力勤勞，晉封王貝勒貝子者，亦復不少，理宜與蒙古王公一體施恩，纂立表傳。乾隆四十四年（1779）九月初二日，清高宗又命國史館將回部王公一體纂立表傳，以示一體優恤回臣之意。

　　國史館為承修《蒙古回部功績表傳》，即照錄原奉諭旨交理藩院行文宣示各部落，令其造具譜系事蹟清冊，送館辦理。國史館總裁福隆安即選派纂修各員，會同理藩院派出官員查考編輯，按照部落，各立三合字體表傳，其有事實顯著之王公等仍立專傳，以便同《宗室王公表傳》以漢字錄入四庫全書。但因蒙古四十九旗、外扎薩克喀爾喀諸部以及回部宣力人員軍功事蹟冊檔浩繁，所有已派各員檢查音譯，辦理三合字體，人不敷用。乾隆四十四年（1779）十二月初十日，國史館總裁福隆安等奏准依照趕辦無圈點老檔之例，於八旗候補中書、筆帖式等官及生監人員內擇其繙譯清順字畫端楷者，考取繙譯十六名，譯漢十二名，校對八名，謄錄二十四名，令其自備資斧，在館效力。理藩院陸續送到事實顯著王公等旗冊後，國史館即上緊繙譯校對，並將辦出冊檔交漢纂修官纂輯漢字表傳。成篇之後即需漢謄錄校對繕寫，因國史館額設漢謄錄十名，人不敷用，國史館總裁程景伊等於乾隆四十五年（1780）三月二十七日奏准於吏部考取候補漢謄錄內移取十名，亦令其自備資斧，在館額外行走。同年十一月十四日，國史館總裁阿桂等面奉諭旨：「蒙古王公表傳著照滿大臣列傳之例辦理⑱。」滿蒙一體，《蒙古王公表傳》依照滿洲大臣列傳之例纂輯，事半功倍。

　　國史館纂修《蒙古回部功績王公表傳》是按照部落各立三合字體表傳，先修漢字本，進呈御覽，經欽定發下後，繙譯清文，繕寫正本，與漢字本進呈御覽，清文本經欽定發下後，再繙譯蒙古文，繕寫正本，然後與漢字本、清文本一併進呈御覽，從國史館進呈三合字體表傳的過程，有助於了解蒙古、回部表傳纂修完成的時間。國史館首先完成的是漢字本表傳，乾隆四十五年（1780）十一月三十日，國史館將纂就內扎薩克科爾沁部王公表

一篇，總傳一篇，奧巴列傳、巴達禮列傳、沙津列傳各一篇，繕寫漢字本進呈御覽。國史館同時奏明俟欽定漢字本表傳，再將清文本表傳、蒙古文表傳，另行繕寫正本陸續進呈。乾隆四十六年（1781）六月二十四日，國史館將科爾沁部王公表一篇，總傳一篇，奧巴列傳、巴達禮列傳、沙津列傳各一篇，繙譯清文，繕寫正本，與漢字本王公表一篇置卷之一，即表第一之首，標作「科爾沁部表」。科爾沁部總傳，置卷之十七，即傳第一之首，總傳後為土謝圖汗奧巴列傳，附多羅貝勒沙津列傳，巴達禮列傳並未錄入，而僅見於表第一。奧巴係元太祖弟哈布圖哈薩爾之裔，天命九年（1624），科爾沁部歸附清太祖。天命十一年（1626），初封奧巴為土謝圖汗，天聰六年（1632），奧巴卒。巴達禮為奧巴長子，天聰七年（1633），授濟農，襲土謝圖號。崇德元年（1636），封扎薩克和碩土謝圖親王，詔世襲罔替。康熙十年（1671），卒。表第一科爾沁部表標明奧巴初封、巴達禮一次襲等字樣。奧巴事實顯著，仍立專傳，置傳第一之首，並將巴達禮次子沙津列傳作為奧巴列傳之附傳，有表有傳，巴達禮因事實並不顯著，未立專傳。

　　國史館籌辦《蒙古回部功績王公表傳》陸續進呈，於乾隆五十三年（1788）告竣，隨後即接辦三體畫一表傳，於乾隆六十年（1795）完竣，另繕樣本各一分，交武英殿刊刻刷印，共三百六十卷，一百八十本，裝潢成帙，進呈御覽，頒發各部落。《蒙古回部功績王公表傳》自乾隆年間成書後，歷經多年，頗有應行增輯之處。嘉慶十五年（1810），國史館滿、漢、蒙古提調、總纂、纂修等官悉心蒐討，詳慎編輯。嘉慶十九年（1814）二月，增輯告竣，包括《蒙古回部功績王公表傳》清文本、漢字本共四十八卷，蒙古文本共二十四卷，將表傳滿、蒙、漢三體書另行照

例繕寫副本移交武英殿刊刻。道光、咸豐等朝續纂《蒙古回部功績王公表傳》，包括朱絲欄寫本及武英殿刊本。

進退無據──貳臣類傳以甲乙上中下分編

貳臣表傳的纂修是清朝國史的創新體例，也是爭議性很大的體例。在乾隆年間（1736～1795），貳臣表傳的人物，是最受責難的變節者。王成勉撰〈清史中的洪承疇〉一文指出：

> 從清史中對於洪承疇的記載及論述，我們首先可以看出歷史解釋的時代性。可以說有關洪承疇的記載與討論一直受到政治的影響。在官方的態度上，因為清初官方對洪承疇是持肯定的態度，不談他在明朝之功與叛明經過，只是企圖壓抑他在征明與輔佐清室的功勞，以強調滿人統治和征服的地位。在這環境之下，民間的寫作呈現兩極化，遺民色彩的作品對洪氏是採批評與抹黑的寫法，而方志或同是貳臣的人士，就會注意到洪承疇的貢獻。到盛清時期，由於清朝地位業已穩固，不必再為貳臣的行為有所掩飾與申辯，自然態度轉為嚴峻，這也使得方志與民間人士都不敢照實述說洪承疇的貢獻⑲。

盛清時期，對待貳臣的態度，是嚴峻的。乾隆三十四年（1769）六月初六日，清高宗頒降諭旨，略謂：

> 錢謙益本一有才無行之人，在前明時，身躋膴仕，及本朝定鼎之初，率先投順，游陟列卿，大節有虧，實不足齒於人類。朕從前序沈德潛所選《國朝詩別裁集》，曾明斥錢謙益等之非，黜其詩不錄，實為千古立綱常名教之大閑。彼時未經見其全集，尚以為其詩自在，聽之可也。今閱其所著《初學集》、《有學集》，荒誕背謬，其中詆謗本朝

之處，不一而足。夫錢謙益果終爲明臣，守死不變，即以
筆墨騰謗，尚在情理之中，而伊既爲本朝臣僕，豈得復以
從前狂吠之語，刊入集中，其意不過欲借此以掩其失節之
羞，尤爲可鄙可恥，錢謙益業已身死骨朽，姑免追究。但
此等書籍，悖理犯義，豈可聽其流傳，必當早爲銷毀，著
各該督撫等將《初學》、《有學》二集於所屬書肆及藏書
之家，諭令繳出，彙齊送京，（下略）⑳。

清高宗以《初學集》、《有學集》詆謗清朝，而痛斥錢謙益
有才無行，大節有虧，不足齒於人類。乾隆四十一年（1776）十
二月初一日，清高宗以《國朝詩別裁集》將身事兩朝有才無行之
錢謙益居首，有乖千秋公論，而命內廷翰林爲之精校去留㉑。同
年十二月初三日，內閣奉上諭，略謂：

我朝開創之初，明末諸臣，望風歸附，如洪承疇以經略喪
師，俘擒投順；祖大壽以鎮將懼禍，帶城來投。及定鼎
時，若馮銓、王鐸、宋權、謝陞、金之俊、党崇雅等在明
俱曾躋顯秩，入本朝仍忝爲閣臣。至若天戈所指，解甲乞
降如左夢庚、田雄等，不可勝數。蓋開創大一統之規模，
自不得不加之錄用，以靖人心，而明順逆。今事後平情而
論，若而人者，皆以勝國臣僚，乃遭際時艱，不能爲其主
臨危授命，輒復畏死倖生，靦顏降附，豈得復謂之完人？
即或稍有片長足錄，其瑕疵自不能掩。若既降復叛之李建
泰、金聲桓，及降附後，潛肆詆毀之錢謙益輩，尤反側憸
邪，更不足比於人類矣！此輩在《明史》既不容闌入，若
於我朝國史，因其略有事蹟，列名敍傳，竟與開國時范文
程，承平時李光地等之統一無疵者，毫無辨別，亦非所以
昭襃貶之公。若以其身事兩朝，概爲削而不書，則其過

蹟，轉得藉以揜蓋，又豈所以示傳信乎？朕思此等大節有
虧之人，不能念其建有勳績，諒於生前，亦不能因其尚有
後人，原於既死。今爲準情酌理，自應於國史內另立貳臣
傳一門，將諸臣仕明及本朝各事蹟，據實直書㉒。

　　清高宗認爲「勝國」臣僚遭際時艱，不能爲其主臨危授命，
輒復畏死倖生，靦顏降附，豈得復謂之完人？倘若以其身事兩
朝，槪爲刪削而不書，則其過蹟，轉得藉以揜蓋。因此，命國史
館將身事兩朝大節有虧文武諸臣另立貳臣傳一門，以示傳信。洪
承疇降清後頗樹勞伐，李永芳屢立戰功。至於錢謙益降清後竟於
詩文內陰行詆毀，進退無據。龔鼎孳曾降闖賊，受其僞職，旋又
降清，再任以後毫無事蹟足稱，若與洪承疇等同列貳臣傳，不示
差等，又何以昭彰癉。乾隆四十三年（1778）二月二十四日，清
高宗命國史館總裁於應入貳臣傳諸人詳加考覈，分爲甲乙二編，
「俾優者瑕瑜不掩，劣者斧鉞凜然，以傳信簡編，而待天下後世
之公論㉓。」

　　國史館遵旨另立貳臣傳一門，分爲甲乙二編，將明季文職自
庶吉士、給事中、御史、郎中、寺丞、府丞、知府以上，武職自
指揮僉事、都督僉事、協守、參將、分守遊擊以上諸人降順清朝
後躋列顯秩及有世襲爵職者，俱查核事實，次第纂輯，進呈御
覽。

　　國史館將纂就貳臣傳分入甲編或乙編，並繕寫正本進呈御
覽。例如乾隆四十三年（1778）九月初三日，國史館將纂就應入
甲編的李永芳、洪承疇二傳繕寫正本進呈御覽。同日，發下李永
芳、洪承疇二傳，諭令大學士于敏中等將東州、瑪根丹二處於
《盛京輿圖》粘簽呈覽。大學士于敏中等遵旨粘貼黃簽進呈御
覽。但輿圖內作「瑪哈丹」，而在李永芳傳內作「瑪根丹」，于

敏中等即交國史館將「根」字更正。乾隆四十七年（1782）三月
二十一日，國史館進呈貳臣傳甲編孫得功一傳，乙編田維嘉、沈
惟炳、謝啓元、張鳳翔、苗胙土五傳。三月二十二日，軍機處奉
旨：「國史館所進貳臣甲編孫得功傳內有大清二字，於體例不
合，著用本朝字樣，嗣後各傳內有似此者，俱著遵照改正，欽
此。」列傳內「大清」二字，不合體例，國史館遵旨改正爲「本
朝」字樣。乾隆五十七年（1792）七月，貳臣表傳，纂輯告竣，
先後所頒諭旨冠於卷首，遵照甲乙編次，國史館加撰按語，傳內
諸臣應追奪美諡者，粘簽聲明，另開清單，一併進呈御覽。國史
館認爲貳臣傳的纂輯爲萬世史家所未有，清高宗指出貳臣傳可補
前世史傳所未及。《欽定國史貳臣表傳》卷首記載史臣按語，略
謂：

> 臣等謹按史家類傳之名，儒林、循吏、游俠、貨殖，創由
> 司馬，黨錮、獨行、逸民、方術，昉自蔚宗。厥後沿名隸
> 事，標目實繁。顧四千餘年，二十二家之史，從來有以貳
> 臣類傳者㉔。

二十二史，既未以貳臣類傳，清朝國史館奉命以貳臣類傳，
藉修史體例褒貶人物，就是一種創新。

貳臣傳甲編上共 9 人，甲編中共 10 人，甲編下共 34 人，乙
編上共 23 人，乙編中共 18 人，乙編下共 29 人，合計共 123 人。
其籍貫分佈，遼東、遼陽、錦州、廣寧、開原共 28 人，約佔百
分之二十三，山東共 20 人，約佔百分之十六，陝西共 15 人，約
佔百分之十二，直隸共 15 人，約佔百分之十二，河南共 10 人，
約佔百分之八，江南、山西各 8 人，各約佔百分之七，其餘福
建、甘肅、雲南、浙江、四川、廣東、湖廣、安徽、江西合計
19 人，約佔百分之十六。貳臣表傳是以仕明時「內而翰詹科道，

外而道府參遊，陟清班而膺壇事者爲斷。」但就表中原職分佈而言，包含文武職大員人數頗多，包括大學士、尙書、司業、少卿、侍郎、郎中、庶吉士、御史、副都御史、僉都御史、給事中、少詹事、編修、修撰、侍講、檢討、中允、總督、巡撫、道員、都督、都指揮使、監軍、將軍、總兵、副將、參將、遊擊及王、侯、伯等，其中侍郎共 14 人，約佔百分之十，御史、副都御史、僉都御史共 10 人，約佔百分之八，總兵、副將各共 20 人，各約佔百分之十七。就投誠年分而言，在天命、天聰、崇德年間歸順者共 22 人，約佔百分之十八，在順治元年（1644）歸順者共 51 人，約佔百分之四十一，在順治二年（1645）歸順者共 39 人，約佔百分之三十一，投誠人數集中在順治元年、二年，合計約佔百分之七十二強。貳臣中安挿漢軍各旗者共三十五人，約佔百分之二十九。貳臣表傳釐爲甲乙二編，次爲兩等，部各三門，位有差等。其中明臣投順清朝後遇難殉節而能沒王事者，列甲編之上，如遼東人劉良臣原仕明爲遊擊，天聰五年（1631），投順皇太極，後隸漢軍鑲黃旗，以軍功授三等輕車都尉世職，累官甘肅總兵，回人米喇印作亂時，劉良臣遇害，入祀昭忠祠。明臣投順清朝後顯有勳績者，如遼東人李永芳原仕明爲遊擊，天命三年（1618），投順努爾哈齊，累官總兵，以軍功授三等子爵，後隸漢軍正藍旗，列甲編之中。明臣投順清朝後，略有勞效者，如遼陽人祝世昌原仕明爲遊擊。天命六年（1621），投順努爾哈齊，累官山西巡撫，後隸漢軍鑲紅旗，列甲編之下。明臣投順清朝後，無功績可紀者，如遼東人孫得功，原仕明爲遊擊，天命七年（1622），投順努爾哈齊後仍賜原官，授三等男爵，子孫隸漢軍正白旗，列乙編之上。明臣投順清朝後，曾經獲罪者，如順天涿州人馮銓，原任明爲大學士，被劾論徒，贖爲民。順治元年

（1644），投順清朝後，仍官大學士。順治八年（1651），以曾被劾私受叛賊姜瓖賄，致仕。十年（1653），復起用，尋乞休，列乙編之中。明臣曾經從賊，後來投順清朝，以及初為賊黨，降明後又投順清朝者，如直隸正定人梁清標原仕明為庶吉士，降於流賊李自成。順治元年（1644），投順清朝，官至大學士，所向稱臣，列乙編之下。

《欽定國史貳臣表傳》纂修告成後，國史館進呈御覽。清高宗披覽後指出，貳臣傳分為甲乙二編，其中有歸順之後，又去而從唐、桂、福、潞各王者，雖其人反側無定，然唐、桂、福、潞各王究為明朝宗支，諸臣繫懷故主，列入乙編，尚不至於有乖史例。而乙編內薛所蘊、張炘二人，俱曾順從流賊，復降清朝。嚴自明暨經投誠，復從尚之信謀叛，其後又與尚之信同降，反覆無常，進退無據，俱於立傳之例，大為不協。此外如馮銓、龔鼎孳、金之俊等人，其行蹟亦與薛所蘊等人相仿，皆靦顏無恥。而錢謙益既經臣事清朝，復敢肆行誹謗，其居心行事，尤不可問。乾隆五十四年（1789）六月初六日，國史館奉命將貳臣傳乙編內馮銓、龔鼎孳、薛所蘊、錢謙益等人，詳細查明，概行奏聞撤去，不必立傳，僅為立表，排列姓名，摘敘事蹟，「俾天下萬世共知，似此行同狗彘之徒，既不得炳丹青之列，仍不能逃斧鉞之誅㉕。」

> 易曰：「天尊地卑，乾坤定矣；卑高以陳，貴賤位矣。」貴賤位而後君臣之分定，君臣之分定而後天地和，天地和而後萬化成。五帝三王之治，用此道也。三代而降，臣殺其君者有之，子弒其父者有之。孔子作《春秋》以寓王法，誅死者於前，懼生者於後，其應深遠矣。歐陽修作《唐書》，創《逆臣傳》，蓋亦《春秋》之意也㉖。

　　君臣之分已定，臣弒其君是亂臣賊子。孔子作《春秋》，亂臣賊子已死者難逃斧鉞之誅，生者無不知懼。《唐書・逆臣傳》的纂修，即本《春秋》之意。亂臣賊子肆其叛逆，以致亂亡，「有國家者，可不深戒乎！」

　　《金史》列傳共七十三卷，內含《逆臣傳》一卷，包括秉德等十人。《逆臣傳》序云：「昔者孔子作《春秋》而亂臣賊子懼，其法有五焉：微而顯，志而晦，婉而成章，盡而不汙，懲惡而勸善。夫懲惡乃所以勸善也，作逆臣傳㉗。」《逆臣傳》的纂修，其目的在懲惡而勸善，亦即孔子作《春秋》而亂臣賊子懼之意。當清國史館奉命將貳臣傳乙編內馮銓等人撤出，僅為立表後，清高宗認為仍然不足以示懲戒。「今思此等偷生嗜利之徒，進退無據，實為清議所不容，若僅於表內略摘事蹟，敘述不詳，使伊等醜穢之行不彰後世，得以倖逃訾議，轉不足以示懲戒㉘。」乾隆五十四年（1789）十二月初九日，命國史館詳悉查明，將貳臣傳乙編內吳三桂、耿精忠、李建泰、姜瓖、王輔臣、薛所蘊、張炘等人，特立《逆臣傳》，另為一編。若與洪承疇、李永芳等人一同編列，轉乖傳例。其目的為「庶使叛逆之徒，不得與諸臣並登汗簡，而生平穢蹟，亦難逃斧鉞之誅㉙。」清高宗特創《貳臣傳》新體例，又按遼、金、元三史舊例，另立《逆臣傳》，其目的都是為了勸善懲惡，而且是不同程度的懲戒。《欽定國史逆臣列傳》上、下二卷，由國史館劉樹屏、李岳瑞合辦，乾隆五十七年（1792）七月十四日，國史館將纂就《逆臣傳》二卷繕寫正本，進呈御覽。卷上逆臣包括吳三桂、馬寶（王屏藩附）、李本深、張國柱、曹申吉（羅森、陳洪明、吳之茂附）、王輔臣、譚洪（子譚天秘、鄭蛟麟附）、祖澤清、耿精忠、曾養性、劉進忠。卷下包括尚之信、嚴自明、孫延齡、馬雄（子馬承廕、郭義

附）、線國安、姜瓖、李建泰、金聲桓、章于天、李成棟（袁彭年附）、鄭芝龍、劉澤清、馬逢知。松居士排字本《逆臣傳》釐為四卷。清史館傳稿，改《逆臣傳》為《叛臣傳》。已刊《清史稿》不立《逆臣傳》、《叛臣傳》。

貳臣表傳甲乙二編所錄貳臣共一二三人，其中見於已刊《清史稿·列傳》者，共五十八人，可列對照表如下：

清史貳臣表傳與《清史稿》大臣列傳對照表

清史貳臣表傳姓名		《清史稿》大臣列傳姓名	
傳別	姓　　　　名	傳　次	姓　　　　　　名
甲編中 乙編上	李永芳 孫得功、馬光遠	列傳十八	佟養性、孫國強、李永芳、石廷柱、馬光遠、李思忠、金玉和、王一屏、孫得助、張士彥、金礪
甲編下	鮑承先	列傳十九	希福、范文程、甯完我、鮑承先
甲編上 甲編中 甲編下	孔有德 祖可法、尚可喜 祖大壽、祖澤潤、祖澤洪、耿仲明、全節、祖澤溥	列傳二十一	孔有德、全節、耿仲明、尚可喜、沈志祥、祖大壽、祖澤潤、祖澤溥、祖澤洪、祖可法
甲編中 乙編中	孟喬芳、張存仁、洪承疇 夏成德	列傳二十四	洪承疇、夏成德、孟喬芳、張文衡、張存仁
甲編下 乙編上 乙編下	宋權 謝陞、金之俊、胡世安、王永吉 党崇雅、衛周祚、高爾儼、張端	列傳二十五	蔣赫德、額色赫、車克、覺羅巴哈納、宋權、傅以漸、呂宮、成克鞏、金之俊、謝陞、胡世安、王永吉、党崇雅、衛周祚、高爾儼、張端
甲編下	祝世昌	列傳二十六	沈文奎、李棲鳳、馬鳴佩、馬國柱、羅繡錦、羅繪錦、雷興、王來用、丁文盛、祝世昌

甲編中	劉武元、李國英	列傳二十七	李國英、劉武元、庫禮、胡全才、申朝紀、馬之先、劉宏遇、于時躍、蘇宏祖、吳景道、李日芃、劉清泰、佟岱、秦世楨、陳錦
甲編中	劉芳名	列傳三十	沙爾虎達、安珠瑚、劉之源、吳守進、巴山、張大猷、喀喀木、梁化鳳、劉芳名、胡有陞、楊名高、劉光弼、劉仲錦
甲編下 乙編中	張煊 魏琯	列傳三十一	趙開心、楊義、林起龍、朱克簡、成性、王命岳、李森先、李呈祥、魏琯、李裀、季開生、張煊
乙編中 乙編下	馮銓、李若琳、孫之獬、陳之遴、劉正宗 陳名夏、張縉彥	列傳三十二	剛林、祈充格、馮銓、孫之獬、李若琳、陳名夏、陳之遴、劉正宗、張縉彥
甲編上 甲編下 乙編上 乙編下	徐勇、郝忠、馬得功 張天祿、張天福、盧光祖、田雄 左夢庚、許定國、劉良佐 孫可望、白文選	列傳三十五	許定國、劉良佐、左夢庚、郝效忠、徐勇、盧光祖、田雄、馬得功、張天祿、張天福、趙之龍、孫可望、白文選
甲編中	張勇	列傳四十二	張勇、趙良棟、王進寶、王萬祥、孫思克、馬進良
甲編下	陳世凱	列傳四十四	趙國祚、許貞、周球、徐治都、胡世英、唐希順、李麟、趙應奎、趙賴、李芳述、陳世凱、許占魁
甲編下	王宏祚	列傳五十	王弘祚、姚文然、魏象樞、朱之弼、趙申喬
甲編下 乙編上 乙編中 乙編下	曹溶 吳偉業 錢謙益 龔鼎孳	列傳二七一 （文苑一）	魏禧、侯方域、申涵光、吳嘉紀、錢謙益、龔鼎孳、吳偉業、曹溶、宋琬、施閏章、王士祿、陳恭尹、萬斯同、戴名世等

資料來源：《欽定國史貳臣表傳》、已刊《清史稿》列傳。

　　由前列簡表可知已刊《清史稿》將部分貳臣散列於大臣傳及文苑傳中，其中貳臣表傳甲編中李永芳（d.1634），乙編上孫得功、馬光遠（d.1663）三人，與烏眞超哈（ujen cooha）昂邦章京（amban janggin）佟養性（d.1632）、石廷柱（1599～1661）、梅勒額眞（meiren i ejen）李思忠（1595～1657）等人同列於已刊《清史稿》列傳十八，傳末論曰：

> 養性、延柱先世本滿洲，懷舊來歸，申以婚媾。永芳歸附最先，思忠爲遼左右族，皆蒙寵遇，各有賢子，振其家聲。光遠初佐養性，後與廷柱分將漢軍，罷而復起。玉和戰死。同時諸降將有績效，賞延於世，或其子顯者，得以類從。後先奔走，才亦盛矣㉚。

　　李永芳、孫得功、馬光遠歸附後，頗有績效，俱蒙寵遇。李永芳有子九人，漢軍旗制定，隸正藍旗漢軍。次子李率泰，自有傳。三子剛阿泰，順治初，官宣府總兵。五子巴顏，襲父爵，爲漢軍正藍旗固山額眞。李永芳有賢子振其家聲。馬光遠以所部降，後隸正藍旗漢軍，授梅勒額眞。初佐佟養性，後與石廷柱分將漢軍。李永芳、馬光遠、孫得功與佟養性、石廷柱、李思忠等俱隸漢軍，遂以類從，已刊《清史稿》的客觀立傳，可以肯定。

　　清太祖時，儒臣未置官署。太宗天聰三年（1629），始設文館，命儒臣分兩直。崇德改元，設內三院，希福（d.1652）、范文程（1597～1666）、鮑承先及剛林授大學士，是爲命相之始。希福兼通滿、漢、蒙古字。范文程少好讀書，與其兄范文寀並爲瀋陽縣學生員，太宗即位，召直左右。寧完我（d.1665）通文史，奉召直文館。鮑承先以寧完我薦，令直文館。清朝國史館纂修貳臣表傳，將鮑承先歸入甲編下，已刊《清史稿》將鮑承先與希福、范文程、寧完我等同入列傳十九，以類相從，肯定其歷史

地位。傳末論贊中指出，「希福屢奉使，履險效忱，撫輯屬部；文程定大計，左右贊襄，佐命勳最高；完我忠讜耿耿，歷挫折而不撓，終蒙主契；承先以完我薦直文館，而先宗我入相，參預軍畫，間除敵帥，皆有經綸。草昧之績，視蕭、曹、房、杜，殆無不及也㉛。」所論公允。

　　貳臣表傳將孔有德歸入甲編上，祖可法、尚可喜歸入甲編中，祖大壽、祖澤潤、祖澤洪、耿仲明、全節、祖澤溥歸入甲編下，已刊《清史稿》移置列傳二十一，與沈志祥等並列。傳末論曰：

> 有德、仲明，毛文龍部曲，可喜東江偏將，志祥又文龍部曲之餘也。文龍不死，諸人者非明邊將之良歟？大壽大凌河既敗，錦州復守，相持至十年。明兵能力援，殘疆可盡守也。太宗撫有德等，恩紀周至，終收績效。其於大壽，不惟不加罪，並謂其「能久守者，讀書明理之效」。推誠以得人，節善以勵眾，其諸爲興王之度也歟㉜！

　　孔有德等皆明邊良將，祖大壽讀書明理，清太宗推誠以待之，得眾得國。清朝入關，洪承疇（1593～1665）再出經略，勘定江南、湖廣、滇黔。孟喬芳（1595～1654）、張存仁（d. 1652）二人皆明將，孟喬芳撫綏隴右，在當日疆臣中，樹績頗多。崇德元年（1636），始設都察院，以張存仁爲承政。張存仁洞達政本，頗有建樹。清朝國史館將孟喬芳、張存仁、洪承疇列於貳臣表傳甲編中，夏成德列於乙編中，已刊《清史稿》俱改列於大臣列傳二十四，以其建樹而並列。已刊《清史稿》列傳二十五論曰：

> 世祖既親政，銳意求治，諸臣在相位，宜有閎規碩畫足以輔新運者。如蔣赫德請懲貪蠹，權首請田賦循萬歷〔曆〕

舊額，並罷祖軍、民壯，永吉議清兵額、恤災傷，痛陳投旗之害，之俊、崇雅鄭重斷獄，可謂能舉其大矣。若巴哈納以細事塞明問，以漸、宮以巍科虛特擢，及頻色赫、車克輩，皆鮮所建白。要其謹身奉上，亦一代風氣所由始也[33]。

引文中蔣赫德於天聰三年（1629）以儒生俊秀選入文館。崇德元年（1636），授秘書院副理事官。順治二年（1645），擢國史院學士。十一年（1654），擢國史院大學士。十二年（1655），詔諸大臣條陳時務，蔣赫德疏請嚴懲貪官蠹吏。宋權（1598～1652），順天巡撫，順治三年（1646），擢國史院大學士。宋權以明朝軍需浩繁，暗徵私派，民困已極，首請田賦循照萬曆初年為正額，其加派，悉予蠲免。尋又疏請除祖軍、民壯之害。金之俊（1593～1670），兵部侍郎，調吏部侍郎。順治五年（1648），擢工部尚書。八年（1651），調兵部。十年（1653），調左都御史。十五年（1658），改中和殿大學士，兼吏部尚書。金之俊疏陳審擬盜犯，請用正律。党崇雅，戶部侍郎。順治元年（1644），調刑部。五年（1648），擢尚書。八年（1651），調戶部。十一年（1654），授國史院大學士。党崇雅疏陳鄭重斷獄，請凡罪人，照例區別，以昭欽恤。王永吉（d. 1659），薊遼總督。順治二年（1645），以順天巡撫宋權推薦，授大理寺卿。四年（1647），擢工部侍郎。八年（1651），授戶部侍郎。十年（1653），擢兵部尚書。十一年（1654），擢秘書院大學士，十二年（1655），授國史院大學士。王永吉先後疏請清兵額、恤災傷，痛陳王大臣濫收人投旗之害。諸臣在相位，能舉施政得失之大端，足以輔新運。國史館將宋權列貳臣表傳甲編之下，謝陞、金之俊、王永吉等列乙編之上，党崇雅等列乙編之下，已刊《清史稿》以類相從，與蔣赫德等並列於大臣列臣二十

五。

明臣投順清朝後遇難沒王事者，不乏其人。順治初年，降將徐勇屢立戰功，南明桂王遣白文選驅象爲陣，徐勇巷戰死之。郝效忠降清後隸漢軍正白旗，率師克黎平，孫可望兵驟至，郝效忠力戰被執不屈見殺。馬得功降清後隸漢軍鑲黃旗。康熙二年（1663），清軍進攻廈門，馬得功克烏沙後，以舟師出海，鄭軍乘南風進擊，馬得功沒於陣。《欽定國史貳臣表傳》將徐勇、郝效忠、馬得功列甲編上，已刊《清史稿》將甲編上徐勇等人，甲編下張天祿等人，乙編上左夢庚等人，乙編下孫可望等人因時代相近，俱入列傳三十五。張勇（1616～1684），陝西咸寧人，善騎射，仕明爲副將。順治二年（1645），英親王阿濟格師次九江，張勇投降，授遊擊。趙良棟（1621～1697），甘肅寧夏人。順治二年（1645），清軍定陝西，趙良棟應募，署潼關守備。王進寶（1626～1685），甘肅靖遠人，精騎射。順治初，從孟喬芳討定河西回，授守備。孫思克（1628～1700），康熙二年（1663），擢甘肅總兵，駐涼州。張勇、趙良棟、王進寶、孫思克，清初並稱河西四將，而以張勇爲冠，忠勇篤誠，清高宗許爲古名將。國史館將張勇列甲編之中，已刊《清史稿》將張勇與趙良棟、王進寶、孫思克等人列爲列傳四十二，河西四將並列，最爲允當。

順治年間（1644～1661），撫定諸省後，設提鎮，署營汛，於是有綠營。康熙中，三藩之役，即以綠營當大敵，建戡定之績。陳世凱，湖廣恩施人，初附永曆帝，爲忠州副總兵。順治十六年（1659），降清，授副將銜。康熙十三年（1674），耿精忠反，陳世凱破耿精忠將周彪，敘功，授溫州總兵。陳世凱勇敢善戰，所向有功，軍中呼爲陳鐵頭。國史館將陳世凱列貳臣表傳甲

編之下，已刊《清史稿》將陳世凱列入列傳四十四，與趙國祚、許貞、唐希順、趙應奎、李芳述、許占魁並列，以示其有功於平定三藩之亂。王弘祚，避清高宗弘曆御名諱作王宏祚，明崇禎舉人，自薊州知州遷戶部郎中。順治元年（1644），降清，授岢嵐兵備道。二年（1645），以總督李鑑薦，仍授戶部郎中。中原初定，圖籍散佚。王宏祚習掌故，戶部疏請修《賦役全書》，以王宏祚主其事。國史館將王宏祚列入貳臣表傳甲編之下，已刊《清史稿》將王宏祚與姚文然、魏象樞、朱之弼、趙申喬並列，為列傳五十，傳末論曰：

> 宏祚定賦役，文然修律例，皆為一代則，其績效鉅矣。象樞廉直謇謇，能規切用事大臣，尤言人所難言。之弼意主於愛民，凡所獻替，皆於民事。申喬名輩差後，清介絕流輩，慷慨足以任國之重。貞元之際，自據亂入昇平，開濟匡襄，諸臣與有力焉㉞。

清初自據亂世進入昇平世，王宏祚等用事大臣，貢獻極大，功不可沒。王宏祚與姚文然等諸臣並列，亦以類相從。

清代學術，超漢越宋。清史館取詩文有名能自成家者，彙為一編，作文苑傳，以著有清一代文學之盛。吳偉業（1609～1672），學問博贍，詩文工麗，蔚為一時之冠。著有《春秋地理志》、《氏族志》、《綏寇紀略》、《梅村集》。錢謙益（1582～1664），為文博贍，諳悉朝典，詩尤擅其勝，家富藏書。乾隆三十四年（1769），其自為詩文《牧齋集》、《初學集》、《有學集》雖奉詔毀版，然傳本至今不絕。龔鼎孳（1616～1673），降清後授吏科給事中。康熙初，起用左都御史，遷刑部尚書。龔鼎孳天才宏肆，千言立就。自錢謙益卒後，在朝有文藻負士林之望者，首推龔鼎孳，著有《定山堂集》。國

史館將吳偉業列入貳臣表傳乙編之上，錢謙益列入乙編之中，龔鼎孳列入乙編之下。已刊《清史稿》將吳偉業、錢謙益、龔鼎孳三人列入列傳二七一，即文苑傳一，與魏禧、侯方域等人並列。文苑傳序文謂「明末文衰甚矣，清運既興，文氣亦隨之而一振。謙益歸命，以詩文雄於時，足負起衰之責，而魏侯申吳，山林遺逸，隱與推移，亦開風氣之先㉟。」「魏侯申吳」即魏禧、侯方域、申涵光、吳偉業。已刊《清史稿》以學術貢獻，詩文自成一家者列入文苑傳，以類相從，不以貳臣表傳貶之，符合修史體例。

瑕瑜並列──大臣畫一傳歸類分卷

清高宗向聞魏象樞在漢大臣中頗有名望，但當他閱讀《世祖章皇帝實錄》記載大學士寧完我劾奏陳名夏原疏有陳名夏與魏象樞結為姻黨一款。清高宗即取閱國史館所纂修的魏象樞列傳，書中祇稱「以事降調」，而不詳其參劾本末。如此後人亦何由知其真實事蹟？又如何加以論定？清高宗指出，向來國史館所輯列傳，原係擇滿漢大臣中「功業政績素著者於史冊，以彰懿媺。其無所表見及獲罪罷斥者，概屏弗與。第國史所以傳信，公是公非所關，原不容毫釐假借，而瑕瑜並列，益足昭衡品之公，所謂據事直書，而其人之賢否自見。若徒事鋪張誇美，甚或略其所短，暴其所長，則是有褒而無貶，豈春秋華袞斧鉞之義乎㊱？」清高宗認為人臣立傳，傳信後世，公是公非，不容假借。必須瑕瑜並列，據事直書。清高宗在諭旨中指出：

> 前命廷臣編纂宗室王公功績表傳，現已告成，事實鑿然可考。因思大臣之賢否，均不可隱而弗彰。果其事功學行，卓卓可紀，自應據實立傳，俾無溢美。若獲罪廢棄之人，

其情罪允協者，固當直筆特書，垂為炯戒，即當日彈章過於詆毀，吏議或未盡持平，亦不妨因事並存，毋庸曲為隱諱。從前國史編纂時，原係彙總進呈，未及詳加確核，其間秉筆之人，或不無徇一時意見之私，抑揚出入，難為定評。今已停辦年久，自應開館，重事輯修，著將國初以來滿漢大臣，已有列傳者，通行檢閱，核實增刪考正。其未經列入之文武大臣，內而卿貳以上，外而將軍督撫提督以上，並宜綜其生平實蹟，各為立傳，均恭照實錄所載，及內閣紅本所藏，據實排纂，遮幾淑慝昭然傳示來茲，可存法戒[37]。

清高宗以國史館舊纂國史大臣列傳祇有褒善，未能據實立傳，難為定評。因此，降旨開館重修，一方面將國初以來滿漢大臣列傳，通行檢閱，增刪改正；一方面將未經列入的文武大臣，綜其生平實蹟，各為立傳。於是特派公正大臣為國史館總裁，以董司其事，並令詳議條例以聞。乾隆三十年（1765）九月十五日，國史館遵旨詳議章程具奏請旨，其要點如下：

一、立傳大臣宜定以官階。查從前國史內凡功臣、大臣有表有傳，表以記爵秩年月，傳以載功罪事蹟。今旗員請自副都統以上，文員自副都御史以上，及外官之督撫提督等大員，果有功績學行可採，及有獲罪廢棄原委，俱為分別立傳。其中或世職襲替，或歷任未久，無功罪事蹟可擇，恭照實錄記注，通為立表，而不著傳。

二、宗室覺羅，行文宗人府；旂員，行文八旗；蒙古，行文理藩院；文員，行文吏部；武員，行文兵部，將各該員姓氏、旂分、籍貫、出身、歷任、身故年月等

項，並旂員、武員出兵打仗次數，及罷斥之人獲罪緣
由，總造履歷清冊送館，以憑查核，並轉行各省，將
名宦鄉臣祠內現祀副都御史以上，及將軍、督撫、提
督等大員，令各省抄錄原案，造冊由部送館，以應採
擇。

三、纂修各傳俱遵諭旨內實錄所載，紅本所藏，據事排
纂。其確有冊檔官案可憑者，亦一併採入。實錄、國
史、紅本因尊藏內閣，由國史館派員查閱。其各省通
誌及應行查考各書應交各省督撫查送到館，以憑考
核。凡各傳事實，總以官書為斷，而爵里、姓氏、生
卒年月，詳考旗籍官冊，以備始末㊳。

　　國史館纂修《國史大臣列傳》的範圍包括宗室覺羅、旗員、
蒙古、文員、武員，其中旗員自副都統以上，文員自副都御史以
上，外任官員包括將軍、總督、巡撫、提督等大員，凡有功績學
行可採，以及有獲罪廢棄原委者，分別立傳。其中無功罪事蹟可
擇者，則通為立表而不立傳。列傳體例，國史館所擬章程係定以
官階。列傳中詳載里居爵秩，行文查取，頗需時日，國史館奏明
將現有列傳中應行考核增刪者，先行訂正，繕寫清文即滿文本及
漢字本，並將原本粘簽進呈御覽，其餘未經列入的大臣，隨查隨
辦，陸續進呈，俟各傳纂修完竣，進呈御覽，欽定發下後，國史
館再加編次，總繕清、漢正本進呈御覽。

　　清高宗以國史館所議章程，尚未詳備，國史館纂修滿漢大臣
表傳，定以官階，清高宗頗不以為然。乾隆三十年（1765）九月
十五日，清高宗頒降諭旨，說明纂修列傳的體例，節錄一段諭旨
於下：

　　　據該總裁等議奏開館事宜內稱，滿漢大臣，定以官階，分

立表傳。旂員自副都統以上，文員自副都御史以上，及外官督撫提督等，果有功績學行及獲罪廢棄原委，俱為分別立傳等語，所議尚未詳備。列傳體例，以人不以官，大臣中如有事功學術足紀，及過蹟罪狀之確可指據者，自當直書其事，以協公是公非。若內而部旗大員，循分供職，外而都統巡撫之歷任未久，事實無所表見者，其人本無足重輕，復何必濫登簡策，使僅以爵秩崇卑為斷，則京堂科道中之或有封章建白，實禆國計民生者，轉置而弗錄，寧非缺典。且如儒林，亦史傳之所必及，果其經明學粹，雖韋布之士不遺，又豈可拘於品味？使近日如顧棟高輩，終於湮沒無聞耶？舉一以例其餘，雖列女中之節烈卓然可稱者，亦當覈實兼收，另為列傳。諸臣其悉心參考，稽之諸史體例，折衷斟酌，定為凡例，按次編纂，以備一代信史。至立表之式，固當如所定官階為限制，仍應於各姓氏下，註明有傳無傳，使覽者于表傳並列者，即可知某某之嫩惡瑕瑜。而有表無傳者，必其人無足置議，有傳無表者，必其人實可表章，則開卷瞭然，不煩言而其義自見[39]。

清高宗重視修史體例，列傳體例，以人不以官。表傳並列，有表無傳，有傳無表，體例不同，開卷瞭然，則其義自見。國史館遵旨稽考諸史體例，將太祖、太宗、世祖、康熙、雍正五朝國史列傳，詳加重修，與國史原本逐一核對。其原有列傳者，據實增刪，另繕新本，仍附原本於後，粘簽聲明，其從前未立傳者，酌量補立，進呈御覽。可將國史館遵旨重修滿漢大臣列傳經過，列出簡表如下：

乾隆年間國史館纂修滿漢大臣列傳簡表

進呈時間	增刪舊傳篇數		補立新傳篇數		合計
31 年 5 月 25 日	費英東、額亦都、范文程、洪承疇	4	祁充格、陳名夏、孫承澤	3	7
31 年 7 月初 3 日	扈爾漢、楊古利、魏象樞	3	馮銓	1	4
31 年 7 月 26 日	安費揚古、何和里、圖海	3	劉正宗	1	4
31 年 8 月 12 日	穆克譚、剛林、寧完我	3	金之俊	1	4
31 年 9 月初 3 日	武訥格、圖爾格、鮑承先	3	陳之遴	1	4
31 年 9 月 18 日	圖賴、伊勒慎、覺羅巴哈納	3	龔鼎孳	1	4
31 年 10 月 10 日	西喇巴、楞額禮、索海	3	党崇雅	1	4
31 年 10 月 27 日	巴篤理、車爾格、和碩圖	3	胡全才	1	4
31 年 11 月 11 日	納穆泰、薩穆什喀、都爾德	3	宋權	1	4
31 年 11 月 29 日	吉思哈、武賴、張存仁	3	祝世昌	1	4
31 年 12 月 15 日	吳巴海、葉臣、譚泰	3	李建泰	1	4
31 年 12 月 24 日	圖魯什、揚善、希福	3	王永吉	1	4
32 年 2 月初 3 日	巴奇蘭、伊遜、李永芳	3	成克鞏	1	4
32 年 2 月 21 日	洪尼雅、喀達海、陳泰	3	沈文奎	1	4
32 年 3 月 14 日	庫爾禪、李率泰、巴顏	3	劉昌	1	4
32 年 3 月 28 日	阿什達爾漢、俄爾岱、蘇納	3	李鑑	1	4
32 年 4 月 14 日	勞薩、噶達渾、阿哈尼堪	3	李若琳	1	4
32 年 5 月初 2 日	雅賴、伊爾德、準塔	3	馬鳴珮	1	4
32 年 5 月 18 日	覺羅拜山、阿山、葉克舒	3	吳惟華	1	4
32 年 6 月 20 日	恩格圖、索尼、陳錦	3	林起龍	1	4
合　計		61		22	83

資料來源：《清國史館奏稿》（北京：全國圖書館文獻縮微複製中心，2004 年 6 月），第一冊，頁 97～140。

　　纂修國史是清國史館纂修諸公的重要功課，由前列簡表可知，纂修滿漢大臣列傳的功課，包括增刪舊傳與補立新傳兩大

項。國史館所增刪的舊傳，是將康熙、雍正兩朝及乾隆初年所纂修的原纂進呈本粘貼黃簽刪略或改纂，平均每月進呈五至六篇，補立新傳，每月進呈二篇，乾隆三十一年（1766）五月二十五日，國史館進呈洪承疇等人列傳。在洪承疇傳內奉有折角三處，國史館遵旨詳細查改，另繕正本粘貼黃簽。同年七月初三日，國史館總裁傅恒等夾單奏請訓示。其夾單內容如下：

> 臣等謹按：黃道周就擒一事，詳查《明史》，併恭閱實錄、紅本所載，實係自徽州擒獲，後解至江寧正法，並未解至京師。臣等謹遵實錄，於洪承疇傳內擒道周下增「諭降不從」四字。至明季諸王查係《明史》表傳開載有據者，遵旨不加偽字，其餘假託宗支自稱為王者，仍加偽字，以昭分別，恭候欽定⑩。

《貳臣傳甲編‧洪承疇傳》記載「擒黃道周於婺源，先後解至江寧，諭降不從，斬之⑪。」婺源屬安徽徽州府，「諭降不從」等字樣，就是乾隆三十一年（1766）國史館增修洪承疇列傳時所加的。是年十月二十七日，國史館補立胡全才列傳，進呈御覽，奉有折角一處。國史館遵旨將胡全才補蝗一疏，詳加檢閱庫貯紅本，並無此件，於是將實錄原文一條繕寫夾片，於同年十一月十一日，進呈御覽。其夾片內容云：

> 順治四年十月丙申，寧夏巡撫胡全才，捕蝗有法，境內田禾獲全，因以捕法上聞，並請傳示各省，永絕蝗螽，章下所司⑫。

夾片內容是據《世祖章皇帝實錄》原文繕寫的，文字相合。《國史大臣列傳》，習稱《臣工列傳》，從康熙年間開館纂輯，繕寫正本移送皇史宬尊藏。乾隆三十年（1765），清高宗命國史館將皇史宬舊藏各傳重加編輯，是第一次覆纂。嘉慶十六年

（1811），國史館奏准覆纂，是第二次覆纂，並聲明以後每屆十年辦理一次。第三次覆纂係截至道光十五年（1835）止。道光十六年（1836）以後進呈過清漢文《臣工列傳》累積至一千二百餘篇，必須覆纂，以便繕寫正本，移藏皇史宬。同治九年（1870）四月，國史館奏請自道光十六年（1836）起至咸豐十一年（1861）止，將業經進呈各傳作為第四次覆纂，以歸畫一。國史館纂修臣工列傳陸續進呈，御覽發下後，仍暫存國史館。因纂輯非出一人之手，體例參差。又因每傳各為一冊，未分卷帙，必須覆加檢輯，斟酌畫一，使體例一致。

　　國史館所辦《滿漢文武大臣畫一列傳》，包括正編一九二卷，次編一一四卷，續編一六〇卷，後編一五八卷。國立故宮博物院典藏史館檔含有《欽定國史滿漢文武大臣畫一列傳》目錄，嘉業堂鈔本《清國史・國史滿漢文武大臣畫一列傳》各編目錄大致相合[43]。滿漢文武大臣畫一列傳，係以類相從，歸類分卷。文職係以品學政績相類者為卷帙次第。譬如理學係以魏象樞、湯斌、陸隴其等人同入大臣畫一傳正編卷五十八。魏象樞（1617～1687），山西蔚州人，明崇禎舉人。清世祖順治三年（1646），進士，選庶吉士，官至刑部尚書，著有《寒松堂集》。湯斌（1627～1687），河南睢州人。順治九年（1652），進士，由庶吉士授國史院檢討。康熙十七年（1678），詔舉博學鴻儒，魏象樞薦湯斌學有淵源，躬行實踐。副都御史金鋐薦湯斌文詞淹雅，品行端醇，召試一等，授翰林院侍講，同編修彭孫遹等纂修《明史》。康熙二十三年（1684）二月，擢內閣學士。著有《洛學編》、《睢州補志》、《潛菴遺稿》等書。陸隴其（1630～1693），浙江平湖人。康熙九年（1670），進士。康熙十七年（1678），工部主事吳源起薦陸隴其理學純深，文行無

愧。著有《問學編》、《三魚堂文集》、《舊本四書大全》、《四書講義》、《困勉錄》、《戰國策去毒》、《讀禮志疑》、《讀書隨筆》、《松陽講義》等書。

大臣畫一傳文學亦以類相從，譬如徐乾學、高士奇、王鴻緒等人同入正編卷七十二。徐乾學（1631～1694），江南崑山人，康熙九年（1670），一甲三名進士，授編修。二十二年（1683），充《明史》總裁官，尋直南書房，擢內閣學士，遷刑部尚書。著有《憺園集》、《讀禮通考》等書。高士奇（1645～1703），浙江錢塘人。由監生充書寫序班，供奉內廷。康熙十九年（1680），清聖祖以高士奇學文淹通，居職勤慎，供職有年，特授額外翰林院侍講。二十二年（1683），補侍讀，充日講起居注官。二十三年（1694），命大學士於翰林院官員內奏舉長於文章學問超卓者。大學士王熙、張玉書等薦徐乾學、王鴻緒及高士奇，奉召入京，直南書房。高士奇累官至禮部侍郎。著有《經進文稿》、《天祿識餘》、《讀書筆記》、《扈從日錄》、《隨輦集》、《城北集》、《苑西集》、《清吟堂集》、《春秋人地名考》、《左傳國語輯注》等書。王鴻緒（1645～1723），江南婁縣人。康熙十二年（1673），一甲二名進士，授編修。十六年（1677），充日講起居注官。十八年（1679），遷翰林院侍講。二十二年（1683），擢戶部侍郎。二十六年（1687），擢左都御史。三十八年（1699），授工部尚書。四十二年（1703），充經筵講官。四十七年（1708），調戶部尚書。徐乾學、王鴻緒、高士奇三人，皆以文章學問超卓而同列一卷，亦即以類相從。

已刊《清史稿》將魏象樞與趙申喬等同入列傳五十，傳末論贊稱魏象樞廉直謇謇，趙申喬清介絕流輩。湯斌、陸隴其與張伯行（1652～1725）同為五十二卷，傳末論曰：

清世以名臣從祀孔子廟，斌、隴其、伯行三人而已，皆以
外吏起家，蒙聖祖恩遇。隴其官止御史，而廉能清正，民
愛之如父母，與斌、伯行如一，其不爲時所容，而爲聖祖
所愛護也亦如一。君明而臣良，漢、唐以後，蓋亦罕矣。
斌不薄王守仁，隴其篤守程、朱，斥守仁甚峻，而伯行繼
之。要其躬行實踐，施於政事，皆能無負其所學，雖趨嚮
稍有廣隘，亦無所軒輊焉㊹。

湯斌、陸隴其、張伯行三人，都是從祀孔子廟名臣，同是理
學家，躬行實踐，施於政事，無負所學，以類相從，名副其實。
已刊《清史稿》將徐乾學、王鴻緒、高士奇三人同入列傳五十
八，也是以類相從。傳末論曰：

儒臣直內廷，謂之書房，存未入關前舊名也。上書房授諸
皇子讀，尊爲師傅；南書房以詩文書畫供卿，地分清切，
參與密切。乾學、士奇先後入直，鴻緒亦以文學進。乃憑
藉權勢，互結黨援，納賄營私，致屢遭彈劾，聖祖曲予保
全。乾學、鴻緒猶得以書局自隨，竟編纂之業，士奇亦以
恩禮終，不其幸歟㊺。

徐乾學、高士奇、王鴻緒三人，無戰陣之功，而聖祖待之甚
厚，以其裨益聖祖學問甚大之故。清史館從國史館舊例，將三人
同列一卷，即以三人文學優長，同蒙聖祖曲予保全，以類相從，
符合體例。

大臣畫一傳武職人員是以同征伐一處者分卷。譬如蔡毓榮與
鄂善等人同入大臣畫一傳正編卷四十六。蔡毓榮（1633～
1699），漢軍正白旗人。康熙九年（1670），授四川湖廣總督，
駐荊州。康熙十二年（1673）十二月，吳三桂叛。十三年
（1674），分設四川總督，蔡毓榮專督湖廣，統領綠旗步兵進剿

吳三桂。鄂善，滿洲鑲黃旗人。康熙九年（1670），補授陝西巡撫。十一年（1672），擢陝西總督。十二年（1673）九月，增設雲南總督，調鄂善任之。十二月，鄂善抵湖廣，值吳三桂叛，陷雲貴，詔鄂善暫留湖廣，與湖廣總督蔡毓榮共籌剿禦。已刊《清史稿》將蔡毓榮、鄂善等人同入列傳四十三，即從國史館舊例，以類相從。

　　大臣傳與忠義傳兩處互見者，即將二品以上者，歸大臣傳，三品以下者，則歸忠義傳。其人官階雖在二品以上而無別樣事蹟不能成專傳者，仍歸忠義傳。滿漢大臣子孫附傳中，其事蹟多者，各為立傳，於其祖父傳未書明「子某、孫某別有傳」等字樣。其事蹟少者，乃附敘傳末。乾隆三十年（1765），清高宗雖命國史館重輯國史列傳，但各冊並未分別次序釐定卷數，而且列傳的編纂，非出一手，體例參差。大臣畫一傳既分別次序，釐定卷數，同時也整齊了體例。

分門別類──纂輯彙傳以類相從

　　《金史》彙傳，含《循吏列傳》一卷。《明史》列傳，亦各從其類，義例允當，其諸臣列傳，首列《循吏列傳》一卷。纂修列傳，門類必須詳備。循吏一門，雖為史冊所必載，但乾隆三十年（1765）續開國史館時，並未議及循吏一門。嘉慶十二年（1807）七月十三日，湖廣道監察御史徐國楠奏請敕交國史館纂辦《循吏列傳》。原奏指出嘉慶年間編纂列傳，較開館之初，尤易於稽覈，分門別類，皆當以實錄為據，而參之《欽定四庫全書》、《大清一統志》、各直省通志，並內閣存貯紅本及一切記載，足資採擇者，核實兼收。自藩臬以下，守令以上，不在大臣傳之列者，採其政績卓著，增纂《循吏列傳》，裒輯成編。國立

故宮博物院現存《循吏列傳》包括《國史循吏傳》稿本，共十六冊。《國史循吏傳》朱絲欄寫原纂進呈本二卷，《循吏傳》朱絲欄寫本四卷，《國史循吏傳》朱絲欄寫本四卷。《國史循吏傳》朱絲欄寫原纂進呈本劉煦傳記載，劉煦是山西趙城人，由拔貢生，於道光十七年（1837）朝考引見，以知縣分發省分試用，籤掣直隸。二十一年（1841），署鹽山縣知縣。咸豐七年（1857），劉煦辦團出力，經總督桂良保奏，得旨以知府升用。同治元年（1862）十月，劉煦以積勞病卒。二年（1863），大學士祁寯藻以劉煦歷任直隸守令，樸誠廉敏，有守有為，民情愛戴，請旨飭查該故員生前政績，宣付史館，編入《循吏列傳》，詔如所請行。又如劉大紳傳記載，劉大紳是雲南寧州人，乾隆三十七年（1772），舉進士。四十八年（1783），選授山東新城縣知縣。道光八年（1828）卒。同治二年（1863），大學士祁寯藻採訪循吏，以劉大紳聞。奉上諭曰：「原任同知劉大紳，於乾隆年間歷任山東新城等縣，捕蝗辦賑，深得民心，教士以朱子撫學為本，成就甚多，著國史館咨行山東巡撫詳摭該故員生前政績，編入《循吏列傳》，以資觀感。」國史館朱絲欄寫本李仁元傳記載，李仁元是河南濟源人，道光二十七年（1847），進士，以內閣中書用，呈請改歸知縣。咸豐元年（1851），選授江西樂平縣。居官勤職，以廉能稱。三年（1853），暫攝鄱陽縣知縣，太平軍犯縣城，城陷，李仁元之父等不屈死，李仁元贈知府銜。光緒三年（1877），江西巡撫劉秉璋具奏，「仁元治行稱最，遺愛在民，請將歷官政績，宣付史館，列入循吏傳。」奉旨允准。守令以上，藩臬以下，不在大臣傳之列，而政績卓著者，由督撫或大學士奏准宣付史館後，國史館即遵旨纂輯《循吏列傳》。李仁元傳中因有「光緒三年」等字樣，故可推知朱絲欄寫四卷本纂修

時間當在晚清光宣年間。嘉業堂鈔本《清國史‧循吏傳》，共十一卷，朱絲欄寫本《國史循吏循》卷一黃輔辰，卷二李朝儀，卷三雲茂琦、沈衍慶、李仁元，卷四桂超萬、徐台英等傳，俱見於《清國史‧循吏傳》卷八。朱絲欄寫本卷一鐘謙鈞，卷二林達泉等傳，俱見於《清國史‧循吏傳》卷九。朱絲欄寫本卷一毛隆輔傳，見於《清國史‧循吏傳》卷十。兩書各傳內容，頗有出入。例如《清國史‧循吏傳》卷八〈李仁元傳〉所載內容如下：

> 李仁元，河南濟源人。道光二十七年，進士，以內閣中書用。呈改知縣。咸豐元年，選授江西樂平縣。樂平民俗剽悍，以禮讓化之，民多感悟。有素習械鬥者，仁元曰：民不畏死，然後可以致死。今天下多事，正此輩效順之時也。募驍健得六百人，日加訓練，土匪皆畏之。三年，髮逆圍南昌，鄱陽縣知縣沈衍慶奉檄助剿，仁元移攝鄱陽。初，衍慶宰鄱陽，治行為江西最，及仁元攝縣事，政聲與之埒，時人以漢召信臣杜詩方之。未幾，賊東竄，衍慶馳歸，仁元以瓜代請。衍慶曰：鄱陽之在君，猶在我也。既因仁元父母妻子皆在樂平，亟從索印，趣仁元回。仁元曰：賊旦夕且至，臨敵易令，是謂我不成丈夫也。印不可得。衍慶爭之力，靳不予，議併力戰守，乃予之。饒州府城被水衝坍，無險可攖，於是審度地勢，衍慶軍南門，仁元守北門，為犄角勢。經營一晝夜，而賊帆大至。官軍然巨礮，碎賊艦，斃賊數十。賊繞而東，登岸入城，衍慶迎擊之，賊稍卻，又繞而北。仁元率樂平勇巷戰，頗有斬獲，卒以眾寡不敵，為賊所困。仁元猶張空拳奮擊，髮指眦裂，勇氣百倍。適一賊橫衝而過，矛刺其背，刃出於胸，遂踣地，群賊臠割之。樂平勇猶與賊戰，踰時死者過

半，卒得仁元屍以出。初樂平土匪度仁元去必復來，伏不敢發。及聞殉難，賊又將至，乃倡議迎賊。仁元母顧謂其婦女曰：禍將及矣，盍早自計，皆死之。城陷，仁元父及弟並遇賊不屈死。事聞，得旨，加贈知府銜，賜卹如例，賞雲騎尉世職，襲次完時，以恩騎尉世襲罔替，並准於樂平縣建立專祠，仁元父予墀，母陳氏、妻金氏、弟誠元、妹三人，妾楊氏及使女僕婦等均得旨，准其附祀㊻。

李仁元在樂平、鄱陽知縣任內頗有政聲，但記載簡略，為便於比較，可將朱絲欄寫本《國史循吏傳‧李仁元傳》內容照錄如下：

李仁元，河南濟源人。道光二十七年，進士，以內閣中書用，呈請改歸知縣。咸豐元年，選授江西樂平縣，居官勤職，以廉能稱。樂平民俗剽悍，以禮讓化之，隨在耳提面命，勸導諄誡，民多感悟。有素習械鬥者，仁元曰：民不畏死，然後可以致死，今天下多事，正此輩效順之時也。募驍健得六百人，日加訓練，用以剿捕，土匪皆避之。三年，賊圍南昌，鄱陽縣知縣沈衍慶，奉檄助剿，以仁元暫攝縣事。初，衍慶宰鄱陽，政治為通省冠，及仁元抵署任，政聲與衍慶後先媲美，時人方之漢召信臣杜詩。未幾，賊東竄，衍慶馳歸，仁元乃請交代期。衍慶曰：鄱陽之在君，猶在我也。既而因仁元親皆在樂平，亟從索印，趣仁元回本任。仁元曰：賊旦夕且至，臨敵易令，是謂我不成丈夫也，避難苟免，君子恥之。印不可得，衍慶爭之力，仍靳不予，定議並力戰守，乃予之。饒州府城被水衝坍，無險可據，乃審度地勢，衍慶軍南門，仁元守北門，為犄角勢，經營一晝夜，而賊帆大至。官軍然巨礮碎賊

艦，斃賊數十。賊繞而東，登岸入城，衍慶迎擊之，賊稍卻，又繞而北，仁元率樂平勇巷戰，頗有斬獲，卒以眾寡不敵，為賊所困。仁元猶強張空拳奮擊，髮指眦裂，勇氣百倍。適遇一賊橫衝而過，矛刺其背，刃出於胸遂踣地，群賊臠割之，體無完膚。樂平勇猶與賊戰踰時，死者過半，卒得仁元屍以出。初樂平土匪度仁元去必復來，伏不敢發。比聞已殉難，賊又將至，乃倡議迎賊。仁元母顧謂其婦女及其女曰：禍將及矣，曷早自計，皆死之。城陷，仁元父及弟並遇賊不屈死。事聞，得旨加贈知府銜，下部從優議卹。尋賜卹如例，賞雲騎尉世職，襲次完時，以恩騎尉世襲罔替，並准於樂平縣建立專祠，仁元父予墀，母陳氏、妻金氏、弟誠元、妹三人，妾楊氏，及使女僕婦等，均得附祀。光緒三年，江西巡撫劉秉璋奏言仁元治行稱最，遺愛在民，請將歷官政績，宣付史館，列入循吏傳，從之[47]。

對照朱絲欄寫本後，可知《清國史・循吏傳》卷八李仁元傳所載內容較簡略，並非定本，「居官勤職，以廉能稱」，「隨在耳提面命」，「避難苟免，君子恥之」，「光緒三年，江西巡撫劉秉璋奏言仁元治行稱最，遺愛在民，請將歷官政績，宣付史館，列入循吏傳，從之」等句，俱不見於嘉業堂鈔本《清國史・李仁元傳》。現藏清國史館纂輯藍格本李仁元傳，包括纂修官駱成驤覆輯本；總纂官陳秉和纂輯、纂修官潘衍桐覆輯本；協修官秦綬章校輯本三種，朱絲欄寫本係據秦綬章校輯本繕寫正本進呈御覽，傳未記載劉秉璋奏准「列入循吏傳」字樣，嘉業堂《清國史》則據駱成驤覆輯本鈔錄，傳末未載「列入循吏傳」字樣。已刊《清史稿》則將李仁元列入忠義傳。

《宋史‧道學列傳》四卷，凡二十四人。《儒林列傳》八卷，凡七十一人。《宋史》爲表彰道學，特創《道學列傳》，並仿《史記‧仲尼弟子列傳》，以程、朱上接仲尼，又分別程、朱二氏門人，以別於《儒林列傳》。〈宋史述要〉一文已指出，《道學列傳》的義例，爲前史所無，其意以洛、閩諸大儒，講明性道，自謂直接孔孟之傳，是以凡言性理者，別立《道學列傳》，談經術者，入之於《儒林列傳》。又以同乎洛、閩者進之於《道學列傳》，異者入之於《儒林列傳》，彷彿經術爲粗，性理爲密；程、朱爲正學，楊、陸爲異端，隱寓軒輊進退之意。後之論者，皆認爲《儒林列傳》可以統《道學列傳》，而《道學列傳》不足以槪《儒林列傳》[48]。誠然，周、二程、張、朱五子可以合爲一卷，入之於《儒林列傳》，不必別立《道學列傳》。阮元撰〈擬國史儒林傳序〉有一段評論云：

> 宋史以道學、儒林分爲二傳，不知此即周禮師儒之異，後人創分而闇合周道也。元明之間，守先啓後，在於金華，洎乎河東姚江，門户分歧，遞興遞減，然終不出朱、陸而已。終明之世，學案百出，而經訓家法，寂然無聞，揆之周禮，有師無儒，空疏甚矣。然其間臺閣風腐，持正扶危，學士名流，知能激發，雖多私議，或傷國體，然其正道，實拯世心，是故兩漢名教，得儒經之功。宋明講學，得師道之益，皆於周孔之道，得其分合，未可偏譏而互詬也[49]。
>
> 我朝列聖道德純備，包涵前古，崇宋學之性道，而以漢儒經義實之。聖學所指，海内嚮風，御纂諸經，兼收歷代之說。四庫館開，士氣益精博矣。國初講學，如孫奇逢、李容等，沿前明王薛之派；陸隴其、王懋竑等，始專守朱

子，辨偽得眞；高愈、應撝謙等，堅若自持，不愧實踐；閻若璩、胡渭等，卓然不惑，求是辨誣；惠棟、戴震等，精發古義，詁釋聖言。近時孔廣森之於公羊春秋，張惠言之於孟虞易說，亦專家孤學也。且我朝諸儒好古敏求，各造其域，不立門戶，不相黨伐，束身踐行，闇然自脩，嗚呼周魯師儒之道，我皇上繼列聖而昌明之，可謂兼古昔所不能兼者矣。綜而論之，聖人之道譬若宮牆，文字訓詁，其門逕也，門逕苟誤，跬步皆岐，安能升堂入室乎？學人求道太高，卑視章句，譬猶天際之翔，出於豐屋之上，高則高矣，戶奧之間，未實窺也。或者但求名物，不論聖道，又若終年寢饋於門廡之間，無復知有堂室矣！是故正衣尊視，惡難從易，但立宗旨，即居大名，此一蔽也；精校博考，經義確然，雖不踰閑，德便出入，此又一蔽也。臣等備員史職，綜輯儒傳，未敢區分門逕，惟期記述學行，自順治至嘉慶之初，得百數十人，仿明史載孔氏於儒林之例，別爲孔氏傳，以存史記孔子世家之意。至若陸隴其等，國史已入大臣傳，並不載焉⑩。

阮元纂修《國史儒林傳》，惟期記述諸儒學行，並未區分門逕，師儒並列，擺脫了漢宋之分的爭議。《宋史》纂修諸臣以「道學」爲宋代儒學之主流，《明史》纂修諸臣則確立「儒林」，爲明代儒學之主流，是故只立《儒林傳》。從現藏國史館所纂修的《儒林傳》稿本義例，可以窺見纂修諸臣調和漢宋的努力。其中《清史儒林傳》藍格寫本，包括目錄一卷，上卷凡三十二卷，下卷凡四十一卷，共計七十四冊。嘉業堂鈔本《清國史・儒林傳》上、下卷，即據國史館《儒林傳》藍格寫本鈔繕成編⑪。藍格寫本《清史儒林傳》由總纂官陳伯陶輯，提調官惲毓嘉校

輯，提調官余堃覆校輯。上卷以理學諸儒為主，正傳七十八人，
附傳一五二人，共二三九人；下卷以漢學諸儒為主，正傳一一九
人，附傳一六五人，共二八四人，上、下卷合計五二三人。其中
孫奇逢（1585～1675）、刁包（1603～1669）、沈國模（1575～
1656）等人同列上卷之一。顧炎武（1613～1682）、黃宗羲
（1610～1695）、錢澄之等人同列下卷之卷一。清代理學以孫奇
逢等人為開端，清代漢學則以顧炎武等人為開端，分別於上、下
卷各列首卷，即卷一。

　　清國史館纂修《儒林傳》，除藍格寫本外，還有朱絲欄寫本
八卷，將顧炎武、黃宗羲、孫奇逢、李容等人同列卷一，將清代
漢學與理學的開端諸儒，俱同列首卷，頗有調和漢宋的意味。至
於陸隴其等人因已入《國史滿漢文武大臣畫一傳》，所以《清史
儒林傳》不再重複記載。已刊《清史稿·儒林傳》，凡四卷，
《儒林一》小序係本阮元〈擬國史儒林傳序〉稍作刪改而成。孫
奇逢、黃宗羲等人同列《儒林一》，顧炎武、胡渭、閻若璩等人
同列《儒林二》，足以反映《清國史·儒林傳》漢宋並列的立傳
義例。

　　正史中所立文苑傳，係取文人薈萃之義，以類相從，並記博
學能文之士。《後漢書》列傳八十，內含彙傳凡十一，沿襲前史
者有循吏、酷吏、儒林三傳，獨創者有黨錮、宦者、文苑、獨
行、方術、逸民、列女七傳。此外，有四夷傳。東漢文風極盛，
詞采壯麗，特創文苑傳，其後諸史多因之。《南齊書》、《梁
書》、《陳書》、《隋書》、《南史》改文苑為文學，《金史》
改作文藝。已刊《清史稿·文苑一》小序云：

　　　清代學術，超漢越宋。論者至欲特立「清學」之名，而文
　　　學並重，亦足於漢、唐、宋、明以外別樹一宗，嗚呼盛

已！明末文衰甚矣！清運既興，文氣亦隨之而一振。謙益歸命，以詩文雄於時，足負起衰之責；而魏、侯、申、吳，山林遺逸，隱與推移，亦開風氣之先。康、乾盛治，文教大昌。聖主賢臣，莫不以提倡文化爲己任。師儒崛起，尤盛一時，自王、朱以及方、惲，各擅其勝。文運盛衰，實通世運。此當舉其全體，若必執一人一地言之，轉失之隘，豈定論哉？道、咸多故，文體日變。龔、魏之徒，乘時立說。同治中興，文風又起。曾國藩立言有體，濟以德功，實集其大成。光、宣以後，支離龐雜，不足言文久矣。茲爲文苑傳，但取詩文有名能自成家者，彙爲一編，以著有清一代文學之盛。派別異同，皆置勿論。其已見大臣及儒林各傳者，則不復著焉⑫。

　　清史文苑傳的纂輯，主要在反映有清一代文學之盛。《清史稿・文苑傳》的纂輯，也是屬於彙傳的一種體例，將詩文著名能自成一家的文人彙爲一編，以類相從，而不論其派別的異同。至於已見大臣及儒林等傳者，則不重複列入文苑傳。清國史館纂輯《清史文苑傳》不分卷，計八冊，係朱絲欄進呈本。嘉業堂鈔本《清國史・文苑傳》，計七十四卷，係據清國史館提調官惲毓嘉校輯、提調官余棻覆校藍格本鈔錄而成。清史館纂輯文苑傳三卷，見已刊《清史稿》列傳二七一至二七三。爲了便於說明，可將朱絲欄寫本《清史文苑傳》、《清國史・文苑傳》、已刊《清史稿・文苑傳》目錄列出簡表如下：

清史文苑傳對照表

朱絲欄寫本文苑傳		清國史	清史稿
第一冊	谷應泰傳	卷七	
	宋琬傳	卷七	列傳二七一
	施閏章傳	卷八	列傳二七一
	（高詠附）	卷八	列傳二七一
	李來泰傳	卷九	列傳二七一
	王士祿傳	卷一〇	列傳二七一
	（王士祐附）	卷一〇	列傳二七一
	（徐夜附）	卷一〇	列傳二七一
	秦松齡傳	卷一〇	列傳二七一
	（倪燦附）	卷一〇	列傳二七一
	（嚴繩孫附）	卷一〇	列傳二七一
第二冊	汪琬傳	卷一一	列傳二七一
	梅清傳	卷一二	列傳二七一
	（梅庚附）	卷一二	列傳二七一
	計東傳	卷一三	列傳二七一
	申涵光傳	卷七	列傳二七一
	柴紹炳傳	卷三	列傳二七一
	陸葇傳	卷一六	列傳二七一
	（從子奎勳附）		列傳二七一
第三冊	喬萊傳	卷一七	列傳二七一
	葉燮傳	卷一一	列傳二七一
	趙執信傳	卷二二	列傳二七一
	（馮廷櫆附）	卷二二	列傳二七一
	陳維崧傳	卷一九	列傳二七一
	（吳綺附）	卷一九	列傳二七一
	汪楫傳	卷二〇	列傳二七一
	（汪懋麟附）	卷二〇	列傳二七一
第四冊	毛奇齡傳	（儒林傳下卷）	（儒林傳二）
	朱彝尊傳	卷一九	列傳二七一
	（譚吉璁附）	卷一九	列傳二七一
	潘耒傳	卷二一	列傳二七一
	（徐釚附）	卷一〇	列傳二七一
	尤侗傳	卷二〇	列傳二七一

第五冊	龐塏傳	卷一八	列傳二七一
	（邊連寶附）	卷一八	列傳二七一
	孫枝蔚傳	卷二一	列傳二七一
	（李念慈附）	卷二一	列傳二七一
	吳雯傳	卷二一	列傳二七一
	（傅山附）	卷二一	（遺逸二）
	顧景星傳	卷一五	
	（葉封附）	卷一四	
	黃虞稷傳	卷二一	列傳二七一
	馮景傳		列傳二七一
	邵長蘅傳	卷二二	列傳二七一
第六冊	吳嘉紀傳	卷二二	列傳二七一
	（陶季附）	卷二二	列傳二七一
	史申義傳	卷二三	列傳二七一
	（周起渭附）	卷二三	列傳二七一
	姜宸英傳	卷二四	列傳二七一
	嚴漢惇附	卷二四	列傳二七一
	查慎行傳	卷二五	列傳二七一
	（弟嗣瑮附）	卷二五	列傳二七一
	（族子查昇附）	卷二五	列傳二七一
	陳儀傳	卷二八	
第七冊	陳之霌傳		
	（胡天游附）		列傳二七二
	張鵬翀傳	卷三〇	（藝術三）
	（孫致彌附）	卷三〇	
	陳兆崙傳		（列傳九二）
	趙青藜傳	卷三八	列傳二七二
	（汪越附）	卷三八	列傳二七二
	沈廷芳傳		列傳二七二
	劉大櫆傳	卷三三	列傳二七二
	（吳定附）	卷三三	列傳二七二

第八册	厲鶚傳	卷二九	列傳二七二
	（商盤附）	卷三一	
	李鍇傳	卷三六	列傳二七二
	朱仕琇傳	卷四〇	列傳二七二
	（魯九皋附）	卷四〇	列傳二七二
	蔣士銓傳	卷四二	列傳二七二
	姚鼐傳	卷四五	列傳二七二
	（姚範附）	卷四五	

資料來源：國史館朱絲欄寫本《清史文苑傳》；嘉業堂鈔本《清國史・文苑傳》；
　　　　　《清史稿校註・文苑傳》。

　　由前列簡表可知國史館朱絲欄寫原纂進呈本《清史文苑傳》
不分卷，第一册包括谷應泰等十一人；第二册包括汪琬等八人；
第三册包括喬萊八人；第四册包括毛奇齡等六人；第五册包括龐
塏等十一人；第六册包括吳嘉紀等十人；第七册包括陳之遴等十
人；第八册包括厲鶚等八人，合計七十二人，分別散見於嘉業堂
鈔本《清國史・文苑傳》卷七至卷四十五之中，已刊《清史稿》
則集中於列傳二百七十一至二百七十二之中。錢謙益，博學工詞
章。龔鼎孳，有文藻，千言立就。吳偉業，學問博贍，詩文工
麗。清國史館遵旨將錢謙益入貳臣傳乙編中，龔鼎孳入貳臣傳乙
編下，吳偉業入貳臣傳乙編上，因已見貳臣傳，故不復著文苑
傳。已刊《清史稿》因不立貳臣傳，故將錢謙益、龔鼎孳、吳偉
業等人編入文苑傳。朱絲欄寫本第七册陳兆崙，浙江錢塘人，雍
正八年（1730），進士，累官至太僕寺卿。陳兆崙精六書之學，
爲詩文澹泊精遠。已刊《清史稿》已見大臣傳，文苑傳不復著。
朱絲欄寫本第四册毛奇齡，蕭山人，康熙十八年（1679），薦舉
博學鴻儒科，試列二等，授翰林院檢討，充《明史》纂修官。毛
奇齡淹貫群書，以經學自負。嘉業堂鈔本《清國史》入儒林傳下

卷之四，已刊《清史稿》入儒林二，因已見儒林傳，故文苑傳不復著。朱絲欄寫本第七冊張鵬翀，江蘇嘉定人，雍正五年（1727）進士，入翰林，官至詹事府詹事。張鵬翀詩畫援筆立就，已刊《清史稿》入藝術傳，文苑傳不復著。

　　文苑傳是正史彙傳的一種體裁，清國史館取詩文有名自成一家的學者，彙編文苑列傳，以反映清代文學的盛況。宋琬，萊陽人，順治四年（1647）進士，累遷吏部郎中，擢按察使。宋琬少即能詩，其詩格合聲諧，明靚溫潤。施閏章，宣城人，順治六年（1649）進士。康熙十八年（1679），召試鴻博，授翰林院侍講，纂修明史。施閏章善詩古文辭，與同邑高詠友善，皆工詩，時號「宣城體」。施閏章為文意樸而氣靜，其詩與宋琬齊名。王士禎愛其五言詩，嘗以施閏章與宋琬相況，目為「南施北宋」。李來泰，臨川人，順治九年（1652）進士。試詞科，授侍講。古文博奧，詩以和雅稱。王士祿，濟南新城人，順治九年（1652）進士。少工文章，詩尤閒澹幽肆。其弟王士祐、王士禎從之學詩，王士禎遂為詩家大宗。當時山左詩人除王氏兄弟外，尚有徐夜等人，皆知名。秦松齡，無錫人，順治十二年（1655）進士，官檢討。專治毛詩，著《毛詩日箋》六卷。倪燦，上元人，書法詩格秀出一時，撰〈藝文志序〉，與姜宸英〈刑法志序〉並推傑搆。嚴繩孫，無錫人，善畫工詩，授檢討，撰《明史・隱逸傳》。文苑傳，按時代先後，以類相從，彙為一編，濟濟多士，文運盛衰，實通世運，文苑傳的纂輯，頗具時代意義。

　　古代「方技」，泛指醫、卜、星、相之術。新、舊《唐書》都有方技傳。《晉書》彙傳，改方技傳為藝術傳。「藝術」一詞，也是泛指各種技術、技能。射、御、書、數，都是屬於「藝」的範疇；醫、方、卜、筮，則是屬於「術」的範疇。《晉

書·藝術傳》小序云：

> 藝術之興，由來尚矣。先王以是決猶豫，定吉凶，審存
> 亡，省禍福。曰神與智，藏往知來，幽贊冥符，弼成人
> 事；既興利而除害，亦威眾以立權，所謂神道設教，率由
> 於此。然而詭託近於妖妄，迂誕難可根源，法術紛以多
> 端，變態諒非一緒，真雖存矣，偽亦憑焉。聖人不語怪力
> 亂神，良有以也。逮丘明首唱，敘妖夢以垂文，子長繼
> 作，援龜策以立傳，自茲厥後，史不絕書。漢武雅好神
> 仙，世祖尤耽讖術，遂使文成、五利逞詭詐而取寵榮，尹
> 敏、桓譚由忤時而嬰罪戾，斯固通人之所蔽，千慮之一失
> 者乎！詳觀眾術，抑惟小道，棄之如或可惜，存之又恐不
> 經。載籍既務在博聞，筆削則理宜詳備，晉謂之乘，義在
> 於斯。今錄其推步尤精、伎能可紀者，以為藝術傳，式備
> 前史云㊽。

序文已指出，眾術雖屬小道，但載籍務在博聞，筆削理宜詳
備。推步，即推算天文曆法之學，伎能，同技能。《晉書》將精
於推步，擅長技能，足以紀載者，列入藝術傳。譬如歷陽人陳
訓，少好祕學，天文、算曆、陰陽、占候無不精通，尤善風角占
候，以知吉凶。《晉書》為陳訓立傳，列入藝術傳。

推步之學，由疏漸密，明末清初，西學東漸。盛清時期，中
西薈萃，推步之法，日臻邃密。嘉慶初年，阮元集清代天文律算
諸家撰《疇人傳》。史家體例，特重列傳，其門類尤須詳備。乾
隆年間，雖然續開國史館，議及列女傳，但迄未纂辦，至於藝
術、疇人等傳，並未議及。民初清史館纂輯藝術、疇人、醫術等
傳，門類較詳備。已刊《清史稿·藝術傳》小序云：

> 自司馬遷傳扁鵲、倉公及日者、龜策，史家因之，或曰方

技，或曰藝術。大抵所收多醫、卜、陰陽、術數之流，間及工巧。夫藝之所賅，博矣眾矣，古以禮、樂、射、御、書、數爲六藝，士所常肄，而百工所執，皆藝事也。近代方志，於書畫、技擊、工巧，並入此類，實有合於古義。聖祖天縱神明，多能藝事，貫通中、西歷算之學，一時鴻碩，蔚成專家，國史躋之儒林之列。測繪地圖，鑄造槍礮，始倣西法。凡有一技之能者，往往召直蒙養齋。其文學侍從之臣，每以書畫供奉内廷。又設如意館，制倣前代畫院，兼及百工之事。故其時供御器物，雕、組、陶埴，靡不精美，傳播寰瀛，稱爲極盛。沿及高宗之世，風不替焉。《欽定醫宗金鑑》，薈萃古今學說，宗旨純正。於陰陽、術數家言，亦有《協紀辨方》一書，頒行沿用，從俗從宜，隱示崇實黜虛之意，斯微微尚矣。中葉後，海禁大開，泰西藝學諸書，灌輸中國，議者以工業爲強國根本，於是研格致，營製造者，乘時而起。或由舊學以擴新知，或抒心得以濟實用，世乃愈以藝事爲重。採其可傳者著於篇，各以類爲先後。卓然成家者，具述授受源流；兼有政績、文學列入他傳者，附存梗概；凡涉荒誕俳諧之說，屛勿載。後之覽者，庶爲論世之資云㉞。

由序文可知清國史館將貫通中西歷算之學的鴻碩專家，列入儒林傳。清史館沿襲舊例，將醫、卜、陰陽、術數、書畫、技擊、工巧、器物等藝事，各以類爲先後，別立藝術傳。

國立故宮博物院現藏清史館黃翼曾輯《醫術列傳》，計三册。第一册由馬駿良繕寫，列傳人物包括：張璐、張志聰、薛雪、陸以恬、陸懋修等人。第二册由徐廷樑繕寫，列傳人物包括：喻昌、傅山、胥秉哲、李蒔、張序晟、章祖緒、柯琴、尤

怡、陳念祖、何世仁、郭宏羲、席上錦等十二人。第三冊由毓良
繕寫，列傳人物包括：葉桂、王士雄、章楠、吳塘等四人。其中
傅山等人見於已刊《清史稿・遺逸傳》，但詳略不同。張璐、張
志聰、薛雪、陸懋修、喻昌、柯琴、尤怡、陳念祖、葉桂、王士
雄、章楠、吳塘等人見於已刊《清史稿・藝術傳》，內容頗有出
入。已刊《清史稿・藝術傳》所載張璐傳內容如下：

> 張璐，字路玉，自號石頑老人，江南長洲人。少穎悟，博
> 貫儒業，專心醫藥之書。自軒、岐迄近代方法，無不搜
> 覽。遭明季之亂，隱於洞庭山中十餘年，著書自娛，至老
> 不倦。倣明王肯堂證治準繩，彙集古人方論、近代名言，
> 薈萃折衷之，每門附以治驗醫案，爲《醫歸》一書，後易
> 名《醫通》。璐謂仲景書衍釋日多，仲景之意轉晦。後見
> 尚論、條辨諸編，又廣搜祕本，反覆詳玩，始覺向之所謂
> 多歧者，漸歸一貫，著《傷寒纘論緒論》。纘者，祖仲景
> 之文；緒者，理諸家之紛紜而清出之，以翼仲景之法。其
> 注本草，疏本經之大義，並系諸家治法，曰本經逢源；論
> 脈法大義，曰診宗三昧，皆有心得。又謂唐孫思邈治病多
> 有奇異，逐方研求藥性，詳爲疏證，曰《千金方釋義》，
> 並行於世。璐著書主博通，持論平實，不立新異。其治
> 病，則取法薛巳、張介賓爲多。年八十餘卒。聖祖南巡，
> 璐子以柔進呈遺書，溫旨留覽焉⑮。

張璐傳，已刊《清史稿》列入藝術傳，清史館未刊傳稿列入
醫術傳，內容較詳。清聖祖多次南巡，張璐之子張以柔進呈遺書
年分，已刊《清史稿》並未詳載。張璐診脈、治病的方法，已刊
《清史稿》也是記載簡略。據黃翼曾輯《醫術列傳・張璐傳》記
載，康熙四十四年（1705），歲次乙酉，清聖祖南巡，張璐之子

監生張以柔進呈遺書，包括：《醫通》十六卷，《本經逢源》四卷，《診宗三昧》一卷，《傷寒緒論緒論》四卷。現藏清史館未刊黃翼曾輯《醫術列傳‧張璐傳》，主要是依據張以柔進呈《醫通》疏、朱彝尊撰《序古今醫案》等資料纂修成編。

現藏《清史館藝術傳稿》，共十六本，除《清史稿》刊印本外，還有未刊稿本，分別由夏孫桐、黃翼曾、史恩培、駱成昌等人纂輯，由陳金如、于吉誠、徐廷樑、魯謙光、隆鋆、胡蘭石等人繕寫。其中史恩培纂輯藝術列傳包括：程正揆、項聖謨、吳偉業、王鐸、張漣、黃甲雲、方式玉，及駱成昌纂輯藝術列傳包括：張辛、張際亮等列傳稿，並未刊印。譬如程正揆列傳稿內容如下：

> 程正揆，字瑞伯，號鞠陵，湖廣孝感人。崇禎辛未進士，名正葵，選翰林。甲申後卜居於江寧之青谿，自號青谿道人。仕清，改正揆，官至工部侍郎，敏而多能，善屬文，工書畫，意有所到，援筆立成，若風雨集而江河流也。時推董其昌，風雅師儒，正揆虛心請益，其昌雅重愛之，凡書訣畫理，傾心指授，若傳衣缽焉。書法李北海，而丰韻蕭然，不爲所縛。唐宋元明以來，士大夫詩畫兼者，代不數人。正揆晚出，兩俱擅長，詩與畫皆登逸品。順治丁酉，掛冠後，優遊於棲霞、牛首之間，時以詩畫自遣。嘗論畫云，北宋人千兵萬壑一筆不減；元人枯枝瘦石無一筆不繁，其論甚精[56]。

順治十二年（1655）十月初四日，程正揆補工部右侍郎。順治十三年（1656）七月十五日，程正揆免工部侍郎。程正揆善屬文，工書畫，詩畫兼擅，爲程正揆立傳，對研究清初藝術史可提供重要參考資料。程正揆對書畫的研究，多向董其昌虛心請益，

舉凡書訣畫理，董其昌無不傾心指授，若傳衣鉢，探討董其昌畫派，不能忽略程正揆等人的藝術成就。項聖謨列傳也是由史恩培纂輯。項聖謨，字孔彰，浙江秀水人。他的畫，初學文徵明，其後擴於宋，而取韻於元，所繪花草松竹木石，尤為精妙，董其昌曾為其畫冊作跋，盛讚其畫冊眾美畢臻，所畫山水，兼有元人氣韻。吳偉業，字駿公，號梅村。他是江南太倉人，崇禎四年（1631）進士，廷試一甲二名。清初，官至祭酒。據史因培纂輯吳偉業列傳稱，吳偉業博學工詩，所畫山水得董黃法，清疏韶秀。吳偉業與董其昌、王時敏諸人友善，曾作畫中九友歌。已刊《清史稿》藝術列傳，人數有限，可以就清史館所修藝術列傳稿本作補充。

江湖傳說江寧人甘鳳池號稱「江南第一俠」，《國朝耆獻類徵初編》將甘鳳池列入方技傳，為王友亮所撰，已刊《清史稿》列入藝術傳。清史館所纂甘鳳池傳稿，即據王友亮所撰《甘鳳池小傳》略加增刪而成編。已刊《清史稿・藝術傳》所載甘鳳池傳內容，與清史館傳稿出入不大，僅將「某王邸」改為「京師貴邸」；「以帛約身則頓小」改為「則頓小」等等。江湖傳說江南大俠甘鳳池的拳法，兼內外兩家秘訣，彈指落梅，徒手搏牛，擅用飛刀，能取人首級於百步之外。

臺北國立故宮博物典藏宮中檔雍正朝硃批奏摺，對甘鳳池被捕經過奏報頗詳。雍正年間，江南閩浙地方有符咒惑眾案件，浙江總督李衛遵旨密訪查拏要犯。雍正七年（1729）十一月間，李衛訪知甘鳳池曾拜張雲如為師，傳習符籙，收授門徒，有上元縣監生于璉自首，並繳出符籙。據于璉供稱，「甘鳳池煉氣精勁，武藝高強，各處聞名，聲氣頗廣，張雲如以相命坐功，文武筆籙，邪術符法，收授門徒甚多⑰。」李衛以張雲如、甘鳳池二人

既已煉成功夫，不畏刑法，未可輕舉妄動，於是一面訪尋甘鳳池，託言李衛之子欲學弓力武藝，設法將甘鳳池父子羅致署中，一面分行餂拏各犯。其後，甘鳳池父子及張雲如等俱被設計拏獲。張雲如又名張雲谷，自稱能於坐功時為人觀相，傳說將軍伊立布之子易服往訪，為張雲如識出，從此聲名大噪。其後，杭州滿洲城旗人，與張雲如往來日衆。張雲如門徒衆多，自稱俠士豪傑，平日精通拳棒，熬煉壯藥，聚徒行教，或以賣卦六壬為名，造作奇門符咒，以招引徒黨；並假稱貿易，藉端出洋，交通聲氣，潛匿隱僻之所，陰謀不軌，各府俱有首要數人暗通線索，其行叵測，李衛遂決心剷除此腹心之患。李衛親自盤問甘鳳池，將其父子隔離，以好言安慰，套問其子甘述，使其高興誇耀。甘述不覺將其父平日實情說出。李衛將所得實情攙入別犯供詞內，給與甘鳳池觀看，甘鳳池見無法隱瞞，始吐實情。甘鳳池年少，曾因一念和尚案，遭牽連夾訊，兩次經人開脫。而甘鳳池的同門周崑來，原名璕，自稱明朝周王之後。另有張曉夫，原名天球，兩人原名皆寓有尋王、求王之意，同門衆多，約定數年後舉事。甘鳳池等人遂以謀逆重罪，俱遭誅戮。已刊《清史稿‧藝術傳》謂「世宗於此獄從寬，未盡駢誅。或云鳳池年八十餘，終於家⑱。」甘鳳池傳記載，不足採信。已刊《清史稿‧藝術傳》記載的範圍，除書畫、器物外，還包括醫術、方技人物。清史館未刊傳稿，已另立醫術、方技等傳。已刊《清史稿》將醫術、書畫、方技、工巧並入藝術傳，雖合於古義，但清代精於書畫、器物卓然成家者，濟濟多士，改纂符合後世概念的藝術傳，是有意義的。

【註　釋】

① 《清國史館奏稿》（北京，全國圖書館文獻縮微複製中心，2004
　 年6月），第一冊，頁3。乾隆十二年八月二十八日，國史館總裁
　 官訥親等奏。

② 《大清聖祖仁皇帝實錄》，卷二二五，頁16。康熙四十五年六月
　 丁亥，諭旨。

③ 《清國史館奏稿》，第一冊，頁4。

④ 《大清高宗純皇帝實錄》卷一五，頁6。乾隆元年三月癸丑，據徐
　 元夢奏。

⑤ 《大清國史宗室列傳》（臺北，國立故宮博物院，國史館朱絲欄寫
　 本），卷一，凡例。

⑥ 《欽定國史大臣列傳》（臺北，國立故宮博物院，國史館朱絲欄寫
　 本），卷一，乾隆三年九月十五日，諭旨。

⑦ 《宗室王公功績表傳》（臺北，國立故宮博物院，國史館檔），第
　 一冊，凡例。

⑧ 《宗室王公功績表傳》，卷五，頁12。

⑨ 《宗室王公功績表傳》，卷五，頁14。

⑩ 《文淵閣四庫全書》，第454冊，頁208。

⑪ 《大清太祖高皇帝實錄》，卷六，頁24；《文淵閣四庫全書》，
　 第454冊，頁208。

⑫ 《宗室王公功績表傳》，卷五，頁15。

⑬ 《文淵閣四庫全書》，第454冊，頁208。

⑭ 《大清高宗純皇帝實錄》，卷九七二，頁23。乾隆三十九年十二
　 月甲午，諭旨。

⑮ 《國史館奏稿》（北京，全國圖書館文獻縮微複製中心，2004年
　 6月），第一冊，頁443。

⑯ 《清國史館奏稿》，第一冊，頁445。

⑰ 《欽定外藩蒙古回部王公表傳》，卷首，頁1。見《欽定四庫全

書》，第 454 冊，頁 217。

⑱　《清國史館奏稿》（北京，全國圖書館文獻縮微複製中心，2004
　　年 6 月），第一冊，頁 470。乾隆四十五年十一月十四日，諭旨。

⑲　王成勉：〈清史中的洪承疇〉，《明清文化新論》（臺北，文津出
　　版社，2000 年 9 月），頁 492。

⑳　《大清高宗純皇帝實錄》，卷 836，頁 5。乾隆三十四年六月丙辰，
　　諭旨。

㉑　《大清高宗純皇帝實錄》，卷 1022，頁 1。乾隆四十一年十二月戊
　　戌，諭旨。

㉒　《大清高宗純皇帝實錄》，卷 1022，頁 3。乾隆四十一年十二月庚
　　子，諭旨。

㉓　《大清高宗純皇帝實錄》，卷 1051 頁 24。乾隆四十三年二月乙
　　卯，諭旨。

㉔　《欽定國史貳臣表傳》（臺北，國立故宮博物院，國史館），卷
　　首。

㉕　《乾隆朝上諭檔》（北京，檔案出版社，1991 年 6 月），第十四
　　冊，頁 967。乾隆五十四年六月初六日，內閣奉上諭。

㉖　《遼史》（臺北，鼎文書局，民國七十三年六月），第二冊，頁
　　1497。

㉗　《金史》（臺北，鼎文書局，民國七十四年六月），第四冊，頁
　　1817。

㉘　《乾隆朝上諭檔》，第十五冊，頁 348。乾隆五十四年十二月初九
　　日，內閣奉上諭。

㉙　《乾隆朝上諭檔》，第十五冊，頁 349。

㉚　《清史稿校註》，第十冊（臺北，國史館，民國七十七年八月），
　　頁 8083。

㉛　《清史稿校註》，第十冊，頁 8100。

㉜　《清史稿校註》，第十冊，頁 8148。

㉝　《清史稿校註》，第十冊，頁 8211。

㉞　《清史稿校註》，第十一冊，頁 8554。

㉟　《清史稿校註》，第十四冊，頁 11133。

㊱　《欽定國史大臣列傳》（臺北，國立故宮博物院，國史館朱絲欄寫本），乾隆三十六年六月二十三日，諭旨。

㊲　《清國史館奏稿》，第一冊，頁 82。乾隆三十年六月二十三日，上諭。

㊳　《清國史館奏稿》，第一冊，頁 91。乾隆三十年九月十五日，大學士傅恒等奏。

㊴　《欽定國史大臣列傳》，乾隆三十年九月十五日，諭旨。

㊵　《清國史館奏稿》，第一冊，頁 102。乾隆三十一年七月初三日，傅恒等奏。

㊶　《清史列傳》（臺北，中華書局，民國五十八年八月），第十冊，卷七十八，頁 23。

㊷　《清國史館奏稿》，第一冊，頁 113。乾隆三十一年十一月十一日，傅恒等奏；《世祖章皇帝實錄》，卷三十四，頁 19。順治四年十月丙申，據胡全才奏。

㊸　《清國史》（北京，中華書局，1993 年 6 月），嘉業堂鈔本，第五冊，目錄。

㊹　《清史稿校註》，第十一冊（臺北，國史館，民國七十八年二月），頁 8572。

㊺　《清史稿校註》，第十一冊，頁 8631。

㊻　《清國史》，第十二冊，循吏傳，卷八，頁 170。

㊼　《國史循吏傳》（臺北，國立故宮博物院，國史館朱絲欄寫本），卷三，李仁元傳。

㊽　〈宋史述要〉，《宋史》（臺北，鼎文書局，民國七十二年十一月），第一冊，頁 11。

㊾　阮元著《揅經室一集》（臺北，臺灣商務印書館，四部叢刊初編集

部），卷二，頁 21；《清史館檔》（臺北，國立故宮博物院），儒林傳序。

㊿　《揅經室一集》，卷二，頁 22。

㉑　《清國史》（北京，中華書局，1993 年 6 月），第十二冊，頁 423～734。

㉒　《清史稿校註》，第十四冊（臺北，國史館，民國七十九年二月），頁 11133。

㉓　《晉書》（臺北，鼎文書局，民國七十九年六月），列傳六十五：藝術傳，頁 2467。

㉔　《清史稿校註》，第十五冊（臺北，國史館，民國七十九年五月），藝術一，頁 11529。

㉕　《清史稿校註》，第十五冊，藝術一，頁 11531。

㉖　《清史館檔》，史恩培輯，《藝術列傳》，魯謙光繕，8052 號，程正揆列傳。

㉗　《宮中檔雍正朝奏摺》，第十五輯（臺北，國立故宮博物院，民國六十八年一月），頁 161。雍正七年十二月初二日，浙江總督李衛奏摺。

㉘　《清史稿校註》，第十五冊，頁 11569。

起居注册的纂修及其史料價值

　　起居注是官名，掌記注之事，記述皇帝的言行。起居注官所記之文，稱爲起居注册，是一種類似日記體的史料①。其體例起源甚早，周代已設左史、右史之職。漢武帝時，禁中有起居注，由宮中女史任之。王莽時，置柱下五史，聽事侍旁，記載言行，以比古代左右史，後漢明帝、獻帝時俱有起居注。魏晉時，著作郎兼掌起居注，後魏始置起居注令史，隋更置起居舍人。唐代又置起居郎，即左史，起居舍人，即右史，記注言動，以當古代左史記言，右史記事之職。唐代記注體例，是以事繫日，以日繫月，以月繫時，以時繫年，並於每季，彙送史館②，《大唐創業起居注殘本》，保存至後世。宋代仿唐制，仍以起居郎及起居舍人爲左右史，分掌記注，其制度更加詳備。宋代以降，因君權擴大，起居注但記皇帝善事。元代雖設起居注，惟所記皆臣工奏聞事件，不記君主言動。明代洪武初年即置起居注，宋濂曾撰明太祖起居注册。河北省立圖書館藏有《萬曆起居注册》，其後又陸續發現泰昌、天啓等朝起居注册。清初沿襲前明舊制，亦置起居注，本文撰寫的目的，即在就國立故宮博物院現藏清代起居注册，以探討起居注官設置的經過，起居注册編纂的情形，及其史料價值，俾有助於清史的研究。

　　滿洲入關前，已有類似歷代起居注册的記錄。天聰三年（1629）四月，太宗欲以歷代帝王的得失爲借鏡，並記載皇帝的言行，特設文館，命滿漢儒臣，繙譯記注。分爲兩直：巴克什達海、筆帖式剛林、蘇開、顧爾馬渾、托布戚等人，繙譯漢字書

籍，即日講官所由始；巴克什庫爾纏、筆帖式吳巴什、查素喀、胡球、詹霸等人，記注政事，此即起居注官所由始③。天聰十年（1636）三月，改文館爲內三院，即內國史院、內秘書院、內弘文院，分任職掌。其中內國史院的職掌爲記注皇帝起居詔令，收藏御製文字等事，內弘文院則註釋歷代行事善惡，進講御前，侍講皇子等事④，起居注與日講各自爲職。

　　太宗文皇帝日錄的體例，與後來的起居注册，已極相近。羅振玉輯錄《史料叢刊初編》內所刊《太宗文皇帝日錄殘卷》，包括天聰二年正月至十二月全年分，及崇德六年六月分。其中記載，有不見於實錄者，例如天聰二年五月初五日，日錄云「阿敏貝勒未奉上旨，私以其女與八林部塞忒爾太吉爲妻⑤。」太宗實錄初纂本及重修本，俱不載其事。據《滿文原檔》的記錄云「sunja biyai ice sunja de amin beile ini sargan jui be han i hese akū ini cisui barin i seter taiji de sargan buhe ⑥.」由此可知日錄是據滿文舊檔五月初五日的記事，譯出漢文。史事日期，日錄與實錄的記載，間有出入者。例如天聰二年，朝鮮國王遣總兵官李蘭等齎國書並貢春季禮物，實錄將其事繫於是年二月初二日，日錄則繫於二月初八日。日錄載二月初八日「上遣使往哈喇親部，被查哈喇部多羅忒截殺凡兩次。上命貝子群臣戒之曰，此番而來者，皆精選兵丁，安得多人，當相機行之，愼勿滋亂。」重修本實錄將此段記載分繫於初八日庚子及初九日辛丑：「庚子，以遣往喀喇沁使臣，爲察哈爾國多羅特部落兩次截殺，上親率偏師，往征之。辛丑，上召集諸貝勒大臣，諭曰：此行皆選精銳以往，兵不甚多，當出奇制勝，爾等誡諭軍士，嚴明紀律，勿得輕進。」《滿文原檔》載二月初八日申刻啓程征討察哈爾，次日，誡諭諸貝勒大臣。實錄所載，與《滿文原檔》相合。日錄內所載人名地

名，其漢字譯音，尚未畫一，與太宗實錄初纂本及重修本，多不相同。例如天聰二年二月初一日，日錄略謂「我主布言阿海率兵十萬至時，查哈喇三千人，至八演速白地索賞于漢人。」《太宗實錄》初纂本云「我汗與布顏台吉率十萬兵回，正遇插漢兒兵三千，從宣府請賞。」《太宗實錄》重修本云「我汗與布顏台吉率兵十萬回時，復值察哈爾兵三千人，赴明張家口請賞。」《滿文原檔》原文云「meni han hūng taiji juwan tumen cooha gaifi jihe. tere jidere de caharai ilan minggan niyalma bayan sube de šang gaiki seme dosifi。」日錄所言「八演速白」，即張家口，是據《滿文原檔》「bayan sube」，按滿洲語讀音譯出漢字。由於太宗日錄多未經潤飾，其內容亦較豐富，仍不失爲滿洲入關前的一種珍貴史料。

清初內國史院的職掌，並不限於記注皇帝起居，此外尚須編纂史書，撰擬表文，纂修歷朝實錄，亦未正式確立起居注官的名稱。世祖定鼎中原後，臣工屢次疏請設立起居注官。順治十年正月，工科都給事中劉顯績奏稱「自古帝王，左史記言，右史記動，期昭示當時，垂法後世。我皇上種種美政，史不勝書，乞倣前代設立記注官，凡有詔諭，及諸臣啓奏，皇上一言一動，隨事直書，存貯內院，以爲聖子神孫萬世法則⑦。」順治十二年正月，大理寺少卿霍達以世祖正當及時力學年齡，疏請專設日講官，取《大學》、《論語》，《帝鑑圖說》、《貞觀政要》、《大學衍義》等書，令講官日講一二章。臣工一方面疏請設立起居注官，一方面又疏請另置日講官，以復前代舊制。

康熙七年九月，內秘書院侍讀學士熊賜履疏稱「皇上一身，宗廟社稷所倚，中外臣民所瞻仰。近聞車駕將幸邊外，伏乞俯採

芻言，收回成命。如以農隙講武，則請遴選儒臣，簪筆左右，一言一動，書之簡冊，以垂永久。」奉旨云「是，朕允所奏，停止邊外之行，所稱應設起居注官，知道了。」據《大清會典》的記載，康熙九年，始置起居注館於太和門西廊⑧。但據清實錄的記載，清朝正式設置起居注官是始於康熙十年八月。是月十六日，實錄云「設立起居注，命日講官兼攝，添設漢日講官二員，滿漢字主事二員，滿字主事一員，漢軍主事一員⑨。」起居注官既以日講官兼攝，則日講與起居注已逐漸結合，稱為日講起居注官。掌院學士以下，坊局編檢以上，侍講、侍讀等俱得開列請簡，充任記注官。每日二員侍直，將應記之事，用滿漢文記注。起居注衙門的編制包括滿洲記注官四員，漢記注官八員，清文主事一員，清漢文主事二員，漢軍主事一員，清文筆帖式四員，漢文筆帖式四員，漢軍筆帖式四員。康熙十一年，增設清文筆帖式四員，清漢文筆帖式二員。十二年，增設滿洲記注官一員，漢記注官二員。十六年，增設滿洲記注官一員。二十年，增設漢記注官八員。至此，滿漢記注官共二十二員，日直記載，俱應會同校閱，其起居注冊，則例應會同內閣諸臣看封儲庫。康熙三十一年，裁漢記注官六員。三十八年，裁滿漢主事各一員。

康熙五十五年，兩江總督郝壽具摺奏請寬免江南舊欠錢糧。聖祖有欲蠲免江南錢糧之意，故諭令繕本具題，但當郝壽具題後，聖祖始知郝壽受人囑託，彼此私同商定，且西邊正值軍需孔殷之時，故未准所請，照部議分年帶徵。康熙五十六年三月間，記注官陳璋等查閱檔案，欲將聖祖未行蠲免舊欠錢糧，前後諭旨不符之處，指出書寫。聖祖以起居注官所記事件，難於憑信，降旨令九卿議奏。是年四月，將陳璋等革職。康熙五十七年三月，聖祖以起居注官內年少之員甚多，官職卑微，不識事體輕重，或

遺漏諭旨，或私抄諭旨，攜出示人，且朝廷已有各衙門檔案，不必另行記載，起居注官應如何裁革之處，令大學士會同九卿議奏。大學士、九卿等遵旨會議具奏，略謂「皇上手書諭旨及理事時所降之旨，並轉傳之旨，各處俱有記載檔案。又如本章所批諭旨，六科衙門既經記載發抄，各部院又存檔案，歷可稽查。且記注官多年少微員，或有事關重大者，不能全記，以致將諭旨舛錯遺漏，又妄行抄寫與人。倘伊等所記之旨，少有互異，關係甚鉅，應將起居注衙門裁去⑩。」奉旨允從後，起居注官即被裁革。

自古帝王臨朝施政，左史記言，右史記動，蓋欲使君主一舉一動，俱著為法則，垂範後世。世宗即位後，為示寅畏小心，綜理庶政，舉措允宜起見，又令翰林院恢復日講起居注官，如康熙五十六年以前故事，於世宗視朝臨御，祭祀壇廟之時，令滿漢講官各二人侍班，除記載諭旨政務外，所有君主一言一事，皆令書諸簡册。復於太和門西廊設起居注館，除滿漢記注官員，仍照康熙三十一年舊例設立外又設滿洲主事二員，清文筆帖式八員。雍正十二年，增設漢主事一員，於進士或舉人出身的內閣中書揀選引見補授。乾隆年間以降，起居注衙門的人員續有變動，其中記注官，滿洲八員，漢十二員，以翰林、詹事官充任，均兼日講官，掌侍直起居，記言記動。主事，滿洲二員，漢一員，掌出納文移，校對典籍。筆帖式，滿洲十四員，漢軍二員，掌繙譯章奏⑪。恢復建置後的起居注衙門，其員額雖有變動，但起居注衙門迄清季仍在，而且其記注工作亦從未間斷⑫。

起居注官記載皇帝言行的檔册，稱為起居注册。清代歷朝起居注册包含滿文本與漢文本兩種，國立故宮博物院現藏清代起居注册，康熙朝起居注册，滿文本多於漢文本。康熙十年八月，正

式設置起居注官，惟起居注冊的記載卻始於是年九月。滿文本起居注冊康熙十年九、十月合爲一冊，其餘每月一冊，全年共十二冊，閏月增一冊。四十三年至四十九年及五十三年以降各年俱缺。漢文本起居注冊，始自康熙二十九年，每月一冊，閏月增一冊。四十三年至四十九年及五十三年以降各年亦缺。自雍正朝以降，滿漢文起居注冊，每月增爲二冊，全年共二十四冊，閏月另增二冊。雍正朝滿文本起居注冊始自雍正八年正月，迄十三年，每月俱全。漢文本起居注冊始自雍正八年七月，迄十三年，每月亦全。

乾隆朝滿漢文本起居注冊俱始自乾隆元年正月，其中滿文本較全，冊數亦較多，惟乾隆十三年二月、五月，十四年至十五年，十九年，二十三年正月至四月，二十四年至二十九年，三十六年至三十八年，四十四年至四十五年，四十七年，五十年，五十一年正月至二月上，五十二年至五十三年，五十八年正月至六月等年月缺，其餘各年分俱全。漢文本起居注冊所缺較多，乾隆十年七月至十二月，十一年正月至二十年六月，二十三年，二十六年，四十四年至四十五年，四十七年，五十一年十一月上，五十二年至五十三年，五十六年七月至十二月，五十七年至六十年等年月俱缺。其中自乾隆三十四年至四十五年存有漢文本起居注冊草本，五十七年及五十九年，存有內起居注冊各一長。嘉慶朝滿文本起居注冊，三年正月至四月，七年至十二年，十七年至十九年及二十二年等年月俱缺，另存太上皇起居注冊乾隆六十一年至六十三年春夏秋冬每季各一冊及六十四年春季一冊。漢文本起居注冊，嘉慶元年至十二年六月，十七年至十八年，二十一年至二十五年等年月俱缺。

道光朝滿文本起居注冊，自道光元年至三十年各年皆全，漢

文本起居注冊所缺甚多，道光元年至五年六月及八年分各月俱缺。咸豐朝滿漢文起居注冊自咸豐元年至十一年各月分皆全。同治朝漢文本起居注冊，自同治元年至十三年各月分皆全，滿文本起居注冊，同治元年七月至十二月，二年四月至十二月，九年四月至五月，十三年九月至十月等年月俱缺。光緒朝滿文本起居注冊，光緒八年正月至三月，二十三年四月上，二十五年至二十六年等年月俱缺。漢文本起居注冊，七年正月至八年三月，二十五年至二十六年，二十八年正月至三月，三十一年正月至六月等年月冊缺。宣統朝存元年至二年滿文起居注冊，缺漢文本起居注冊。

　　國立故宮博物院現藏康熙朝漢文本起居注冊是始自康熙二十九年，羅振玉輯錄《聖祖仁皇帝起居注》包含康熙十二年正月至十二月，十九年九月，四十二年七月至九月，其內容與現藏起居注冊大致相同。例如康熙十二年正月初二日云「初二日癸酉，午時，上詣太宗貴妃宮省視。又詣太皇太后、皇太后問安。本日，起居注官杜臻、喇沙里。」現藏滿文本起居注冊云「ice juwe de, sahahūn coko inenggi, morin erinde, dele, taidzung ni gui fei i gung de, sain be fonjime genefi, geli taihūwang taiheo, hūwang taiheo i gung de genefi, elhe be fonjiha。tere inenggi, ilire tere be ejere hafan du jen, lasari。」滿漢文本起居注冊的文意俱相同。又如是年五月初一日，《聖祖仁皇帝起居注冊》云「初一日庚午早，上御乾清門，聽部院各衙門官員面奏政事。辰時，上御弘德殿，講官傅達禮、熊賜履、孫在豐進講子在陳曰歸與歸與一章；子曰伯夷、叔齊不念舊惡一章；子曰孰謂微生高直一章；子曰巧言令色足恭一章。巳時，上詣太皇太后宮問安。本日，起居注官李仙根、喇沙里⑬。」現藏滿文本起居注冊云「sunja biyai ice de šanggiyan morin inenggi, erde, dele kiyan cing men duka de tucifi, geren jurgan, yamun i ambasa be dere acafi, wesimbuhe dasan i baita be icihiyaha. muduri erinde, dele, hūng de diyan de tefi, giyangnara hafan fudari, hiong sy li, sun dzai fung be, kungdz cen de bifi hendume, bedereki bedereki sehe emu fiyelen, kungdz i henduhe, be i, šu ci, fe ehe be gūnirakū sehe emu fiyelen, kungdz i henduhe, we, we šeng g'ao be tondo sehe emu fiyelen, kungdz i henduhe, faksi gisun, araha cira dabatala gungnere be sehe emu fiyelen be giyangnabuha. meihe erinde, dele, tai hūwang taiheo i gung de genefi, elhe be forjiha. tere inenggi, ilire tere be ejere hafan li siyan gen, lasari.」

由上所引滿漢文本起居注册，可知其文意亦相同，此外各條，在詞句上偶有出入，或因滿漢文繙譯詳略不同所致。羅氏輯錄聖祖起居注册的數量雖然有限，但仍可補現藏漢文本起居注册的闕漏。

據《大清會典》的記載，凡逢朝會、御殿、御門聽政、有事郊廟、外藩入朝、大閱校射及每歲勾決重囚等，記注官皆分日侍直。凡謁陵、校獵、駐蹕南苑、巡狩方岳等，記注官皆扈從。凡侍直，敬聆綸音，退而謹書之，具年月日及當直官姓名於籍，每月成帙，封鐍於匱，歲以十二月具疏，送內閣收藏，記注官會內閣學士，監視貯庫⑭。康熙十年，起居注衙門設立以後，凡遇聖祖親詣兩宮問安，起居注官皆隨行記注。惟晨昏定省，問安視膳，為子孫常禮，於康熙十四年諭令侍直官不必隨行。聖祖每日聽政，一切折出票籤應商酌之事件，起居注官除照常記注外，遇有折本啟奏，則令侍班記注。但遇會議機密事情及召諸臣近前口，俱不令記注官侍班。聖祖聽政之日，侍班漢記注官歸至衙門後纂

寫諭旨，與滿洲記注官校看。但因記注官入侍時，踽踖無措，所記諭旨每致遺漏舛訛，記注官只得查閱科鈔或各部院檔案。至於滿漢臣工題奏事件，則據原疏抄錄或摘記，然後分別對譯。滿洲記注官據滿字奏疏纂修滿文本起居注册，漢記注官則據譯漢奏疏纂修漢文起居注册。漢滿文諭旨亦各據原諭纂修，然後對譯。在康熙年間，諭旨及奏疏多以滿字書寫，因此，漢文本起居注册，必俟譯成漢字後始按月纂修漢文本起居注册。例如康熙三十六年四月初九日，費揚古奏報準噶爾噶爾丹汗死訊一摺，係以滿字書寫。其原摺云「goroki be dahabure amba jiyanggiyūn hiya kadalara dorgi amban be amban fiyanggū sei gingguleme wesimburengge, g'aldan i bucehe, danjila sei dahara babe ekšeme boolame wesimbure jalin, amban be, elhe taifin i gūsin ningguci aniya duin biyai ice uyun de, sair balhasun gebungge bade isinjiha manggi, ūlet i danjila sei takūraha cikir jaisang ni jergi uyun niyalma jifi alarangge, be ūlet i danjila i takūraha elcin, ilan biyai juwan ilan de, g'aldan aca amtatai gebungge bade isinafi bucehe, danjila, noyan gelung, danjila i hojihon lasrun, g'aldan i giran, g'aldan i sargan jui juncahai be gajime uheri ilan tanggū boigon be gaifi enduringge ejen de dahame ebsi jifi, baya endur gebungge bade ilifi, hese be aliyame tehebi, enduringge ejen adarame jorime hese wasimbuci, wasimbuha hese be gingguleme dahame yabumbi, urjanjab jaisang, urjanjab i deo sereng, aba jaisang, tar jaisang, aralbai jaisang, erdeni ujat lama se, juwe tanggū boigon be gaifi, dzewang arabtan be baime genehe. erdeni jaisang, usta taiji, boroci jaisang, hošoci cerimbum jaisang se, juwe tanggū boigon be gaifi, danjin ombu be baime genehe. danjila sei wesimbure bithe, ne mende bi sembi, cikir jaisang sede, g'aldan adarame bucehe, danjila ainu

uthai ebsi jiderakū, baya endur bade tefi, hese be aliyambi sembi seme
fonjici alarangge, g'aldan ilan biyai juwan ilan i erde nimehe, yamji
uthai bucehe, ai nimeku be sarkū, danjila uthai jiki seci, morin umesi
turga, fejergi urse amba dulin gemu ulga akū yafagan, geli kunesun
akū, uttu ojoro jakade, baya endur bade tefi, hese be aliyame bi, en-
duringge ejen ebsi jio seci, uthai jimbi sembi, danjila sei takūraha el-
cin de gemu ejen i jakade benebuci, niyalma largin, giyamun i morin
isirakū be boljoci ojorakū seme, cikir jaisang be teile, icihiyara hafan
nomcidai de afabufi, ejen i jakade hahilame benebuhe, aldar gelung ni
jergi jakūn niyalma be, amban be godoli balhasun de gamafi, tebuhe
giyamun deri ejen i jakade benebuki, danjila i wesimbure emu bithe,
noyan gelung ni wesimbure emu bithe, danjila i hojihon lasrun i wes-
imbure emu bithe be suwaliyame, neneme dele tuwabume wesimbu-
he。erei jalin ekšeme gingguleme donjibume wesimbuhe⑮。」康熙
三十六年四月十五日，滿文本起居注冊所載費揚古奏疏即係據原
摺抄錄修成,其中出入極少。原摺內 juncaha，改作 jucihai；baya
endur，起居注冊改作 bayan endur；aba jaisang 改作 ab jaisang：
dzewang arabtan 改作 tsewang rabtan；cerimbum jaisang 改作 cer-
ing bum jaisang，此外並無不同。原摺封面粘貼簽條書明「奏章
譯」字樣，漢文本起居注冊即據譯漢奏疏抄錄修成。四月十五
日，漢文本起居注冊記載噶爾丹死訊全文云「撫遠大將軍領侍衛
內大臣伯費揚古等奏，為飛報噶爾丹已死，丹濟喇等投降事。臣
等於康熙三十六年四月初九日至塞爾巴爾哈孫地方，有厄魯特丹
濟喇等所遣齊奇爾寨桑等九人來稱，我等係厄魯特丹濟喇所遣之
使，三月十三日，噶爾丹死於阿察阿木塔台地方。丹濟喇、諾顏
格隆、丹濟喇之婿拉思倫，攜帶噶爾丹尸骸，並帶噶爾丹之女朱

戚海，共三百餘戶投皇上前來，駐於巴顏恩都爾地方候旨，皇上作何發落，以便遵旨施行。吳爾占渣布寨桑、吳爾占渣布之弟色冷、阿布寨桑、塔爾寨桑、阿喇爾拜寨桑、額爾得尼吳渣特喇嘛等帶得二百戶人投策旺拉布灘而去。額爾得尼寨桑、吳思塔台吉、博羅齊寨桑、和碩齊車凌奔寨桑等帶二百戶人投丹津鄂木布而去，丹濟喇等所奏之本，現在我等處等語。問齊奇爾寨桑等，噶爾丹死亡之故，並丹濟喇爲何不即行前來，駐於巴顏恩都爾地方候旨？據云：噶爾丹於三月十三日早得病，至晚即死，不知是甚病症。丹濟喇欲即行前來，因馬甚瘦，而所帶人等大半無馬，俱屬步行，又無行糧，爲此駐於巴顏恩都爾地方候旨，皇上如命其前來，彼即速至。今若將丹濟喇所遣之使盡送行在，恐人多驛馬不足，故止將齊奇爾寨桑交與郎中諾木齊岱速送行在。其阿爾達爾格隆等八人，臣等帶至郭多里巴爾哈孫地方，由所設驛站送往行在。所有丹濟喇奏本一件，諾顏格隆奏本一件，丹濟喇之婿拉思倫奏本一件，一併先行奏聞⑯。」費揚古所繕滿文原摺內 baya endur，漢文本起居注册譯作巴顏恩都爾，juncahai 譯作朱戚海，ab jaisang 譯作阿布寨桑，tsewang rabtan 譯作策旺拉布灘，與滿文本起居注册相合。易言之，漢文本起居注册是據滿文本起居注册逐句對譯，纂修成帙。

　　世宗在位期間，於視朝臨御、郊祀壇廟時，俱令滿漢日講起居注官各二人侍班，記載諭旨政務及皇帝言行，所謂既退則載筆。但起居注册的纂修則是於次年查閱各處檔案彙編成册。例如雍正十年分的漢文本起居注册，凡遇「弘」字未避高宗弘曆名諱。高宗嗣位後於雍正十三年九月二十日頒降諭旨，臣工名字與御名相同者，上一字少寫一點，即書作「弘」，下一字將中間禾字改書爲木，以存迴避之意。檢查雍正十一年分起居注册內臣工

姓名與高宗御名相同者甚多，並未避諱，例如武弘彥、趙弘恩、楊弘毅、譚治弘、田弘祚、陳弘謀、徐弘道等人，其弘字俱未迴避御名。自雍正十二年分起始迴避御名，例如鹽驛道楊弘緒、都司趙廷弘等人，所有弘字俱改書「弘」字。由此可知雍正十二年分的漢文起居注冊是在雍正十三年九月二十日頒佈迴避御名諭旨以後始正式繕寫成冊。從現存起居注冊稿本可以了解清朝纂修起居注冊的過程及其資料的來源。在起居注冊稿本封面右下角多書明纂修人員姓名，其中乾隆朝的起居注冊，纂修官人數尤夥，如中允彭冠、侍讀學士朱筠、編修謝啓昆、洗馬史貽謨、右贊善王燕緒、編修沈士駿、修撰陳初哲、中允曹仁虎、嵇承謙、編修祝德麟、侍讀吳省欽、詹事錢載、莊通敏、贊善彭紹觀、編修陸費墀、編修姚額、侍講鄒奕孝、編修芮永肩、侍讀董誥、侍讀學士褚廷璋、侍講沈初、侍講張燾、贊善侍講學士劉躍雲、詹事金士松、侍講劉亨地、侍講學士陸錫熊、編修王嘉曾、編修秦潮、侍講學士紀昀、編修李鏞、洗馬黃良棟、檢討季學錦、侍講王仲愚、編修愈大猷等人。起居注冊每月分上下二冊，由纂修官一人出名彙編纂修。在稿本上間亦註明校稿人員的姓氏，例如乾隆三十五年四月分，在起居注冊封面右下角標明「校訖」及「吳校」字樣，五月分，書明「謝校」，八月分，書明「沈校」，四十年十二月分上，書明「鄒奕孝恭校」字樣。據《大清會典》的記載，日講起居注官載事順序爲首上諭，次部本、通本、旗摺、京外各官奏摺，先公後私，其次各部院衙門引見，八旗引見。所載上諭，是以當日事務輕重爲序，事關壇廟陵寢者，例應首載。其載部本，首內閣，次宗人府、翰林院、六部、都察院、理藩院。若遇有禮部慶賀，太常寺祭祀本，則列於內閣之前。其載通本，首總督，次巡撫，以省分先後爲序⑰。

　　編纂起居注册，先成草本，由總辦記注官逐條查覈增改，送請掌院學士閱定。纂修草本時是將所抄各種檔案，每日按順序排比，其檔案來源包括內記注，上諭簿、絲綸簿、外紀簿、通本、部本、部院檔、旗檔、御門檔、內務府檔、紅本檔、折本檔、勾決簿、兵部檔、吏部檔、都察院檔、部折檔、理藩院檔、國子監檔、寺檔、清字檔、清字譯漢檔、清字上諭簿。其中兵部、吏部等檔，即所謂部本。在京六部本章，及各院府寺監衙門本章，附於六部之後，統稱部本。凡各省將軍督撫及盛京五部本章，俱齎至通政使司轉遞內閣，稱爲通本。內記注所載爲皇帝御殿、詣宮、請安、賜宴、觀看燈火、進膳、赴園、巡幸、拈香、駐蹕、行圍等活動。絲綸簿爲內閣票籤處記載諭旨的主要簿册，取「王言如絲，其出如綸」之義。外紀簿爲票籤處記載外省臣工摺奏事件的簿册。上諭簿有長本與方本之分，或記載特降諭旨，或兼載明發與寄信諭旨。內務府檔爲內務府奏請補授員外郎等各缺事件。旗檔爲記載八旗世管佐領、前鋒、雲騎尉、護軍參領、防禦等旗員任免事件。內閣大學士票擬本章，或雙籤，或三籤，得旨後批寫於本面，稱爲紅本。部本進呈御覽後，其未奉諭旨者折本發下，俟御門聽政時進呈啓奏。勾決簿爲刑部記載朝審秋審情實各犯勾決事件。國子監檔爲國子監奏請補授助教等員缺及帶領正陪人員引見等事。部院檔所載多爲引見補授陞署降調等項。都察院檔所載多爲奏請任滿員缺欽點更換等事。編纂起居注册草本時，是按日摘記各檔，依序排列，並註明出處，類似長編或史料彙編。例如乾隆三十四年七月初一日辛巳，起居注册草本的內容爲「上詣安佑宮行禮，內記注。是日，大學士尹、劉奉諭旨陳荃著准其回籍終養，提督貴州學政著王士棻去，上諭簿。又兵部奏福建詔安營遊擊員缺請以預保註册之長福營右營千總王德華擬補

一疏，奉諭旨王德華依擬用，餘依議，絲綸簿。是日，起居注官
哈清阿，彭冠。」在起居注冊草本封面右下角書明「中允彭冠恭
纂」字樣。各類檔案的編排，有一定的順序，不可錯亂。乾隆四
十年二月十二日庚寅，起居注冊草本記載大學士舒赫德、于敏中
奏請將內閣大庫所藏無圈點老滿文檔，照新滿文另行音出一分一
疏，奉諭旨「是，應如此辦理。」原稿註明「外紀」字樣。草本
送請覆校後粘貼素簽云「外紀照舊例移絲綸簿之後。」至於寄信
上諭，起居注冊例不應載。乾隆三十六年正月分下，起居注冊草
本封面右下角書明「九月二十六日送繙，十月十四日領回。」同
年三月分上，草本封面書明「九月二十六日送繙，十月十三收
回。」所謂送繙，即送交滿洲記注官譯成滿文。清代起居注冊，
自乾隆朝至清季，其起居注冊是先纂修漢文草本，然後譯成滿文
本。由於起居注冊彙編多方面的原始資料，仍有其史料價值。

　　起居注官記載的範圍極為廣泛，內容亦較詳盡，可補其他官
書的不足。其中有涉及中外關係者，例如康熙三十一年四月二十
七日，聖祖御瀛臺勤政殿聽政，理藩院具題索倫總管博魁員缺，
以索倫達瑚理、副總管顧爾鼎阿等六人職名開列呈覽。聖祖云
「達瑚理、佐領塔爾瑚蘭前率四十人往雅克薩偵探，路遇厄羅斯
五百餘人，衝入交戰，出時因失三人往尋，又衝入，兩次交戰，
我師止損三人，將厄羅斯之人已殺五十餘名，塔爾瑚蘭實係人材
壯健，朕稔知其詳，著陞補索倫總管[18]。」厄羅斯即俄羅斯，又
作羅剎。雅克薩之役，為清初中俄重要交涉，惟《清實錄》、
《東華錄》、《平定羅剎方略》俱不載塔爾瑚蘭偵探雅克薩經
過。康熙三十三年五月十三日，《聖祖實錄》但云「遣官祭關聖
帝君」一事，起居注冊則云「辰時，上御乾清門聽政，部院各衙
門官員面奏畢，大學士伊桑阿、阿蘭泰、王熙、張玉書、學士王

掞、李根、德珠、溫保、戴通、顧藻、沈圖以折本請旨，理藩院題黑龍江將軍薩布素請緝拏鄂羅斯打貂皮人。上曰：我國邊界甚遠，向因欲往觀其地，曾差都統大臣侍衛等官，皆不能遍到，地與東海最近，所差大臣於六月二十四日至彼，言仍有冰霜。其山無草，止生青苔，彼處有一種鹿最多，不食草，唯食青苔，彼處男女，睡則以木撐頷等語。我國邊地，我國之人尚不能至，況邊界相接鄂羅斯國一二竊來打貂皮者，亦不能無因。此遠爲緝拏，彼則懼死，必致相鬥，若相鬥，我國之人豈肯輕釋，可差司官一員到將軍薩布素處，令其明白寫書與鄂羅斯國，言彼國之人竊來我邊地打貂皮，我國差人緝拏，若緝拏之時而與我相敵，我國斷不肯安靜。」中俄陸路接觸，由來甚早，明清之際，俄人積極東侵，以葉尼塞斯克（Yeniseisk）及雅庫茨克（Yakutsk）爲中心，向貝加爾以東，外興安嶺以南進行拓殖。順治元年，雅庫茨克總管哥羅溫（Peter Golowin）遣波雅柯夫（Vasili Poyarkov）經阿爾丹河（R. Aldan）進入黑龍江。順治七年，哈巴羅夫（khabarov）等人攻佔雅克薩（yaksa）地方，迭破索倫諸部。順治十一年，俄人進入松花江。康熙初年，俄人於黑龍江北岸設兵移民，公然犯境，滿洲發祥地遂首當其衝，飽受俄人的擄掠蹂躪。康熙二十八年七月，中俄簽訂尼布楚條約，但俄人侵華的勢燄，並未稍戢。俄國的殖民活動，其基本目的即在擴張領土，蠶食中國邊地[19]。探討中俄關係，起居注册仍不失爲珍貴的史料。中外通商問題頗受清聖祖的注意。康熙三十七年四月十四日辰時，聖祖御暢春園內澹寧居聽政，戶部以廣東海稅復行議減具奏。聖祖云「海稅事朕知已久，聞收稅人員，將船內所載諸物，屑屑搜檢，概行徵稅，以致商船稀少，海船亦有自外國來者，如此瑣屑，外國觀之，亦覺非體，爾等傳前任收稅人員，問明缺額

之故具奏。」是月十九日，大學士伊桑阿等奏稱「臣等遵旨問前任廣東收海稅人員，據云，以前稅銀原足，數年來內地貨物販賣外國者甚多，因此價不及前，所以外國貨物至中國者，亦不得價。況福建、浙江、江南又開海禁，設關榷稅，因洋貨分散，致錢糧缺額。」康熙二十二年，清廷議開海禁，設粵海、閩海、浙海、江海四關，開放對外通商，但由於洋貨分散，稅收苛繁，稅吏中飽，以致徒病外商而無益於國庫。康熙五十年二月初九日，起居注冊記載聖祖與起居注官對話內容云「問起居注官常鼐曰：爾曾到何處？常鼐奏曰：臣曾到上海。上曰：乍浦、上海相隔不遠，其至乍浦船隻亦到上海否？常鼐奏曰：乍浦至上海甚近，上海係一海套，外國洋船不到此處，其在洋貿易者，俱係上海蘇州人裝載本地紗綢布疋至洋內常岐島賣與倭國，回時裝紅銅、海菜至內地販賣。上頷之。又問曰：松江、上海相隔幾里？常鼐奏曰：百里有餘。上曰：是相隔甚近。」上海開港較晚，在康熙年間仍未引起外商的注意。《起居注冊》所載重要資料，《清實錄》俱隻字未提。

康熙朝起居注冊記載頗多聖祖評論史事的內容。康熙二十九年三月二十九日，聖祖實錄云「上以康熙二十四、二十五兩年內所閱通鑑，御製論斷一百有七則，命贊善勵杜訥交起居注館記注。」檢查起居注冊，三月分計二冊，其中一冊即御製通鑑論斷原稿，共計四十葉。三月二十九日，內庭供奉日講官起居注贊善勵杜訥至起居注館，將摺子三冊交與掌院侍郎庫勒納云「皇上二十四、二十五兩年閱覽通鑑論斷之語，記為摺子三冊，我於本日口奏交起居注館記注，奉旨著交與，遂交訖。」御製通鑑論斷三冊即〈閱三皇五帝紀論〉、〈上閱周桓王紀論〉、〈上閱周景王時楚滅蔡用隱太子於岡山論〉，共計一百七則，例如聖祖論宋代

變法一則云「上閱司馬光謂改新法當如救焚拯溺論曰，宋哲宗之初，廷臣咸欲革除新法，猶以改父之政為嫌，司馬光毅然為以母改子，遂使群疑立釋，可謂要言不煩，善處大事者矣。若以紹聖更法，遂尤其建議之際已留瑕隙，令惠卿輩得其短長，是皆事後之見爾。」聖祖批閱明史的情形，起居注册記載尤詳。例如康熙二十九年二月初三日，《聖祖實錄》記載聖祖諭旨云「諭大學士等，爾等所進《明史》，朕已詳閱，遠過宋元諸史矣。凡纂核史書，務宜考核精詳，不可疏漏。朕於明代實錄，詳悉披覽，宣德以前，尚覺可觀，至宣德後，頗多訛謬，不可不察。」起居注册亦載此道諭旨，其原文云「諭大學士等曰：爾等所進《明史》，朕已詳閱，編纂甚佳，視宋元諸史遠過矣。史書最關緊要，纂輯之時，務宜考核精詳，不可疏漏。史書必身親考論，方能洞曉。朕於《明代實錄》，詳悉披覽，宣德以前，尚覺可觀，至宣德以後，頗多紕謬，譌字亦不少，弗堪寓目。《宋通鑑》其書亦多失實，如所載兀朮以六馬登金山，為韓世忠所阻。今觀大江如此遼闊，金山在江中央，六馬豈能飛渡耶？舊史歸功世忠，謂賴其堅守四十一日，此不過當時粉飾之談，妄為誇張，以誇耀後世耳，舊史舛謬，類多如此，不可不察。」實錄館纂修人員將諭旨原文加以潤飾，並將《宋通鑑》所述金兀朮事俱行刪略。康熙四十二年四月二十三日辰時，聖祖御暢春園內澹寧居聽政，曾發出大學士熊賜履呈覽明朝神宗、熹宗以下史書四本，並諭大學士等稱明季太監，皆及見之，魏忠賢惡跡，史書僅記其大略，據起居注册記載「其最惡者，凡有拂意之人，即日夜不令休息，逼之步走而死。又并人之二大指以繩拴而懸之於上，兩足不令著地，而施之以酷刑⑳。」《清實錄》將聖祖所述魏忠賢惡跡俱刪略不載。

聖祖在位期間，皇太子再立再廢，諸皇子樹黨傾陷，終於禍

起蕭墻，導致骨肉相殘的悲劇，《聖祖實錄》於其事跡，多諱而不載。聖祖有后妃嬪貴人二十一人，生子三十五人，其中皇長子胤禔，為惠妃納喇氏所生，但非嫡出。皇二子胤礽（in ceng），為孝誠仁皇后赫舍里氏所生，也是嫡長子，康熙十四年十二月，冊立為皇太子。皇三子胤祉，為榮妃馬佳氏所生。皇四子胤禛，則為孝恭仁皇后所生。皇十三子胤祥，為敬敏皇貴妃章佳氏所生。據聖祖稱，在諸皇子內，皇三子字學已造佳境，數學亦精。十三皇子的學問「殊有望，異日必當大成。」《起居注冊》記載聖祖親口所述，《聖祖實錄》卻刪略不載。皇太子正位東宮後，聖祖加意教育，舉凡經史騎射，無不躬親訓誨。聖祖曾指出皇太子的儀表及學問才技，俱有可觀，《清實錄》俱將聖祖稱讚之言盡行刪略。康熙三十二年五月十九日，《起居注冊》云「是日，轉奏事敦住傳旨諭大學士伊桑阿等曰：朕因違和，於國家政事，久未辦理，奏章照常送進，令皇太子辦理，付批本處批發，細微之事，即或有一二遺誤，無甚關係，其緊要大事，皇太子自於朕前奏聞。」《清實錄》記載是日諭旨云「諭大學士等，朕躬違和，久未理事，今已稍愈，奏章著照常送進。」不僅內容簡略，且文意亦有出入，按起居注冊所言奏章照常送進，並非聖躬稍愈，而是令皇太子辦理。聖祖親征準噶爾期間，凡事俱由皇太子聽理，聖祖曾讚許云「舉朝皆稱皇太子之善。」康熙四十七年九月，因皇太子言動失常，難託重器，將其圈禁於咸安宮。翌年三月，聖祖以其狂疾漸痊，復正儲位。滿漢大臣見聖祖年齒日長，紛紛趨附皇太子，父子之間遂成壁壘。康熙五十一年十月初一日，奏事員外郎儍子雙全捧出御筆硃書諭旨已指出皇太子「因朕為父，雖無弒逆之心，但小人輩，懼日後被誅，倘於朕躬有不測之事，則關係朕一世聲名。」《清實錄》將「雖無弒逆之心」，

改作「雖無異心」。康熙五十二年二月初二日，《起居注冊》內云「昔立皇太子時，索額圖懷私倡議，凡皇太子服御諸物，俱用黃色，所定一切儀注，與朕無異，儼若二君矣，天無二日，民無二王，驕縱之漸，職是之故。」《清實錄》亦載此諭，惟將「儼若二君矣，天無二日，民無二王」等句刪略不錄。世宗在位期間，實錄館奉敕纂修《聖祖實錄》，將聖祖所頒諭旨加以潤飾及刪削後，已失史料眞貌，探討清朝史事，《起居注冊》實爲不可或缺的資料。

　　世宗朝《起居注冊》始自雍正八年，就現存雍正年間的起居注冊而言，仍不乏珍貴史料，例如辦理軍機處的設置經過及其名稱的更易，《起居注冊》就是一種重要的輔助資料，辦理軍機處的建置時間，清代官書的記載及私家著述，極不一致。《清史稿・張廷玉傳》謂雍正八年以西北用兵設軍機房於隆宗門內，〈軍機大臣年表〉則稱雍正七年六月始設軍機房。梁章鉅纂輯《樞垣記略》原序謂雍正八年庚戌設立軍機處，同書軍機大臣除授一節，則以雍正十年二月爲軍機大臣除授之始。雍正九年四月初八日，《起居注冊》記載明發上諭，內云「即以西陲用兵之事言之，北路軍需交與怡賢親王等辦理，西路軍需交與大將軍岳鍾琪辦理，此皆定議於雍正四年者。王大臣等密奉指示，一絲一粟，皆用公帑製備，纖毫不取給於民間，是以經理數年，而內外臣民並不知國家將有用兵之舉，以致宵小之徒如李不器輩竟謂岳鍾琪私造戰車，蓄養勇士，訛言繁興，遠近傳播，達於朕聽。將岳鍾琪遵奉密旨之處，曉諭秦人，而訛言始息，即此一節觀之，若非辦理軍需秋毫無犯，何至以國家之公事，疑爲岳鍾琪之私謀乎。及至雍正七年大軍將發，飛芻輓粟，始有動用民力之時（下略）。」辦理軍需既定議於雍正四年，岳鍾琪等密奉指示，製造

戰車，募練勇士，以致訛言繁興，足見辦理軍需大臣實已存在。
《清世宗實錄》亦載是日明發上諭，惟將李不器指稱岳鍾琪私造
戰車一段刪略不錄。李宗侗教授曾指出，雍正四年的下半年為軍
需房成立的最始年月，至七年六月始改為軍機房，至十年三月更
改為軍機處[21]。但軍需房正式設置的時間，實晚於世宗任命軍需
大臣，世宗初命張廷玉、蔣廷錫與允祥為辦理軍需大臣，經理數
年後始正式設立軍需房。張廷玉等曾具摺指出「雍正七年派撥官
兵前往西北兩路出征，一切軍務，事關機密，經戶部設立軍需
房[22]。」是時軍需房並未改稱軍機房，《清史稿・軍機大臣年
表》所稱軍機房字樣，是出自清史館纂修人員的臆斷之詞。雍正
十年，頒用辦理軍機事務印信後，仍稱辦理軍需大臣，尚未改稱
辦理軍機大臣。《清世宗實錄》雍正十年十一月二十八日云「辦
理軍機大臣等議奏，據署陝西巡撫史貽直奏請統轄勇健營兵丁提
督陳天培、總兵官徐起鳳罷軟廢弛，不能約束兵丁，以致沿途生
事妄行（下略）。」惟《起居注冊》內則作「辦理軍需大臣」。
同年十二月十六、二十四等日，實錄俱書「辦理軍機大臣」字
樣，而《起居注冊》皆作「辦理軍需大臣」，與宮中檔奏摺硃批
相合。乾隆初年纂修《世宗實錄》時，為求畫一名稱而一律改書
辦理軍機大臣字樣。

　　清初文字獄案件，層出不窮，《清世宗實錄》間亦記載所頒
明發上諭，惟內容多經刪略，《起居注冊》所載諭旨多較實錄詳
盡，且據原頒諭旨全文記載，未經刪改潤飾，其史料價值實高於
實錄或聖訓等官書。《起居注冊》所載諭旨亦有不見於實錄者，
例如雍正十年九月十七日《起居注冊》記載內閣奉上諭云「今科
陝西鄉試主考吳文煥、李天寵策問秦省水利一條內稱，秦中沃野
千里，水泉灌溉之利為多，歷代名臣官陝土者，類無不以浚渠築

堰導流尋源爲要務，若倪寬之在漢，葉清臣之在宋，耿炳文、項忠、張鏊、石永之在明，其措施何地奏績何功，能一一詳指否？又楠京畿之間，人建甞田，興修水利，多十亦聞之熟矣。秦省爲桑梓之邦，尤所深悉，其明切陳之無隱等語。朕思秦中素稱天府，水泉隨在皆可疏蓄，以資耕種。其最著者，西安等處則有鄭白龍洞諸渠，寧夏則有漢唐大清等渠，歷年久遠，漸至淤塞，堤堰大半傾圮，水田僅存其名。雍正五年，朕敕令該督撫將鄭白龍洞諸渠，動用國帑，加意興修，務期渠道深通，堤堰堅固，現今農田得其利益。至漢唐大清等渠，朕特命大臣等親往經理，專司其事，居住數年，庀材鳩工，悉心修築，年來水泉充裕，禾稼有收，此秦中興修水利之大概也。吳文煥等若以水利策問考試士子，即當就該省所現行者，令其敷陳條對，或可備採擇之資，或可爲善後之計，乃舍今而援古，去近而求遠，摭拾往事，泛爲鋪張，並遠引京畿，以爲近日興修水利之一證，而於本省工程，關係利弊者，無一言提及，想以秦中疏濬諸渠爲無裨於民生耶？抑或以該省工程爲不足置論耶？務虛文而無實際，乃爲政爲學之大患。吳文煥等識見卑鄙如此，不可不加懲儆，著交部察議具奏。嗣後各省鄉試題目，俱著報部，如有支離迂闊草率舁鄙之處，該部即行指出題參。㉓」原諭爲鄉試重要資料，亦可見清初文網之密，羅織入微，士子每因引用不當，擇詞疏漏，動輒得咎。當曾靜因文字獄案被發往湖南觀風整俗使李徽衙門後，曾投遞稟帖云「靜今日之於大人本臣子也，而大人之於靜即君父也㉔。」李徽即以曾靜於忠孝之本源未明，悖逆之情形尚在而具摺參奏。雍正八年八月十一日，湖南省城貼有萬姓傳單，約於十九日共執曾靜，縛手沈潭云云。是年十一月初六日，世宗頒降明發上諭，略謂「湖南向來風俗澆漓，不知尊君親上之大義，是以有曾靜、張

熙此等悖逆妄亂之人，此乃人心習氣漸染而成者，非曾靜一人之
過也。朕為湖南世道民風計，特寬曾靜之罪，諭以正理，感以至
誠以信及豚魚之道，動其天良，使之深知愧恥，改過自新，朕並
非加恩於曾靜一人，實欲使湖南萬民捫心自問，若有懷奸邪不軌
之念者，各知猛省，相率而趨於忠厚良善之路（下略）。」滿洲
入關後，漢人慘遭屠戮，南明恢復事業雖告失敗，但漢人的反滿
運動，此仆彼起，迄未終止，知識分子將亡國之痛與孤憤之情表
現於詩文者，亦屢見不鮮。清初諸帝或採高壓政策，顯加誅滅，
禁燬著述，以懲隱慝；或採懷柔政策，詔舉山林隱逸，廣開明史
館，以寄託孤臣孽子之心；或採調和政策，使其故國之思，潛消
於不自知，以消除漢人反滿氣燄。世宗所頒明發上諭，可以了解
其處理文字獄案件的態度，《起居注冊》記載諭旨全文，《清實
錄》俱諱而不錄。

　　清世宗在藩邸時，於究心經史之餘，亦拈性宗，頗有所見，
御極以後，崇尚佛道的風氣頗盛，硃批奏摺亦多引佛家語。怡親
王允祥抱恙期間，世宗曾諭令臣工訪問精於醫理及通曉性宗道教
之人，以為調攝頤養之助，域內高僧真人深受禮敬。江西貴溪縣
龍虎山，為漢代張道陵煉丹成道勝地。世宗曾言張道陵「嘗得秘
書，通神變化」，能驅除妖異。京師白雲觀道士曾奉召醫治允祥
病狀，並蒙賞賜。雍正八年七月，復化名賈士芳，由田文鏡差人
護送入京。據實錄云「初到時，朕令內侍試以卜筮之事，伊言語
支離，啟人疑惑，因自言上年曾蒙召見，朕始知即白雲觀居住之
人也，伊乃自言長於療病之法。朕因令其調治朕躬，伊口誦經
咒，並用以手按摩之術，見伊心志姦回，語言妄誕，竟有天地聽
我主持，鬼神聽我驅使等語㉕。」《起居注冊》內所載上諭，對
調治世宗病情則記錄甚詳。「昨七月間，田文鏡將伊送來。初到

之時，朕令內侍問話，並試以占卜之事。伊言語支離，有意啓人疑惑，因而說出上年曾蒙召見，朕始知即白雲觀居住之人也。朕因諭之曰：白爾上年入見之後，朕躬即覺違和，且吾弟之恙，亦自此漸增。想爾本係妖妄之人，挾其左道邪術，暗中播弄，至於如此。今朕躬尚未全安，爾既來京，當惟爾是問。伊乃自言長於療病之法，朕因令其調治朕躬，伊口誦經咒，並用以手按摩之術，此時見效奏功，無不立應。其言則清淨無爲，含醇守寂之道，亦古人之所有者。一日朕體中不適，伊授以密咒之法，朕試行之，頓覺心神舒暢，肢體安和，朕深爲喜慰，加以隆禮。乃此一月以來，朕躬雖已大愈，然起居寢食之間，伊欲令安則安，伊欲令不安則果覺不適。其致令安與不安之時，伊必預先露意，且見伊心志奸回，言語妄誕，竟謂天地聽我主持，鬼神供我驅使，有先天而弗違之意，其調治朕躬也，安與不安，伊竟欲手操其柄，若不能出其範圍者。」世宗患病期間，屢次密諭各省督撫訪求名醫及道人，按摩與經咒並用，堪稱應驗，《清實錄》將此中情節，俱刪略不載。雍正十一年正月二十五日，《起居注册》記載明發上諭，述及世祖在臨御寰區萬幾餘暇，留心內典，優遇國師玉琳琇、木陳忞等。世宗御極之初，則欲俟十年後庶政漸理，然後談及佛法。是時世宗在位已屆十年，隨閱讀玉琳琇、木陳忞語錄。據世宗稱玉琳琇所著性地超脫，乃直踏三關，實能丕振宗風，闡揚法旨。木陳忞語錄文采華麗，且具正知正見。又著《北遊集》六卷，其中記述世祖諭旨云「願老和尚勿以天子視朕，當如門弟子旅菴相待。」又記述世祖性情云「上龍性難擾，不時鞭撲左右，偶因問答間，師啓曰：參禪學道人，不可任情喜怒，故曰：一念嗔心起，百萬障門開者此也。上點首曰：知道了，後近侍李國柱語師云，如今萬歲爺不但不打人，即罵亦希逢矣[26]。」

探討世祖朝史事，《北遊集》等書，實為重要資料，世宗所頒明發上諭內舉述頗詳，《清實錄》等官書俱諱言其事，《起居注冊》仍不失為珍貴史料。

　　清代《起居注冊》例不進呈御覽，乾隆二年二月初六日，高宗御養心殿，召入總理事務王大臣及九卿等，諭稱自聖祖、世宗以來，從未批覽記注。高宗指出「人君政事言動萬國觀瞻，若有闕失，豈能禁人之不書，倘自信無他，又何必觀其記載。當時唐太宗索觀記注，朕方以為非，豈肯躬自蹈之乎㉗？」乾隆朝以降歷朝起居注冊所載諭旨，多見於實錄，其內容出入亦甚少。惟因起居注冊的纂修，取材甚廣，除內記注外，舉凡滿漢文諭旨及各部院檔冊等俱逐一彙鈔編纂，其範圍極為廣泛。因此，自乾隆以降的起居注冊，仍為探討清史時所不可或缺的一種重要史料。

　　歷史研究，應從史料入手。史料的搜集、整理、考訂與分析就是歷史研究法的階梯。治史者不宜捨棄實際史料，而高談方法。清代檔案浩瀚無涯，雖因戰亂遷徙，間有散佚，惟其接運來臺者，為數仍極可觀，國立故宮博物院現藏清代歷朝滿漢文起居注冊，共計五十箱，即為一種數量頗多，內容珍貴的史料。清初自康熙十年八月仿明制設起居注館，同年九月正式纂修起居注冊。康熙五十七年，雖裁撤記注館，但世宗即位後又恢復建置，遂成為定制。記注君主言動，有一定體例，先載起居，次載諭旨，其次載題奏事件，再次記載官員引見。其資料來源則參考內閣上諭簿、絲綸簿、外紀簿及宗人府、理藩院、各寺監八旗等滿漢文檔案。所有諭旨及官員引見、除授，俱全載，記載部本，係查閱略節，記載通本，則查閱揭帖，記載祭祀、行禮、問安、駕幸、駐蹕等項，俱查閱內起居注摺。記注館彙鈔的各處檔案，按

日排纂。因此，起居注冊僅爲一種史料。清代纂修實錄，剪裁史料，隱諱史事，所載諭旨及題奏內容多經潤飾刪略，以致往往與客觀的事實不符合。起居注冊所載諭旨，係據頒降諭旨原文全錄，內容詳盡，其史料價值高於實錄，或官修史書。實錄不僅將諭旨潤飾或刪略，臣工奏疏亦經竄改。例如康熙三十六年四月十五日，《聖祖實錄》載撫遠大將軍費揚古疏言，厄魯特丹濟拉遣齊奇爾等九人來告曰「閏三月十三日，噶爾丹至阿察阿穆塔台地方，飲藥自盡，丹濟拉、諾顏格隆、丹濟拉之婿拉思綸攜噶爾丹尸骸及噶爾丹之女鍾齊海共率三百戶來歸。」惟查閱費揚古原疏則云噶爾丹死於三月十三日，且據齊奇爾寨桑等供稱「噶爾丹於三月十三日晨得病，至晚即死，不知何病？㉘」《起居注冊》所載與原疏相合，清代歷朝雖纂修實錄，卻仍保存起居注冊，史料與史書，並行不悖，因此，起居注冊仍不失爲一種珍貴的史料。

　　康熙朝《起居注冊》是研究康熙皇帝及康熙朝歷史不可或缺的原始檔案。由於歷史原因，康熙朝《起居注冊》分存於北京中國第一歷史檔案館與臺北國立故宮博物院兩地。民國九十八年（2009）九月，分別由北京中華書局與臺北聯經出版事業公司影印出版。

【註　釋】

① 陳捷先撰〈清代起居注館建置略考〉，《清史雜筆》㈠，頁81，民國六十六年八月，學海出版社。

② 《中國史學史》，頁82，民國四十九年十二月，臺灣商務印書館。

③ 陶希聖等著《明清政治制度》，下編，頁77，臺灣商務印書館，民國五十六年八月。

④ 《大清太宗文皇帝實錄》，卷二八，頁2，天聰十年三月辛亥。

⑤ 羅振玉輯《史料叢刊初編》，《太宗文皇帝日錄殘卷》，頁1，文

海出版社，民國五十三年四月。按八林部，即巴林部，太吉即台吉。

⑥　《舊滿洲檔》，第六冊，頁 2816，國立故宮博物院，民國五十八年八月。

⑦　《大清世祖章皇帝實錄》，卷七一，頁 15，順治十年正月庚辰，據劉顯績奏。

⑧　《欽定大清會典事例》，卷一〇五五，頁 1，據光緒二十五年刻本景印，臺灣中文書局。

⑨　案王先謙纂修《東華錄》亦繫於康熙十年八月甲午，與《聖祖實錄》同。

⑩　《大清聖祖仁皇帝實錄》，卷二七八，頁 14，康熙五十七年三月戊辰，據大學士等奏。

⑪　《大清會典》，卷八十四，頁 7，乾隆二十九年，內府刊本。

⑫　陳捷先撰〈清代起居注館建置略考〉，見《清史雜筆》，㈠，頁 90，民國六十六年八月，學海出版社。

⑬　羅振玉輯《史料叢刊初編》，上冊，《聖祖仁皇帝起居注》，註二，頁 1。

⑭　《大清會典》，卷八十四，頁 7，乾隆二十九年，內府刊本。

⑮　《宮中檔康熙朝奏摺》，第九輯，頁 35，康熙三十六年四月初九日，費揚古奏摺。

⑯　《起居注冊》，康熙三十六年四月十五日甲子，據費揚古等奏。

⑰　《欽定大清會典》，卷七〇，頁 12。

⑱　《起居注冊》，康熙三十一年四月分。

⑲　拙撰〈清季東北邊防經費的籌措〉，《東吳文史學報》，第三號，頁 94，民國六十七年六月。

⑳　《起居注冊》，康熙四十二年四月分。

㉑　李宗侗撰〈辦理軍機處略考〉，《幼獅學報》，第一卷，第二期，頁 6，民國四十八年四月。

㉒　《宮中檔》，第七十八箱，五三二包，二〇四九九號，雍正十三年九月二十二日，張廷玉等奏摺。

㉓　《起居注冊》，雍正十年九月十七日，內閣奉上諭。

㉔　《起居注冊》，雍正八年七月十九日上諭。

㉕　《大清世宗憲皇帝實錄》，卷九八，頁15，雍正八年九月辛卯，內閣奉上諭。

㉖　《起居注冊》，雍正十一年正月二十五日，內閣奉上諭。

㉗　《大清高宗純皇帝實錄》，卷三六，頁6，乾隆二年二月初六日甲子上諭。

㉘　拙譯《清代準噶爾史料初編》，頁219，民國六十六年九月，文史哲出版社。

十四日癸亥

上駐蹕達拉布隆地方是日

賜獻羊之吳喇忒台吉第揚等及窮蒙古人等

銀有差

十五日甲子

上駐蹕布古圖地方是日撫遠大將軍領侍衛內

大臣伯費揚古等奏為飛報噶爾丹已死其

爾丹死於阿察阿木塔台地方丹濟喇諾顏

係厄魯特丹濟喇所遣之使三月十三日噶

濟喇等所遣齊奇爾寨桑等九人來稱我等

初九日至塞爾巴爾哈孫地方有厄魯特丹

濟喇投降事臣等於康熙三十六年四月

格隆丹濟喇之壻拉思倫攜帶噶爾丹尸骸

並帶噶爾丹之女朱戚海共三百餘戶投

《起居注冊》，康熙三十六年四月十五日，據費揚古等奏（局部一）

（一）

齋寨桑和碩齋車凌奔寨桑等帶二百戶人
投丹津鄂木布而去丹濟喇等所奏之本現
在我等處語間齋奇爾寨桑等噶爾丹所
死之故並丹濟喇為何不即行前來駐於巴
頴恩都爾地方候
旨擾云噶爾丹於三月十三日早得病至晚即死
不知是舊病症丹濟喇欲即行前來因馬甚

（二）

瘦而所帶人等大半無馬俱屬步行又無行
糧為此駐於巴頴恩都爾地方候
旨
皇上如命其前來後即速至今若將丹濟喇所遣
之使盡送
行在恐人多驛馬不足故止將齋奇爾寨桑交
與郎中諾木齋盛連送

（三）

行在其阿爾達噶爾格隆等八人臣等帶至鄭家
里巴爾哈孫地方由所設驛站送往
行在所有丹濟喇奏本一件諾頴格隆奏本一
伴丹濟喇之婿拉思倫奏本一件一併先行
奏
聞費揚古等又疏奏噶爾丹已死并丹濟喇遣
使乞降等因已另本奏

（四）

閏外
皇上不分中外視如赤子念噶爾丹一日不滅則
札薩克蒙古一日不獲安生去歲
觀臨克魯倫等處仰伏
天威噶爾丹大敗狼狽已極於是厄魯特人絡繹
來降不可勝計今歲

《起居注冊》，康熙三十六年四月十五日，據費揚古等奏（局部二）

為編修勵廷儀俟眼滿再令行走原任編修楊
瑝學問甚優著復原職總漕桑格一本題標下
中軍副將等缺請以參將李勝等補授
上曰李勝等朕知其人材強健著照該督所題補
授既而
上出熊賜履呈覽明朝神宗責宗以下史書四本
顧大學士等曰朕自冲齡即每事好問彼時之

太監朕皆及見之所以彼時之事朕知之甚悉
太監魏忠賢惡跡史書僅書其大畧並未詳載
其最惡者幾有拂意之人即日夜不令休息通
之少走而死又并人之二大指以繩挶而懸之
於上兩足不令着地而施之以酷刑明末之君
多有不識字者遇講書則丟慢聽之諸事皆任
太監辦理所以生殺之權盡歸此輩張玉書奏

曰此明之所以至於敗亡也
上又曰此書所載楊漣左光斗比死于北鎮撫司獄
中闗此二人在午門前受御杖死太監等以布
裹尸出之至于隨崇禎殉難者乃太監王承恩
因此作文致祭並立碑碼此書載太監王之心
從死明係錯訛至于本朝興兵聲討之故書中
并未記載此處闗係最要可問熊賜履王鴻緒

等馬齊奏曰我
朝並無侵犯于明因明有侵犯于我故我
朝始興師
上問曰爾何以知之馬齊奏曰明初犯我城池彼
地即係臣祖原籍修實錄時臣為侍讀學士
所以知之
上顧之以明史授大學士等

《起居注冊》，康熙四十二年四月二十三日，上諭

實錄的纂修體例及其史料價值

　　實錄的本義，是據實記錄，事無虛構。《漢書・司馬遷傳贊》說：「遷有良史之材，服其善序事理，辨而不華，質而不俚。其文直，其事核，不虛美，不隱惡，故謂之實錄。」所謂實錄，就是符合實際的記載。與客觀事實相符合的歷史記載，始可稱爲信史。

　　我國歷代實錄的纂修，始於南朝的梁，是一種編年史，專記某一皇帝統治時期的大事。《隋書・經籍志》著錄有梁周興嗣撰《梁皇帝實錄》三卷，記載梁武帝在位四十八年間的大事；謝吳撰《梁皇帝實錄》五卷，記載梁元帝在位三年間的大事，但其書俱已散佚。唐代以來，每帝都修實錄，後世因之。明清兩代，由繼位新君特設實錄館，命內閣大學士充任監修總裁官，其餘分兼副總裁、總纂、纂修等職，專司纂修實錄的工作。按照清代制度的規定，實錄告成後，即由實錄館繕寫正副本五份，每份又書寫滿、漢、蒙文各一部，書皮分飾紅綾及黃綾。大紅綾正本二部：一貯皇史宬；一貯奉天大內。小紅綾本二部：一貯乾清宮，一貯內閣實錄庫。內閣大庫所貯實錄，是專備進呈之用，所以又稱爲閣本。小黃綾本通稱爲副本，亦貯存於內閣實錄庫。

　　就實錄書本形式而言，可以分爲長本與方本二類。長本實錄又可再區分爲六種：㈠書用宣紙，印朱絲欄，黃色高麗紙皮，平裝，楷書；㈡書用毛邊紙，印朱色方格，黃紙皮，平裝，楷書；㈢書用宣紙，印朱色方格，黃紙皮，平裝，楷書；㈣書用涇縣榜紙，畫朱絲欄，黃紙皮，平裝，楷書，於每段事下附注根據某種

檔冊之名稱；㈤書用宣紙，印朱色方格，黃紙皮，平裝，楷書，中有粘補及標籤處，於每段事下附注根據某種檔冊之名稱；㈥書用毛邊紙，印朱色方格，東昌紙皮，平裝，草書，於每段事下附注根據某種檔冊之名稱。方本實錄計有二種：㈠書用宣紙，印朱色方格，黃紙皮，平裝，楷書，於每段事下附注根據某種檔冊名稱；㈡書用宣紙，印朱絲欄，白皮紙，平裝，楷書。就其文字而言，清朝實錄有漢文本、滿文本、蒙文本的區別。

　　臺北國立故宮博物院現藏清朝實錄，始自太祖朝，以漢文本數量較夥，滿文本次之，蒙文本較少。太祖朝漢文本實錄共 38 冊，滿文本實錄存 3 冊。太宗朝漢文本實錄共 273 冊，滿文本實錄存 7 冊。世祖朝實錄，漢文共 139 冊，滿文本存 47 冊。聖祖朝實錄，漢文本存 197 冊，滿文本存 81 冊。世宗朝實錄，漢文本存 150 冊，滿文本存 39 冊，蒙文本存 3 冊。高宗朝實錄，漢文本存 1416 冊，滿文本存 506 冊，蒙文本存 30 冊。仁宗朝實錄，漢文本存 350 冊，滿文本 118 冊。宣宗朝實錄，漢文本存 367 冊，滿文本存 130 冊。文宗朝實錄，漢文本存 28 冊，滿文本存 255 冊。穆宗朝實錄，滿文本存 167 冊，另存宣統政漢文稿本共 67 冊。

　　清太祖朝實錄，始修於清太宗時。天聰九年（1635）八月，《清太祖實錄圖》告成，此書先由巴克什額爾德尼修成，經庫爾纏增補，並由書工張儉、張應魁繪圖。因《清太祖實錄圖》與歷代帝王實錄的體例不合，又命內國史院大學士希福、剛林等人以滿、蒙、漢三體文字改編實錄。崇德元年（1636）十一月，纂輯告成，題為《大清太祖承天廣運聖德神功肇紀立極仁孝武皇帝實錄》，共四卷四冊，簡稱《清太祖武皇帝實錄》，就是清太祖朝實錄的初纂本。順治初年，重繕《清太祖武皇帝實錄》，原本也

因此散佚。康熙二十一年（1682）十一月，特開史局，命大學士勒德洪充監修總裁官，大學士明珠等人為總裁官，重修清太祖朝實錄，增刪潤飾，釐為十二卷。康熙二十五年（1686）二月，書成，題為《大清太祖承天廣運聖德神功肇紀立極仁孝睿武弘文定業高皇帝實錄》，簡稱《清太祖高皇帝實錄》。雍正十二年（1734）十一月，將《清太祖高皇帝實錄》復加校訂，歷時五載，於乾隆四年（1739）十二月，始告成書，計實錄十卷，序、表、凡例、目錄三卷，合為十三卷，此即清太祖朝實錄重修本的定本，書坊及國內外各圖書館所見《清太祖高皇帝實錄》，就是乾隆四年校訂完成的重修本。

　　國立故宮博物院現藏《清太祖武皇帝實錄》漢文本共三套，每套二函四冊，計十二冊；滿文本存三卷三冊。都是紅綾封面，白鹿紙，朱絲欄楷書。書中於康熙以降諸帝名諱俱不迴避，當即順治年間重繕的初纂本。其書法質樸，譯名俚俗，對於清朝先世，亦直書不諱，其記載最近真相。《清太祖高皇帝實錄》經康熙朝以降再三重修，整齊體例，增刪潤飾，斟酌損益，雖有正誤之功，究難掩湮沒史蹟之過。

　　萬曆四十三年（1615）閏八月，《清太祖高皇帝實錄》記載說：「皇長子洪巴圖魯阿爾哈圖土門貝勒褚英薨，年三十六。」清太祖的長子褚英薨逝的原因，隻字不提。國立故宮博物院典藏《滿文原檔》四十大本，都是滿洲入關前以無圈點老滿文及加圈點新滿文所記載的原檔，是探討清太祖和清太宗兩朝在關外活動的珍貴紀錄，其中記載褚英被殺的經過，翔實可信，將滿文譯出漢後，其全文仍長達二千一百餘字。大意是說皇長子褚英於父皇出征烏拉部後奉命留守，執掌國政，褚英竟詛咒出征的父皇及五大臣。把父皇、弟弟們及五大臣的名字都寫在咒文中，對天地

焚燒。萬曆四十一年（1613）三月二十六日，清太祖將褚英囚禁於高牆內。但褚英仍不知悔改，二年後，於萬曆四十三年（1615）八月二十二日，下了最大的決心，而將褚英處死。虎毒不食子，清太祖竟將親生的長子褚英親手處死，不合儒家規範，因此，《清太祖高皇帝實錄》諱而不言，以致不詳其死因。

　　清太祖崩殂後，諸貝勒逼令帝后殉葬，帝后支吾不從，《清太祖武皇帝實錄》記載頗詳，原文云：

> 帝后原係夜黑國主楊機奴貝勒女，崩後，復立兀喇國滿泰貝勒女為后。饒丰姿，然心懷嫉妒，每致帝不悅，雖有機變，終為帝之明所制留之。恐後為國亂，預遺言於諸王曰：「俟吾終，必令殉之。」諸王以帝遺言告后，后支吾不從。諸王曰：「先帝有命，雖欲不從，不可得也。」后遂服禮衣，盡以珠寶飾之，哀謂諸王曰：「吾自十二歲事先帝，豐衣美食，已二十六年，吾不忍離，故相從于地下，吾二幼子多兒哄、多躲當恩養之。」諸王泣而對曰：「二幼弟吾等若不恩養，是忘父，豈有不恩養之理。」于是后於十二日辛亥辰時自盡，壽三十七。

《清太祖高皇帝實錄》對帝后的殉葬，記載簡略，其文如下：

> 先是孝慈皇后崩後，立烏喇國貝勒滿太女為大妃，辛亥辰刻，大妃以身殉焉，年三十有七。

《清太祖武皇帝實錄》記載諸王逼殺帝后烏拉納喇一節，全文長達二百餘言，《清太祖高皇帝實錄》經刪略後，僅剩三十五字。孝慈高皇后葉赫納喇氏崩逝後，清太祖即立烏拉納喇氏為皇后，《清太祖高皇帝實錄》改「后」為「大妃」。天命十一年（1626）八月十一日庚戌，清太祖崩殂，次日辛亥上午七時，諸

王即逼令皇后烏拉納喇氏殉葬。皇后烏拉納喇氏生三子，長子阿濟格，幼子多兒哄，即多爾袞，多躲即多鐸。按照滿洲社會的舊俗，所有嫡子不拘長幼，都有繼承皇位的權利。在清太祖的十六子之中，其可稱為嫡子的，只有四位大福晉所生的八子，即：佟佳氏所生的褚英、代善；富察氏所生的莽古爾泰、德格類；葉赫納喇氏所生的皇太極；烏拉納喇氏所生的阿濟格、多爾袞、多鐸。褚英被殺後，所餘七個嫡子中任何一人都有繼承皇位的權利。清太祖寵愛事奉他二十六年的皇后烏拉納喇氏，尤疼愛幼子多爾袞，在清太祖生前已將傳位多爾袞的旨意告知烏拉納喇氏。但因清太祖崩殂時，多爾袞年幼，皇太極兵權在握，智勇雙全，諸王擁護皇太極，於是假藉清太祖遺命，逼令烏拉納喇氏殉葬，以杜其口，烏拉納喇氏遂成為皇位角逐中的犧牲者，皇太極終於取得最後的勝利，繼承了皇位。順治年間，攝政王多爾袞就說過：「太宗文皇帝之位原係奪立。」孟革卜鹵私通嬪御，事不雅馴，固皆刪略。諸子逼殺母后，褻瀆聖德，亦例不應書，《清太祖高皇帝實錄》遂將大妃殉葬出自諸王逼迫的記載，諱而不錄。

　　《清太祖武皇帝實錄》記載建州款明，語多卑順，敬書「大明」字樣，《清太祖高皇帝實錄》則盡刪對明敬詞，對於戰爭勝負，誇張尤甚。天命四年（1619）三月，薩爾滸之役，《清太祖武皇帝實錄》記載戰爭結果云：「戰三路兵時，我兵約折二百人。」《清太祖高皇帝實錄》則以征服者的語氣，誇大記載說：「是役也，明以傾國之兵，雲集遼瀋。又招合朝鮮、葉赫，分路來侵，五日之間，悉被我軍誅滅。宿將猛士，暴骸骨於外，士卒死者不啻十餘萬，舉國震動，我軍迅速出師，臨機決策，將士爭先，天心佑助，以少擊眾，莫不摧堅挫銳，立奏膚功，策勳按籍，我士卒僅損二百人，自古克敵制勝，未有若斯之神者也。」

　　清太宗朝實錄也有初纂本和重修本的分別。順治六年（1649）正月，開館纂修太宗實錄，以大學士范文程等人爲總裁官，學士王鐸等人爲副總裁官。順治十二年（1655）二月，纂輯告成，凡四十卷，每卷一冊，附目錄一冊，此即《清太宗文皇帝實錄》初纂本。康熙十二年（1673）八月，命大學士圖海爲監修總裁官、學士勒德洪等爲總裁官，特開史局，蒐討訂正。康熙二十一年（1682）九月，重修告竣，全書合凡例目錄滿、蒙、漢文本各六十七卷，是爲康熙年間重修本。雍正九年（1731）十二月，《清聖祖仁皇帝實錄》告成，大學士鄂爾泰以三朝實錄內人名、地名字句與《清聖祖仁皇帝實錄》前後未曾畫一，雍正十二年（1734）十一月，鄂爾泰奏請派滿、漢大臣簡選翰林官員重加校對，開館訂正，酌改繕寫。清高宗即位後，繼續增刪潤飾，乾隆四年（1739）十二月，校訂繕竣，釐爲六十八卷，是爲乾隆年間重修本，亦即定本《清太宗文皇帝實錄》，坊間所見者，即此定本實錄，書中凡遇清聖祖御名玄燁、世宗御名胤禛，俱行改避，易「玄」爲「黑」或「元」，易「胤」爲「蔭」。

　　清太宗朝實錄的重修，其刪削增節，主要是在康熙年間，其初纂本是重修以前的寫本實錄，書法質樸，譯名俚俗，成書較早，保存史料較多，重修本每因隱諱而刪略史事。

　　天聰九年（1635）八月二十五日，初纂本記載：

> 和芍兔額夫妻格格，不遵禁約，私養娼妓在外，一娼縊死於祖可法妻弟之家。

重修本改爲：

> 初額駙和碩圖所尚公主不遵訓誡，致一婦人縊死於祖可法妻弟之家。

將「私養娼妓」等字樣俱行刪略。同年十二月初三日，初纂

本記載云：

> 莽古兒泰貝勒六子邁答里、光袞、查哈量、阿哈塔、舒
> 孫、噶納亥，得格壘貝勒之子鄧什庫等俱爲庶人。初滿洲
> 國本族婦女及伯母、叔母、嫂等，皆無嫁娶之禁，後汗以
> 亂倫嚴禁之。莽古兒泰、得格壘二貝勒既行悖逆之事，即
> 爲仇敵，因令眾貝子願者便娶莽古兒泰二妻，和格貝勒納
> 其一，姚托貝勒納其一。得格壘一妻，阿吉格貝勒納之，
> 其餘侍妾並罪犯之妻妾，俱各配人。

重修本經刪削後作：

> 莽古爾泰六子邁達里、光袞、薩哈聯、阿克連、舒孫、噶
> 納海，德格類子鄧什庫等俱降爲庶人，屬下人口財產入
> 官。

　　初纂本已指出滿洲風俗，凡娶伯母、叔母、兄嫂，均不禁
止。莽古爾泰是清太宗皇太極的五哥，和格即豪格，是皇太極的
長子，豪格納莽古爾泰一妻，就是姪娶伯母；姚托又譯作岳託，
是大貝勒代善的長子，岳託納莽古爾泰一妻，就是娶叔母；得格
壘又譯作德格類，是清太祖第十一子，阿吉格又譯作阿濟格，是
清太祖第十二子，阿濟格納德格類妻，就是弟娶兄嫂，重修本以
其不合儒家倫常規範，而俱行刪削，滿洲婚姻舊俗，遂不得其
詳。

　　初纂本語法質樸，文字俚俗，重修本每因其詞義不當，而逐
句潤飾，以致所載史事，常見失眞之處。

賢君楷模
──朝鮮君臣說歷代帝王的故事

　　實錄的本意是據實記錄，事無虛構。中國實錄的纂修，始於南朝的梁（502-556），是一種編年體的官書。唐代（618-906）以降，每帝崩殂後，由繼位新君下令開館敕修，嗣後沿爲定例。《朝鮮王朝實錄》是倣自中國歷代實錄體例而修成的一種編年史，以漢字書寫，其記事始自李朝太祖元年（1392）至哲宗十四年（1863），凡二十五代，共四百七十二年。據太白山本統計，共一八九三卷，合計八八八册，國史編纂委員會影印複刊本合爲四十八册。所載內容包括李朝政治、軍事、文化、社會、經濟以及對外交涉等方面，可謂包羅萬象，內容廣泛，因其所記俱屬李朝事蹟，習稱李朝實錄。

　　朝鮮與中國疆域毗鄰，兩國關係，源遠流長，在地理上，唇齒相依，文化上，早已成爲中國文化圈的重要成員，也是儒家文化的分支。《朝鮮王朝實錄》多處記載朝鮮君臣評論中國歷代帝王的文字，朝鮮君臣談話中常以堯舜禹湯文武相期許。朝鮮君臣以儒家思想爲標準去分辨賢君令主與暴君昏主，以儒家政治理念去分辨仁政與暴政，朝鮮君臣以中國歷代賢君令主爲楷模，以暴君昏主爲借鑑，就是儒家文化對朝鮮政治深遠影響的具體事實。

　　堯和舜是傳說中的兩位中國古代賢君，堯仁慈寬大，對一切都抱著寬容的態度，他在位期間，人民各自過著安樂的生活。舜才德謙讓，以孝悌聞名。堯舜的禪讓，更是傳誦千古的美德。堯和舜不僅是中國傳統政治思想中的理想君主，歷代帝王的楷模，

同時也是朝鮮政治思想中的理想君主，朝鮮國王的楷模。前領敦寧府事李景奭有感於災異頻仍，即應旨上箚。《孝宗大王實錄》記載原箚全文，略謂：

> 嗚呼！殿下之心，即堯舜之心，行堯舜之政，則是亦爲堯舜。堯舜之道無他，孝悌而已；堯舜之政無他，仁義而已。推孝悌之行，教萬民而興於孝悌；修仁義之政，率萬民而興於仁義，則爲民者，平居可以安堵而奠枕，臨亂可以親上而死長，夫豈有逆理亂常之事，愁怨疾視之民哉！仁義之說，不行於世久矣，人有談仁義者則聽之者必以爲迂焉，孰能從而行之。然桓文假之而伯諸侯，唐太宗勉之而致太平，特惠人君者不行耳，行之則必有效，爲之與不爲之，是在殿下，伏願殿下，勿規規於近利，勿拘拘於常規，奮發大有爲之志，繼之以無倦，心堯舜之心，政堯舜之政，就所講之詩書，體認其最緊切處，聖帝明王之所以任賢安民，必務躬行，衰世亂代之所以基禍致亡，必務懲改。至於珍臺閒館之中，幽獨得肆之地，念念常存，勉勉不已，必以唐虞三代之治爲期焉。

堯舜之道，只是孝悌而已，堯舜之政，只是仁義而已，以唐虞之治爲期，就是以堯舜爲理想君主，以堯舜爲楷模。

獻納李衮指出孝宗即位以來，天災地異，人妖物怪，層見疊出，變不虛生，政或未修，所以上天示警。李衮疏請朝鮮國王應天以實，災異雖衆，修德可弭，聖人之德，莫如堯舜，堯舜之德，孝悌而已。禮曹判書洪命夏上箚時亦指出孝宗：「臨御以來，非常之災，可愕之變，無歲無之，無日無之，至於今日，冬春易令，木石逞妖，人心疑懼，氣象愁慘，未知有何禍機，伏於冥冥之中，而天之遣告我殿下，若是其汲汲哉，宜聖明之夙夜警

懼，責己猶恐不及，求言猶恐不廣，此正轉災為祥，易危為安之日也。」洪命夏也認為弭災之道，不外修堯舜之德，「堯舜之道無他，孝悌而已，推是心而為政，堯舜之治，不難致也」。

　　繕工副奉事魏伯珪疏陳時務時指出，正宗御極初年，勵精圖治，屢下求言之旨，但教化未興，學校弛廢，軍情惰壞，國無控弦之卒，庫無應變之貯，民無恆產，人心浮亂，逆獄歲興，水旱疾疫，邑里殘敗。魏伯珪疏請朝鮮國王立聖志，以堯舜而自期，同時節錄中國古代賢君格言進獻朝鮮國王，其要點為：「堯之允恭克讓，舜之舍己從人，禹之克勤克儉，湯之從諫弗咈，文武之明德慎罰。」「慎罰」，就是所謂「帝王二十字符」，是中國三代賢君修身齊家治國平天下的座右銘，魏伯珪疏請朝鮮國王以堯舜等賢君相期許，以「帝王二十字符」為座右銘，由此可以說明儒家規範在朝鮮的普及化，儒家的政治理念，已普遍為朝鮮君臣所接受。朝鮮君臣希望見賢思齊，以三代賢君自期，其目的就是想建立一個理想的國家。

　　漢代以來的儒家，雖然推崇孔子，但同時也受陰陽五行思想的影響，使儒家學說充滿了迷信色彩，認為天降的祥徵或災異，全是受人事的影響，與人君的賢愚勤惰，都有極密切的關係。朝鮮君臣相信自然界的災變，是一種上天示警的徵兆，人君必須反躬自省，脩德弭災，否則將有不測之禍。孝宗六年（1655）二月初四日，工曹參議鄭斗卿上疏，請國王李淏以德禳災。《孝宗大王實錄》記載鄭斗卿疏文如下：

> 近年變怪百出，若以為妖孽，無與興亡則已，不然則豈不懼哉，故無智愚，罔不憂天災，臣之所憂，在人不在天，何則？昔穀生湯庭，三日而大拱。湯問伊尹，伊尹曰：穀澤野之物，今生天子之庭，殆不吉也。湯曰：奈何？對

日：臣聞妖者禍之先，祥者福之先，見妖而爲善則禍不
至，見祥而爲不善則福不臻。湯乃齋戒靜處，夙興夜寐，
弔死問疾，赦過賑窮，七日穀亡。其後中宗、高宗時，亦
有桑穀雉雊之變。由此觀之，聖賢之君，亦有妖孽，但禳
之以德。稽諸書，從諫不咈，先民是若，不邇聲色，不殖
貨利，克寬克仁，彰信兆民者湯；嚴恭寅畏，天命自度，
治民祇懼，不敢荒寧者中宗；嘉靖殷邦，不敢荒寧，小大
無怨者高宗，茲三君者，厥德如此，故災不敢爲孽，豈偶
然哉。今我殿下，懋敬厥德如古人，則災可禳矣。不然，
臣竊恐亂亡之在朝暮夕。臣所謂在人不在天者此也，殿下
可不戒哉。噫！天人感應，亦顯矣哉。昔成王疑周公，天
大雷電以風，禾盡偃，大木斯拔，乃出郊親迎，天乃雨反
風，禾即盡起，感應捷於影響，是故，宋景一言，熒惑三
徙，謂天高不鑑下可乎？爲人上者，無以天蒼蒼哉，德不
禳災，臣不信也。

　　古人相信天象和人事有相互影響的關係，孔子和孟子都曾利
用天文現象來解釋政事。孔子說：「爲政以德，譬如北辰，居其
所而眾星拱之。」孟子說：「天之高也，星辰之遠也，苟求其
故，千歲之日至，可坐而致也。」古人不但相信天能干預人事，
而且認爲人事也能感應上天。因此，自然界的災異和祥瑞，就是
表示上天對世人的譴責和嘉獎。這種天人感應說，在中國古人的
信仰方面，有它特殊的意義，利用自然規律可以嚇阻背道傷義的
統治者。《史記・宋微子世家》記載宋國的南面，與陳國接壤，
楚國滅了陳國，宋國將有災難，但因宋公愛民如子，火星終於離
開了心宿，宋國也解除了滅亡的命運。正是所謂「爲政以德，熒
惑退舍」。《晉書・天文志》記載太微和五帝都是在中宮的諸

星，象徵帝王，天子施政合乎仁道，它們都明亮起來，這些記載
充分顯示了天人之間的感應。穀生湯庭，湯接受伊尹的勸告，齋
戒靜處，夙興夜寐，弔死問疾，救過賑窮，從諫不咈，不近聲
色，不殖貨利，克寬克仁，為善去禍，以德禳災，果然七日穀
亡，妖孽不生。這是一種天人感應的政治思想，工曹參議鄭斗卿
疏請朝鮮國王以德禳災，就是受到漢代以來中國天人感應政治思
想的影響。

　　施政仁厚是無為政治的具體表現，東周後期以來長期的戰
亂，民不聊生，西漢初年以來，以清靜無為作為施政的基本原
則，與民休息，避免苛煩的興作，終於使西漢前期「天下晏然，
刑罰罕用，罪人是希，民務稼穡，衣食滋殖」。朝鮮國王英祖李
昑指出：「三代以後，惟漢以寬大立國，故文景之際，紅腐相
仍，而及其亡也，民猶謳吟思之。宋亦仁厚立國，故四海殷富，
既亡復興，一隅南渡，尚保餘業，此皆不刻薄，不聚斂之效
也。」仁厚立國，藏富於民，輕徭薄賦，就可以得到人民的擁
戴。

　　朝鮮孝宗四年（1653）七月，領中樞府事李敬輿上箚時指
出：「漢之高祖約三章之法，唐之太宗止笞背之刑，為三覆之
制，漢唐之久長，實由於此。至於宋祖，仁厚立國，迥出前代。
常讀虞書曰：四凶之罪，止於流竄，何後世法網之密也。寬仁之
治，為宋二百年家法，南渡之後，人心不離者，寧不有賴於藝祖
耶！」漢以寬大立國，人心思漢；宋以仁厚立國，政尚寬仁，成
為宋代家法，宋室南渡，人心並未離散。參贊官兪棨進講《通鑑
‧隋記》時，朝鮮國王顯宗李棩即指出：「煬帝苛刻，唐高寬
簡，其得民心宜矣。」為政寬簡，符合民意，凡有死罪，必經三
覆然後勾決，以重人命，以服人心。宋太祖曾說過，「朕未嘗因

怒刑人」。漢、唐、宋立國久長，就是政治仁厚的最具體例證。

唐太宗的個性，有許多優點，容納直諫，知人善任，尤為後世所稱述。貞觀年間（627-649），社會安定，人民康樂，具有開國的新氣象，主要就是由於唐太宗的過人才識和氣度所造成。孝宗六年（1655）二月，工曹參議鄭斗卿上疏時已指出「昔唐太宗乘隋大亂之後，不數年，致貞觀之治，從諫故也」。因為鄭斗卿認為「過者人之所不能免，湯改過不吝，湯亦有過者哉。湯，聖也，尚且有過，況其下者乎，然改之不吝，此所以湯也」。前領議政李景奭上箚時，對臣工直諫、帝王從諫，言之甚詳。《孝宗大王實錄》記載原箚全文，節錄一段如下：

> 嗚呼！旁無強輔，匹士猶憂，不有賢者，其何能國？惟賢者之輔弼也，罔不以忠諫為務。予違汝弼，汝無面從，退有後言者，非舜之所以責於禹者乎？高宗之命傅說也，曰朝夕納誨，以輔台德，說之復于王也，亦惟曰木從繩則正，后從諫則聖。伊尹之訓太甲也，歎息而告之者，從諫弗咈也。其於太甲下篇又曰，有言逆于汝心，必求諸道，有言遜于汝志，必求諸非道。唐虞三代之時，上下交相勉者，惟弼違納誨從諫，是望焉。降而後也，號稱治平之世，則其君也必能從諫，其臣也必能直諫，漢文帝、唐太宗之事，亦可驗矣。孟子曰：入則無法家拂士，出則無敵國外患者，國恆亡。天子諸侯存亡，亦以爭臣之多少言之，拂士爭臣之於國家，其重若此，此非今日之所可監者乎？魏徵以為太宗之政，不逮貞觀之初。太宗問其故，對曰：貞觀之初，恐人不諫，常導之使言，中間悅而從之，今則不然，雖勉從之，猶有難色，所以異也。太宗問其事，對曰：陛下昔欲殺元律師，孫伏伽以為法不當死，陛

下賜以蘭陵公主園直百萬，或云賞太厚。陛下云朕即位以
來，未有諫者故賞之，此導之使言也。

唐太宗容納直諫，導之使言，國君則可寡過。爭臣即諍諫之
臣，孔子曾說過，「天子有爭臣七人，雖無道，不失天下；諸侯
有爭臣五人，雖無道，不失其國」。由此可知爭臣拂士的重要。
在唐代爭臣中最能直諫的是魏徵。《朝鮮實錄》記載唐太宗因旱
頒詔，五品以上上封事，魏徵疏陳比貞觀初不克終者十事，唐太
宗深加獎賞。魏徵常指陳唐太宗的過失，《資治通鑑》記載唐太
宗曾獲一隻佳鷂，成為他心愛的寵物。有一天，唐太宗正在調弄
這隻寵物時，忽然看到魏徵走過來，便趕忙把牠藏匿懷中。魏徵
向唐太宗奏事，良久不去，當魏徵離去，那隻心愛的寵物便已經
悶死在自己的懷裡。朝鮮群臣都稱讚魏徵的膽識，但朝鮮國王卻
頌揚唐太宗的賢明，對唐太宗容納直諫的胸襟，讚賞不已。

在朝鮮君臣心目中，漢文帝和唐太宗都是三代以後的賢君。
《仁祖朝實錄》有一段記載說：

> 左議政李景奭抄錄漢文帝、唐太宗事，及《書經》謨訓諸
> 篇名曰《燕閒要覽》，上劄以進曰：臣竊觀往史，唐太宗
> 之斥奢省費，從善求諫，嘉言美政，可以為則於後代者，
> 非一二事，此《貞觀政要》之所以作也，而惜乎此書今無
> 傳焉。溯而求之，漢文帝之節儉愛民，虛己受言，誠為三
> 代後令主。至於書之一帙，備載謨訓政事之迹，實是萬世
> 人君之龜鑑也。

從善求諫，虛己受言，都是賢君的美德，李景奭希望朝鮮國
王能見賢思齊，「見其舍己從人，聞過即改，則念今日所為之如
何，而超然遠悟，有則改之，無則加勉；見其輕徭薄賦，尚儉抑
奢，則念今日施措之如何，而斷然行之。」

　　人君深居禁宮，知人最難，知人而善任尤難。漢高祖所以能信任蕭何、曹參，主要就是由於漢高祖是一位豁達大度知人善任的創業賢君。唐太宗更是一位知人善任的帝王楷模，他用人不問敵我，而惟賢能是尚，摒除私人情感上的好惡，選拔了多方面的人才，棄其短而用其長。唐太宗知人善任，又能容納直諫，廣開言路，斥奢省費，輕徭薄賦，他不僅是中國歷代帝王的楷模，也是朝鮮君臣心目中的理想賢君。朝鮮國王孝宗曾御夕講，當其講《大學衍義》時曾說：「唐玄宗不知李林甫，德宗不知盧杞，哀平之世不知王莽，大奸似忠，知人實未易也。」帝王不能知人，又不能廣開言路，反求諸己，就不免亡國了。孝宗八年（1657）十一月，朝鮮災異頻傳，玉堂應教趙復陽等應旨上箚，《孝宗大王實錄》記載原箚全文，茲節錄一段如下：

> 臣等竊聞國家將有失道之敗，天乃先出災害，以譴告之，不知自省，又出怪異以警懼之，尚不知變而傷敗乃至，天人之際，顯微無間，吉凶禍福，惟人所召，此理昭昭，影響不忒，豈不大可懼哉？嗚呼！今日之災變，亦已極矣，前古所罕之災，叢萃於一時，可駭可愕者，難以毛舉。而迺於十月之中，雷電再發，項日之夜則大雷以電，殆甚於盛夏，燁燁轟轟，人莫不驚悚震變，其所以譴告之警懼之者，無異人事之相戒，不知何等禍機，伏於冥冥之中，而變異之作，一至於此極也。臣等竊念，變怪之積，必在於無道之世，亂亡之國。今我殿下，側身修行，勵精圖治之日，層疊之災，危亡之象，至於如此，其故何哉？噫！災不虛生，必有其應。以今災孽之眾且大者觀之，則其應必有不可勝憂者，而其所以致此之由，則人事亦必大有所失，有以召之，其應之之道，必大震懼大警動。凡政令事

爲，不合於天意而可以召致災沴者，一切改革，乃爲應之
以實，而庶可感回天心，有非小小文具所可稱塞也。臣等
固未知致災之由，在於何事，弭災之道，何者當先？而反
覆思惟，尚亦有可言者，請得以一二陳之。伏惟聖明，少
垂省焉，嗚呼言路開閉，存亡所係，自古人君，從諫而
興，慢諫而亡者，可以歷數。宋靖康時，有「城門閉，言
路開」之語，若使宋之言路，早開於城，門未閉之前，則
城門豈至於遂閉，而亦豈有靖康之禍哉？此誠可爲萬世之
至戒也。

言路開閉，與國家存亡，息息相關，城門閉，言路開，就是
「靖康之恥」的最佳解釋。

朝鮮國王孝宗有鑑於紀綱頹廢，決心採取嚴刑峻法，以建立
威信。校理官李泰淵等人都不以爲然，他們認爲這種措施，是捨
本逐末，他們以唐代皇帝爲例，主張德治，他們指出唐憲宗是衰
世中主，尚且知道治國之道，知道以德化爲先，不可專靠刑法。
他們相信用刑收威，將喪失人心。副修撰洪宇遠上書時指出，秦
二世胡亥即位後，他爲了要建立威信，曾殺戮十二公子，最後胡
亥自己也被趙高所殺；南朝齊明帝殺諸王十五、六人，而終爲蕭
道成所篡，享國不久。朝鮮君臣認爲欲求享國長遠，應以仁厚立
國，以中國歷代賢君令主爲楷模，以暴君昏主爲借鏡，朝鮮君臣
的政治理念，就是想實現儒家賢君統治的德化社會。

明清時期，中國與朝鮮的關係，更加密切，《朝鮮王朝實
錄》對明清史的研究，提供了相當豐富的輔助性資料。朝鮮國王
李倧指出「大明立國，最爲正大，建文之時，死節者甚多」。晚
明政治，惡化到了極點，內憂外患，相逼而至，流寇猖獗，滿洲
興起，流寇與滿洲相因亡明。〈孝宗大王行狀〉有一段記載說：

「以大明之亡觀之，崇禎皇帝之事，聞諸華人則皆曰，外無遊畋之娛，內無苑囿之樂，凡可以亡國之事，一無有之，而終至於覆亡，蓋由明察二字之不能盡其道也。」朝鮮國王李倧亦稱「崇禎皇帝因國勢微弱，不能支保，實非淫虐無道之主也」。崇禎皇帝固非淫虐無道君主，但他不能明察，明朝的覆亡，他仍不能辭其咎。崇禎皇帝既崩，南明諸王相繼自立，《仁祖朝實錄》記載：「弘光即位之後，荒淫日甚，良家女子十五歲以上，皆選入宮中，人莫不憤慨。」南明不振作，正式結束了明朝政權。

　　朝鮮君臣受中國春秋大義，夷夏之防等觀念的影響，以及朝鮮臣民對女眞族向來頗有成見，所以朝鮮君臣對清代歷朝皇帝的評論，不盡客觀。但因朝鮮使臣出入建州，往返瀋陽、北京，使臣歸國，朝鮮國王多召見垂詢清朝皇帝動靜，朝鮮君臣的談話，遂成爲探討清代歷史的重要輔助資料。民國初年所修《清史稿》歷朝本紀，都有論贊，但因修史諸公，多屬前清遺老，論贊文字，溢美之詞居多，例如〈太祖本紀〉論努爾哈齊功過，「比於岐豐」；〈太宗本紀〉論皇太極與明朝交涉謂「實與湯事葛，文王事昆夷無以異」；〈世祖本紀〉論福臨親政後勤政愛民，踐阼十有八年，「登水火之民於袵席」云云，似欠客觀。《朝鮮王朝實錄》中記載清人活動者頗多，其中不免道聽途說，風聞不實之處，比比皆是；惟就史料蒐集而言，《朝鮮王朝實錄》確實提供了一定的參考價值。

　　在明朝君臣心目中，努爾哈齊只不過是一個微不足道的么麼奴酋。朝鮮平安道觀察使李時發於啓文中指出：「奴酋本性兇惡，取財服人，皆以兵威脅之，人人欲食其肉，怨苦盈路。」《光海君日記》指出努爾哈齊善於用兵，兵力強盛，「雖以天下之兵，恐難剿滅，所謂女眞兵滿萬，天下不能敵者也。此賊每稱

金之遺種，其穴完顏之地方，兵馬之精強，不下於完顏。」光海君召見檢察使沈惇時，亦指出努爾哈齊養兵四十年，雖以「天下」之兵當之，勝敗未可知。

皇太極繼位後，滿洲形勢更加強盛。崇禎十一年（1638）二月，左議政崔鳴吉自瀋陽返國，朝鮮國王李倧召見崔鳴吉，《仁祖朝實錄》記載朝鮮君臣一段對話如下：

> 上曰：卿見汗至再，其為人何如？對曰：言甚浮離，然此亦未必不出於戲慢。上曰：似不及於先汗乎？鳴吉曰：聞先汗所定法制，則或有暗合於古者矣。上曰：彼兵強善戰，而別無講武之事，何也？對曰：胡人自十歲習弓馬，日事馳逐田獵，此便是講武也。

努爾哈齊所定法制，確實有「暗合於古法者」，皇太極更是兵強善戰。同年八月，朝鮮國王李倧召見賓客朴簥，詢以皇太極為人。他回答說：「和易近仁，無悍暴之舉，且能敦睦於兄弟矣。」

清代官書俱謂清太宗皇太極無疾端坐而崩，惟據《仁祖朝實錄》記載：「清人言于世子館所，以為皇帝病風眩，願得竹瀝，且要見名醫。上命遣鍼醫柳達、藥醫朴頵等。」由此可見皇太極似因「病風眩」而崩。滿洲入關後，《朝鮮王朝實錄》記載明清政權轉移者頗多，有助於了解盛衰興亡的原因。崇禎十七年（1643）八月二十三日，朝鮮國王李倧召見大臣備局堂上及文學李秾。李倧詢以明室敗亡原因，李秾答說：「中原宦寺弄權，士卒離心，遂致伊賊隳突，終乃滅亡。」李秾同時指出九王多爾袞「入關之初，嚴禁殺掠，故中原人士，無不悅服」。朝鮮世子自北京遣禁軍洪繼立以手書馳啟，書中有「九王入城，都民燃香拱手，至有呼萬歲者，城中大小人員及宦官七八千人，亦皆投帖來

拜」等語。南京蘇州府商人苗珍實等二十八人遇風漂至朝鮮後竟有「竊聞清朝愛民如子，故將還本土」云云。明朝自萬曆以來，政治惡化日深，滿洲入關後，人心並不思漢，人心向背是政權存亡的關鍵，朝鮮君臣的談話，值得重視。

　　清聖祖康熙皇帝諱玄燁（1654～1722），是清世祖順治皇帝的第三子，順治十六年（1659），玄燁六歲，偕兄弟向順治皇帝問安。順治皇帝問及諸子的志向，皇二子福全表示，「願為賢王。」皇三子玄燁回答，「願效法父皇。」順治皇帝聽了很訝異。順治十八年（1661）正月初七日，順治皇帝駕崩。正月初九日，玄燁即帝位，時年八歲，以明年為康熙元年（1662）。遵照遺詔，由索尼、蘇克薩哈、遏必隆、鰲拜四大臣輔政。康熙六年（1667）七月初七日，康熙皇帝親政。他在位長達六十一年之久，在國史上留下了許多為後世肯定的紀錄。他在位期間，討平三藩的反滿運動，收臺灣為版圖，親征準噶爾，經營西藏，北巡塞外，綏服蒙古，鞏固了清朝統治的基礎。康熙朝的美政，亦不勝枚舉，譬如整治河道、發展農業、崇儒重道、輕徭薄賦、蠲免租稅、崇尚儉樸、任用賢臣等等，與歷代英主相比，可謂毫無遜色。康熙皇帝酷愛中國傳統文化，他以上接二帝三王的正統思想為己任，諸凡俱以堯舜之道為法。由於滿族的積極吸收泛漢文化，使儒家傳統文化，得到傳承與宏揚。

　　康熙皇帝對德治的體察，主要表現在尚德緩刑的理念上。他認為至治之世，不以法令為極，而以教化為先。康熙皇帝從親政之初就決心效法古帝王，對尚德緩刑，化民成俗，可謂不遺餘力。由尚德緩刑又導引出寬和安靜的治道。施政從寬，是康熙皇帝實踐德治的最基本要求。他主張用人施政，皆當中道而行，寬則得眾，他相信德治是國家長治久安的準繩。

　　盛清時期，朝鮮和清朝兩國使臣往返頻繁。朝鮮冬至使、謝恩使、奏請使、問安使、進香使、陳慰使、陳奏使、進賀使等從北京回國後，朝鮮國王都照例召見正副使及書狀官等員，詢問清朝事情，諸臣將所見所聞，據實向國王報告，君臣談話的內容，多見於《朝鮮實錄》。康熙皇帝在位期間（1662～1722），相當於李朝顯宗、肅宗、景宗在位之際。朝鮮國王關心康熙皇帝的施政及對朝鮮的態度，奉命到北京或瀋陽的朝鮮使臣，都注意到清朝政局的變化，民情向背。順治十八年（1661）正月初九日，康熙皇帝即位。同年七月初一日，朝鮮進賀使元斗杓等人從北京回國，朝鮮國王顯宗召見元斗杓等人，詢問清朝政局，元斗杓覆稱：

> 聞諸被俘人金汝亮，皇帝年纔八歲，有四輔政擔當國事，裁決庶務，入白太后，則別無可否，性唯諾而已。以故紀編號令，半不如前。朝會時千官例皆齊會，而今則大半不來云。

　　朝鮮進賀使元斗杓所稱康熙皇帝年八歲，是正確的。四大臣輔政，總攬朝政，裁決庶務，並入白孝莊太皇太后云云，是可信的。康熙元年（1662）十一月，朝鮮陳奏使鄭太和等從北京回國，國王顯宗召見鄭太和等人。據鄭太和稱，「輔政大臣專管國政，一不稟達於兒皇。」康熙四年（1665）二月，冬至使鄭致和等從北京返回朝鮮後指出，「時清主幼沖，大小政令皆出於四輔政。將以二月十二日冊首輔政孫伊之孫女爲后。」輔政大臣中，索尼，赫舍里氏，是滿洲正黃旗人，他是爲首輔政大臣，其孫領侍衛內大臣噶布喇之女赫舍里氏於康熙四年（1665）七月冊封爲皇后。其次，蘇克薩哈，納喇氏，是滿洲正白旗人。遏必隆，鈕祜祿氏，是滿洲鑲黃旗人。鰲拜，瓜爾佳氏，是滿洲鑲黃旗人，

四大臣專恣威福。朝鮮使臣所述輔政大臣的專橫獨斷，與清朝官書的記載是相合的。金兆豐著《清史大綱》稱「論者謂康熙初政，頗無足紀，皆鰲拜專橫有以致之，非虛語也。」所謂康熙初政無足紀的說法，有待商榷。康熙四年（1665）三月初六日，顯宗在熙政堂召見從北京回國的禮曹判書鄭致和。《顯宗改修實錄》記載了他們的談話內容，節錄一段內容如下：

> 上曰：「清主何如云耶？」致和曰：「年今十二，何能自斷。聞輔政頗善處事，攝政已久，而國人無貳心，誠可異也。」

輔政大臣專橫，固屬事實，然而輔政大臣，「頗善處事」，所以「國人無貳心」，也是事實。

探討康熙初政，不可忽視當時柄國輔政諸臣的功績。但更重要的是不可忽視孝莊太皇太后本布泰（bumbutai）在康熙初年政治舞台上所扮演的角色，她歷經三朝，輔立過順治皇帝和康熙皇帝兩位幼主，在順治朝，由多爾袞攝政，度過危機；在康熙朝，她周旋於四大輔政權臣之間，聰明機智，善用謀略。她常勗勉幼孫康熙皇帝，「祖宗騎射開基，武備不可弛，用人行政，務敬承天，虛公裁決。」孝莊太皇太后「性知書」，她曾書寫誡諭訓勉幼孫說：「古稱為君難，蒼生至眾，天子以一身臨其上，生養撫育，莫不引領，必深思得眾得國之道，使四海咸登康阜，綿曆數於無疆惟休。汝尚寬裕慈仁，溫良恭敬，慎乃威儀，謹爾出話，夙夜恪勤，以祗承祖考遺緒，俾予亦無疚於厥心。」康熙皇帝幼承孝莊太皇太后慈訓，深悉施政寬仁，得眾得國的治道，孜孜求治，仁孝著稱，為清初政局的安定及盛運的開創，奠定了穩固的基礎。

清朝初年，政局上最大的危機是三藩之亂。其中平西王吳三

桂鎮雲南，藩屬五十三佐領，綠旗兵萬有二千，丁口數萬，勢力最強；平南王尚可喜鎮廣東；靖南王耿繼茂鎮福建，耿繼茂卒，其子耿精忠襲爵，耿、尚二藩所屬各十五佐領，綠旗兵各六、七千名，丁口各二萬人。康熙十二年（1673）三月，尚可喜老病，受制於其子尚之信，而奏請歸老遼東，部議令其盡撤藩兵回籍。吳三桂、耿精忠俱不自安，同年七月，亦奏請撤兵，以探朝旨。康熙皇帝以吳三桂蓄謀已久，不除必為巨患，況其勢已成，撤兵固反，不撤亦反，徙藩之議遂決，於是有三藩之變。《顯宗改修實錄》記載，「聞北京將以八月大舉擊吳三桂，清兵十一萬，蒙兵一萬五千，皇帝將親征云。」《肅宗實錄》也記載吳三桂擁立崇禎之子，起兵反清。康熙十三年（1674）正月元旦，即位於雲南，年號廣德，自稱興明討虜大將軍靖南王。據朝鮮龍仁人柳潤稱：「見天文，明必興，胡必亡。」據領議政許積稱，吳三桂再造大明，「清國之勢，似難久保。」據陳慰兼進香使靈愼君瀅等稱，「南方若有捷報，則輒即印出頒示；至於敗報，皇帝親自開見，只與皇后父率哈及兵部尚書密議之，諸王諸大將亦或不得聞。但東華門夜不閉以通南撥。且皇帝年少性急，近因喪患兵亂，心氣暴發，不能自定；諸王諸將亦無智慮之人，吾輩不知死所。」吳三桂起兵之初，聲勢浩大，但所謂「皇帝年少性急」、「明必興，胡必亡」、「清國之勢，似難久保」云云，都是臆測或訛傳，俱非事實。

康熙十七年（1678）三月，朝鮮冬至正副使等從北京返回朝鮮，將沿途聞見書寫馳啓國王。據稱吳三桂在長沙，「頭髮已長，衣冠比漢制，雖有百萬之衆，率多烏合。但手下有五、六千敢死之兵，即所謂苗奴也，涅齒恭膝，白布裹頭，其目深而黑，其劍長而廣，其勇如飛，其戰無敵。」又說：「自甲寅以後，南

征之兵，至於百二十萬，時存征戍者，僅八萬。三桂改國號周，稱重興四年。」康熙十七年（1678）八月，陳慰兼進香使李夏鎮從北京返回朝鮮。李夏鎮指出，「三桂稱帝，國號大周，改元紹武，立其孫世霖為皇太孫。清主荒淫無度，委政於其臣索額圖，兵興以後，賦役煩重，民不堪命，國內騷然。」康熙二十一年（1682）十一月，平安監司柳尚運以譯官所採得清人事情狀聞，略謂「吳三桂之孫世蕃，稱國號曰大周，改元弘化，已而為清兵所敗。」從朝鮮使臣等人的敘述，得知吳三桂起兵以後傳聞的年號有「廣德」、「重興」、「紹武」三個。吳三桂之孫世璠稱帝後國號仍稱「大周」，但改元「弘化」。吳三桂擁兵百萬，卻是烏合之眾。其中「苗奴」是苗兵，勇敢善戰。惟所謂「清主荒淫無度」云云，並不符合歷史事實。

據朝鮮使臣權大運指出，清朝雖然兵連禍結，但暫無朝夕危急之事。吳三桂果有大志掃清中原，則必已深入，而尚據一隅不進，其無大志可知。當多至使兼謝恩使福昌君楨返回朝鮮後指出，清朝「賦役甚簡，民猶恐清人之敗，徵兵赴戰，滿多而漢少，故漢人亦無思亂之心。」吳三桂勢力強盛，但因暮氣太重，徘徊不進，康熙皇帝是二十歲青年，智勇兼備，遇事果敢，賦役甚簡，兵興以後，並不擾民，康熙皇帝在他的遺詔中就提到平定三藩，「皆出一心運籌」。三藩之亂是康熙朝的危機，同時也是清朝的轉機，三藩的平定，清朝始可謂真正的統一全國。

康熙皇帝的容貌，據《清聖祖實錄》的記載是「天表奇偉，神采煥發，雙瞳日縣，隆準岳立，耳大聲洪。」康熙皇帝的容貌就是典型的帝王相。康熙二十四年（1685），法王路易十四派出傳教團來華活動，白晉是其中一位耶穌會傳教士，他在中國十餘年，回國後撰寫所謂《康熙帝傳》，書中記載康熙皇帝的容貌，

「他威武雄壯，身材勻稱而比普通人略高，五官端正，兩眼比他本民族的一般人大而有神。鼻尖稍圓略帶鷹鉤狀，雖然臉上有天花留下的痕跡，但並不影響他英俊的外表。」康熙二十一年（1682），康熙皇帝二十九歲，是年正月二十四日，朝鮮國王肅宗召見謝恩正副使及書狀官等人，詢問康熙皇帝的容貌。據謝恩正使昌城君回答說：「皇帝容貌，碩大而美，所服黑狐裘。」在白晉的描述中，康熙皇帝的外表是英俊的。朝鮮昌城君所述康熙皇帝年輕時的容貌「碩大而美」云云，確實是可信的。

　　朝鮮使臣對康熙皇帝的批評，毀譽參半，因人而異。康熙五年（1666）九月，朝鮮國王召見謝恩使兼陳奏使許積等人，許積對清朝的施政有一段評論說：「觀其為政，危亡可以立至，而至今維持者，大明自神宗迄于崇禎，誅求無藝，故民無思漢之心。彼且方用貂道，寡取於民，年且屢豐，此所以維持也。」滿族文化有其邊疆特色，所謂「貂道」，是指滿族文化而言，滿族寡取於民，輕徭薄賦，並未引起漢族太強烈的反抗，寡取於民，百姓豐足，安和樂利，所以政權能維持長久。康熙二十七年（1688）六月，進香使洪萬鍾等返回朝鮮後，向朝鮮國王報告說：「彼中政令簡便，公私無事。」康熙四十一年（1702）三月，冬至副使李善溥向朝鮮國王報告清朝事情，他指出：「皇帝雖荒淫無道，姑無侵虐之故，民間晏然。」康熙五十二年（1713）三月三十日，朝鮮國王召見謝恩兼多至使金昌集等人，詢問清朝事情。金昌集回答說：「清皇節儉惜財，取民有制，不興土木，百民皆安堵，自無愁怨。」康熙皇帝崇尚節儉，賦役輕減，不興土木，百姓安樂，所以民皆安堵。康熙皇帝遺詔中所稱，「戶部帑金，非用師賑饑，未敢妄費」等愛惜小民脂膏的言詞，是符合歷史事實的。

康熙皇帝勤政愛民，御門聽政，夙興夜寐，每日辰刻，或御乾清門，或御瀛臺勤政殿，或御暢春園澹寧居聽政，聽理各部院衙門面奏政事，認眞負責。至於行圍騎射，巡幸各地，察訪民情，都具有意義。康熙三十四年（1695）三月二十一日，朝鮮國王召見冬至副使李弘迪，詢問清朝事情。李弘迪對以「皇帝荒淫遊佃，不親政事。用事之臣，又皆貪虐，賄賂公行。且蒙古別部喀喀一種甚強，今方舉兵侵境，人多憂之。而且年事雖荒，賦役甚簡，故民不知苦矣。」「喀喀」，即喀爾喀，入侵邊境的是漠西蒙古厄魯特部準噶爾，後來康熙皇帝御駕親征。賦役甚簡，所以民不知苦。但所謂「皇帝荒淫遊佃，不親政事」云云，並不符合歷史事實。康熙四十八年（1709）三月二十三日，肅宗召見冬至使閔鎮厚等人，詢問清朝事情。據閔鎮厚稱，康熙皇帝「處事已極顛倒，而又貪愛財寶，國人皆曰：愛銀皇帝。」「愛銀皇帝」用來稱呼康熙皇帝，並不公平。

康熙中葉以後，朋黨盛行，在朝滿臣中，大學士明珠柄國日久，招權納賄。朝鮮冬至使金錫冑等返國後即指出，「臣等聞此處大小事務，皇帝不自總攬，故滿閣老明珠獨爲專權，漢閣老李霨亦爲久任用事。」與明珠同時並相者有索尼第三子索額圖，擅權亦久，明珠與索額圖互相傾軋。康熙二十一年（1682）三月十七日，瀋陽問安使左議政閔鼎重回到鳳凰城時，他狀聞清朝事情，文中提及，「聞比年以來，謟諛成風，賄賂公行。索額圖、明珠等，逢迎貪縱，形勢相埒，互相傾軋。北京爲之謠曰：「天要平，殺老索，天要安，殺老明。」老索即索額圖，老明即明珠，專權用事，人人怨恨，都是天誅地滅的對象。

康熙年間，皇太子的再立再廢，影響朝政頗大，朝鮮君臣在談話中，常常提到皇太子，也密切注意著清朝的政局。謝恩使昌

城君指出，皇太子年八歲，能左右射，通四書，可見康熙皇帝對皇子教育的重視。朝鮮使臣對皇太子負面的批評較多。賀冬至正使趙師錫指出，「太子年十三，剛愎喜殺人，皆謂必亡其國矣。」

多至使閔鎮厚指出，皇太子性本殘酷，不忠不孝，胡命不久。冬至使趙泰采指出，太子不良，雖十年廢囚，斷無改過之望，締結不逞之徒，專事牟利，財產可埒一國。侍衛，滿語讀如"hiya"，朝鮮使臣多音譯作「蝦」。趙泰采也指出，「太子蝦多，智善，結黨羽。」皇太子黨羽眾多，遂不安本分。朝鮮提調李頤命指出，「聞太子性甚悖戾，每言古今天下，豈有四十年太子乎？其性行可知。」皇太子不安於位，竟欲逼皇父退位。提調趙泰耆指出，「太子無狀，多受賄賂，且諸主互相樹黨，康熙若死，則國事可知。」康熙皇帝因皇太子再立再廢，容顏清減，用人施政，日益寬弛。康熙五十七年（1718）四月初三日，肅宗召見多至正使兪命雄、副使南就明。據副使南就明稱，「歸時得見皇帝所製歌詞，語甚淒涼，其志氣之衰耗可見矣。」皇太子的廢立，對康熙朝後期的施政及政局的發展，確實不可忽視。朝鮮使臣到北京或瀋陽所訪聞的「虜情」，雖然詳略不一，但對了解清朝政情卻提供了一定的參考價值。

清世宗雍正皇帝胤禛（1678～1735），生於康熙十七年（1678）十月三十日，是皇四子，宮中習稱四阿哥。「胤」是康熙皇帝所生諸皇子的排行；「禛」是「以真受福」的意思。皇四子胤禛生母烏雅氏是滿洲正黃旗人，出身護軍參領之家，原為包衣人家之後。康熙十八年（1679），烏雅氏封為德嬪。康熙十九年（1680），生皇六子胤祚，五年後卒。康熙二十年（1681），烏雅氏晉封德妃。康熙二十七年（1688），生皇十四子胤禎。康

熙三十七年（1698）三月，皇四子胤禛封多羅貝勒。康熙三十八年（1699），康熙皇帝為諸皇子建府，皇四子胤禛的府邸位於紫禁城東北，即日後的雍和宮。

康熙四十三年（1704），追封一等承恩公凌柱之女鈕祜祿氏入侍皇四子胤禛府邸，號為格格，她就是日後的孝聖憲皇后。康熙四十八年（1709）三月，皇四子胤禛晉封為雍親王，提高了他的政治地位。康熙五十年（1711）八月十三日，鈕祜祿氏在雍親王府邸為胤禛生了第四個兒子弘曆，後來弘曆繼位時為鈕祜祿氏的後半生帶來了無比的尊榮富貴。

皇太子胤礽再立再廢後，諸皇子個個都有帝王夢，為角逐帝位，彼此樹黨傾陷。康熙六十一年（1722）十一月十三日，康熙皇帝崩殂，皇四子胤禛入承大統，改翌年為雍正元年（1723），他就是清世宗雍正皇帝。雍正皇帝即位後，矯詔篡位，謀父逼母，弒兄屠弟，貪財好色，誅戮忠臣的謠言，就蜚短流長，不脛而走。其實，皇四子胤禛的繼位，也有他的有利條件。

康熙皇帝雖然並不寵愛皇四子胤禛，他卻十分疼愛胤禛的第四個兒子弘曆，由愛孫而及子，歷史上確有先例。明成祖先立仁宗朱高熾為世子，後來因不滿意，而常想更易。當廷議冊立太子時，明成祖欲立漢王朱高煦。明成祖雖然不喜歡朱高熾，卻很鍾愛朱高熾的兒子朱瞻基，即後來的明宣宗。侍讀學士解縉面奏明成祖說朱高熾有好兒子，明成祖有好聖孫，這才打動了明成祖的心，最後決定立朱高熾為太子。清朝康熙皇帝一家的三代，有些雷同。弘曆生而岐嶷，康熙皇帝見而鍾愛。弘曆六歲時，康熙皇帝就把他帶回宮中養育，開始接受啟蒙教育。康熙皇帝有好聖孫弘曆，因鍾愛聖孫，而對胤禛增加好感，即所謂愛孫及子，先傳位給胤禛，再傳弘曆，順天應人。後世對雍正皇帝的負面

評價，大部分出自當時的失意政敵所編造的流言，有一部分是出自漢人種族成見的推波助瀾，加上歷史小說的杜撰虛構，以致眾口鑠金。

雍正皇帝即位後，鑒於康熙皇帝建儲的失敗，皇太子再立再廢，諸皇子各樹朋黨，互相傾陷，兄弟竟成仇敵，爲永杜皇位紛爭，雍正皇帝創立儲位密建法。雍正元年（1723）八月十七日，雍正皇帝諭總理事務王大臣等云：「當日聖祖因二阿哥之事，身心憂悴，不可殫述。今朕諸子尙幼，建儲一事，必須詳愼，此時安可舉行，然聖祖既將大事付託於朕，朕身爲宗社之主，不得不預爲之計。今朕特將此事親寫密封，藏於匣內，置之乾清宮正中，世祖章皇帝御書『正大光明』扁額之後，乃宮中最高之處，以備不虞。」雍正皇帝密書弘曆之名，緘藏匣內，弘曆正式立爲皇太子，但密而不宣。雍正皇帝雖立儲君，卻不公開，稱爲儲位密建法，可以說是解決皇位爭繼問題的有效方法，先行指定繼承人，即預立儲君，是爲中原文化傳統；而所預立的繼承人並不以嫡長爲限，而以才能人品爲考核人選標準，又爲女眞世選舊俗。雍正皇帝即位後，矯詔篡奪的謠言，遠近傳播。雍正元年（1723）九月初十日，進賀正使密昌君樬回國後向朝鮮國王報告說：

> 雍正繼立，或云出於矯詔，且貪財好利，害及商賈。或言其久在閭閻，習知民間疾苦，政令之間，聰察無比。臣亦於引見時觀其氣象英發，語音洪亮，侍衛頗嚴肅。且都下人民妥帖，似無朝夕危疑之慮矣。

《大義覺迷錄》所載雍正皇帝矯詔的謠傳，主要出自充發三姓地方的耿精忠之孫耿六格。傳說康熙皇帝原想傳位十四阿哥胤禵天下，雍正皇帝將「十」改爲「于」，同時也傳說把「禎」改

爲「禛」，而使雍正皇帝的嗣統合法化。這種謠傳，不盡可信。因此，密昌君橶只說「或云出於矯詔」，語帶保留，不敢武斷。雍正皇帝是否貪財好利，或習知民間疾苦，兩說並列。引見時，所見雍正皇帝「氣象英發，語音洪亮。」則是密昌君橶親眼目睹，可信度很高。所謂「政令之間，聰察無比。」也是符合歷史事實的。

在雍正皇帝矯詔傳說中提到「玉念珠」的問題。《清代通史》引《清史要略》一書的說法云：

> 時胤禛偕劍客數人返京師，偵知聖祖遺詔，設法密盜之，潛將十字改爲于字，藏於身，獨入侍暢春園，盡屏諸昆季，不許入內。時聖祖已昏迷矣，有頃，微醒，宣詔大臣入宮，半晌無至者。驀見獨胤禛一人在側，知被賣，乃大怒，取玉念珠投之，不中，胤禛跪謝罪。

《清史要略》是晚出的野史，早在康熙六十一年（1722）十二月十七日，朝鮮《景宗實錄》已記載念珠的問題。是日，朝鮮遠接使金演自北京迎敕而歸，將其所聞言於戶曹判書李台佐，節錄一段內容如下：

> 康熙皇帝在暢春苑病劇，知其不能起，召閣老馬齊言曰：「第四子雍親王胤禛最賢，我死後立爲嗣皇。胤禛第二子有英雄氣象，必封爲太子。」仍以爲君不易之道，平治天下之要，訓戒胤禛。解脫其頭項所掛念珠與胤禛曰：「此乃順治皇帝臨終時贈朕之物，今我贈爾，有意存焉，爾其知之。」又曰：「廢太子、皇長子性行不順，依前拘囚，豐其衣食，以終其身。廢太子第二子朕所鍾愛，其特封爲親王。」言訖而逝。其夜以肩輿載屍還京城，新皇哭隨後，城中一時雷哭，如喪考妣。十三日喪出，十五日發

喪，十九日即位。其間日子多，此非秘喪也，新皇累次讓位，以致遲就。即位後處事得當，人心大定。

　　遠接使金演所述內容，對雍正皇帝嗣統的合法性有利。引文中所述念珠一節是現存相關傳說最早的文字記載，有其原始性。但記載中並未指明是否玉質念珠。念珠可以視爲皇帝傳位信物，順治皇帝虔誠信佛，他臨終時將念珠交給康熙皇帝，有其深意。

　　康熙皇帝解脫脖項所掛念珠親自交給雍正皇帝的傳說，固然有待商榷，但相對《清史要略》的記載而言，也是不可忽視的文字記載。可以確定的是，由於雍正皇帝的英明果斷，處置得當，所以都下妥帖，人心大定，正所謂「天佑大清」，至於「胡無百年之運」的預測，可以說是杞人憂天。引文中「胤禛第二子」，當指第四子弘曆。

　　朝鮮君臣談話中，常常提到清朝君臣的清廉問題，康熙皇帝被朝鮮君臣冠以「愛銀皇帝」的外號。朝鮮英祖召見同知事尹游時說：「雍正本有愛銀之癖，且有好勝之病。」英祖召見諸臣時，諸臣以清朝副敕使需索無厭，凡物所需，皆折算爲銀。英祖笑著說：「雍正亦愛銀，此輩何足言也！」雍正皇帝也愛銀，在朝鮮君臣心目中也是一位「愛銀皇帝」。雍正元年（1723）二月二十九日，朝鮮陳慰正使礪山君枋、副使金始煥抵達瀋陽，將道路所聞馳啓朝鮮國王，節錄一段內容如下：

　　康熙皇帝子女眾多，不能徧令富饒，諸子女受賂鬻官，若遭總監務等職，隨其豐薄而定賕多少。且於京外富民之家，勒取財產，多至數十萬，小國累萬金，而田園人畜，亦皆占奪，人或不與，則侵虐萬端，必奪乃已，而不禁。新皇帝亦嘗鬻貨致富，乃登大位，前日所占奪者，並還本主，而敕諭諸昆弟曰：「朕在邸時，雖不免奪人利己，而

未嘗傷害人命。他餘昆弟則殺人傷人，朕甚憫之。朕既悔
過改圖，諸兄弟果有貧窘者，則戶部之物，係是經費，朕
不敢私用，而入庫所儲，可以隨乏周給。爾等所奪民財，
限一年併還其主。若久不還，致有本主來訴，斷不以私恩
貰之也。」

康熙皇帝所生皇子共三十五人，公主二十人，合計五十五
人，子女眾多，各個黷貨致富，其中不乏占奪民財者，雍正皇帝
即位後諭令諸兄弟將所奪民財，限一年內盡數歸還。雍正皇帝認
為戶部經費是國家庫務，不可私用，皇室子弟有內務府庫銀，隨
乏周給，公私分明。礪山君枋又指出：「康熙皇帝以遊獵為事，
鷹犬之貢，車馬之費，為弊於天下。朝臣若隸於臂鷹牽狗，則以
得近乘輿，誇耀於同朝矣。新皇帝詔罷鷹犬之貢，以示不用，而
凡諸宮中所畜珍禽異獸，俱令放散，無一留者。」雍正皇帝詔罷
鷹犬之貢，與崇尚儉約，有密切關係。在胤祥的輔助下，雍正皇
帝雷厲風行的整頓財政，充實國庫，奠定了盛世財政的基礎。雍
正九年（1731）六月，朝鮮伴送使宋寅明指出，「關市不征，乃
三代事也，後豈能盡行古法。清人之法，賦民輕而稅商重，以致
富強，裕國生財之要，無過此矣」。雍正皇帝裕國生財的財稅改
革的成果，受到了朝鮮君臣的肯定。雍正皇帝在位期間，朝乾夕
惕，勤求治理，其主要目的，就在於「期使宗室天潢之內，人人
品行端方，八旗根本之地，各各奉公守法，六卿喉舌之司，綱紀
整飭，百度維貞，封疆守土之臣，大法小廉，萬民樂業。」

雍正皇帝遺詔中所稱，在位十三年，雖未能全如期望，而庶
政漸已肅清，人心漸臻良善，臣民福德，遐邇恬熙，大有頻書等
語，大都符合歷史事實。

阿哥（age）是滿文的讀音，就是宮中皇子的通稱。弘曆生

於康熙五十年（1711）八月十三日，是雍親王胤禛的第四子，就是四阿哥。四阿哥時代的弘曆，有一個鍾愛他的祖父康熙皇帝，弘曆六歲時，康熙皇帝就把他帶回宮中，開始接受啓蒙教育，學習騎射和新式武器的使用，宮中提供了最優越的學習環境，接受完整的教育。康熙皇帝重視皇子教育，重視書法。

雍正十一年（1733），弘曆受封爲和碩寶親王。雍正十三年（1735）八月二十三日，雍正皇帝駕崩，莊親王允祿等打開封匣，宣讀詔書，弘曆即位。朝鮮《英祖實錄》記載雍正十三年（1735）正月初三日，朝鮮國王引見回還陳奏使三人，副使朴文秀稱：「清皇爲人自聖，多苛刻之政，康熙舊臣死者數百人。置五星御史，護察朝臣，故人皆惴惴，殖貨無厭，怨聲載路。年近六十，不立太子，其勢不久。」雍正皇帝施政較嚴刻，但所謂「年近六十，不立太子」云云，並不可信。

康熙、雍正、乾隆三朝皇帝的政治主張和施政特點，各有千秋，也有它的延續性。朝鮮君臣關心清朝皇帝對朝鮮國態度及清朝政局的變動。朝鮮領議政趙泰耉曾奉使北京，當時臣民稱康熙皇帝爲「朝鮮皇帝」，主要是由於康熙皇帝相當「顧恤」朝鮮。雍正年間，清朝和朝鮮，關係良好。乾隆年間，朝鮮使臣到北京，多能賦詩，贏得乾隆皇帝的喝彩。乾隆四十三年（1778）九月，乾隆皇帝東巡謁陵在盛京瀋陽召見朝鮮問安使臣於崇政殿，並令朝鮮使臣賜茶時位於清朝王公之列。乾隆皇帝親書「東藩繩美」匾賜朝鮮國王。《正祖實錄》記載，乾隆皇帝問：「爾們中有能滿語者乎？」使臣令清學譯官玄啓百進前用滿洲語回答說：「昨蒙皇上的曠異之典，親筆既下於本國，賞遍及於從人，陪臣等歸奏國王，當與一國臣民感戴皇恩矣。」乾隆皇帝點頭而含笑。又用滿洲語問玄啓百：「汝善爲滿洲語，汝之使臣，亦能爲

滿語乎？」啓百對曰：「不能矣。」乾隆四十五年（1780）九月
十一日，朝鮮進賀兼謝恩正使朴明源等三使臣及三譯官在熱河覲
見乾隆皇帝。《正祖實錄》有一段記載：「皇帝問曰：「國王平
安乎？臣謹對曰：『平安。』又問：『此中能有滿洲語者乎？』
通官未達旨意，躕躇之際，清學尹甲宗對曰：『略曉。』」皇帝
微笑。」乾隆皇帝提倡「國語騎射」，他很重視朝鮮使臣的滿洲
語表達能力。在清朝禮部系統的屬邦中，其使臣及譯官既能賦
詩，又會滿洲語的，只有朝鮮。

　　乾隆皇帝施政特點，主要是寬猛並濟，制度漸臻完備，近乎
文治。乾隆四年（1739）七月十八日，朝鮮國王召見陳慰謝恩使
臣，詢問清朝事情。副使徐宗玉回答說：「雍正有苛刻之名，而
乾隆行寬大之政，以求言詔觀之，以不論寡躬闕失，大臣是非，
至於罪台諫，可謂賢君矣。」雍正皇帝「有苛刻之名」，後人或
當時人多持相同看法。乾隆皇帝即位後，施政寬大，不失為一賢
君。乾隆三年（1738）二月十四日，朝鮮國王引見領議政李光佐
等人，詢問準噶爾漠西蒙古與清朝議和一事。《英祖實錄》記載
了君臣談話的內容，節錄一段如下：

　　　光佐曰：「臣於乙未以副使赴燕，雖無料事之智，竊謂此
　　後中國，未必即出眞主，似更出他胡，蕩盡其禮樂文物，
　　然後始生眞人矣。蓋周之煩文已極，有秦皇焚坑之禍，然
　　後承之以漢初淳風。清人雖是胡種，凡事極為文明，典章
　　文翰，皆如皇明時，但國俗之簡易稍異矣。奢侈之弊，至
　　今轉甚，如輿儓賤流，皆著貂皮。以此推之，婦女奢侈，
　　必有甚焉。且巫風太熾，祠廟寺觀，處處有之，道釋並
　　行，貴州淫祠多至於七十二座，至有楊貴妃、安祿山祠。
　　蒙古雄悍，過於女眞，若入中原，則待我之道，必不如清

人矣。」左議政宋寅明曰：「清主立法簡易，民似無怨，不必促亡矣。」判尹金始炯曰：「西韃所居之地，距燕京幾萬餘里，康熙時雖或侵邊，伐之則撤退，雍正時盡發遼左兵往征矣。」

引文中已指出清朝雖然是由邊疆民族所建立的政權，但是，清朝沿襲明朝的典章制度，凡事極為文明，所不同的是國俗較為簡易，李光佐曾於康熙五十四年（1715）以副使身分到過北京，親眼目睹清朝的太平盛世。左議政宋寅明也指出乾隆皇帝立法簡易，百姓無怨，國運昌隆。至於漠西厄魯特恃強越邊入侵，康熙、雍正兩朝傾全力進討，未竟全功，乾隆年間的十全武功，就是繼承父祖遺志，完成未竟之緒，有其一貫性。朝鮮君臣相信清朝寬待朝鮮，蒙古對待朝鮮之道，「必不如清人。」朝鮮君臣的感受，確實是發自內心。

康熙皇帝、乾隆皇帝在位期間，或南巡河工，或北巡塞外，或東巡謁陵，每年巡幸超過三個多月，朝鮮君臣對清朝皇帝的巡幸，頗不以為然。乾隆八年（1743）四月初五日，《英祖實錄》有一段記載云：

教曰：「項聞節使之言，胡皇將其太后，自居庸關過蒙古地，當來瀋陽云。百年之運已過，乾隆之為人，不及康熙，而今乃遠來關外，甚可慮也。我國昇平日久，今當此機，宜自廟堂，先盡自強之道。江邊守令及西路帥臣，亦宜擇送矣。」

乾隆皇帝的東巡，引起朝鮮的惶恐，而加強邊境的防守。但領議政金在魯指出，「康熙時亦以拜墓，有瀋陽之行，此亦似遵舊例，何必過慮也。」乾隆皇帝為人，雖然不及康熙皇帝，但東巡謁陵，都是舊例。乾隆十八年（1753）正月十一日，朝鮮國王

召見迴還使等人，據書狀官兪漢蕭稱，「皇帝不肯一日留京，出入無常，彼中有『馬上朝廷』之謠矣。」其實，清朝皇帝視朝聽政時間的不固定，並非怠惰的現象，反而是孜孜勤政的表現。康熙皇帝、乾隆皇帝巡行各地，啓鑾時，大學士、學士等人多隨行，仍然日理萬幾，雖然是「馬上朝廷」，並不影響政務的處理，行政效率也充分發揮。

　　乾隆皇帝的施政特點，主要表現在文治方面，任用舊臣，滿漢兼用。乾隆二年（1737）四月初九日，冬至使返回朝鮮，朝鮮國王召見正副使，據副使金始炯稱：「北事未能詳知，而新主政令無大疵，或以柔弱爲病，邊境姑無憂。閣老張廷玉負天下重望，有老母，乞歸養而不許。彼人皆以爲張閣老在，天下無事云。」閣老是指內閣大學士。據朝鮮國王英祖稱：「大抵乾隆之政令無可言者，然而有臣矣，此亦康熙培養之遺化也。」乾隆朝的賢臣，就是康熙以來的舊臣。朝鮮書狀官宋銓亦稱，「皇帝所倚任滿漢大臣，一、二佞幸外，皆時望所屬，故庶事不至頹廢，國人方之漢武中歲，梁武晚年云。」滿漢大臣，都是時望所屬，所以政治不至頹廢，朝鮮君臣對乾隆朝的施政得失，滿意度頗高。乾隆四十五年（1780）十一月二十七日，朝鮮國王召見戶曹參判鄭元始，《正祖實錄》記載了君臣談話的內容，節錄一段如下：

> 上曰：「近日則胡漢通媾云然否？」元始曰：「迨於乾隆之初，而漢嫁於漢，胡娶於胡。漢人主清官，胡人主權職，各自爲類，不相易種矣。自近年始通婚嫁，而胡漢無別，胡種始滿天下。朝廷則胡多漢少，胡爲主而漢爲客。」

滿漢雖有主客之分，任職亦有輕重之別，但滿漢已經逐漸融

合。在書狀官宋銓聞見別單中記載了一則有關文字獄案件的內容，節錄一段如下：

> 廬陵縣生員劉遇奇者，作《慎餘堂集》，集中有「清風明月」對句及犯諱語，該省囚其孫而奏之。皇旨云：「清風明月乃詞人語，指此為悖妄，則「清明」二字將避而不用乎？遇奇係順治進士，安能預知朕名？如錢謙益、呂留良等，其人及子孫，並登膴仕，朕豈推求？」

乾隆皇帝對士子文字觸犯政治禁忌，常從寬處理，並未泛政治化，羅織罪名。

乾隆皇帝的雄材大略，遠不及康熙皇帝，但盛清諸帝中，乾隆皇帝的福分卻最大，他不僅享高壽，而且身體健康。朝鮮國王常向使臣詢問乾隆皇帝的長相及健康狀況。乾隆四十五年（1780），乾隆皇帝年屆七十。朝鮮戶曹參判鄭元始所見乾隆皇帝的長相是「面方體胖，小鬚髯，色渥赭。」康熙皇帝六十歲以後，已經步履稍艱。乾隆皇帝自稱，「朕春秋已屆七旬，雖自信精力如舊，凡升降拜獻，尚可不愆于儀。但迎神進爵，儀典繁重，若各位前仍親詣，轉恐過疲生憊。」乾隆五十一年（1786），乾隆皇帝七十六歲。朝鮮首譯李湛聞見別單記載，「皇帝到三嶺行獵，見大虎，親放鳥鎗殪之。謂近臣曰：「吾老猶親獵，欲子孫視以為法，勞其筋骨，亦嫻弓馬云。」高齡七十六歲，仍能勞其筋骨，親放鳥鎗殪死三嶺大虎，他提倡騎射，真是身體力行。乾隆五十五年（1790），乾隆皇帝八十歲。朝鮮國王召見副使趙宗鉉，詢問「皇帝筋力何如？」趙宗鉉回答說：「無異少年，滿面和氣。」嘉慶元年（1796），乾隆皇帝八十六歲。據朝鮮進賀使李秉模稱，太上皇筋力仍然康寧。嘉慶皇帝登極後，據朝鮮使臣的觀察，「人心則皆洽然。」嘉慶三年

（1798），乾隆皇帝八十八歲。據朝鮮冬至書狀官洪樂游所進聞見別單記載，「太上皇容貌氣力不甚衰耄，而但善忘比劇，昨日之事，今日輒忘，早間所行，晚或不省。」將近九十歲的乾隆皇帝，雖然記憶力衰退，但他的容貌氣力，仍然不甚衰老，眞是天佑清朝。他在位六十年，宵旰忘疲，勵精圖治，從無虛日，在朝鮮君臣心目中，乾隆皇帝確實是一位賢君。乾隆皇帝諡號純皇帝，「純」說明其用人施政，並無重大瑕疵，其文治武功，頗有表現，純皇帝的「純」，和十全武功的「全」，都是對乾隆皇帝的肯定。

康熙、雍正、乾隆三朝是清朝的盛世，盛清諸帝的政治主張，各有千秋，德治、法治、文治，各有特點，盛運的開創，盛世的維持，不能忽視歷史背景，也不能不注意到人爲的重要因素。康熙皇帝勵精圖治，雍正皇帝、乾隆皇帝都繼承了這種勤政的傳統。康熙朝的制度，政治措施，雍正、乾隆二朝，都有其延續性和一貫性，政局穩定，政策容易貫徹，終於使康熙、雍正、乾隆的盛世維持長達一百三十四年之久。

朝鮮君臣心目中的盛清諸帝，毀譽不同。康熙皇帝被指爲「愛銀皇帝」，也被視爲「朝鮮皇帝」，有負面的否定，也有正面的肯定。雍正皇帝也有愛銀癖，但他改革賦役的成功，也受到朝鮮君臣的肯定。乾隆年間的「馬上朝廷」，是朝鮮君臣對清朝多元文化的誤解，但朝鮮君臣認爲乾隆皇帝施政寬大，立法簡易，不失爲賢君，朝隆一朝，賢臣尤多，有君有臣，對乾隆皇帝譽多於毀。朝鮮君臣分析清朝國運時，常常推斷「胡無百年之運」、「胡運將盡」、「胡運已過」云云，都是杞人憂天的神話。

朝鮮君臣對清朝政權或滿洲皇帝，仍不免存有濃厚的成見，

一方面存著夷狄之見，一方面懷念明朝政權，因此，朝鮮君臣對盛清諸帝的論斷，有些地方，仍待商榷，就史料性質而言，朝鮮君臣談話的記錄，只能說是一種輔助性資料。然而朝鮮使臣到北京或瀋陽後所探訪的「虜情」，卻是了解清朝政治活動的珍貴資料，可以補充清朝官書的不足。比較清朝官私記載後，發現朝鮮使臣所述情節，大都與史實相近。將朝鮮君臣的談話內容，進行史料的鑑別考證，取其可信，棄其可疑，筆則筆，削則削，則其談話內容，仍不失為重要的原始性資料，對盛清時期的歷史研究，可以提供一定的參考價值。

《仁祖朝實錄》，卷三十六，頁十六。

瑞在得賢
──清初諸帝說歷代賢君的故事

　　漢高祖劉邦在位十二年（西元前 206-195）。漢惠帝劉盈在位七年（西元前 194-188）。惠帝崩後，漢高祖呂后臨朝稱制八年（西元前 187-180）。呂后崩後，漢文帝劉恒即帝位，在位二十三年（西元前 179-158）。漢文帝崩後，漢景帝劉啓即帝位，在位十六年（西元前 156-143）。漢武帝劉徹是漢朝第五位皇帝，在位長達五十四年（西元前 140-88）。《漢書‧武帝紀》贊曰：「漢承百王之弊，高祖撥亂反正，文景務在養民，至於稽古禮文之事，猶多闕焉。孝武初立，卓然罷黜百家，表章六經。遂疇咨海內，舉其俊茂，與之立功。興太學，修郊祀，改正朔，定曆數，協音律，作詩樂，建封禪，禮百神，紹周後，號令文章，煥焉可述。後嗣得遵洪業，而有三代之風。如武帝之雄材大略，不改文景之恭儉以濟斯民，雖詩書所稱何有加焉！」漢武帝確實是一位雄材大略的皇帝。

　　漢武帝崩後，漢武帝少子昭帝劉弗陵即帝位。昭帝之母趙倢伃，是一位有天子氣的奇異女子。《漢書‧外戚傳》記載：「孝武鉤弋趙倢伃，昭帝母也，家在河間。武帝巡狩過河間，望氣者言此有奇女，天子亟使使召之。既至，女兩手皆拳，上自披之，手即時伸。由是得幸，號曰拳夫人。先是其父坐法宮刑，爲中黃門，死長安，葬雍門。拳夫人進爲倢伃，居鉤弋宮，大有寵，太始三年生昭帝，號鉤弋子。任身十四月乃生，上曰：『聞昔堯，十四月而生，今鉤弋亦然。』乃命其所生門曰堯母門。後衛太子

敗，而燕王旦、廣陵王胥多過失，寵姬王夫人男齊懷王、李夫人男昌邑哀王皆蚤薨，鉤弋子年五六歲，壯大多知，上常言，『類我』，又感其生與衆異，甚奇愛之，心欲立焉，以其年穉母少，恐女主顓恣亂國家，猶與久之。鉤弋倢伃從幸甘泉，有過見譴，以憂死，因葬雲陽。後上疾病，乃立鉤弋子爲皇太子。拜奉車都尉霍光爲大司馬大將軍，輔少主。明日，帝崩。昭帝即位，追尊鉤弋倢伃爲皇太后。」鉤弋倢伃即拳夫人，所以又稱鉤弋夫人。

關於漢武帝譴責鉤弋夫人的經過，司馬光撰《資治通鑑》記載較詳。原書記載，元狩六年（西元前117年），燕王旦受封，燕王旦自以次第當爲太子，上書求入宿衛，漢武帝怒斬其使於北闕，又坐藏匿亡命，削良鄉、安次、文安三縣，漢武帝由是惡旦，旦辯慧博學。其弟廣陵王胥有勇力，而皆動作無法度，多過失，皆不立。鉤弋夫人之子弗陵年數歲，形體壯大多知，漢武帝奇愛之，心欲立之，以其年穉母少，猶與久之。欲以大臣輔之，察群臣，唯奉車都尉光祿大夫霍光忠厚，可任大事，漢武帝乃使黃門畫周公負成王朝諸侯以賜光。後數日，漢武帝譴責鉤弋夫人，下掖庭獄，卒賜死。頃之，漢武帝閒居，問左右曰：「外人言云何？」左右對曰：「人言立其子何去其母乎？」漢武帝曰：「然，是非兒曹愚人之所知也。往古國家所以亂，由主少母壯也，女主獨居驕蹇，淫亂自恣，莫能禁也，汝不聞呂后邪？故不得不先去也。」

北魏文成帝太安二年（456），立皇子弘爲皇太子，賜其母死，大赦天下。康熙皇帝閱讀〈魏文成帝立子弘爲太子依故事賜其母死〉一節後評論說：「齊家乃平治之原，太子爲國家之本，選建儲位，則其母必素被刑於之化者矣，藉以養育青宮，禆益匪淺，稽諸往牒，如申生之母尚在，則驪姬之譖不行，晉國之家庭

骨肉，豈至有慘禍耶？漢武帝欲立太子，乃先賜鉤弋夫人死，特有懲于呂后之故，而耄年計拙，遂致因噎廢食也。至北魏時，徑相沿爲故事，而踵行之，使其子以得立，而喪母，將必有大不忍於其中者。嗣服繼統之日，欲以孝治天下，能無隱恫哉！夫漢武固雄材大略之主也，而舉動不合於經常，流弊一至於此，作俑之責，其何辭焉？」漢武帝鑒於呂后專政，鉤弋子年穉母少，恐女主顓恣亂國，所以先賜鉤弋夫人死，然後立鉤弋子爲皇太子，後世相沿爲故事，不合以孝治天下的倫常道德，漢武帝始作俑者之責，難辭其咎。北魏文成帝踵行故事，立子弘爲太子，而賜母死，日後太子繼位，若欲以孝治天下，能無隱恫哉！漢武帝始作俑者，以致相沿爲故事。

　　南朝陳後主，名叔寶，在位七年（583-589），至德二年（584），陳後主於光照殿起造臨春、結綺、望仙三閣。閣高數丈，並數十間，其窗牖、壁帶、懸楣、欄檻，俱以沈檀香木建造，又飾以金玉，間以珠翠，外施珠簾。內有寶床、寶帳，其服玩瑰奇珍麗，近古所未有。每當微風吹過，香聞數里，朝日初照，光暎後庭。其下積石爲山，引水爲池，植以奇樹，雜以花藥。陳後主自居臨春閣，張貴妃居結綺閣，龔、孔二貴嬪居望仙閣，各閣之間有複道交相往來。史書記載，張貴妃髮長七尺，鬒黑如漆，常於結綺閣上靚妝，臨於軒檻，宮中遙望，飄若神仙。百司啓奏，陳後主置張貴妃于膝上共決之。康熙皇帝閱讀陳後主起造臨春、結綺、望仙閣後評論說：「陳構三閣，將以居處娛樂，勢必軒窗弘敞，若果高數十丈，則凌風插雲，烏能卓立乎？」康熙皇帝相信可供居處娛樂的雕樑畫棟，應該是軒窗弘敞，不相信凌風插雲的高樓大廈，可以安然卓立。起居注贊善勵杜訥也認爲陳構三閣都是浮誇謬妄之詞。

史書記載，唐高祖武德七年（624）十月，高祖幸終南山，謁樓觀老子廟。康熙皇帝指出，唐高祖立老子廟，惑于誕妄之言，遂以老子為祖，而為之立廟，至高宗、明皇復恢張其說，崇信不疑，都是左道異端之說。武德九年（626）六月，秦王李世民以皇太子建成與齊王元吉同謀害己，率兵誅之，史稱玄武門之變。康熙皇帝指出，「秦王既有創業之功，亦饒守成之略，唐高祖審度神器所歸，自當早定大計，顧乃優遊不決，坐致慘禍，誠不得辭其責。若秦王英明特達，為有唐之令主，其於建成、元吉豈無委蛇善全之道，必致骨肉相殘，取譏後世，因其謀之未臧，匪獨遭逢不幸也。」史臣亦稱，「以太宗為賢，失愛于昆弟，失教于諸子，何也？」

唐太宗貞觀元年（627）夏，山東諸州大旱，詔令所在賑恤，無出今年租賦。康熙皇帝認為，「賑恤以惠民，固朝廷之德意，惟慮奉行未善，澤不下究爾，獨蠲其租賦，則比戶均沾，為愛民之實政。」《資治通鑑》記載，貞觀二年（628）七月，唐太宗「謂侍臣曰：古語有之，赦者小人之幸，君子之不幸，一歲再赦，善人喑啞。夫養稂莠者害嘉穀，赦有罪者，賊良民。故朕即位以來，不欲數赦，恐小人恃之輕犯憲章故也。」《舊唐書》所載內容較詳，其原文云：

> 太宗謂侍臣曰：「天下愚人，好犯憲章，凡赦宥之恩，唯及不軌之輩。古語曰：『小人之幸，君子之不幸。』『一歲再赦，好人喑啞。』凡養稂莠者傷禾稼，惠奸宄者賊良人。昔文王作罰，刑茲無赦。又蜀先主嘗謂諸葛亮曰：『吾周旋陳元方、鄭康成間，每見啟告理亂之道備矣，曾不語赦也。』夫小人者，大人之賊，故朕有天下已來，不甚放赦。今四海安靜，禮義興行，非常之恩，施不可數，

將恐愚人常冀僥倖，唯欲犯法，不能改過。」

康熙皇帝閱讀〈唐太宗謂赦有罪者賊良民〉一節後評論說：「赦者小人之幸，君子之不幸，昔人論之詳矣。諸葛亮治蜀，亦深以赦為非。朕幼時觀之，似乎太刻，及臨御幸以來，稔悉人情，赦誠不可數也，惟當薄稅斂，敦教化，使百姓足衣食，以興禮義，惜廉恥而重犯法，庶幾刑措之風，為致治之本原耳。」衣食足而後知廉恥，移風易俗，改變氣質，才是致治之本。

古人以景星慶雲為大瑞，白狼赤兔為上瑞，蒼烏朱雁為中瑞，嘉禾芝草樗理為下瑞，歷代帝王多好祥瑞。《資治通鑑》記載，貞觀二年（628）九月，唐太宗詔曰：「比見群臣屢上表賀祥瑞，夫家給人足而無瑞不害為堯舜，百姓愁怨而多瑞不害為桀紂。後魏之世，吏焚連理木煮白雉而食之，豈足為至治乎？」丁未，詔：「自今大瑞聽表聞，自外諸瑞申所司而已。嘗有白鵲構巢於寢殿槐上合歡如腰鼓，左右稱賀。上曰：我常笑隋煬帝好祥瑞，瑞在得賢，此何足賀，命毀其巢，縱鵲於野外。」康熙皇帝閱讀〈唐太宗詔非大瑞不得奏聞〉一節後評論說：「漢俗甚好祥瑞，率多傅會其事，自欺以欺人，如區區鵲巢之異，亦欲表賀，唐太宗拒廷臣之請，識見迥出尋常，至謂瑞在得賢，則卓然名論矣。」相信祥瑞，就是自欺欺人。

鉅鹿曲城人魏徵（580-643），好讀書，多所通涉，雅有經國之才，性又抗直。唐太宗新即位，勵精政道，數引魏徵入臥內，訪以得失。魏徵亦喜逢知己之主，知無不言，唐太宗未嘗不欣然納受。魏徵既薨，唐太宗追思不已，嘗臨朝謂侍臣云：「夫以銅為鏡，可以正衣冠；以古為鏡，可以知興替；以人為鏡，可以明得失。朕常保此三鏡，以防己過。今魏徵殂逝，遂亡一鏡矣。」康熙皇帝指出，「唐太宗用魏徵之言，偃武修文，化洽海

宇，誠得古帝王善治之道。至其二喜一懼，兢兢以驕奢自戒，尤履盛而謙，安不忘危之至計也。」康熙皇帝閱讀魏徵〈十思疏〉後評論說：「人莫不慎于創業，怠于守成，故善始者，未必善終，惟朝乾夕惕不敢稍自暇逸，乃可臻於上理，魏徵所陳，可謂深識治要。」起居注贊善勵杜訥回應說：「皇上敬天愛民，好學勤政，誠所謂仁至義盡，聲律身度矣。每閱簡冊，猶拳拳於慎始慎終之義，真堯舜兢業之聖心也。」慎始慎終，創業維艱，守成不易，朝乾夕惕，不可稍自暇逸。

　　道士司馬承禎，河內溫人，少好學，薄於爲吏，遂爲道士，遍游名山，後於天臺山修行，景雲二年（711），唐睿宗令其兄李承禕就天臺山追司馬承禎至京，引入宮中，問以陰陽術數之事。司馬承禎對曰：「道經之旨：爲道日損，損之又損，以至於無爲。且心目所知見者，每損之尚未能已，豈復攻乎異端，而增其智慮哉！」睿宗曰：「理身無爲，則清高矣。理國無爲，如何？」司馬承禎對曰：「國猶身也。老子曰：『游心於澹，合氣於漠，順物自然而無私焉，而天下理。』易曰：『聖人者，與天地合其德。』是知天不言而信，不爲而成。無爲之旨，理國之道也。」睿宗歎息曰：『廣成之言，即斯是也。』司馬承禎固辭還山。」康熙皇帝閱讀〈道士司馬承禎對唐睿宗語〉一節後指出：「陰陽術數，道士且不屑爲，況人主日御萬幾，何暇及此？睿宗之問爲失言矣，承禎應對，確有至理，固請還山，尤見高致。」

　　唐玄宗李隆基，性英武，善騎射，通音律，始封楚王，後爲臨淄郡王。唐睿宗景雲元年（710），臨淄王李隆基率萬騎兵討亂，誅韋氏等。《資治通鑑》記載，「時羽林將士皆屯玄武門，逮夜，葛福順、李仙鳧皆至隆基所請號而行。向二鼓，天星散落如雪。劉幽求曰：『天意如此，時不可失！』。」康熙皇帝閱讀

〈唐臨淄王隆基討韋氏，天星亂落如雪〉一節後指出：「凡天星皆有定數，若史冊所紀星隕頗多，甚至亂落如雪，果爾則星之殘缺不可勝數矣，何至今猶燦然如故耶？此等必流星過度，誤以為隕落也。」

唐玄宗開元二年（714），內出珠玉錦繡等服玩，玄宗令於正殿前焚之。《資治通鑑》記載：「是年秋七月，制乘輿服御金銀器玩宜令有司銷毀，以供軍國之用，其珠玉錦繡，焚於殿前，后妃以下皆毋得服珠玉錦繡。」康熙皇帝閱讀〈唐明皇焚珠玉錦繡於殿前〉一節後指出，「人主崇尚節儉，自是美德，第當近情平易，不可矯激太甚，如唐明皇以珠玉錦繡焚之殿前矣，未幾復遣使求珠翠奇寶，何前後之判然不侔耶？銳始者，必鮮終，人情大抵然也。」誠然「靡不有初，鮮克有終」，可不慎哉！

天寶十五年（756），安祿山稱大燕皇帝，楊國忠勸玄宗幸蜀，至馬嵬坡，六軍不進，請誅楊國忠，賜楊貴妃自盡。康熙皇帝閱讀〈唐明皇次於馬嵬軍士殺楊國忠〉一節後評論說：「唐明皇耽於逸樂，任用楊國忠，以致倉卒出奔，軍士憤怨，是其素所逸樂者，即取禍之道也。歷觀史冊，比比皆是矣。」

唐德宗建中年間（780-783），節度使朱泚等並反。唐德宗指出，「建中之亂，術士豫言之，蓋天命也。」康熙皇帝認為，「天下托命于於人主，而相職佐君以有為，故朝廷振作，則慶流宗社，澤被烝民，非時命所得而主也。李泌云：惟君相不可言命，確是實理。」盡人事聽天命，但君相不可言命。

河東人裴潾，少篤學，善隸書，以門蔭入仕，累遷右拾遺，轉左補闕。唐憲宗晚年，銳於服餌，詔天下搜訪奇士。宰相皇甫鎛與金吾將軍李道古挾邪固寵，薦山人柳泌及僧大通等，待詔翰林。憲宗服柳泌藥，日增躁渴，流聞於外。裴潾上疏諫柳泌之藥

不可服。《舊唐書‧裴潾傳》詳載原疏云：

> 臣聞除天下之害者，受天下之利；共天下之樂者，饗天下
> 之福。故上自黃帝、顓頊、堯、舜、禹、湯，下及周文
> 王、武王，咸以功濟生靈，德配天地，故天皆報之以上
> 壽，垂祚於無疆。伏見陛下以大孝安宗廟，以至仁牧黎
> 元。自踐祚已來，剗積代之妖凶，開削平之洪業。而禮敬
> 宰輔，待以終始，內大斷，外寬小故。夫此神功聖化，皆
> 自古聖主明君所不及，陛下躬親行之，實光映千古矣。是
> 則天地神祇，必報陛下以山岳之壽；宗廟聖靈，必福陛下
> 以億萬之齡；四海蒼生，咸祈陛下以覆載之永。自然萬靈
> 保佑，聖壽無疆。伏見自去年已來，諸處頻薦藥術之士，
> 有韋山甫、柳泌等，或更相稱引，迄今狂謬，薦送漸多。
> 臣伏以真仙有道之士，皆匿其名姓，無求於代，潛遁山
> 林，滅影雲壑，唯恐人見，唯懼人聞。豈肯干謁公卿，自
> 鬻其術？今者所有誇衒藥術者，必非知道之士，咸為求道
> 而來，自言飛鍊為神，以誘權貴賄賂。大言怪論，驚聽惑
> 時，及其假偽敗露，曾不恥於逃遁。如此情狀，豈可保信
> 其術，親餌其藥哉？《禮》曰：「夫人食味別聲，被色而
> 生者也。」《春秋左氏傳》曰：「味以行氣，氣以實
> 志。」又曰：「水火醯醢鹽梅，以烹魚肉。宰夫和之，齊
> 之以味。君子食之，以平其心。」夫三牲五穀，稟自五
> 行，發為五味，蓋天地生之所以奉人也，是以聖人節而食
> 之，以致康強逢吉之福。若夫藥石者，前聖以之療疾，蓋
> 非常食之物。況金石皆含酷烈熱毒之性，加以燒治，動經
> 歲月，既兼烈火之氣，必恐難為防制。若乃遠徵前史，則
> 秦、漢之君，皆信方士，如盧生、徐福、樂大、李少君，

其後姦僞事發，其藥竟無所成。事著《史記》、《漢書》，皆可驗視。《禮》曰：「君之藥，臣先嘗之；親之藥，子先嘗之。」臣子一也，臣願所有金石，鍊藥人及所薦之人皆先服一年，以考其眞僞，則自然明驗矣。伏惟元和聖文神武法天應道皇帝陛下，合日月照臨之明，稟乾元利貞之德，崇正若指南，受諫如轉規，是必發精金之刀，斷可疑之網。所有藥術虛誕之徒，伏乞特賜罷遣，禁其幻惑。使浮雲盡徹，明日增輝，道化伓羲、農，悠久配天地，實在此矣。伏以貞觀已來，左右起居有褚遂良、杜正倫、呂向、韋述等，咸能竭其忠誠，悉心規諫。小臣謬參侍從，職奉起居，侍從之中，最近左右。《傳》曰：「近臣盡規。」則近侍之臣，上達忠款，實其本職也。

裴潾疏奏忤旨，貶爲江陵令。唐穆宗即位後，柳沁等伏誅。康熙皇帝閱讀〈唐憲宗時裴潾關柳沁之藥不可服〉一節後指出：「金石性烈，烹煉益毒，從古餌之被害者眾矣。後人猶蹈覆轍，何也？夫金石固不可餌，即養生家服氣之說，亦屬矯揉。朕嘗體中小不平，尋味《參同契》諸道書，殊無所益，靜覽《性理》一編，遂覺神志清明，舉體強固，足見方士家言，皆不可信。」煉丹食之被害者，不可勝數，靜覽《性理全集》確實可以神志清明，修眞養性。

宋太祖趙匡胤，在位凡十六年（960-975），《宋史‧太祖本紀》記載，「帝性孝友節儉，質任自然，不事矯飾。受禪之初，頗好微行，或諫其輕出。曰：「帝王之興，自有天命，周世宗見諸將方面大耳者皆殺之，我終日侍側，不能害也。』既而微行愈數，有諫，輒語之曰：『有天命者任自爲之，不汝禁也。』」康熙皇帝閱讀〈宋太祖欲察群情向背頗爲微行〉一節後

指出：「宋太祖欲察人情，而不安于深宮宴處，洵勵精求治之心，第當命駕時巡，省方問俗，進窮簷之父老而使得自言其疾苦，則民隱足以周知，可無九閽萬里之隔矣，何必僕僕微行以自輕耶？」帝王命駕時巡，省方問俗，周知民隱，是勵精求治的表現，康熙皇帝對宋太祖僕僕微行以自輕，頗不以爲然。《宋史》記載，宋太祖乾德五年（967），五星聚奎。奎，指奎宿，二十八宿之一，白虎七宿的首宿。五星聚奎，習稱五星聯珠，指金、木、水、火、土五行星同時並見於奎宿。康熙皇帝閱讀〈宋太祖時五星聚奎〉一節後評論說：「五星之行于天，度數不同，遲速各異，何由聚于一宿，雖史冊書之，考之天文，斷之以理，終不可信。」

宋眞宗趙恒，宋太宗第三子，在位二十五年（998-1022），大中祥符元年（1008），新喻人王若欽假造天書。《宋史·眞宗本紀》記載，「大中祥符元年春正月乙丑，有黃帛曳左承天門南鴟尾上，守門卒塗榮告，有司以聞。上召群臣拜迎于朝元殿啓封，號稱天書。」《宋史·王欽若列傳》亦載，大中祥符初，爲封禪經度制置使兼判兗州，爲天書儀衛副使。先是，眞宗嘗夢神人言『賜天書於泰山』，即密諭欽若。欽若因言，六月甲午，木工董祚於醴泉亭北見黃素曳草上，有字不能識，皇城史王居正見其上有御名，以告。欽若既得之，具威儀奉導至社首，跪授中使，馳奉以進。眞宗至含芳園奉迎，出所上『天書再降祥瑞圖』示百僚。」康熙皇帝閱讀〈宋眞宗時天書見于承天門〉一節後指出：「虛誕之説欺人且不可，況假爲書詞以欺天乎？宋眞宗之蔽惑不待言也，王欽若小人之尤以致其君過舉，罪難逭矣。」

大中祥符元年（1008）四月，作昭應宮。同年十月，享昊天上帝於圜臺，陳天書於左，以太祖、太宗配。康熙皇帝閱讀〈宋

真宗時作玉清昭應宮〉一節後指出：「宋真宗以天書之故，作此宮以奉之，勞民傷財，置于無用之地，復爲御容，以待天書，命大臣兼領宮使，何所取義，甚不可解。」

熙甯元年（1068）四月，宋神宗詔王安石入對。康熙皇帝閱讀〈宋神宗時詔王安石越次入對〉一節後論曰：「王安石賦性堅僻，動輒援引古義，以文其執之私心，而又口給便捷，應辯不窮，足以惑亂人主之聽，所謂大奸似忠，大詐似信也。」康熙皇帝閱讀〈宋神宗時蘇軾言求治太急、聽言太廣、進人太銳〉一節後論曰：「宋神宗勵精圖治，王安石遂以新奇可喜之說雜沓並進，漸致海內棼然，民生重困。蘇軾云：願鎮以安靜，待事之來，然後應之，深得致治大體，不祇爲當時藥石。至其條奏詳明，洋洋纏纏，忌者乃以縱橫譏之，非公論矣。」

史書記載，童貫性巧媚，自給事宮掖，即善策人主微指，先事順承。康熙皇帝閱讀〈宋徽宗時詔童貫等勒兵巡邊以應金〉一節後評論說：「遼之建國在宋之先，相鄰百有餘年，一旦乘遼之敝，結金以圖之，不知唇亡齒寒，失策極矣。矧信誓昭然，甘于背棄，其不祥敦大焉？固不待靖康之末而知其顛覆已。」

宋欽宗靖康元年（1126），金兵渡河，徽宗東幸，宰執議請欽宗暫避敵鋒，奉旨以李綱爲東京留守。康熙皇帝閱讀〈宋欽宗時以李綱爲東京留守〉一節後指出：「李綱之忠悃篤摯，誠有大過人者，第靖康之時，國勢已不可爲，即使盡行其言，久居其位，亦未必有濟也。」

康熙皇帝閱讀〈宋高宗作損齋〉一節後指出：「宋高宗以損名齋，自是清心寡欲之意，第當其時正宜奮勵有爲，非僅澹泊撝謙可以恢復大業，即此一端觀之，知其優遊苟且而無振作之志矣。」靖康恥未雪，確實非僅澹泊撝謙可以恢復大業。

　　史書記載，德佑二年（1276）正月，宋室群臣，或降或逃。參知政事陳文龍遁；左司諫陳孟虎、監察御史孔應得遁；大元兵至瑞州，知州姚岩棄城去；參知政事常楙遁；大元兵至吉安州，簽書樞密院夏士林遁；丞相陳宜中遁；張世傑等各以所部兵去；知臨江軍滕岩瞻遁。康熙皇帝閱讀〈宋帝昺時群臣相繼逃遁〉一節後評論說：「人臣之誼，與國同休戚者也，宋之丞相章鑒與廷臣曾子淵輩相率潛逃，平日所學何事，乃徑不知有綱常，全不顧惜廉恥乎？」宋末遭逢國難，群臣不知綱常，不顧廉恥，相繼逃遁，起居注贊善勵杜訥亦稱，「臣子負恩至此，真物類之不若也。」

　　元世祖忽必烈即位於開平，定都燕京，前後共在位三十五年（1260-1294）。康熙皇帝閱讀〈元世祖時遣使窮河源〉一節後指出：「漢之張騫，唐之蔡元鼎所訪河源，皆不過玉門關外，紀載寥寥，元之都實遠履發源之地，紀其分流伏脈，歷歷可指，較之往代，相去懸絕，論者乃以為無益，何也？」

　　蒙古八鄰部人伯顏，貌偉言厲，深略善斷。至元十一年（1270），元兵大舉伐宋，以伯顏領河南等路行中書省，所屬並聽節制。同年秋七月，伯顏陛辭。元世祖諭之曰：「昔曹彬以不嗜殺平江南，汝其體朕心，為吾曹彬可也。」康熙皇帝閱讀〈元世祖紀稱伯顏不妄殺勞而不伐〉一節後指出：「大將統數十萬眾摧堅陷陣，能不妄殺者元之伯顏與宋之曹彬，可以並稱，至其勞而不伐若不知有平宋之功，則又卓然獨步。」

　　滿洲崛起以後，與明朝處於敵對的狀態下，歷時甚久。滿洲入關後，滿漢關係易位，滿洲以征服者的姿態，定鼎京師，民族矛盾，更加激化。滿漢之間的相互攻訐，不可盡信。但因清初諸帝喜讀歷史，熟諳明朝掌故，清世祖順治皇帝目覩興廢，明朝艱

難締造的國家基業，未及三百年而成丘墟，能不有「吳宮花草，晉代衣冠」之嘆！清聖祖康熙皇帝、清世宗雍正皇帝、清高宗乾隆皇帝三人統治時間長達一三四年（1662-1795），他們成熟而且有系統的政治思想，對當時及後世的影響，都很深遠，他們對明朝施政得失的評論，也相當中肯。

清世祖順治皇帝十分推崇明太祖，順治三年（1646）三月，繙譯《明洪武寶訓》書成，順治皇帝因寶訓一書，彝憲格言，深禆治理，故撰御製序文，載於編首，譯成滿漢文字，刊刻頒行。順治十年（1653）正月，順治皇帝幸內院，閱讀《通鑑》後，詢問大學士陳名夏等人云：「上古帝王，聖如堯舜，固難與比倫，其自漢高以下，明代以前，何帝爲優？」陳名夏等奏稱：「漢高、文帝、光武、唐太宗、宋太祖、明洪武，俱屬賢君。」順治皇帝又進一步詢問：「此數君者又孰優？」陳名夏奏稱：「唐太宗似過之。」順治皇帝頗不以爲然，他認爲「豈獨唐太宗，朕以爲歷代賢君，莫如洪武，何也？數君德政，有善者，有未盡善者，至洪武所定條例章程，規畫周詳，朕所以謂歷代之君，不及洪武也！」明太祖所定條例章程，規畫周詳，建立完備的典章制度，使後世可以遵循。因此，順治皇帝認爲明太祖所定制度，盡善盡美，實爲歷代賢君所不及。

康熙朝君臣對明太祖也是推崇備致，康熙二十六年（1687）七月二十四日辰時，康熙皇帝御瀛臺勤政殿聽政，大學士伊桑阿等奏稱：「今諭九卿諸臣一日兩至乾清門，有應商議之政，以便諮詢。臣等謹念古時人君五日一聽政，即以爲甚勤，明朝創業之洪武及宣宗，勤於政事，稱爲賢君，至今讚揚，亦不過五日一聽政。今皇上日日聽政，天下雖極升平，猶不少有間輟，乃自古未有者。」御門聽理政事，不能間輟，明太祖五日一聽政，就是一

位勤於政事的賢君。

康熙三十六年（1697）正月二十二日辰時，康熙皇帝御暢春園內澹寧居聽政，面諭大學士伊桑阿等人示：「觀《明史》洪武、永樂所行之事，遠邁前王，我朝現行事例，因之而行者甚多，且明代無女后預政，以臣凌君等事。」康熙皇帝又指出，「元人譏宋，而明復譏元，朕並不似前人，輒譏亡國也，惟從公論耳！」譏諷亡國，醜化勝朝，歷代皆然。康熙皇帝頗不以為然，「惟從公論」，態度客觀，因為清初的許多典章制度，主要就是因襲明太祖所制定的條例章程。

雍正元年（1723）九月十九日，《起居注冊》記載一則上諭，述及一段往事云：「朕近於聖祖仁皇帝所遺閒匣中檢得未經頒發上諭一道，以明太祖崛起布衣，統一方夏，經文緯武，為漢、唐、宋諸君之所未及，其後嗣亦未有如前代荒淫暴虐亡國之迹」等語。明太祖雖然崛起布衣，但他經文緯武，雄才大略，遠邁漢唐。《明史》本紀論贊，就是史館詞臣秉承康熙皇帝的訓示撰寫定稿的。其中〈明太祖本紀〉贊語云：

> 太祖以聰明神武之資，抱濟世安民之志，乘時應運，豪傑景從，勘亂摧強，十五載而成帝業。崛起布衣，奄奠海宇，西漢以後所未有也。懲元政廢弛，治尚嚴峻。而能禮致耆儒，考禮定樂，昭揭經義，尊崇正學，加恩勝國，澄清吏治，修人紀，崇風教，正後宮名義，內治肅清，禁宦豎不得干政，五府六部，官職相維，置衛屯田，兵食俱足。武定禍亂，文致太平，太祖實身兼之。至於雅尚志節，聽蔡子英北歸。晚歲憂民益切，嘗以一歲開支河，暨塘堰數萬，以利農桑，備旱潦。用此子孫承業二百餘年，士重名義，閭閻充實。至今苗裔蒙澤，尚如東樓、白馬，

世承先祀，有以哉！

明太祖乘時應運，崛起布衣，豪傑景從，統一方夏，繼元政廢弛之後，治尚嚴峻，制禮作樂，澄清吏治，閭閻充實，奠定明朝二百餘年的基業。明太祖雄才大略，就是典型的創業君主。康熙皇帝對明太祖的推崇，可謂褒獎猶恐不及，無暇指謫。雍正皇帝就不以全面的肯定，雍正五年（1727）十一月初十日，大學士張廷玉奉到上諭，在上諭中有一段話說：「朕覽明太祖所著《洪武寶訓》一書，詞義周詳，告誡諄切，所以教其子孫臣庶者，亦費苦心。但明太祖起自布衣，奄有天下，雖姿性過人，而其識見尚局於卑隘之習，故規模未臻於廣大，蓋緣文過其實，故言行多不能相符，而議論自相矛盾者有之。」國家草創，規模粗具，雍正皇帝以言行、議論相責難，確實過於嚴苛。

明惠帝朱允炆是明太子朱標之子。建文元年（1399），燕王朱棣舉兵靖難。建文四年（1422），燕王陷京師，自立為帝，惠帝在位四年。《明史‧惠帝本紀》記載，燕兵陷都城，宮中火起，惠帝不知所終。或云，惠帝由地道出亡，滇黔巴蜀間相傳，惠帝為僧，往來各地。乾隆元年（1736），詔廷臣集議追諡建文帝為惠帝。《明史‧惠帝本紀》贊中指出，「惠帝天資仁厚，踐阼之初，親賢好學，召用方孝孺等，典章制度，銳意復古。」

明太祖在位三十一年（1368-1398），明成祖在位二十二年（1403-1424），明成祖躬行節儉，知人善任，其雄武才略，同符明太祖，威德遐被，四方賓服，幅員之廣，則遠邁漢、唐。在清初君臣心目中，明成祖也是一位雄才大略的賢君。《明史‧成祖本紀》贊曰：「文皇少長習兵，據幽燕形勝之地，乘建文孱弱，長驅內向，奄有四海。即位以後，躬行節儉，水旱朝告夕振，無有壅蔽。知人善化，表裏洞達，雄武之略，同符高祖，六

師屢出，漠北塵清。至其季年，威德遐被，四方賓服，受朝命而
入貢者殆三十國，幅隕之廣，遠邁漢唐，成功駿烈，卓乎盛矣。
然而革除之際，倒行逆施，慚德亦曷可掩哉！」清初諸帝對明成
祖的評論是符合歷史事實的。

　　明仁宗朱高熾，年號洪熙，洪熙元年（1425），在位一年。
明成祖初立仁宗朱高熾為世子，後來因不滿意，而常想更易。當
廷議冊立太子時，明成祖欲立漢王朱高煦。明成祖雖然不歡喜朱
高熾，卻很鍾愛朱高熾的兒子朱瞻基，即後來的明宣宗。侍讀學
士解縉面奏明成祖說朱高熾有好兒子，明成祖有好聖孫，這才打
動了明成祖的心，最後決定朱高熾為皇太子。《明史·仁宗本
紀》贊曰：「當靖難師起，仁宗以世子居守全城，濟師其後，成
祖乘輿歲出北征，東宮監國，朝無廢事，然中遘媒孽，瀕於危疑
者屢矣，而終以誠敬獲全善乎，其告人曰，吾知盡子職而已，不
知有讒人也，是可為萬世子臣之法矣。在位一載，用人行政，善
不勝書，使天假之年，涵濡休養，德化之盛，豈不與文景比隆
哉！」明仁宗雖然在位只有一年，但他在位期間，用人行政，善
不勝書，若天假之年，其施政幾可媲美漢朝文景之治。

　　明宣宗朱瞻基是明朝的第五個皇帝，年號宣德，在位十年
（1426-1435）。他是一位賢君，他有好皇帝明成祖，明成祖有
好聖孫明宣宗。祖孫三代，與後來的清聖祖康熙皇帝，清世宗雍
正皇帝、清高宗乾隆皇帝祖孫三代十分類似。朱高熾有好兒子，
雍正皇帝有好兒子，康熙皇帝有好聖孫。康熙皇帝常把明宣宗和
明太祖相提並論。《明史·宣宗本紀》贊曰：「仁宗為太子，失
愛於成祖。其危而復安，太孫蓋有力焉。即位以後，吏稱其職，
政得其平，綱紀修明，倉庾充羨，閭閻開業，歲不能災。蓋明興
至是，歷年六十，民氣漸舒，蒸然有治平之象矣。若乃強藩猝

起，旋即削平，掃蕩邊塵，狡寇震懾，帝之英姿睿略庶幾克繩祖武者歟！」康熙皇帝認為「明洪武為創業之君，功德甚聖，如宣德則為守成令主，雖時殊事異，皆能於一代之中奮發有為，功德垂後，各盡為君之道。」誠然，明宣宗就是一位任賢圖治、功德垂後的守成令主。

明孝宗朱祐樘是明朝第十位皇帝，年號弘治，在位十八年（1488-1505）。在清初君臣心目中，明孝宗也是一位賢君。順治十七年（1660）六月初六日，禮部奏稱：「明之孝宗，仁恭節用，任賢圖治，憂勤惕勵，始終不渝。」明宣宗就是一位任賢圖治的守成令主。雍正初年，因曾靜遣其徒張熙投書，勸說岳鍾琪謀反。雍正皇帝在他所頒諭旨中指出曾靜逆書內「孔廟既燬，朱祠復災」，無關君德。諭旨中有一段話說：「孔廟不戒於火，唐、宋皆有之，明弘治時，被災尤甚，弘治非明代之賢君乎？若以此為人君之不德所致，則將來叛逆之徒，必藉此煽動人心，至有縱火焚燬以及各府州縣文廟者。」雍正皇帝也肯定明孝宗是一位賢君。《明史》孝宗本紀贊云：

> 明有天下，傳世十六，太祖、成祖而外，可稱者仁宗、宣宗、孝宗而已。仁、宣之際，國勢初張，綱紀修立，淳樸未漓，至成化以來，號為太平無事，而晏安則易耽怠玩，富盛則漸啓驕奢。孝宗獨能恭儉有制，勤政愛民，兢兢於保泰持盈之道，用使朝序清寧，民物康阜。易曰：「无平不陂，无往不復，艱貞无咎。」知此道者，其惟孝宗乎！

明代成化以來，經過一段晏安富盛之後，明孝宗獨能恭儉有制，勤政愛民，使朝序清寧，民物康阜，確實頗悉治道。明代二百七十六年，傳十六世，除了明太祖、成祖外，可稱為賢君者只有仁宗、宣宗、孝宗而已。統計賢君在位時間，包括：明太祖三

十一年（1368-1398），明成祖在位二十二年（1403-1424），明
仁宗在位一年（1425），明宣宗在位十年（1426-1435），明孝
宗在位十八年（1488-1505），合計共八十二年，將近三分之一
長的時間，是在賢君的統治之下，使政治不致惡化，誠屬難能可
貴。

　　在清朝初年，明朝的敗亡，是一個熱門話題。清初諸帝已指
出，明朝後期的皇帝，深處宮闈，自幼長於宦寺之手，未嘗與大
臣面決政事。明世宗朱厚熜，年號嘉靖（1522-1566），在位四
十五年，政治日益惡化，綱紀陵夷。《明史・世宗本紀》贊中有
一段記載云：「若其時紛紛多故，將疲於邊，賊訌於內，而崇尚
道教，享祀弗經，營建繁興，府藏告匱，百餘年富庶治平之業，
因以漸替。」

　　明神宗朱翊鈞，年號萬曆（1573-1619），在位四十七年，
將近半世紀，其中二十餘年，晏處深宮，不曾視朝，君臣睽隔，
激烈黨爭，綱紀陵夷。《明史・神宗本紀》贊曰：

　　神宗沖齡踐阼，江陵秉政，綜核名實，國勢幾於富強。繼
　　乃因循牽制，晏處深宮，綱紀廢弛，君臣否隔。於是小人
　　好權趨利者，馳騖追逐，與名節之士為仇讎，門戶紛然角
　　立。馴至愍愍，邪黨滋蔓。在廷正類無深識遠慮，以折其
　　機牙，而不勝忿激，交相攻訐。以致人主蓄疑，賢姦雜
　　用，潰敗決裂，不可振救。故論者謂明之亡，實亡於神
　　宗，豈不諒歟？光宗潛德久彰，海內屬望，而嗣服一月，
　　天不假年，措施未展，三案搆爭，黨禍益熾，可哀也夫！

　　明熹宗朱由校，年號天啟（1621-1627）在位七年。明熹宗
更加庸懦，婦寺竊柄，濫賞淫刑，忠良慘禍，天下離心，雖欲不
亡，已經難挽狂瀾。清世祖順治元年（1644）六月二十日，清朝

政府頒發敕諭，其中有一段話說：「明國之所以傾覆者，皆因內外部院官吏賄賂公行，功過不明，是非不辨。凡用官員，有財之人雖不肖，亦得進，無財之人雖賢才，亦不得見用，所以賢者皆抱恨隱淪，不賢者，多夤緣幸進。」賄賂公行，不肖幸進，功過不明，就是政治惡化的現象。順治二年（1645）閏六月十二日所頒諭旨指出，「明季諸臣，竊名譽，食貨利，樹黨與，肆排擠，以欺罔為固然，以姦佞為得計，任意交章，煩瀆主聽，使其心志眩惑，用人行政，顛倒混淆，以致寇起民離，禍亂莫救。」明季諸臣各樹黨與，互相排擠，君主用人行政，顛倒混淆，政治缺乏效率，同樣加深政治危機。同年八月十七日，攝政王多爾袞頒諭時亦稱：「故明諸臣，各立黨羽，連章陳奏，陷害忠良，無辜被罰，無功濫用，釀成禍患，以致明亡。」樹黨傾陷，對政治造成嚴重的負面影響。康熙皇帝對明朝的覆亡，提出了他的看法。他指出：「宦官為害，歷代有之，明之王振、劉瑾、魏忠賢輩，罪惡尤甚。崇禎時，誅鋤閹黨，極為善政。但謂明之亡亡於太監，則朕殊不以為然。明末朋黨紛爭，在廷諸臣，置封疆社稷於度外，惟以門戶勝負為念，不待智者知其必亡，乃以國祚之顛覆，盡委罪於太監，謂中璫用事之故，烏得為篤論耶？朕宮中所用太監，止令供灑掃奔走之役，一嚬一笑，從不假借，所以三十年來，太監皆極貧乏，有不能自給者，爾諸臣想亦悉知朕非信用太監之主，故惟朕可為此言。」

　　雍正皇帝曾因呂留良案頒降諭旨，在諭旨中指出，「明代自嘉靖以後，君臣失德，盜賊四起，生民塗炭，疆圉靡寧。」萬曆年間（1573-1619），朝政更是每況愈下，內憂外患，國步更加艱難。雍正皇帝說過，「明萬曆之深居，百務盡隳，上下晻絕。」乾隆皇帝也說：「明之亡國，由於神、熹二宗，紀綱墮而

法度弛，愍帝嗣統時，國事已不可爲，雖十七年身歷勤苦，不能補救傾危，卒且身殉社稷，未可與荒淫失國者一概而論，是以皇祖睿裁，將神、熹二宗撤出歷代帝王廟祀，而愍帝則特令廟祀，褒貶予奪，毫釐不爽。」

　　清初君臣對明思宗崇禎皇帝的評論較多，順治十四年（1657）二月十一日，順治皇帝諭工部時指出，「朕念故明崇禎帝尙爲孜孜求治之主，祇以任用非人，卒致寇亂，身殉社稷。若不亟爲闡揚，恐千載之下，竟與失德亡國者，同類並觀，朕用是特製碑文一道，以昭憫惻之意，爾部即遵諭勒碑，立於崇禎帝陵前，以垂不朽。」順治十六年（1659）十一月二十七日，順治皇帝諭禮部時又指出，「前明崇禎帝，勵精圖治，十有七年，不幸寇亂國亡，身殉社稷。考其生平，無甚失德，遭茲厄運，殊堪衿憫，宜加諡號，以昭實行，今諡爲莊烈愍皇帝。」崇禎皇帝並無失德，是一個孜孜求治的君主。《明史‧莊烈帝本紀》贊曰：

> 帝承神、熹之後，慨然有爲。即位之初，沈機獨斷，刈除奸逆，天下想望治平。惜乎大勢已傾，積習難挽。在廷則門戶糾紛，疆場則將驕卒惰。兵荒四告，流寇蔓延。遂至潰爛而莫可救，可謂不幸也已。然在位十有七年，不邇聲色，憂勤惕勵，殫心治理。臨朝浩歎，慨然思得非常之材，而用匪其人，益以僨事。乃復信任宦官，布列要地，舉措失當，制置乖方。祚訖運移，身罹禍變，豈非氣數使然哉！

　　門戶朋黨，刑餘宦官，就是明季政治的兩塊惡性腫瘤，明朝的覆亡確實是氣數使然。明朝太監，竊弄威權，惡跡昭彰，國家深受其害，對政治產生了嚴重的負面作用。天聰八年（1634）九月初一日，滿洲兵部和碩貝勒岳托差遣大凌河所俘獲的蒙古人，

寫書一封，藏於靴內，往說錦州蒙古多爾濟哈談等四人。《清太宗文皇帝實錄》初纂本記載密函內容：

> 蒙古貝子盡屬我國，爾等如離群孤雁，雜入漢人之中，雖漢人亦有審機者，知明朝將衰，歸我者如流水，爾等豈不知之，所謂天時者。明朝皇帝不知人民死亡殆盡，尚自驕盈，大臣貪財欺詐者甚多。又令太監分佈各省，欺凌武官，索取財物。自古有興有亡，豈明國子孫百世爲君乎？考歷代帝王，無傳二十世者，今乃明朝將亡之時。

乾隆四十七年（1782）四月十七日，《內閣奉上諭》：

> 昨於養心殿存貯各書內，檢有《明朝宮史》一書，其中分段敘述宮殿樓臺，及四時服食宴樂，並內監職掌，宮闈瑣悉之事，卷首稱蘆城赤隱呂毖較次。其文義猥鄙，本無足觀。蓋明季寺人所爲，原不堪採登冊府，特是有明一代，秕政多端，總因奄寺擅權，交通執政，如王振、劉瑾、魏忠賢之流，俱以司禮監秉筆，生殺予奪，任所欲爲，遂致阿柄下移，乾綱不振。每閱明代宦官流毒事蹟，殊堪痛恨。即如此書中所稱司禮監掌印秉筆等，竟有秩尊視元輔，權重視總憲之語。以朝廷大政，付之刑餘，俾若輩得以妄竊國柄，奔走天下，卒致流寇四起，社稷爲墟，伊誰之咎乎？著將此書交該總裁等，照依原本，鈔入四庫全書，以見前明之敗亡，實由于宮監之肆橫，則其書不足錄，而考鏡得失，未始不可藉此以爲千百世殷鑒，並將此旨錄冠簡端。

修史可以考鏡得失，作爲後世殷鑒，但是，明朝的敗亡，宮中太監的肆橫，是否爲唯一的因素，清初君臣的看法，並不一致。清初君臣注視《明史》的焦點，不可輕忽。清初君臣評論明

朝史事的範圍很廣，舉凡官書史料，典章制度，地方吏治，社會經濟，學術思想，歷史人物，人主勤惰，宦寺朋黨，民心士氣等等，均與一代盛衰興亡攸關。清初君臣都能以前車覆轍爲殷鑒，朝乾夕惕，孜孜圖治，充分說明清初君臣爲了國家的長治久安，頗能以明朝施政得失爲警惕。

○諭昨於養心殿存貯各書內檢有明朝

宮史一書其中分段叙述宮殿樓臺及四時

服食宴樂併內監職掌宮闈瑣屑之事卷首

稱蘆城赤隱呂毖較次其文義猥鄙本無足

觀蓋明季人所爲原不堪登冊府特是

有明一代秕政多端總因閹寺擅權交通執

政如王振劉瑾魏忠賢之流俱以司禮監秉

筆生殺予奪任所欲爲遂致阿栖下移乾綱

不振每閱明代宦官流毒事蹟殊堪痛恨即

如此書中所稱司禮監掌印秉筆等竟有秋

尊視元輔權重視總憲之語以朝廷大政付

之刑餘俾若輩得以妄竊國柄奔走天下卒

致流冠四起社稷爲墟伊誰之咎乎著將此

書交總裁等照依原本鈔入四庫全書以見

前明之敗亡實由於宮監之肆橫則其書不

足錄而考鏡得失未始不可藉此以爲千百

世殷鑒並將此旨錄冠簡端○

高宗純皇帝實錄　卷一千一百五十五　六

《大清高宗純皇帝實錄》，乾隆四十七年
四月十七日，內閣奉上諭

陷害忠良
──明朝太監的故事

　　歷代以來，太監竊弄威權，並非一朝一夕之故。譬如漢朝的十常侍，唐朝的北司，明朝的東西廠，太監惡跡昭彰，對政治產生了嚴重的負面作用。袁崇煥的冤死，就是太監陷害忠良的一則故事。

　　袁崇煥，字元素，東莞人，萬曆四十七年（1619）進士。為人慷慨，負膽略，好談兵，頗知軍事，奉命鎮寧遠。崇禎元年（1628），清兵數十萬，分道入龍井關、大安口，越薊州而西。袁崇煥急引大軍，千里赴援，入護京師。但因京畿驟遭清兵來犯，都人怨謗紛起，指摘袁崇煥縱敵擁兵，朝士亦誣陷袁崇煥引敵脅和，將為城下之盟。同年十二月召對，被縛下獄。康熙年間，修《明史》時，始為袁崇煥平反，還其清白。《明史‧袁崇煥傳》有一段記載說：「會我大清設間，謂崇煥密有成約，令所獲宦官知之，陰縱使去。其人奔告於帝，帝信之不疑。十二月朔，再召對，遂縛下詔獄。」皇太極設間經過，《清太宗文皇帝實錄》初纂本記載較詳，其原文云：

> 袁崇煥、祖大壽復聚敗兵於城東南角下營，豎立柵木。我兵將戰，乃近前一步列陣。上與貝子率從人少許，視其堅暇，見無隙可乘，縱得入，傷我兵而勝敵人，無益，且任其支持，不過我昨所潰敗之兵耳，遂不戰而回。先是，副將高鴻中、參將鮑承先、寧完我、大海榜式等，與先得二太監時同坐臥，撤兵之日，高鴻中、鮑承先各依上所授計

坐近二太監，故作耳語狀，言今日撤兵，乃上之計也，頃
見上單騎向敵，又敵營二人旋至上前，交語久之方去，想
是袁都堂與我通謀，大事目下可就矣！時楊太監伴臥，切
記於心。二十九日，縱楊太監入京城，遂將高鴻中、鮑承
先之言，盡奏於明朝皇帝，召袁崇煥入城磔之，祖大壽大
驚，率部下兵奔回錦州。

　　《三國志通俗演義》第四十五回〈三江口曹操折兵，群英會
蔣幹中計〉是一則戲劇性很濃厚的反間計，皇太極熟讀《三國志
通俗演義》，靈活運用，竟使袁崇煥冤死，反間成功。皇太極的
反間計，就是蔣幹中計故事的翻版。《明史·袁崇煥傳》記載說：
「初，崇煥妄殺文龍，至是帝誤殺崇煥。崇煥死，邊事益無人，
明亡徵決矣。」

　　明思宗崇禎十七年（1644），相當清世祖順治元年。清聖祖
康熙皇帝玄燁生於順治十一年（1654），明季太監，康熙皇帝幼
年時，還來得及見到明朝太監。明神宗萬曆以後所用內監，到康
熙年間，還有在宮中服役的。康熙皇帝也喜歡講明朝太監的故事，
他說：「聞有一主，偶行殿上失足，眾太監歸罪於石，議笞石數
十。又偶乘馬而墮，亦議責馬數十板，闇昧若此，宜為此輩窺伺
愚弄也。」康熙皇帝又說：「明季所行，多迂闊可笑，建極殿後
階石，高厚數丈，方整一塊，其費不貲，採買搬運至京，不能舁
入午門。運石太監參奏此石不肯入午門，乃命將石綑打六十御棍。
崇禎嘗學乘馬，兩人執轡，兩人捧鐙，兩人扶鞦，甫乘，輒已墜
馬，乃責馬四十，發苦驛當差。馬猶有知識，石何所知，如此舉
動，豈不發噱。總由生於深宮，長於阿保之手，不知人性物理故
也。」拿石頭出氣，是皇帝和太監的童稚行為，確實迂闊可笑。

　　清初君臣對明季太監如劉瑾、魏忠賢等人的惡行，知之甚

詳。其中魏忠賢是肅寧人，《明史》記載魏忠賢的出身，「少無
賴，與群惡少博，不勝，為所苦，恚而自宮，變姓名曰李進忠，
其後復姓，賜名忠賢。」天啟年間，宮中稱呼魏忠賢為老伴，凡
事都由魏忠賢掌控。康熙四十二年（1703）四月二十三日辰時，
康熙皇帝御暢園內澹寧居聽政，將魏忠賢的惡行告知大學士馬齊
等人云：「太監魏忠賢惡跡，史書僅書其大略，並未詳載。其最
惡者，凡有拂意之人，即日夜不令休息，逼之步走而死；又併人
之二大指，以繩拴而懸之於上，兩足不令著地，而施之以酷刑。
明末之君多有不識字者，遇講書，則垂幔聽之。諸事皆任太監辦
理，所以生殺之權，盡歸此輩。」大學士張玉書奏稱：「此明之所
以至於敗亡也。」乾隆皇帝也認為明朝的敗亡，為太監禍國殃民所
致。乾隆四十七年（1782）四月十七日，《內閣奉上諭》。云：

> 昨於養心殿存貯各書內，檢有《明朝宮史》一書，其中分
> 段敘述宮殿樓臺，及四時服食宴樂，並內監職掌，宮闈瑣
> 屑之事，卷首稱蘆城赤隱呂瑟較次。其文義猥鄙，本無足
> 觀。蓋明季寺人所為，原不堪採登冊府，特是有明一代，
> 秕政多端，總因閹寺擅權，交通執政，如王振、劉瑾、魏
> 忠賢之流，俱以司禮監秉筆，生殺予奪，任所欲為，遂致
> 阿柄下移，乾綱不振。每閱明代宦官流毒事蹟，殊堪痛
> 恨。即如此書中所稱司禮監掌印秉筆等，竟有秩尊視元
> 輔，權重視總憲之語。以朝廷大政，付之刑餘，俾若輩得
> 以妄竊國柄，奔走天下，卒致流寇四起，社稷為墟，伊誰
> 之咎乎？著將此書交該總裁等，照依原本，鈔入四庫全
> 書，以見前明之敗亡，實由於宮監之肆橫，則其書不足
> 錄，而考鏡得失，未始不可藉此以為千百世殷鑒，並將此
> 旨錄冠簡端。

《明朝宮史》，《欽定四庫全書》作《明宮史》，書中記載，端門左九廟即外太廟，其地不許畜犬。萬曆年間，掌印杜用養一隻獬犼小狗，最為珍愛。東廠李太監訪知後，指為違禁不敬，聲稱欲行參奏，用費千餘方得免。

明朝的敗亡，在順治年間，是一個熱門話題。順治元年（1644）六月二十日，清朝政府頒發敕諭，其中有一段話說：「明國之所以傾覆者，皆因內外部院官吏賄賂公行，功過不明，是非不辨。凡用官員，有財之人雖不肖，亦得進，無財之人雖賢才，亦不得見用，所以賢者皆抱恨隱淪，不賢者，多夤緣幸進。」賄賂公行，不肖幸進，功過不明，就是政治惡化的現象。順治二年（1645）閏六月十二日所頒諭旨指出，「明季諸臣，竊名譽，貪貨利，樹黨與，肆排擠，以欺罔為固然，以姦佞為得計，任意交章，煩瀆主聽，使其心志眩惑，用人行政，顛倒混淆，以致寇起民離，禍亂莫救。」明季諸臣各樹黨與，互相排擠，君主用人行政，顛倒混淆，政治缺乏效率，同樣加深政治危機。同年八月十七日，攝政王多爾袞頒諭時亦稱：「故明諸臣，各立黨羽，連章陳奏，陷害忠良，無辜被罰，無功濫用，釀成禍患，以致明亡。」樹黨傾陷，對政治造成嚴重的負面影響。康熙皇帝對明朝的覆亡，提出了他的看法。他指出：「宦官為害，歷代有之，明之王振、劉瑾、魏忠賢輩，罪惡尤甚。崇禎時，誅鋤閹黨，極為善政。但謂明之亡亡於太監，則朕殊不以為然。明末朋黨紛爭，在廷諸臣，置封疆社稷於度外，惟以門戶勝負為念，不待智者知其必亡，乃以國祚之顛覆，盡委罪於太監，謂中璫用事之故，烏得為篤論耶？朕宮中所用太監，止令供灑掃奔走之役，一嚬一笑，從不假借，所以三十年來，太監皆極貧乏，有不能自給者，爾諸臣想亦悉知朕非信用太監之主，故惟朕可為此言。」

以鵲爲祖
──滿洲三仙女的神話

長白山上　天降仙女

靈禽崇拜是屬於圖騰崇拜的範疇。圖騰（totem）一詞，原是美洲印第安人的一種方言，意思是「他的親族」，就是劃分氏族界限的神物和標誌。原始社會人們相信某種動物不僅同自己的氏族有著血緣關係，而且還具有保護本氏族成員的義務和能力，氏族成員對這種動物也表示崇敬，而成爲這個氏族的圖騰。鵲是吉祥的象徵，謂之喜鵲。五代後周王仁裕撰《開元天寶遺事·靈鵲報喜》說：「時人之家，聞鵲聲，皆爲喜兆，故謂靈鵲報喜。」靈鵲報喜，就是鵲報。金元好問撰《遺山集》也有「鵲語喜復喜」等句，鵲語就是靈鵲噪鳴聲，都是喜兆。宣統皇帝在《我的前半生》一書裡回憶在毓慶宮讀書的一段話說：「當談到歷史，他們（老師們）誰也不肯揭穿長白山仙女的神話，談到經濟，也沒有一個人提過一斤大米要幾文錢。所以我在很長時間裡，總相信我的祖先是由仙女佛庫倫吃了一顆紅果生育出來的。」誠然，長期以來，滿族多相信自己的始祖是長白山仙女吞食了神鵲所銜朱果，圖騰感孕而生育出來的。

左圖：〈喜鵲圖〉（引自國立故宮博物院，《故宮鳥譜》）
右圖：長白山天池（引自《清史圖典・第一冊清太祖與清太宗》）

　　長白山三仙女的傳說，確實是滿族社會裡膾炙人口的開國神話，《滿洲實錄》、《清太祖武皇帝實錄》，都詳細記載滿族先世的發祥神話。據《清太祖武皇帝實錄》記載云：

　　長白山高約二百里，週圍約千里。此山之上有一潭，名他們，週圍約八十里，鴨綠、混同、愛滹三江，俱從此山流出。鴨綠江自山南瀉出，向西流，直入遼東之南海；混同江自山北瀉出，向北流，直入北海；愛滹江向東流，直入東海。此三江中每出珠寶。長白山，山高地寒，風勁不休，夏日環山之獸，俱投憩此山中，此山盡是浮石，乃東北一名山也。滿洲源流，滿洲原起于長白山之東北布庫里山下一泊名布兒湖里。初天降三仙女，浴於泊，長名恩古倫，次名正古倫，三名佛古倫，浴畢上岸。有神鵲啣一朱果，置佛古倫衣上，色甚鮮妍。佛古倫愛之不忍釋手，遂啣口中，甫著衣，其果入腹中，即感而成孕，告二姊曰：

吾覺腹重，不能同昇奈何！二姊曰：吾等曾服丹藥，諒無
死理，此乃天意，俟爾身輕上昇未晚，遂別去。佛古倫後
生一男，生而能言，倏爾長成。母告子曰：天生汝，實令
汝爲夷國主，可往彼處，將所生緣由，一一詳說，乃與一
舟，順水去，即其地也。言訖，忽不見。其子乘舟順流而
下，至於人居之處，登岸，折柳條爲坐具，似椅形，獨踞
其上。彼時長白山東南鰲莫惠（地名）鰲朵里（城名）內
有三姓夷酋爭長，終日互相殺傷。適一人來取水，見其子
舉止奇異，相貌非常，回至爭鬥之處，告眾曰：汝等無
爭，我於取水處，遇一奇男子，非凡人也，想天不虛生此
人，盍往觀之？三酋長聞言，罷戰，同眾往觀。及見，果
非常人，異而詰之。答曰：我乃天女佛古倫所生，姓愛新
（華言，金也）覺落（姓也），名布庫里英雄，天降我定
汝等之亂。因將母所囑之言詳告之。眾皆驚異曰：此人不
可使之徒行，遂相插手爲輿，擁捧而回。三酋長息爭，共
奉布庫里英雄爲主，以百里女妻之，其國定號滿洲，乃其
始祖也（南朝誤名建州）。歷數世後，其子孫暴虐，部屬
遂叛。於六月間將鰲朵里攻破，盡殺其闔族。子孫內有一
幼兒名范嗏，脫身走至曠野，後兵追之，會有一神鵲棲兒
頭上，追兵謂人首無鵲棲之理，疑爲枯木椿，遂回。於是
范嗏得出，遂隱其身以終焉。滿洲後世子孫，俱以鵲爲
祖，故不加害。

　　長白山仙女的傳說，確實是滿族社會裡膾炙人口的開國神
話，《滿洲實錄》、《清太祖武皇帝實錄》、《清太祖高皇帝實
錄》的滿漢文本，都詳細記載長白山高約二百里，周圍約千里，
山上有一潭，叫做闥門，周圍八十里。鴨綠江、混同江、愛滹

江，都從此潭流出。在長白山的東北有布庫里山，山下有天池，稱為布爾湖里，相傳清太祖努爾哈齊的先世就是發祥於長白山。傳說天降三仙女，長名恩古倫，次名正古倫，三名佛庫倫。三仙女浴於池，浴畢上岸。有神鵲銜朱果置佛庫倫衣上，顏色鮮妍，不忍置放地上。而含口中，剛剛穿衣，朱果已入腹中，即感而成孕。佛庫倫後生一男，生而能言，倏忽長成，以愛新覺羅為姓，名叫布庫里雍順。他經三姓酋長奉為國主，妻以百里女，國號滿洲，布庫里雍順就是滿洲始祖。他的後世子孫因暴虐引起部衆反叛，盡殺他的族人。族中有一幼兒，名叫凡察，脫身走到曠野，有一隻神鵲站在凡察頭上，追兵疑為枯木椿，遂中道而回。滿洲後世子孫，都以鵲為祖，誠勿加害。

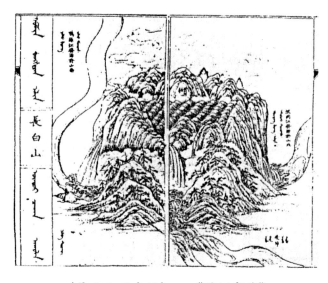

〈長白山示意圖〉，《滿洲實錄》

　　神鵲對滿洲始祖的降生，滿洲後世子孫的保護和繁衍，都有不世之功。神鵲是靈禽，也是圖騰，有血緣關係，以鵲為祖，就是鵲圖騰崇拜的遺痕。仙女佛庫倫吞朱果生布庫里雍順，布庫里雍順是始祖，佛庫倫是母系社會的始妣。《詩經‧商頌》有「天命玄鳥，降而生商」的故事，相傳有娀氏之女簡狄吞玄鳥卵而生契。傅斯年等編《東北史綱》指出長白山仙女佛庫倫吞朱果生布庫里雍順的傳說，在東北各部族中的普遍與綿長，就是東北人的「人降」神話。

　　東北亞的人降論故事，也見於高句麗。《論衡‧吉驗篇》、《魏書‧高句麗傳》、《高麗好大王碑》等書記載，高句麗先祖朱蒙母是河伯女，被扶餘王囚禁於室中。為日所照，引身避之，日影又逐，既而有孕，生一卵，大如五升。扶餘王棄之於犬，犬不食。棄之於豕，豕又不食。棄之於路，牛馬避之。棄之於野，眾鳥以毛覆之。扶餘王割剖之，不能破，遂還其母。其母以物包裹，置於暖處，有一男破殼而出，取名朱蒙，是扶餘語善射的意思。後因扶餘王欲殺害朱蒙，朱蒙逃至鴨綠江東北的淹滹水，欲渡無橋，朱蒙向河神禱告說：「我是天帝子，河伯外孫，今日逃走，追兵垂及，如何得濟？」於是魚鱉並浮，為之成橋，朱蒙渡河後，建立高句麗。王孝廉著《中國的神話世界》一書已指出，我國的卵生或鳥生的神話，都是與古代東夷部族的太陽祭祀是有關的。在朱蒙神話中，鳥類並不是朱蒙的祖先，朱蒙與天有密切的關係，此天即是太陽，朱蒙具有太陽神的性格，是太陽神天帝之子。感日影神話暗示著高句麗始祖朱蒙是太陽神之子的神聖性。殷商「天命玄鳥，降而生商」的玄鳥是受天命而生商，也暗示著受天命而生的商是天帝之子，生商的是天帝，玄鳥祇是執行天帝之命的使者。由此可知，《清太祖武皇帝實錄》中「以鵲為

祖」的記載，雖然具有鵲圖騰崇拜的文化意義，但是，神鵲並非
布庫里雍順的祖先，仙女佛庫倫吞食朱果的神話也暗示著滿洲始
祖布庫里雍順是太陽神天帝之子的神聖性，口銜朱果的神鵲祇是
執行天帝之命的使者。引文中「布庫里英雄」，《清太祖高皇帝
實錄》作「布庫里雍順」；「以鵲爲祖」，改爲「德鵲」。

〈三仙女沐浴圖〉，《滿洲實錄》

〈佛庫倫神像〉軸，清宮廷畫家繪，
絹本，設色，縱 83 公分，橫 64 公
分，故宮博物院藏（引自《清史圖典
‧第一冊清太祖與清太宗》）

女眞故鄉　文獻足徵

　　清太宗天聰年間（1627-1636），黑龍江上游部族多未歸順大金國，包括薩哈爾察、索倫、虎爾哈等部。天聰八年（1634）十二月，清太宗皇太極命梅勒章京（meiren i janggin）即副都統霸奇蘭（bakiran）征討虎爾哈部（hūrga gurun）。國立故宮博物院典藏《滿文原檔》天聰九年（1635）五月初六日記載黑龍江虎爾哈部降將穆克什克（muksike）向清太宗皇太極等人述說了三仙女的傳說，可將滿文影印於下，並轉寫羅馬拼音，譯出漢文於後。

（1）羅馬拼音：

ice ninggun de, sahaliyan ulai ergi hūrga gurun de cooha genehe ambasa ceni dahabufi gajiha ambasa, sain niyalma be kan de acabure doroi. emu tanggū jakūn honin, juwan juwe ihan wafi sarin sarilara de kan amba yamun de tucifi uyun muduri noho aisin i isede tehe manggi. cooha genehe ambasa niyakūrame hengkileme acara de. kan ambasa coohalame suilaha ujulaha juwe amban bakiran, samsika be tebeliyeme acaki seme hendufi kan i hesei bakiran, samsika jergici tucifi kan de niyakūrame hengkileme tebeliyeme acara de kan inu ishun tebeliyehe. acame wajiha manggi. amba beile de kan i songkoi acaha. terei sirame hošoi degelei beile, ajige taiji, hošoi erhe cohur beile de tebeliyeme acaha. cooha genehe ambasa gemu hengkileme acame wajiha manggi. dahabufi gajiha juwe minggan niyalma niyakūrame hengkileme acaha. terei sirame sekei alban benjime hengkileme jihe solon gurun i baldaci sei jergi ambasa acaha. acame wajiha manggi. ice dahabufi gajiha coohai niyalma be gemu gabtabufi. amba sarin sarilara de kan bakiran, samsika juwe amban be hūlafi kan i galai aisin i hūntahan i arki omibuha. terei sirame emu gūsa de emte ejen arafi unggihe ambasa de omibuha. terei sirame fejergi geren ambasa. dahabufi gajiha ujulaha ambasa de omibuha sarin wajiha manggi. kan gung de dosika, tere mudan i cooha de dahabufi gajiha muksike gebungge niyalma alame. mini mafa ama jalan halame bukuri alin i dade bulhori omode banjiha. meni bade bithe dangse akū. julgei banjiha be ulan ulan i gisureme jihengge tere bulhori omode abkai ilan sargan jui enggulen, jenggulen, fekulen

ebišeme jifi enduri saksaha benjihe fulgiyan tubihe be fiyanggū
sargan jui fekulen bahafi anggade ašufi bilgade dosifi beye de ofi
bokori yongšon be banjiha. terei hūncihin manju gurun inu. tere
bokori omo šurdeme tanggū ba, helung giyang ci emu tanggū orin
gūsin ba bi. minde juwe jui banjiha manggi. tere bulhori omoci
gurime genefi sahaliyan ulai narhūn gebungge bade tehe bihe seme
alaha.

（2）滿文漢譯：

初六日，領兵往征黑龍江虎爾哈部諸臣，以其所招降諸臣、良
民行朝見汗之禮，宰殺羊一百八隻、牛十二頭，設酒宴。汗御
大殿，坐九龍金椅。出征諸臣拜見時，汗念出兵勞苦，命主將
二大臣霸奇蘭、薩穆什喀欲行抱見禮。霸奇蘭、薩穆什喀遵旨
出班，向汗跪叩行抱見禮，汗亦相互抱見，朝見畢，照朝見汗
之禮向大貝勒行抱見禮。其次向和碩德格類、阿濟格台吉、和
碩厄爾克出虎爾貝勒行抱見禮。出兵諸臣俱行拜見禮畢，次招
降二千人叩見。次齎送貢貂來朝索倫部巴爾達齊等諸臣叩見，
叩見畢，命招降兵丁俱射箭。在大宴上，汗呼霸奇蘭、薩穆什
喀二大臣，汗親手以金盃酌酒賜飲。次賜各旗出征署旗務大臣
酒各一盃，次賜以下各大臣，並招降頭目酒各一盃，宴畢，汗
回宮。此次爲兵丁招降名叫穆克什克之人告訴説：我父祖世代
在布庫里山下布爾瑚里湖過日子。我處無書籍檔子，古時生
活，代代相傳，傳説此布爾湖里湖有三位天女恩古倫、正古
倫、佛庫倫來沐浴。神鵲啣來朱果，么女佛庫倫獲得後含於口
中，吞進喉裡，遂有身孕，生布庫里雍順，其同族即滿洲國。
此布爾湖里湖周圍百里，離黑龍江一百二、三十里，我生下二
子後，即由此布爾湖里湖遷往黑龍江納爾運地方居住矣。

　　虎爾哈部分佈於璦琿以南的黑龍江岸地方。《滿文原檔》忠實地記錄了虎爾哈部降將穆克什克所述三仙女的故事。其內容與清朝實錄等官書所載滿洲先世發祥傳說，情節相合。《清太宗文皇帝實錄》雖然記載出征虎爾哈部諸臣等朝見皇太極經過，但刪略三仙女故事的內容。《清太宗文皇帝實錄》初纂本所載內容云：

> 初六日，領兵往征查哈量兀喇虎兒哈部諸臣，以所招降諸臣朝見。上御殿，出征諸臣拜見時，上念其出兵勞苦，命霸奇蘭、沙木什哈二將進前抱見。二臣出班叩頭抱見畢，次新附二千人叩見，次瑣倫國入貢大臣巴兒打戚等叩見畢，命新附兵丁射箭。宰牛十二頭、羊一百零八隻，設大宴。上呼霸奇蘭、沙木什哈金盃酌酒，親賜之。又賜每固山大臣酒各一盃，復賜以下眾大臣及新附頭目酒各一盃。宴畢，上回宮。

　　《清太宗文皇帝實錄》重修本，「沙木什哈」作「薩穆什喀」；「巴兒打戚」作「巴爾達齊」，俱係同音異譯。實錄初纂本、重修本所載黑龍江虎爾哈部諸臣及所招降頭目人等朝見皇太極的內容，情節相近，但三仙女的傳說，俱刪略不載。虎爾哈部降將穆克什克所講的三仙女故事是黑龍江地區的古來傳說，表明神話最早起源於黑龍江流域，黑龍江兩岸才是建州女眞的眞正故鄉。天聰九年（1635）八月，畫工張儉、張應魁奉命合繪〈清太祖實錄戰圖〉。崇德元年（1636）十一月，內國史院大學士希福、剛林等奉命以滿蒙漢三體文字改編清太祖實錄纂輯告成，凡四卷，即所稱《清太祖武皇帝實錄》，是清太祖實錄的初纂本。三仙女的神話，黑龍江虎爾哈部流傳的是古來傳說，長白山流傳的滿洲先世發祥神話是晚出的，是女眞人由北而南逐漸遷徙的結

果，把原在黑龍江地區女眞人流傳的三仙女神話，作爲起源於長
白山一帶的歷史。

〈仙女佛庫倫因孕未得昇天圖〉，
《滿洲實錄》

左圖：〈仙女佛庫倫囑子圖〉，《滿洲實錄》
右圖：〈神鳥救樊察〉，《滿洲實錄》

　　《滿文原檔》忠實地記錄了降將穆克什克所述滿洲先世發祥傳說，其內容與清朝實錄等官書所載三仙女的故事，情節相符，說明佛庫倫吞朱果感孕生下滿洲始祖布庫里雍順的神話，都是由來已久的傳說，不是杜撰的。滿洲始祖布庫里雍順的名字是因布庫里山而得名的，《清太祖武皇帝實錄》作「布庫里英雄」，意即布庫里山的英雄。松村潤撰〈滿洲始祖傳說研究〉一文已指出虎爾哈部位於黑龍江城東南邊大約一百里的地方，就是清末所稱江東六十四屯的一帶地方，穆克什克所述布庫里山及布爾湖里湖應該就在這裡。李治亭撰〈關於三仙女傳說的歷史考察〉一文亦指出穆克什克講述的神話，同欽定官書及其後世相傳的神話，山水、人物、名稱及故事情節一模一樣，只有地點不同。穆克什克所講的神話是黑龍江的古來傳說，這表明神話最早起源於黑龍江流域。滿洲原來是一個古地名，居住在滿洲地區的民族，就稱為滿洲族，可以簡稱為滿族。滿族是民族共同體，以建州女真為主體民族，也融合了蒙古、漢、朝鮮等民族。三仙女的傳說既然起源於黑龍江流域，因此，黑龍江兩岸才是建州女真人的真正故鄉。

　　北亞遊牧部族的圖騰，多隨著部族逐水草而遷移。隨著圖騰團體的定居，圖騰地域化後，圖騰名稱多形成了地名。三仙女的神話，雖然最早起源於黑龍江流域，但是，隨著女真人由北向南的遷徙，便把原在黑龍江地區中流傳的神話，伴隨著女真人的南遷，最後就以長白山為滿族先世發祥地而定型下來。明朝初年，女真分為三部，其中建州女真是因明朝招撫設置建州衛而得名。明初從三姓（ilan hala）附近的斡朵里部、胡里改部遷徙到綏芬河下游、圖們江、琿春江流域。永樂末年至正統初年，又遷到渾河上游的蘇子河一帶。松花江在元、明時期又稱海西江，居住在

松花江及其支流沿岸的許多女眞部落因而統稱之爲海西女眞，又稱忽剌溫女眞。正統至嘉靖年間，海西女眞遷徙到吉林松花江沿岸、輝發河流域，主要爲扈倫烏拉、哈達、葉赫、輝發四部。野人女眞主要是指烏蘇里江以東諸部女眞。明廷設置建州衛後，又析置建州左衛和建州右衛，三衛並立。建州女眞族就是指明朝所設置的建州三衛的女眞居民。十六世紀八〇年代，在建州女眞族

左圖：《裔乘·女眞》，（明）楊一葵撰。《裔乘》是一部關於少數民族歷史的專門著作，其中〈東北夷〉部分，記述了明代以前女眞族的發展歷程。因避遼興宗耶律宗眞名諱，典籍中常把女眞寫女直。

右圖：《東夷考略·建州》，（明）茅瑞征撰。此書考證了建州女眞的淵源流變。

中出現了一支武力強大的努爾哈齊勢力，他進行對建州女眞族分散的各部族的武力統一，並以此爲基礎，開始把兼併戰爭推向建州女眞族以外的海西和東海等女眞各部。明神宗萬曆四十四年（1616），努爾哈齊在赫圖阿拉（hetu ala）稱天命金國汗（abkai fulingga aisin gurun i han）。在八旗組織中「除主體女眞族外，還有蒙古和漢人。天聰九年（1635），皇太極爲凝聚力量，淡化族群矛盾，正式宣佈廢除女眞諸申舊稱，而以「滿洲」（manju）爲新的族稱，這個新的民族共同體，就是滿族。三仙女的神話，原來是女眞人長期以來流傳的故事，後來也成爲滿洲先世的發祥神話了。

　　天聰九年（1635）八月，畫工張儉、張應魁奉命合繪〈清太祖實錄戰圖〉。崇德元年（1636）十一月，內國史院大學士希福、剛林等奉命以滿蒙漢三體文字改編清太祖實錄纂輯告成，凡四卷，即所稱《清太祖武皇帝實錄》，是太祖實錄初纂本。康熙二十一年（1682）十一月，仿清太宗實錄體裁，重修清太祖實錄。至乾隆四年（1739）十二月，始告成書，即所稱《清太祖高皇帝實錄》。松村潤撰〈滿洲始祖傳說研究〉一文指出，乾隆朝的《滿洲實錄》是將崇德元年（1636）十一月告成的滿蒙漢三體三本書的《清太祖武皇帝實錄》合起來，又根據另外的繪圖加上插圖而完成的。其中關於長白山開國傳說的記載，祇不過是把元代《一統志》的記載照樣抄錄下來而已。以長白山爲聖地的信仰，在女眞族社會裡，雖然由來已久，但是，以長白山爲祖宗發祥地的傳說卻見於晚出的《滿洲實錄》。其實，有關布庫里雍順傳說的位置，應該是康熙皇帝派人調查長白山後才確立的。三仙女的神話，黑龍江虎爾哈部流傳的是古來傳說。長白山流傳的是晚出的，崇德元年（1636）纂修告成的《清太祖武皇帝實錄》似

可定爲三仙女神話起源於長白山的上限，康熙年間重修《清太祖高皇帝實錄》頗多修改潤飾。譬如「布庫里英雄」，重修本改爲「布庫里雍順」；布庫里英雄爲滿洲始祖，重修本改爲「滿洲開基之始」；「滿洲後世子孫俱以鵲爲祖」，重修本改爲「後世子孫俱德鵲」。

　　康熙十六年（1677）、二十三年（1684）、五十一年（1712），康熙皇帝先後派遣大臣到長白山尋找祖先的發祥地。布庫里山，當地人叫做紅土山。布爾瑚里，池圓形，當地人稱爲圓池，位於安圖縣最南端。可能是在康熙年間將圓池定名爲「天女浴躬池」，並在圓池西南側豎立了「天女浴躬碑」一座，終於確定了滿洲先世的發祥地。清太宗皇太極把原在黑龍江地區女眞人流傳的三仙女神話，作爲起源於長白山一帶的歷史。康熙皇帝進一步將黑龍江女眞人故鄉的地名移到長白山，將紅土山改稱布庫里山，將圓池改稱布爾瑚里池，這是女眞人由北而南逐漸遷徙的結果。三仙女神話傳說的變遷，在一定程度上反映了滿洲早期的歷史發展進程。

女眞騎馬武士雕刻，磚質，縱 32 公分，橫 31 公分，山西侯馬董明墓出土。墓磚上雕刻的武士身披甲胄，舉手鞭策戰馬飛奔，是金代女眞人尚武精神的形象反映。

（滿文，略）

滿洲源流

滿洲原起于長白山之東北布庫里山下一泊名布爾瑚里初天降三仙女浴于泊長名恩古倫次名正古倫三名佛庫倫浴畢上岸有神鵲

啣一朱果置佛庫倫衣上色甚鮮妍佛庫倫愛之不忍釋手遂啣口中甫著衣其果入腹中即感而成孕告二妙曰吾覺腹重不能同升奈何二妙曰吾等曾服寸藥諒然

○一一

○一一

滿漢二體《滿洲實錄》，三仙女神話

城名內有三姓爭
漢息地名俄朶里
時長曰山東南俄
橋形獨語其上彼
折抑條為坐其似
於人居之處登岸
乘舟順流而下至
言訖怨不見其子
順水去即其地也

〇一四

〇一三

一詳說乃與一神
處將所生緣由一
以定亂國可往彼
曰天生汝實令汝
修闕長成母告子
生一男生而能言
遂別去佛庫倫後
闕身輕上升未晚
死理此乃天意佚

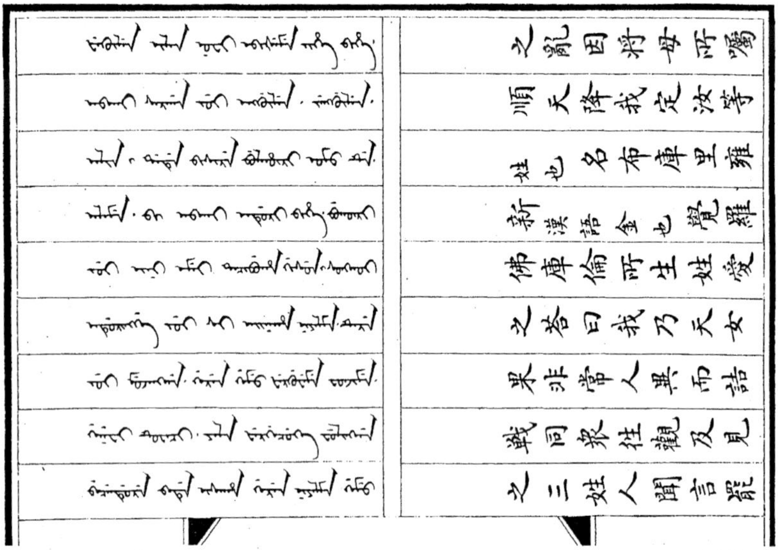

（滿文檔案書影，右側為滿文，左側對照漢文）

一〇六

之亂因將母所嚼
順天降我定汝等雍
姓也名布庫里雍
新漢語金也覺羅
佛庫倫所生姓愛
之苔曰我乃天女
果非常人黑布語
戰同報往觀及見
之三姓人聞言罷

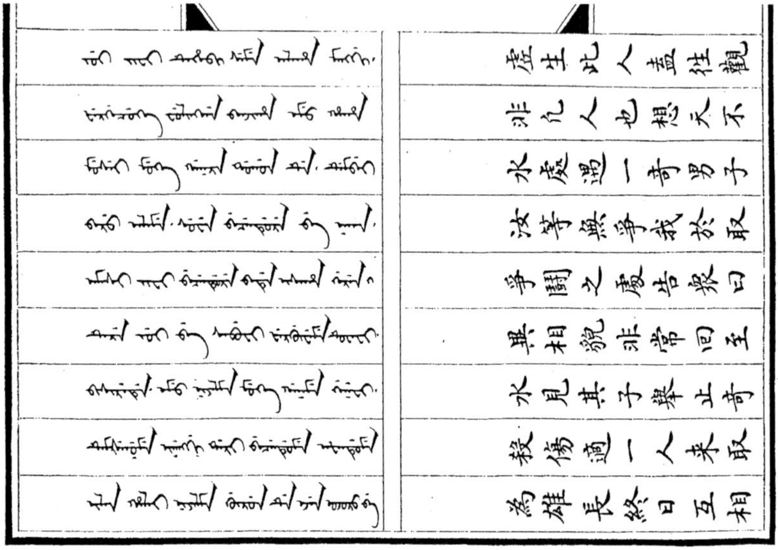

一〇五

虛生此人蓋往觀
非凡人也想天不
水處遇一奇男子
汝等無爭我於取
爭鬪之處吿報曰
其相說非常帝同至
水見其子舉止奇
較傷適一人來取
為雄長終日互相

一神鵲棲兒頭上
野後兵逐之會有
記察脫身去至曠
孫內有一幼兒名
攻破盡殺其闔族子
六月間將俄朵里
暴虐部屬遂叛於
歷數世後其子孫
是州

〇八

〇七

始祖也南朝誤名
國定號滿洲乃其
以百里女妻之其
布庫里雍順為主
三姓人息爭共奉
手為舉捧而回神
使之徒行遂相神
鵲異曰此人不可
之言詳告之報告

滿洲源流
滿洲原起於長白山之東北布庫哩山下一泊名布勒瑚里初天降三仙女浴於泊長名恩古倫次名正古倫三名佛庫倫浴畢上岸有

滿漢蒙三體《滿洲實錄》，卷一（局部）

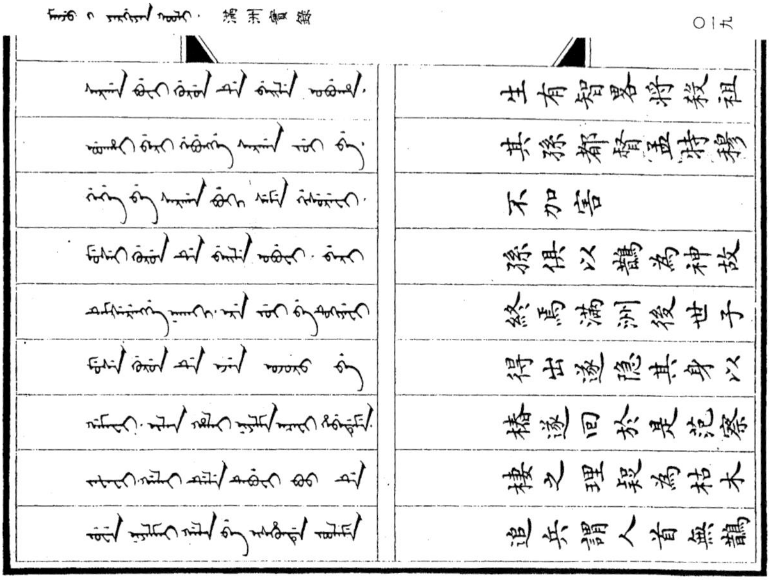
滿洲實錄
追兵謂人首無鵲棲之理疑為枯木椿遂回於是范察得出遂隱其身以終焉滿洲後世子孫俱以鵲為神故不加害
其孫都督孟特穆生有智畧將殺祖

一代皇后
——永福宮莊妃本布泰的故事

史料和史學，關係密切，沒有史料，便沒有史學。史料有直接史料和間接史料的分別，檔案是一種直接史料，歷史學家充分運用檔案，比較公私記載，作有系統的排比、分析，使歷史的記載和客觀的事實，彼此符合，方可稱爲信史。國立故宮博物院現藏清代檔案，品類繁多，足資考證之

用。雖然說歷史歸歷史，戲劇歸戲劇，不過歷史戲劇和歷史教學如能相輔相成，就可以提高學習效果。但當歷史被改編成戲劇時，往往加入太多的杜撰虛構，偏離史實，與歷史教學背道而馳，對學習效產生了負面的影響，以歷史爲題材改編電視劇時，固然要提高收視率，同時更要對歷史事件進行考證，以免對觀眾造成誤導作用。

五宮並建　蒙古歸心

　　明代蒙古科爾沁部，地處嫩江流域，在蒙古察哈爾部的東北。清太祖努爾哈齊崛起後，為了加強對科爾沁的聯盟，他本人及其諸子多從科爾沁娶后納妃。當時蒙古的經濟、文化等方面的發展，較高於滿洲，因此，不論是努爾哈齊本人或皇太極諸貝勒，都願意娶既貌美，又有一定文化素養的蒙古公主為后妃。明神宗萬曆四十二年（1614）六月初十日，科爾沁扎爾固齊貝勒莽古思送其女哲哲給努爾哈齊的第八子即四貝勒皇太極為妻，哲哲芳齡十五歲。皇太極親迎至輝發部扈爾奇山城，大宴成婚。天命十年（1625）二月，科爾沁貝勒寨桑之子吳克善台吉親送其二妹本布泰給皇太極為妻，皇太極親迎至瀋陽北岡，本布泰芳齡十三歲。本布泰將至瀋陽，努爾哈齊率諸后妃貝勒等出迎十里，入城後，為皇太極和本布泰舉行了隆重的婚禮，可見努爾哈齊對這門親事的重視。

　　天命十年（1625）三月，努爾哈齊遷都瀋陽，改稱盛京。天命十一年（1626）正月，努爾哈齊親率大軍十三萬進攻寧遠城，戰況激烈，被紅夷砲炸傷的並非努爾哈齊。同年七月，努爾哈齊因病到清河溫泉治療。八月十一日，因背疽突然惡化，崩於瀋陽東四十里的靉雞堡。中視公司徐斌揚先生所編《一代皇后大玉兒》劇本說寧遠城守將袁崇煥的紅衣砲打中了奔馳中的努爾哈齊。由於砲彈的碎片都嵌在努爾哈齊的背上，傷勢嚴重，所以收兵回師的行程極為緩慢，到達靉雞堡時，不治身故。其實，從瀋陽行軍到寧遠城，大約只需九天的時間，劇中竟走了七個多月，終於一眠長逝，真是令人費解。

　　滿洲社會的舊俗，所有嫡子，不拘長幼，都有繼承汗位的權

利。在努爾哈齊所生的十六子之中，可稱為嫡子的，只有四位大福晉所生的八個兒子；即元妃佟佳氏所生的長子褚英、次子代善；繼妃富察氏所生的五子莽古爾泰、十子德格類；中宮皇后葉赫納喇氏所生的八子皇太極；大妃烏拉納喇氏所生的十二子阿濟格、十四子多爾袞、十五子多鐸。長子褚英於萬曆四十三年（1615）八月因罪被處死。努爾哈齊臨終前，並無立皇太極的遺訓，但因當時多爾袞年幼，代善寬厚，皇太極智勇兼備，兵權在握。代善的兒子岳託、薩哈廉，努爾哈齊的姪兒濟爾哈朗，莽古爾泰同母弟德格類等人都是皇太極的心腹。薩哈廉母親的祖父布寨是皇太極生母葉赫納喇氏的堂兄，屬於葉赫納喇族系的人，都支持皇太極，當代善向諸貝勒提議推舉皇太極時，諸貝勒都欣然同意，皇太極遂繼承了汗位。《一代皇后大玉兒》劇中將大妃烏拉納喇氏誤作「烏那拉大妃」，又說努爾哈齊生九子，除了多爾袞與多鐸，其餘都是葉赫氏所生。倘若努爾哈齊只生九子，劇中又為何稱多爾袞為十四叔呢？真是匪夷所思。

　　天聰是皇太極在位期間的第一個年號，天聰七年（1633），科爾沁貝勒寨桑次妃等人到盛京皇宮朝見，備受皇太極的盛情款待。皇太極久聞本布泰大姊即次妃長女海蘭珠的溫文爾雅、端莊秀美，決定納為妃。天聰八年（1634）十月，吳克善

清太宗皇太極御用鹿角椅

親送海蘭珠到盛京，皇太極設大宴迎娶，海蘭珠時年二十六歲。另外兩位蒙古福晉是察哈爾林丹汗的妻子，林丹汗兵敗遁走，死於青海大草灘。天聰八年（1634）八月，林丹汗竇土門福晉巴特瑪璪率領所部投奔皇太極，皇太極把她納入宮中。天聰九年（1635）三月，林丹汗多羅大福晉娜木鐘率領部眾歸順皇太極，皇太極也把她納入宮中。

滿洲舊俗，宮闈之中並無位號等級，只有大福晉和小福晉的分別。所謂福晉，《清史稿‧后妃傳》說是「可敦」的轉音。其實，福晉是滿洲語「ᡶᡠᠵᡳᠨ」（fujin）的音譯，是妻子或貴婦的意思，即漢語「夫人」的轉音。天聰十年（1636）四月，皇太極改大金國號為大清，改元崇德，群臣上尊號為寬溫仁聖皇帝。崇德元年（1636）七月初十日，皇太極在盛京崇政殿舉行冊立后妃大典。國立故宮博物院珍藏舉世聞名的《滿文老檔》原檔，共四十大本，其中原編日字檔，以高麗箋紙用新滿文書寫，原檔中詳細記錄了冊封后妃的經過。根據原檔的記錄，科爾沁貝勒莽古思之女哲哲（jeje）被封為清寧宮中宮皇后。這是清代史上以正式大典冊立的第一個皇后，卒後諡號孝端文皇后。科爾沁貝勒寨桑長女海蘭珠（hairanju）被封為東宮宸妃，住在關雎宮，取《詩經》「關關雎鳩，在河之洲」之義。東宮宸妃賢慧秀美，位居各妃之首，其地位僅次中宮皇后，她就是清代史上的敏惠恭和元妃。海蘭珠的妹妹本布泰（bumbutai）被封為西宮永福宮莊妃。寨桑貝勒是中宮皇后的兄弟，海蘭珠、本布泰是寨桑的女兒，就是中宮皇后的親姪，姑姪三人嫁給了皇太極，莊妃本布泰就是清代史上赫赫有名的孝莊文皇后。林丹汗的妻子巴特瑪璪（batma dzoo）被封為東宮衍慶宮淑妃，娜木鐘（namjung）被封為西宮麟趾宮貴妃。以上五宮后妃，都是清一色的蒙古婦女，這就是史

書上所說的崇德五宮。螽斯嗣徽，壼化肅雍，正是所謂「一朝選在君王側，從此宮闈繫君德」。

崇德五宮后妃的冊封，就是滿蒙統治階層在政治、經濟、軍事上互相合作的具體表現。滿蒙聯姻，目的在於爭取和鞏固滿蒙聯盟。科爾沁始終是皇太極最忠實的一支盟軍。在皇太極的一后四妃中，有三位出自蒙古科爾沁部，而且處於貴寵的地位。這五位蒙古族的后妃，婚後與皇太極一直很和諧，莊妃本布泰端莊仁孝又謙恭，並沒有婚外情。五宮並建，位號既明，等威漸辨，果然新附蒙古部眾無不踴躍歡慶。現藏《滿文老檔》原檔，清楚地記載著崇德五宮后妃的芳名，文獻足徵，乾隆年間重抄《滿文原檔》時，在重抄本崇德朝第二十冊中加貼滿文簽條，刪略其芳名，改書父系氏族之名稱。例如莊妃的本名，原檔新滿文寫作「ᠪᡠᠮᠪᡠᡨᠠᡳ」，讀如「bumbutai」，漢字音譯作「本布泰」，是根據滿文讀音譯出漢字。乾隆年間重抄時，在本布泰芳名上簽注改書「borjigit」（博爾濟吉特氏）字樣，從此五宮后妃的本名就被壓在這小小的素紙簽條下達二百多年之久。《一代皇后大玉兒》連續劇中的宸妃海蘭，應作「海蘭珠」，可惜一字之差。劇中主角莊妃本名叫做本布泰，「大玉兒」一名，出自杜撰，於史無徵。本布泰的姑媽哲哲於 1614 年嫁

清世祖福臨朝服像

給皇太極，1625 年，本布泰嫁給皇太極，先後相差十一年。劇中安排大玉兒隨著姑媽陪嫁而入清室宮闈中，劇中端妃說大玉兒與多爾袞是青梅竹馬，早已心心相印，而被皇太極橫刀奪愛。劇情偏離史實，錯得離譜。

輔立幼主　皇父攝政

　　關睢宮宸妃海蘭珠生前，寵冠五宮。崇德二年（1637）七月，宸妃生下皇八子，皇太極十分高興，就在大政殿頒佈了大赦令，把皇八子視為皇儲。遺憾的是在次年正月，皇八子生後不足一年就患天花夭折了。崇德六年（1641）九月，宸妃海蘭珠一病不起，與世長辭，皇太極悲不自勝。《一代皇后大玉兒》劇中敘述宸妃海蘭懷孕後，四公主帶了松花江的四鰓鱸魚去探望宸妃，宸妃吃後身子不適，當御醫趕去的時候，已保不住胎兒，只能硬把已成形的胎兒取了出來，宸妃差一點連命都不保。宸妃被下毒而流產，純屬虛構，是不查《清史稿‧后妃列傳》之失。

　　永福宮莊妃本布泰，是崇德五宮后妃中最年輕的一位，她在天聰三年（1629）生皇四女固倫雍穆格格，天聰六年（1632）生皇五女固倫淑慧格格，天聰七年（1633）生皇七女固倫瑞獻格格。她們分別嫁給蒙古弼爾塔哈爾、色布騰、鏗吉爾格等王公。《一代皇后大玉兒》劇中未安排幾位格格的角色，美中不足。崇德三年，相當於西元 1638 年，不是 1639 年。崇德三年正月三十日，莊妃本布泰誕育皇九子福臨，皇太極就是福臨的生父，中外史學界從來沒有任何人對福臨的生父產生過懷疑。劇中敘述大玉兒對肚子裡的小生命充滿了喜悅，自己不但快要初為人母，而且這是個銘心刻骨的愛情結晶，唯一可惜的是孩子的爸爸竟無法知道，而且永遠無法知道。當多爾袞死後，大玉兒才告訴福臨說

道：「身為皇
上，總要對人仁
厚，任何事，人
死了也該了了，
何必再苦苦追
究？何況你要知
道，多爾袞是你
的生父！」劇
中情節，懸疑荒
誕，不合史實，
不能從善意解釋
歷史，給觀眾帶來了誤
導作用，也給滿蒙先人
帶來了傷害。

盛京大政殿

盛京崇政殿

　　崇德八年（1643）
八月初九日夜亥刻九點
至十一點，皇太極突然
崩殂。《大清太宗實
錄》記載說皇太極無疾
端坐而崩，《東華錄》
也說「上御崇政殿，回
宮，是夜亥刻，無疾坐
南榻而崩，在位十七
年，壽五十二。」黎東
方教授著《細說清朝》
指出「他的死，有點蹊

盛京清寧宮

蹺。無疾兩字，見於清朝的官方文告。是誰謀害了他呢？」李洵
教授等主編《清代全史》進一步說明後世對皇太極之死，主要有
兩種推測：一種說法認為皇太極之死是否是一種政治陰謀的結
果；另一種說法認為皇太極是因得病而暴卒的，皇太極在松錦之
戰前夕，就已得鼻出血之症，但此病早已痊癒，不當謂其猝死與
鼻出血有關。據朝鮮《承政院日記》記載，「八月初八日，皇帝
迎婿設宴，世子及大君入參，終夕而罷。初九日夜，皇帝暴
崩。」《仁祖實錄》記載，「清人言於世子館所，以為皇帝病風
眩，願得竹瀝，且要見名醫。上命遣鍼醫柳達、藥醫朴頵等。」
竹瀝是一種竹油，主要功效為化痰去熱，止煩悶。對照朝鮮兩種
記載，皇太極可能因患風眩病，因腦充血而突然駕崩。《一代皇
后大玉兒》劇中敘述皇太極因福臨不肯用膳，血氣沖上腦門，鼻
病又發作，血流如注，還想親手砍死福臨，太監潤福上前攔阻，
回身反手切向皇太極的後頸，因用力過了頭，皇太極倒了下去，
頸脈停止了跳動，就這樣薨於熱河行宮。福臨生於 1638 年，皇
太極崩於 1643 年，福臨只是六歲。劇中敘述皇太極帶了潤福及
福臨到熱河行宮去養病，離他接天聰皇帝之位正好是第十六年，
福臨也已十二歲了。劇中所述福臨十二歲，當在順治六年
（1649），皇太極仍健在，福臨仍未登基，令人不解。潤福一
名，純屬杜撰，失手打死皇帝，更是千古奇聞。

　　皇太極生有十一子，長子豪格，曾任戶部大臣，封肅親王，
皇九子即福臨，其餘諸子皆默默無聞。皇太極崩殂後，盛京朝廷
爆發了一場皇位爭奪戰。李光濤先生撰〈多爾袞擁立幼帝始末〉
一文指出當時多爾袞擁有兩白旗、一正藍旗的力量，會議中沒有
多爾袞的發言，是不能決定的，豪格因為沒有多爾袞的保證，所
以不能不退讓，代善因為沒有多爾袞的贊同，所以也不能堅持自

己的意見。多爾袞同母兄阿濟格原有爭立之意，但在這必須立帝之子的局面下也就不得不放棄。多爾袞把握了這個有利形勢，便完全消除了豪格繼承帝位的可能性，一方面擁立六歲的小皇帝福臨，以滿足兩黃旗將領的願望，一方面以分掌其半的權利來誘致鄭親王濟爾哈朗的合作，六歲的福臨便順理成章的被推上了寶座。

　　繼位問題雖然解決，但諸貝勒多以立稚兒為非，稱病不朝，對盛京朝廷造成了極度的不安。明思宗崇禎十七年，歲次甲申，順治元年（1644）三月，李自成攻陷北京，給與滿洲坐享漁人之利的機會。根據《朝鮮實錄》的記載，多爾袞率領大軍進入北京城時，嚴禁殺掠，「都民燃香拱手，至有呼萬歲者，城中大小人員及宦官七八千人，亦皆投帖來拜。」滿洲入關，以睿親王多爾袞居首功，於是威權獨隆，由叔父攝政王加封為皇叔父攝政王，後來又晉封為皇父攝政王。這種稱號為歷代所罕見，張煌言《奇零草》諷刺太后大婚，以為皇父字樣一定與孝莊太后下嫁多爾袞有關，把皇父當作繼父。《清宮遺聞》作者小橫香室主人認為「孝莊皇后下嫁睿親王，以國母之尊，竟以嫂嫁叔，不以為嫌，中國有史以來所未有也。」《清代通史》作者蕭一山先生認為「滿洲風俗，凡娶繼母、伯母、嬸母、兄嫂、弟婦、侄婦，均不禁。多爾袞納豪格妃，即侄婦也；福臨奪董鄂妃，即弟婦也，孝莊后寧不能為其子以紆尊降貴乎？」稗官野史傳說大學士范文程疏稱：「皇上既視王若父，今不可使父母異居，宜請王與皇太后同宮。」史臣乃書於策曰皇太后下嫁攝政王。順治皇帝親自頒發恩詔說：「太后盛年寡居，春花秋月，悄然不怡。朕貴為天子，以天下養，乃獨能養體，而不能養志，使聖母以喪偶之故，日在愁煩抑鬱之中，其何以教天下之孝？皇叔攝政王現方鰥居，其身分容貌，皆為中國第一人，太后頗願紆尊下嫁。朕仰體慈懷，敬

謹遵行，一應典禮，著所司豫辦。」

　　所謂娶兄嫂弟婦均不禁云云，其實是一種轉房制度，滿洲、蒙古雖有轉房制度，但不能因此推論孝莊皇太后必然下嫁多爾袞。同時代的朝鮮君臣和任職於欽天監的德國籍耶穌會士湯若望都隻字未提及太后下嫁一事，孟森先生撰《太后下嫁考實》一文列舉史料後指出太后下嫁出自文人聯想，並無史實根據。陳捷先教授撰〈多爾袞稱皇父攝政王研究〉一文從滿洲舊俗及滿文含義來看，皇父並非家庭中子輩對父輩的稱號。叔父攝政王，其階高於親王一等，非以親以齒，皇父也是一種崇功的稱號。鄭天挺先生撰〈多爾袞稱皇父攝政王之臆測〉一文指出多爾袞稱皇父攝政王實在是當時有功者最高的爵秩，絕無其他不可告人的隱晦原因。李光濤先生認為皇父與太上皇三字相合，蓋因多爾袞對福臨原以兒皇帝視之，故自稱皇父攝政王。多爾袞擁立六歲的兒皇帝，自己居其實而不居其名，可以省多少事。耶穌會士湯若望已指出「多爾袞（阿瑪王）以那個娃娃皇帝的名義號令中國，他狂妄地自詡為皇帝和國家的父親。」所謂娃娃皇帝，就是兒皇帝，所謂皇父，不僅是兒皇帝之父，而且也是國家之父，但不論是皇父或國父，都不是家庭中子輩對父輩的倫常稱謂。客觀的歷史研究，必須抱著「有幾分證據說幾分話，有七分證據不能說八分話」的態度，才可以使記載的歷史儘可能接近真實的歷史。民間雖有太后下嫁的傳說，但觀眾不能因為傳說新奇神秘而相信它是歷史，甚至輾轉騰謗。宮禁森嚴，男女分際謹嚴，努爾哈齊繼妃富察氏曾因夜訪代善而獲罪，同時使其子莽古爾泰從此喪失了繼承汗位的機會，代善所領鑲紅旗也因此被奪，只領正紅旗。《一代皇后大玉兒》劇中的多爾袞與莊妃情話綿綿，朝思暮想。多爾袞不分晝夜，隨時出入后妃後宮，甚至另築香巢，微服幽會，實

爲滿洲舊俗所不許，莽古爾泰亦曾當眾羞辱過皇太極。有一天的夜晚，多爾袞私入永福宮，福臨隨太監吳良輔悄悄到了永福宮，戳破紙窗，往裡一瞧，「一幕活生生的春宮圖赫然映入眼簾。」劇本中對多爾袞的穢亂宮廷，莊妃不甘寂寞，淫蕩無恥，渲染得淋漓盡致，歪曲歷史，有失厚道。

福臨親政後，其施政方針，仍沿襲多爾袞政策，用人行政，多藉重漢人。在位期間，行一條鞭法，革除橫徵，降低稅率，清理刑獄，嚴定治贓條例，治績頗有表現。德人恩斯特‧斯托莫（Ernst Sturmer）著《通玄教師湯若望》一書引用德國所藏文獻後指出福臨的性格說：「他的早熟程度不僅遠遠超過其實際年齡，而且超過了同齡的孩子們。他很聰明、正直和善良，但秉性多愁善感。這個草原兒子的天性酷愛狩獵，在皇家那野物豐富的獵場上，他能自如地挽弓射中飛奔的兔子。」《一代皇后大玉兒》劇中的福臨毫無草原天性，董小宛非董鄂妃，劇中混爲一人，穿鑿附會。據《宮史》記載，內監吳良輔交通內外官員，作弊納賄，雖未窮究，福臨亦非愛而不知其惡，究與明代縱容宦官不同。福臨好佛，也優遇耶穌會士，順治十八年（1661）正月初七日，崩於天花，並非出家爲僧，民間傳說，不當遽爾輕信。

在崇德五宮之中，永福宮莊妃扮演了最令人矚目的角色，她歷經三朝，輔立過兩位幼主。皇太極在位期間，端莊賢淑，相夫教子。在順治朝稱爲皇太后，由多爾袞攝政，輔佐幼主，度過危機。在康熙朝稱爲太皇太后，周旋於四大輔政權臣之間。崩於康熙二十六年十二月，享年七十六歲（1613-1688），一生聰明機智，善於運用謀略，在誅除權臣鰲拜、平定三藩之亂的過程中，充分表現出她知人善任以及應付突發事件的卓越才能，對穩定清初的政治局面有著重要的貢獻。

清世宗雍正皇帝讀書像

正大光明
——雍正皇帝繼位的傳說

小説歸小説，歷史歸歷史

　　《禮記》所載天子后妃的人數，包括六宮、三夫人、九嬪、二十七世婦、八十一御妻，惟除有名數以外，其他使喚的宮人婦女，卻以數千計。據史書記載，三國時代的吳國君主孫皓即位後，奢侈失政，後宮婦女多達五千餘人，晉武帝司馬炎篡魏後，也有五千宮女，平定孫皓後，又得到宮女五千餘人，合計後宮一萬餘人，同時並寵的妃嬪眾多，晉武帝每天莫知所往，常乘羊車，聽其來去，羊車停留的宮殿，就是宴寢過夜的地方。羊喜吃竹葉，舐食鹹味，宮女爭相取竹葉插戶，以鹽汁灑地而引帝車①。

　　唐太宗是唐代的令主，他一次遣散的宮人婦女多達三千人，但留在宮中的婦女至少也還有數千人。明代的宮女亦屈指難數，後宮的費用，每年計銀百萬兩以上。清代康熙年間，除慈寧、寧壽等宮外，乾清宮妃嬪以下使喚的老嫗及灑掃的宮女共計一百三十餘人，人數之少，為歷代所罕見，但清聖祖皇子眾多，亦為歷代所罕見。《清史稿・后妃傳》的記載，清聖祖的后妃嬪貴人等有姓氏可查者共三十二人，即：孝誠仁皇后赫舍里氏、孝昭仁皇后鈕祜祿氏、孝懿仁皇后佟佳氏、孝恭仁皇后烏雅氏、敬敏皇貴妃章佳氏、定妃萬琉哈氏、通嬪納喇氏、惇怡皇貴妃瓜爾佳氏、貴妃佟佳氏、太妃王氏、太妃陳氏、嬪高氏、嬪色赫圖氏、嬪石氏、嬪陳氏、嬪陳氏、貴妃鈕祜祿氏、惠妃納喇氏、宜妃郭格羅

氏、榮妃馬佳氏、成妃戴佳氏、良妃衛氏、平妃赫舍里氏、端嬪
董氏、貴人兆佳氏、郭絡羅氏、袁氏、陳氏、庶妃鈕祜祿氏、張
氏、王氏、劉氏等，以上后妃嬪貴人等共生子三十五人，除因殤
不齒序的十一人外，其餘皇子計二十四人，即：皇長子胤禔、皇
二子胤礽、皇三子胤祉、皇四子胤禛、皇五子胤祺、皇六子胤
祚、皇七子胤祐、皇八子胤禩、皇九子胤禟、皇十子胤䄉、皇十
一子胤禌、皇十二子胤祹、皇十三子胤祥、皇十四子胤禵、皇十
五子胤禑、皇十六子胤祿、皇十七子胤禮、皇十八子胤祄、皇十
九子胤禝、皇二十子胤禕、皇二十一子胤禧、皇二十二子胤祜、
皇二十三子胤祁、皇二十四子胤秘。

　　皇子，宮中習稱「阿哥」（age），大阿哥即皇長子胤禔爲
惠妃納喇氏所生，並非嫡出。孝誠仁皇后赫舍里氏生二子：康熙
八年（1669）十二月十二日，生承祐，因殤不齒序；康熙十三年
（1674）五月初三日，清聖祖二十一歲，赫舍里氏生二阿哥即皇
二子胤礽（in ceng），是爲嫡長子，同日，赫舍里氏崩逝，享年
二十二歲。康熙十四年（1675），清聖祖年方二十二歲，皇二子
胤礽年僅二歲，是年十二月十三日，沿襲歷代立嫡立長的傳統習
慣，正式冊立爲皇太子，正位東宮。

　　皇二子胤礽經冊立爲皇太子後，清聖祖加意教育，舉凡經史
騎射，無不躬親訓誨「仁以育之，義以訓之」，俾成一代令主。
但皇太子胤礽，日益驕縱，其服御諸物，及一切儀注，與皇帝無
異，其飲食陳設，較之清聖祖則有過之而無不及，皇太子胤礽侍
衛眾多，要結朋黨，竟欲窺伺乘輿。朝鮮提調李頤命曾指出「太
子性甚悖戾，每言古今天下，豈有四十年太子乎，其性行可
知②。」康熙四十七年（1708）九月初四日，清聖祖以胤礽放縱
乖戾，瘋狂成疾，而廢黜皇太子。次年三月初十日，以胤礽狂疾

漸癒，復立爲皇太子。滿漢大臣見清聖祖年齒漸高，紛紛趨附皇太子，以致皇帝與皇太子之間形成了壁壘，康熙五十一年（1712）九月二十日，又再度廢黜皇太子，拘執看守。皇太子被禁錮期間，滿漢大臣相繼保舉諸皇子，清聖祖俱不以爲然。康熙五十二年（1713）二月初二日辰時，清聖祖御暢春園內澹寧居聽政，諭大學士等云：

> 趙申喬上疏，皇太子乃是國本，應行冊立。朕自幼讀書，凡事留意，纖悉無遺，冊立皇太子大事，豈有忘懷之理？但關係甚大，有未可輕立者。昔立皇太子時，索額圖懷私倡議，凡皇太子服御諸物，俱用黃色，所定一切儀注，與朕無異，儼若二君矣！天無二日，民無二王，驕縱之漸，職是之故，索額圖誠本朝第一罪人也。《大清會典》所載皇太子儀注，應酌古準今，裁度定議。又曰：宋仁宗三十年未立太子，我太祖皇帝並未立皇太子，後諸王貝勒大臣奉太宗皇帝即位，太宗皇帝亦未立世祖皇帝爲皇太子。漢唐以來，太子幼沖，值人君享國日淺，尚保無事，若太子年長，其左右群小，結黨日久，鮮有能無事者。人非聖人，誰能無過，安得有克盡子道如武王者？今眾皇子學問見識不後於人，但俱長成，已經分封，其所屬人員，未有不各庇護其主者，即使立之，能保將來無事乎？此福亦非易享。伊等並無冀望之心，如果有冀望之心，則不堪矣！爲君難，爲臣不易，古來人君窮兵黷武者有之，崇尚佛老者有之，任用名法者有之。朕御極五十餘年，朝乾夕惕，上念祖宗遺緒之重，下念臣民仰望之殷，乾綱獨斷，柔遠能邇，體恤臣庶，毫無私心。當吳三桂叛亂時，已失八省，勢幾危矣！朕灼知滿漢蒙古心性，各加任用，勵精圖

治，轉危爲安，今幸無敵國外患，亦云能守矣！欲立皇太子，必能以朕心爲心者方可，豈宜輕舉，即臣僚爲國爲民，念茲在茲，先憂後樂者，實不易得。觀今之居官者，祇如翰苑通套文章，全無實際，太子之爲國本，朕豈不知，本一不正，關係非輕，朕將胤礽從幼教訓，並未知撞人詈人，迨後長成，變爲暴虐，無所不爲，不知忠孝，不識廉恥，行事乖戾，有不可言者矣！追維其故，皆由風狂成疾迷惑所致，此疾有二十餘載矣！如人醉後傷人，醒時未有不悔者，今似長醉不醒，所爲過惡，身不自知，命伊讀書寫字，輒蹶然而起，且伊之儀表及學問才技，俱有可觀，今一至於此，非風狂而何？自廢而復立以來，六年之中，朕加意教訓，心血耗盡，鬚白身衰，朕始終望其瘳愈，並非有意另立而廢之也，若有此心，前豈肯廢而復立乎？父子之間，不責善，責善則離，離則不祥莫大焉！人莫知其子之惡，莫知其苗之碩，溺愛者不明，貪得者無厭，父之於子，嚴不可，寬亦不可，誠爲難事，如朕方能處置得宜。爾諸大臣俱各有子，凡人教子，常在幼時，及至長成，各有朋類，各有作爲，至此不復能拘束矣！上取趙申喬奏摺授大學士溫達曰：立皇太子一事，未可輕定，前事已誤，今若輕舉再誤，將若之何？欲明示朕意，故集爾眾大臣諭之，將此摺發還③。

前引諭旨指出皇太子胤礽行事乖戾，性行暴虐，不知忠孝，不識廉恥，皆由瘋狂成疾心性迷惑所致，不得已立而復廢，皇太子既廢，遂無意再立儲君。清聖祖又指出清太祖並未立皇太子，諸王貝勒大臣奉皇太極即位，清太宗亦未立世祖皇帝，清聖祖深悔立皇太子之誤，因此不欲另立皇太子，以免輕舉再誤。皇二子

胤礽一方面由於驕縱僭越，清聖祖已忍無可忍，遂不得不廢儲，另一方面由於諸皇子多已長成，各結黨類，互相傾陷，在皇九子胤禟教書的漢人詞臣秦道然稱「二阿哥未廢之時，允禟常向我說二阿哥的過失，因二阿哥待他和允禩、允䄉三個人不好，所以同心合謀，有傾陷東宮希圖儲位之意④。」由此可知皇二子胤礽的種種過失，諸皇子傾陷之語居多。

皇太子被廢以後，皇子們個個都有帝王夢，彼此樹黨暗鬥，以角逐皇位。皇八子胤禩「丰神清逸，福壽綿長，後必大貴。」皇九子胤禟自稱相貌有帝王體，他曾說：「我初生時，有些奇處，妃娘娘曾夢日入懷，又夢見北斗神降。」秦道然是胤禟的老師，據秦道然說：

> 胤禟曾向我說，當日妃娘娘懷娠之日，身子有病，病中似夢非夢，見正武菩薩賜以紅餅，狀如日輪，令妃娘娘喫了，果然病癒胎安。又說我幼時耳後患癘甚危，已經昏迷，忽聞大聲一響，我開眼時見殿樑間金甲神圍滿，我的病就好了，這俱像是我的瑞兆。

孝恭仁皇后烏雅氏生三子：康熙十七年（1678）十月三十日生四阿哥即皇四子胤禛；十九年（1680）二月初五日生六阿哥即皇六子胤祚，五年後卒；二十七年（1688）正月初九日酉時生十四阿哥即皇十四子胤禎，胤禛與胤禎的年齡相差九歲。清聖祖對《起居注冊》記載清聖祖對皇四子的評語云：「朕于阿哥等留心視之已久，四阿哥為人輕率⑤。」皇太子胤礽第二次被廢拘禁後，諸皇子中以皇八子胤禩的勢力最為雄厚，皇九子胤禟為其黨羽。惟因胤禩平日不遵旨戒酒，每於醉後打人，胤禩書法欠佳，清聖祖命其每日書寫十幅呈覽，胤禩每託人代寫，其母為辛者庫出身，地位較低，胤禩自幼「心高陰險」，清聖祖惡之甚深，所

以當王鴻緒、揆敘等合詞保舉胤禩時，遂大忤聖祖之意。胤禩既失寵於聖祖，胤禟等乃轉而結納皇十四子。

皇十四子的八字是「戊辰甲寅癸未辛酉」，雖非「元武當權」，然而才略兼備，「聰明絕世」。同知何圖曾供出「允禟對人說，允禵才德雙全，我弟兄們內皆不如，將來必大貴。」康熙五十七年（1718）十月十二日，皇十四子年三十歲，正當血氣方剛之時，清聖祖以準噶爾的勢力猖獗，屢侵邊境，特命皇十四子為撫遠大將軍。孟森先生撰〈世宗入承大統考實〉一文認為此舉為清聖祖授予立功機會，以建立其聲望，既降大任，已有擬為儲貳之意⑥。當皇十四子出兵的時節，胤禟說「十四爺現今出兵，皇上看的也很重，將來這皇太子一定是他⑦。」皇十四子起程前，胤禟日至其家，二三更方回，「所商之事，總是要允禵早成大功，得立為皇太子。」皇十四子臨行時曾囑咐胤禟，若皇父但有欠安，就早早帶一個信給他。傳說因皇十四子的面貌酷肖清聖祖，所以特見鍾愛，任命十四皇子為撫遠大將軍，或許就是冊立皇十四子為皇太子的預備行動⑧。

康熙六十一年（1722）十一月十三日，清聖祖崩殂，皇四子胤禛竟入承了大統，改翌年為雍正元年，胤禛就是雍正皇帝，皇十四子的帝王夢卻成了空，當時京中及各省都議論紛紛，宣稱皇四子胤禛的得位是矯詔篡奪。

《大義覺迷錄》對雍正皇帝的繼位，記載了很多的謠傳。三藩之亂後，耿精忠被發配東北三姓地方，耿精忠之孫耿六格曾說：「聖祖皇帝在暢春園病重，皇上就進一碗人參湯，不知何如？聖祖就崩了駕，皇上就登了位。」好像康熙皇帝的崩殂是被雍正皇帝在人參湯裡下毒害死。其實，康熙皇帝是反對吃人參的。康熙三十八年（1699）九月間，大學士李天馥肚腹泄瀉，病

情嚴重。康熙皇帝對大學士伊桑阿說，南方人一病不支者，俱係動輒服用人參之故。南方人好補，來北方後停食未消，復加補劑，自應作瀉。康熙五十一年（1712）六月十六日，江寧織造曹寅到揚州料理刻書工作。七月初一日，曹寅感受風寒，臥病數日，轉成瘧疾。康熙皇帝在李煦的奏摺上批示諭旨說：「南方庸醫每每用補劑而傷人者，不計其數，須要小心，曹寅元肯吃人參，今得此病，亦是人參中來的。」大學士李光地奏聞染患瘡毒。原摺奉硃批：「坐湯好，須日子多些纔是。爾漢人最喜吃人參。人參害人處，就死難覺。」病人氣色不好，大都為服用補藥。亂服人參，有害身體。康熙皇帝曾因生病，御醫百斯裡用人參，使病情加重，御醫受了重罰，永遠不准他替人治病。康熙皇帝平日如此反對服用人參，雍正皇帝怎麼會端人參湯給生病的康熙皇帝喝呢？耿六格的說法，是漢人的聯想，不可信。

　　耿六格被發配東北三姓地方時，八寶家中有太監于義、何玉柱向八寶妻子談論說：「聖祖皇帝原傳十四阿哥允禵天下，皇上將十字改為于字。」雍正皇帝弒父矯詔篡位成了許多人談論的新聞。朝鮮君臣對雍正皇帝得位的合法性，也是抱持著懷疑的態度。

　　曾靜在湖南時，有人傳說「先帝欲將大統傳與允禵，聖躬不豫時，降旨召允禵來京，其旨為隆科多所隱，先帝殯天之日，允禵不到，隆科多傳旨，遂立當今⑨。」文人著作，幾乎異口同聲譴責雍正皇帝矯詔篡位。

　　《清史纂要》一書的記載，與耿六格所述相近，書中謂「聖祖疾甚，胤禛及諸皇子方在宮門問安，隆科多受顧命於御榻前，帝親書皇十四子四字於其掌。俄隆科多趨出，胤禛迎問，隆科多遽抹去其掌中所書十字，祇存四子字樣，胤禛遂得立⑩。」《清

史要略》所述較詳：

> 聖祖非傳位於胤禛，胤禛竊而襲之也。胤禛自少頗無賴，
> 好飲酒擊劍，不見悅於聖祖，出亡在外，所交多劍客力
> 士，結爲兄弟十三人，技皆絕妙；高者能鍊劍爲丸，藏腦
> 海中，用則自口吐出，夭矯如長虹，殺人於百里之外；次
> 者能鍊劍如芥，藏於指甲縫，用時擲於空中，當者皆披
> 靡，胤禛亦習其術。康熙六十一年冬，聖祖將赴南苑行
> 獵，會有疾，回駐暢春園，彌留時，手書遺詔，傳位十四
> 子，十四子胤禵也，賢明英毅，嘗統師西征，甚得西北人
> 心，故聖祖欲立之。時胤禛偕劍客數人返京師，偵知聖祖
> 遺詔，設法密盜之，潛將「十」字改爲「于」字，藏於
> 身，獨入侍暢春園，盡屏諸昆季，不許入內，時聖祖已昏
> 迷矣。有頃，微醒，宣詔大臣入宮，半晌無至者。驚見獨
> 胤禛一人在側，知被賣，乃大怒，取玉念珠投之，不中，
> 胤禛跪謝罪。未幾，遂宣言聖祖上賓矣。胤禛出告百官，
> 謂奉遺詔冊立，並舉玉念珠爲證，百官莫辨眞僞，奉之登
> 極，是爲雍正帝[11]。

前引文中亦謂清聖祖手書遺詔，傳位皇十四子，胤禛將
「十」字改爲「于」字，此說與耿六格所述相近，可能皆本於
《大義覺迷錄》。《清史纂要》說：「隆科多受顧命於御榻前，
帝親書皇十四子四字於其掌。俄隆科多出，胤禛迎問。隆科多遠
抹去其掌中所書「十」字，祇存「四子」字樣，胤禛遂得立。」
《清史要略》說聖祖在暢春園彌留時，手書遺詔，傳位十四子，
胤禛返回京師，偵知聖祖遺詔，設法密盜，暗將「十」字改爲
「于」字，謂奉遺詔冊立。

耿六格只說雍正皇帝將「十」字改爲「于」，並沒說遺詔放

在哪裡？許嘯天著《清宮十三朝演義》說遺詔放在正大光明匾額的後面，改詔之舉是出自隆科多之手。傳說中的聖祖遺詔藏置在哪裡？究竟是誰盜取的呢？許嘯天著《清宮十三朝演義》說：

看看到十一月底，天氣十分寒冷，皇帝睡在御床上，喘氣十分急迫，他自己知道不中用了，忙吩咐隆科多，把十四皇子召來。那隆科多早已和雍王預定下計策，奉了皇帝命令，只見皇帝早已進氣少，出氣多、當下隆科多，走出圍來，見圍門外擠了許多皇子、妃嬪，他便故意大聲喊道：「皇上有旨，諸皇子到圍，不必進內，單召四皇子見駕！」說罷，喚親隨的拉過自己的馬來，嘴裡說找四皇子去，快馬加鞭的去了。你道他真的去找尋四皇子麼？祇見他飛也似的跑進宮門，走到正大光明殿上，命心腹太監，悄悄的從匾額後面拿出那康熙皇帝的遺詔來，現成的筆墨，他便提起筆來，把詔書上寫著的傳位十四皇子一句，改做傳位于四皇子，改好以後，依舊藏在原處，悄悄的出了宮門，又飛也似的回到暢春園去。這時康熙皇帝氣厥過去幾回，到傍晚時候，纔慢慢的清醒過來，睜眼一看，床前有一個人跪著，雙手高高的捧著一杯參湯，口中連連喚著父皇，康熙皇帝模模糊糊，認做是十四皇子，便伸手過去摸他的臉，那雍王趁此機會，爬上床去，皇帝睜著眼端詳了半天，纔認出並不是十四皇子，乃是四皇子胤禛，不由他心頭一氣，祇喊一聲：「你好！」一口氣轉不過來，便死過去了。

天嘏著《滿清外史》說：「竊詔改竄之策，年羹堯實主持之。蓋胤禛之母，先私於羹堯，入宮八月，而生胤禛。」年羹堯成了呂不韋。其實，年羹堯（1679-1726）和雍正皇帝（1678-

1735）年齡相近，年羹堯比雍正皇帝小一歲，如何能和雍正皇帝
的母親烏雅氏私通呢？

朝鮮密昌君橵亦稱「雍正繼立，或云出於矯詔，且貪財，好
利，害及商賈⑫。」歸納各書的敘述，雖有詳略繁簡的不同，但
都一致指出清聖祖原傳位於皇十四子，皇四子胤禛矯詔，改
「十」字為「于」字或「第」字，使清世宗的入承大統合法化，
各書似乎來自同一源，即取材於《大義覺迷錄》，傳位皇十四子
的流言，似乎由於諸皇子席夢成空後造作蜚語而起的，攻擊皇四
子胤禛矯詔篡奪，實諸皇子爭奪繼承帝位失敗後的伎倆，也是一
種很自然的現象。

乾清宮內正大光明殿，為皇帝處理日常政務、
接見大臣與外國使臣之處

　　傳說康熙皇帝臨終時有傳位皇十四子胤禛的遺詔，康熙皇帝親書「皇位傳皇十四子胤禛」等字樣。傳說皇四子胤禛把「十」改為「于」，並改「禎」為「禛」，輕而易舉，很難看出竄改的痕跡。首先，可以查看竄改後的遺詔竟然是「皇位傳皇于四子胤禛」，文句不通。其次，清朝文書，照例須兼書滿文，滿文字形不同，句型結構不同，時態有變化，竄改滿文遺詔，並不是改動一、二筆那麼輕而易舉。現存康熙皇帝滿漢文遺詔，除內閣大庫原件外，實錄所載滿漢文遺詔，內容相同。其滿漢文遺詔是康熙皇帝崩殂後撰擬公佈的，漢文遺詔中「雍親王皇四子□□，人品貴重，深肖朕躬，必能克承大統，著繼朕登基，即皇帝位」等句，滿文讀如 "hūwaliyasun cin wang duici age □□, niyalma wesihun, mimbe umesi alhūdahabi, amba doro be afabuci mutembi, mini sirame hūwangdi i soorin de tebu." 滿漢文遺詔中因避御名諱，皇四子御名「胤禛」以黃籤粘貼。倘若果真有康熙皇帝臨終傳位皇十四子胤禛遺詔，其文句內容當作「貝子皇十四子胤禎，人品貴重，深肖朕躬，必能克承大統，著繼朕登基，即皇帝位。」其滿文當讀如 "beise juwan duici age in jeng, niyalma wesihun, mimbe umesi alhūdahabi, amba doro be afabuci mutembi, mini sirame hūwangdi i sorin de tebu." 首先要把爵位「貝子」（beise）改為「雍親王」（hūwaliyasun cin wang）；其次再把齒序「皇十四子」（juwan duici age）改成「皇四子」（duici age），塗抹滿文 "juwan"，而不是把「十」改為「于」。《宗室玉牒》滿文本，皇四子的名字「胤禛」讀如 "in jen"，皇十四子的名字「胤禎」，讀如 "in jeng"，「禛」（jen）與「禎」（jeng）的讀音輕重有別，字形繁簡不同，不能混淆，絕非改動一、二筆那樣輕而易舉了。矯詔篡位的傳說，似乎是出自漢人的聯想，其最嚴重

的疏漏，就是忽視了滿漢語文字形和文法的差異。

雍正皇帝即位後，鑒於康熙皇帝建儲的失敗，皇太子再立再廢，諸皇子各樹黨羽，互相傾陷，兄弟鬩牆，為永杜皇位繼承的爭端，即於雍正元年（1723）八月十七日御乾清宮西暖閣面諭總理事務王大臣、滿漢文武大臣、九卿等，以諸子尚幼，建儲一事，必須詳慎，為宗社計，不得不預立皇太子，於是親書四子弘曆名字，緘藏於錦匣，置於乾清宮正中順治皇帝御書「正大光明」匾額之後，以備不虞。雖然預立皇太子，但秘而不宣，並非顯立儲君，稱為儲位密建法，可以說是解決皇位爭繼問題的權宜措施，預先指定皇位繼承人，但未公佈皇太子的名字，儲位密建法始自雍正元年（1723）八月，而成為後來清室的家法。《清宮十三朝演義》等書所載康熙皇帝將傳位遺詔置放在「正大光明」匾額後面云云，並不符合歷史事實。

歷史歸歷史，小說歸小說，歷史小說附會傳聞，敷衍故事，虛構情節，點染枝葉，與歷史事實，大都背道而馳，不足探信。後人對於雍正皇帝的認識，大都來自歷史小說的杜撰和渲染。雍正皇帝即位之初，正處於聖意欲傳十四阿哥胤禎天下的輿論正在傳播的時刻，矯詔篡位，弒父逼母的謠言，不脛而走，對雍正初年的施政，產生了嚴重的阻礙作用。追查繼位真相，是失敗者的自然反應。後人相信謠言，也正是同情失敗者的常情。

愛孫及子，先來後到

富貴人家，惟恐子弟多，多則亂生，帝王家庭何獨不然？康熙皇帝就是因為皇子眾多，而導致兄弟鬩牆的悲劇。康熙皇帝生下的兒子共三十五人，除因夭折不排列皇子行次的十一人外，其餘皇子計二十四人。皇子，在宮中習稱阿哥（age），大阿哥即

皇長子胤禔（in jy）是惠妃納喇氏所生，並非嫡出。二阿哥皇二子胤礽（in ceng），生母是孝誠仁皇后赫舍里氏，胤礽就是為嫡長子。康熙十四年（1675），十二月十二日正式冊立胤礽為皇太子，正位東宮。康熙四十七年（1708）九月初四日，以皇太子胤礽不仁不孝，難託重器，而遭廢黜，圈禁於咸安宮。同年十月十七日，搜出皇長子胤禔魘魅，詛咒胤礽物件，加意調治胤礽，其病漸痊。康熙四十八年，（1709）三月初十日，復立胤礽為皇太子。胤礽再度正位東宮後，諸皇子覬覦皇位，樹黨傾陷，紊亂國政。康熙五十一年（1712）九月三十日，康熙皇帝奏聞皇太后後，又再度廢黜皇太子。康熙皇帝深悔預立皇太子的錯誤，胤礽再度被廢黜後，無意另立皇太子，以免輕舉再誤。滿洲舊俗，所有嫡子不拘長幼都有繼承皇位的權利。皇四子胤禛是嫡子，皇太子胤礽被廢黜後，奪嫡篡位的問題，並不存在。

當皇太子胤礽第二次被廢囚後，以皇八子胤禩黨的勢力最為雄厚，滿漢大臣曾聯名保舉皇八子胤禩為皇太子。但皇八子胤禩平日不遵旨戒酒，每於醉後打人。皇八子書法不佳，康熙皇帝要他每天寫書法十幅呈覽，皇八子常找槍手代寫，欺騙皇父。而且皇八子生母出身較低，皇八子深為康熙皇帝所厭惡。皇八子既然失寵於康熙皇帝，想當皇太子的夢想也就隨著破滅了。

皇十四子胤禵和皇四子胤禛是皇后烏雅氏所生，同父同母。胤禵的面貌酷肖康熙皇帝，特見鍾愛，後來將胤禵改為胤禎。康熙五十七年（1718）十月十二日，皇十四子胤禎年三十歲，正當血氣方剛之時，特命皇十四子為撫遠大將軍，給予立功機會，被認為這是冊立皇十四子為皇太子前的預備動作。但是，這一切都是屬於揣測。雍正皇帝認為康熙皇帝任命皇十四子為撫遠大將軍，就是表示無意傳位給皇十四子。「獨不思皇考春秋已高，豈

有將欲傳大位之人，令其在邊遠數千裡外之理？雖天下至愚之
人，亦知必無事實矣！」康熙六十一年（1722）十一月，當康熙
皇帝病重時，即使降旨召回皇十四子，但在數千之外的胤禎，也
只能望洋興歎了。日人後藤末雄著《乾隆帝傳》提出一種解釋
說：「當康熙皇帝臨終時，本想傳位給十四皇子，可是那時他遠
在韃靼內地，假如把他叫回北京再宣佈傳位詔書，在這空位階段
勢必發生皇位的糾紛，不得已只好傳位給四皇子胤禎了。」皇四
子胤禎以靜待動，置京城於其掌握之下。皇十四子遠離京城，胤
礽久被廢囚，胤禩等失寵，勁敵相繼失敗，皇四子胤禎遂成漁翁
得利者，在倉促之間入承了大統，成為角逐皇位的最後勝利者。

　　在康熙皇帝諸皇子中，皇四子胤禎的閱歷較為豐富。康熙二
十二年（1683），皇四子胤禎年方六歲，開始在上書房讀書，以
侍講學士顧八代為師傅。在康熙皇帝的循循善誘之下，皇四子胤
禎的書法，十分秀麗，有才有氣。康熙皇帝巡幸出征，謁陵祭
祖，視察河工，多命諸皇子隨駕。康熙二十五年（1686），康熙
皇帝巡幸塞外，皇四子胤禎等奉命隨駕。康熙二十七年（1688）
十二月初八日，是孝莊太皇太后周年忌辰，皇四子胤禎等奉命前
往遵化暫安奉殿祭祀。康熙三十二年（1693）十月，重修闕里孔
廟落成，康熙皇帝指定皇四子胤禎隨同皇三子胤祉前往山東曲阜
祭孔。康熙六十年（1721）正月十三日，康熙皇帝以御極六十年
大慶，皇四子胤禎等奉命前往興京告祭永陵，並往盛京致祭福
陵、昭陵。同年三月初八日，康熙皇帝六十八歲萬壽節，皇四子
胤禎奉命致祭太廟後殿。

　　康熙皇帝巡幸出征，謁陵祭祖，視察河工，皇四子胤禎多奉
命隨駕，增廣了見識，也豐富了閱歷，對施政得失，民間疾苦，
多能耳聞目睹，有助於從政能力的培養，在儲位角逐中，皇四子

胤禛有他一定的優勢。

康熙四十三年（1704），一等承恩公凌柱之女鈕祜祿氏入侍皇四子胤禛府邸，號爲格格（gege），她就是日後的孝聖憲皇后。康熙五十年（1711）八月十三日，鈕祜祿氏在雍親王府邸爲胤禛生下了第四個兒子弘曆。弘曆的出生，爲後來胤禛的繼位，增加了更有利的條件。

弘曆生而岐嶷，十二歲時，木蘭秋獮，弘曆隨祖父康熙皇帝進入圍場，甫上馬背，黑熊突然躍起，弘曆卻控彎自若，康熙皇帝親自射殺野熊。康熙皇帝回到行宮後告訴大妃說：「弘曆命極貴重，福將過余。」於是更加疼愛弘曆，弘曆二十五歲繼承皇位，就是歷史上著名的乾隆皇帝。康熙皇帝晚年因寵愛弘曆，進而增加對皇四子胤禛的好感。朝鮮迎訃使金演就曾聽說當康熙皇帝病重時召內閣大學士馬齊，諭以「第四子雍親王胤禛最賢，我死後立爲嗣皇。胤禛第二子有英雄氣象，必封爲太子。」朝鮮密昌君對皇四子胤禛入承大統後的政情曾作了一番觀察，他說：

> 雍正久在閭閻，習知民間疾苦，政令之間，聰察無比，臣亦於引見時，觀其氣象英發，語音洪亮，侍衛頗嚴肅，且都下人民安帖，似無朝夕危疑之慮矣。

康熙皇帝雖然不寵愛皇四子胤禛，他卻十分疼愛胤禛的第四個兒子弘曆，由愛孫而及子，歷史上確有先例。明成祖先立仁宗朱高熾爲世子，後來因不滿意，而常想更易。當廷議冊立太子時，明成祖欲立漢王朱高煦。明成祖雖然不喜歡朱高熾，卻很鍾愛朱高熾的兒子朱瞻基，就是後來的明宣宗。明仁宗、明宣宗都是明朝的賢君。侍讀學士解縉面奏明成祖說朱高熾有好兒子，明成祖有好聖孫。這才打動了明成祖的心，最後決定立朱高熾爲皇太子。清朝康熙皇帝一家三代，有些雷同。弘曆生而岐嶷，康熙

皇帝見鍾愛。弘曆六歲時，康熙皇帝就把他帶回宮中養育，開始接受啓蒙教育。康熙皇帝巡幸塞外，總是帶著愛孫弘曆到避暑山莊，在萬壑松風閣等處讀書。《清史稿》記載，木蘭從獮，命侍衛帶領弘曆射熊，甫上馬，熊突起，弘曆控轡自若，康熙皇帝御鎗殪熊。康熙皇帝回武帳後告訴溫惠皇太妃說：「弘曆命貴重，福將過予。」於是更加疼愛弘曆。弘曆有好祖父康熙皇帝，康熙皇帝有好聖孫弘曆，因鍾愛聖孫，而對胤禛增加好感，即所謂愛孫及子，先傳位胤禛，再傳弘曆，順天應天應人。胤禛繼位，是歷史的趨勢，是天佑大清。

　　雍正皇帝即位之初，朋黨爲禍更加激烈，那些曾經參與皇位爭奪的兄弟，各憑私意，分門立戶，擾亂國政，造成政治上的不安。君臣名分既定，爲鞏固君權，爲後世子孫綢繆，爲終結政治紛爭，雍正皇帝對裁抑宗室，打破朋黨，毫不鬆手。爲使滿漢臣工共竭忠悃，又刊刻頒行〈御製朋黨論〉，期盼群迷覺悟，而盡去其朋比黨援的積習，以剷除政治上的巨蠹。《清史稿·世宗本紀論》有一段內容云：「聖祖政尚寬仁，世宗以嚴明繼之，論者比於漢之文景，獨孔懷之誼，疑於未篤。然淮南暴伉，有自取之咎，不盡出於文帝之寡恩也。」孔懷之誼，是指兄弟之間的情誼，康熙年間，諸皇子爲爭奪皇位，兄弟鬩牆，骨肉相殘，造成政治不安，諸兄弟確實有自取之咎，並非盡出雍正皇帝一個人的刻薄寡恩。

【註　釋】

① 錢穆著《國史大綱》，民國五十五年十月，臺北，臺灣商務印書館，上冊，頁 167。

② 《朝鮮肅宗大王實錄》，卷 54，頁 36。肅宗三十九年十一月丙寅，

李頤命狀啓。

③　《起居注冊》（臺北，國立故宮博物院），康熙五十二年二月初二日，諭旨。

④　《文獻叢編》（臺北，臺聯國風出版社，民國五十三年三月），上冊，允禩允禟案，頁7。

⑤　《起居注冊》，康熙三十八年三月初二日，上諭。

⑥　孟森撰〈世宗入承大統考實〉，《清代史》（臺北，正中書局，民國五十一年十月），頁486。

⑦　《文獻叢編》，上冊，頁1，穆景遠供詞。

⑧　宮崎市定著《雍正帝──中國之獨裁君主》（日本，岩波書店，昭和三十四年五月），頁20。

⑨　《大義覺迷錄》，卷3，頁33號。

⑩　劉法曾編《清史纂要》，民國二十九年二月九版，中華書局，頁57。

⑪　蕭一山著《清代通史》（臺北，臺灣商務印書館，民國五十一年九月），第一冊，頁856。

⑫　《朝鮮景宗大王實錄》，卷13，頁8。景宗三年九月丙戌，據密昌君奏。

康熙五十一年壬辰十月初一日辛亥早奏

事員外郎傻子捧出

御筆硃書

諭旨宣讀示諸王貝勒貝子大臣

諭旨曰諭諸王貝勒貝子大臣以下及眾人等前

因亂初行事乘亥曾經葉酮繼而朕躬抱疾亦

不自為身計念父子之恩從寬免宥想伊自然

痛改前非盡夜警惕乃自釋放之日乘亥之心

放縱之處即行顯露朕在眾前曾經保過伊在

皇太后眾妃諸王大臣前亦曾堅持盟誓以今觀之

狂易之疾仍然未除其非莫辦大夫人心朕隱

恐六年不發露者因有前言故耳每日教

副斷非能改者若又懷慼隱朕今年已六旬

知後日有幾況天下乃

太祖

太宗

世祖所創之業傳至朕躬非朕所創立時

先聖垂貼景福寺成五十餘載朝乾夕惕耗盡心血

竭蹶從事尚有不能盡者如此狂易成疾不得

眾心之人豈可付託手故將亂初仍行葉酮為

此特諭傻子又傳

諭旨曰朕不但書此諭旨時有愧即與天下之人

亦有愧焉朕今雖六旬賴

祖父之福自幼嘗以英傑自許朕於亂初非不能訓

如此等小兒葉即葉之縱即縱之耳但今之人

善者少而惡者多亂初秉性凶殘與惡芳小人

結黨亂初因朕為父雖無弒逆之心但小人輩

懼日後被誅備於朕躬有不測之事則關係朕

《起居注冊》，康熙五十一年十月初一日，諭旨

一世聲名彼有一小太監善福出使皆遣人伺
守以此觀之當無處不令人伺守者矣昨質問
彼隨侍二太監當面嘻辱毫無悅色其不堪可
知況前者釋放時曾有善則為皇太子否則復
行禁錮之旨詳在檔冊今毫無可望故有此諭
諸王大臣奏曰皇太子乃

皇上之子

皇上所知較臣等更切將皇太子釋放復行冊立
之後
皇上日加教訓望其自新
皇上洞鑒其未改重念
太祖
太宗
世祖皇帝創立鴻業不得已籌畫僅至出自乾斷頒

示

諭曰臣等有何異議
皇上諭旨甚是自應欽遵但
皇上所係甚重惟顧顧奏
聖躬寬釋焦勞則億萬臣庶不勝欣幸矣
諭曰著曉諭諸臣自釋放皇太子六年之間隱悲
不易唯朕乃能之即令皇太子飲食服御陳設

等物較之於朕殆有倍之伊昕奏欲責之人朕
無不責處之人朕無不處逐之人朕無不
逐惟所奏欲誅之人朕不曾誅以朕性不嗜殺
耳此何以故允以所欲行感悅其心真其遠
善也朕如此俯從而仍怙惡不悛是以灰心毫
無可望至於臣庶不安所廑為難者朕亦知之
今衆有兩處總是一冤之言何則或有身受主

恩不肯從彼日後死則死之傾心向主者亦有

微賤小人但以日前為計故意逢迎結為朋黨

被朕知覺朕即誅之者此豈非兩處俱死之勢

手此六年間侍朕之人伊未曾責罰者因朕有

勿得責罰之命至於伊屬下內外人等令其五

相監視種種撻楚不可勝計今番不但伊屬下

人等即伊妻孥亦以為當俱皆寒心無一墮淚

六年之間朕之心思用盡容顏清減衆皆緘默

曾無一人如此解勸者朕今處置已畢此勤解

之言何用誠不足取前番之事朕實憤懣此番

毫不憤懣談笑處之而己皇太子前番之事朕

所誅之人頗多皆係皇太子惡劣所致令番此

事鎖拿之人亦多朕不悉誅伊處有懲惡皇太

子為惡而罪當誅者二三人朕處則無有可誅

者項在熱河駐蹕時朕之侍衛每日射箭歡笑

食頒賜之物顏色豐潤俱皆愉樂伊處黃褂侍

衛游蕩之時流汗執役肩擔撥木手執鍬钁手

足胼胝哭泣怨望無有不知者伊處只有一門

出入之人甚雜亦衆所知朕雖日遣大臣一員

侍衛十員看守俱似無目者然爾等奏請朕躬

甚重宜加顧養勿致焦勞自釋故皇太子以來

者此鎖拿之人今欲放即故之耳此番朕亦不

窮究何故令臣庶徒在其間無辜受戮耶嗣後

衆等各當絕念傾心向主共享太平後若有奏

請皇太子己經改過從善應當釋放者朕即誅

之果屬於初拿之後奏時何無一人保奏令己

頒諭旨完結之後奏亦無益倘朕以皇太子遷

善欲行釋放有似圖易不畏元能言斷不可釋

放者出奏茍無其能亦何用哉朕心甚寒日後

朕若再後此事難覜人面矣是日

上詰

澹寧為德行宮問安

　　是日

起居注官常壽文志鯨

初二日壬子

上曰兩淮鹽使李陳常宇棨材優與江蘇布政使
相宜但有清理錢糧之事今且不可移動年欽
元已補授江蘇布政使員缺仍著彼去畢
上召領侍衛內大臣講漢大學士九卿大臣近前
曰趙申喬上疏皇太子乃是國本應行冊立朕
自幼讀書凡事留意纖悉無遺冊立皇太子大
事豈有忘懷之理但關係甚大有未可輕立著

昔立皇太子時索額圖懷私倡議凡皇太子服
御諸物俱用黃色所定一切儀注與朕無異
若二君矣天無二日民無二王驕縱之漸職是
之故索額圖誠本朝第一罪人也大清會典所
戴皇太子儀注應酌古斟今裁度定議又
曰宋仁宗三十年未立太子我
太祖皇帝並未立皇太子後諸王貝勒大臣奉

太祖皇帝即位
太宗皇帝亦未立
世祖皇帝為皇太子漢唐以來太子幼沖值人君享
國日淺尚保無事若太子年長其左右群小結
黨日久鮮有能無事者人非聖人誰能無過安
得有克盡子道如武王者今眾皇子學問見識
不後於人但俱長成已經分封其所屬人員未

有不各庇護其主者即使立之能保將來無事
予此福亦非易享伊等並無冀望之心如果有
英望之心則不堪矣烏君難為臣不易古來名
君窮兵黷武者有之崇尚佛老者有之任用名
法者有之朕御極五十餘年朝乾夕惕上念
祖宗遺緒之重下念臣民仰望之殷乾綱獨斷柔遠
能過體恤臣庶毫無私心當吳三桂叛亂時已

《起居注冊》，康熙五十二年二月初二日，上諭

夫八省勢敗危矣朕灼知滿洲蒙古心性各加

任用勵精圖治特危為安今辛無敵國外患亦

云能守矣欲立皇太子必能以朕心為心者方

可堂輕舉耶臣僚為國為民念茲在茲光憂

後樂者實不易得觀之之居官者柢如翰兟通

套文章全無實際非輕朕將瓏初從幼教訓並未知

一不正關係非輕朕將瓏初從幼教訓並未知

之於皇太子之為國本朕豈不知本

年之中朕加意教訓心血耗盡髓白身衰朕始

終望其痊愈並非另立而廢之也若有此

心前豈肯廢而後立乎父子之間不貴善貴善

則離離則不祥莫大焉其子之慈英知

其苗之碩溺愛者不明貪得者無厭父之於子

嚴不可寬亦不可誠為難如朕方能處置得

宜爾諸大臣俱各育子凡人教子常在幼時及

至長成各有朋顴各有作為至此不復能拘束

矣

上取趙申喬奏摺授大學士溫達

曰立皇太子一事未可輕定前事已誤今若輕

舉再誤將若之何欲明示朕達故集爾眾大臣

諭之將此摺發還

是日

挺人罢人迫後長成變為暴虐無所不為不知

忠孝不識亷行事年庚有不可言者矣追雒

其故宿由風狂疾迷惑所致此疾有二十餘

載矣如人醉後傷人醒時未有不悔者今似長

醉不醒所為過惡身不自知命伊讀萬寫字報

不醉而起且伊之儀表及學問才技俱有可觀

驟然而起且伊之儀表及學問才技俱有可觀

今一至於此非風狂而何自廢而後立以來六

鴉鵲效靈
——鴉鵲和蝗蝻的故事

　　在傳統農業社會裡，蝗蝻是水、旱以外的另一種重大天災。明崇禎年間（1628-1643）徐光啓在〈除蝗疏〉中指出，「凶饑之因有三：曰水，曰旱，曰蝗。地有高卑，雨澤有偏陂。水、旱為災；尚多倖免之處，惟旱極而蝗，數千里間，草木皆盡，或牛馬幡幟皆盡，其害尤慘，過於水旱者也。」水、旱二災，有重有輕，蝗蝻的禍害，遠過於水、旱。農人固然飽受其害，甚至整個社會的安定，也遭到嚴重的影響。

　　在我國古代文獻中已有預占蝗災的詞句，《禮記・月令》說：「孟夏行春令，則蝗蟲為災；仲冬行春令，則蝗蟲為敗。」在農村社會裡也流傳著不少的諺語：「上年蝗蟲鬧成災，今年多把黑豆栽；元旦東方泛紅雲，定有蝗蟲滷水臨；元旦四方看雲色，黃熟青蝗赤主旱；元旦風色審年歲，北風起大收成，東風正起蝗蟲發，南風怕是旱年成；元旦天晴諸事好，豐登五穀人殃少，若還陰雨田禾損，果實不結菜蔬了，大雨旱年霞氣聖，蝗蟲絲貴婦人災；巳辰元旦春雨多荒草，蝗蟲急奈何；戌日元旦都有災，徧地蝗蟲掃不開；二月朔日值驚蟄，蝗蟲吃稻葉；蝗蟲過後水潦災；立夏西風吹，定有蝗蟲滿地飛；雷鳴甲子庚辰日，定主蝗蟲損稻米。」等等都是從前預占蝗災的農諺。

　　據《籌濟編》的統計，從周平王四十九年（西元前722）至明思宗崇禎十六年（1643），共二千三百六十五年間，正史記載蝗蝻成災有月分可考的計一百十一件，其中發生在二、三月分的

共三件，在四月分的共十九件，在五月分的共二十件，在六月分的共三十一件，在七月分的共二十六件，在八月分的共十二件，由此可知蝗螽爲害最烈的是在六月至八月間。北方亢旱，每當夏秋之交，濕熱相蒸，蝗蟲最易蕃衍，飛則蔽天，散則徧野，而造成嚴重的災害。

後趙石勒在位其間（319-351），河朔大蝗，綿亙百里，草木盡皆，赤地無遺。飛蝗過後，必遺下螽種，易生易長，小的像螞蟻，大的像蒼蠅，遍佈田野，方圓數十畝，厚可盈尺。古時候的農人相信蝗螽是戾氣所化，天神所縱，甘受戕害，不敢撲殺。郡有良守，蝗避其境，帝王修德，可免蝗災。東漢永元七年（95），京師蝗螽成災，和帝下詔罪己曰：「蝗蟲之異，殆不虛生，萬方有罪，在予一人。」後世相傳劉猛是江南猛將，專主螟螣，所以立廟虔祀，以祈神佑。八蜡廟祭祀的蜡神，就是蝗神。

吞食蝗蟲　代民受患

農人發現飛蝗入境時，立即搶割五穀，但因人力不敵天災，五穀霎時化爲烏有。目覩蝗螽的猖獗，令人咬牙切齒。陳芳生撰《捕蝗考》記載，「崇禎辛巳，嘉湖旱蝗，鄉民捕蝗飼鴨，鴨極易肥大。又山中人畜豬，不能買食，試以蝗飼之，其豬初重二十斤，旬日肥大至五十餘斤。可見世間物性，宜於鳥獸食者，人食之未必宜，若人可食者，鳥獸無反不可食之理。蝗可供豬鴨，無怪也。」崇禎辛巳，相當於崇禎十四年（1641），是年，張獻忠陷四川，李自成入河南，嘉湖旱蝗，天災人禍，鄉民捕蝗飼鴨，以蝗飼豬，捕蝗有限。

史書記載，貞觀二年（628）四月，畿輔等地發生蝗災，唐太宗從玄武門到禁苑中，捉了幾隻蝗蟲，非常痛心地對著蝗蟲

說：「百姓靠五穀爲生，你們竟然吃了五穀，還不如吃了我的肺腸吧！」舉手就要吃蝗蟲，左右大臣以吃蟲易得疾病的理由加以諫阻，唐太宗說：「朕爲百姓受災，怎麼怕生病呢？」說罷，竟一口活吞了幾隻蝗蟲。這一年，果然「蝗不爲災」。唐太宗吞食蝗蟲，代民受患的故事，傳述千古。後世田間小民，不論蝗蝻，多有蒸烹而食，或熟而乾之，鬻於市，甚至形成用相饋遺的習慣。

　　姑且不論唐太宗活吞蝗蟲與蝗不爲災是否爲偶然的巧合，或者是史家的編造，但歷代帝王關心民生，重視農業生產的心意確實是一致的。年歲豐欠，關係著經濟盛衰，豐衣足食是社會安和樂利的基礎，因此，撲滅蝗蝻，減輕災害，就是農業社會建設民生的重要措施。《册府元龜》記載，「趙瑩爲晉昌軍節度使，天下大蝗，境內捕蝗者，獲蝗一斗，給粟一斗，使飢者獲濟。」《宋史‧食貨志》也記載，「蝗爲害，又募民撲捕，易以錢粟，蝗子一升，易菽粟三升或五升。」給粟捕蝗，就是救荒的積極措施。

飛蝗成陣　指授方略

　　清朝康熙皇帝在位期間（1662-1722），曾經多次出巡，觀風俗，除了吏治、河工等目的外，視察農業也是重要課題。歷經多次親自深入的調查，康熙皇帝對南北水土、農業生產，都有相當具體的認識。康熙皇帝對「蝗蟲不可傷害，宜聽其自去」，及「除蝗不克，而害愈甚」的愚民迷信，頗不以爲然。蝗蝻爲害禾稼，人人得而殺之，所以捕蝗弭災，全在人事，不可聽天由命。

　　從春天到夏秋，是蝗蝻化生的季節，生長迅速，旬日之間，便成災害，捕蝗就是莊稼人的當前急務。在我國農書中，捕蝗救

荒的書籍，頗受重視，地方官時常翻印，流傳很廣。在康熙皇帝的御製文集裡也收錄〈捕蝗說〉等論著。康熙皇帝指出，「每於歲冬即布令民間，令於隴畝之際，先掘蝗種。蓋是物也，除之於遺種之時則易，除之於生息之後則難；除之於穉弱之時則易，除之於長壯之後則難；除之於跳躍之時則易，除之於飛颺之後則難。」撲捕蝗蝻必須針對其發育化生的過程，把握時機，徹底撲滅。康熙皇帝指授方略說：「當冬而預掘蝗種，所謂去惡務絕其本也。至不能盡除而出土，其初未能遠飛，厥名曰蝻，是當掘坑舉火，以聚而驅之殲之。昔姚崇遣使捕蝗，以詩人秉畀炎火之說為證，夜中設火，火邊掘坑，且焚且瘞，蓋祖詩人遺意也。又晨興日未出時，露氣沾濡，翅濕而不能飛，掘坑以驅之，尤易為力。」季冬孟春，及早耕耨，在田裡掘土，把蝗卵翻到下層壓死或悶死，或把蝗卵掀出地面凍斃。蝻子生發時，彌山被穀，潛滋暗長，逐漸移動，行如流水，或聚為段落，或各自成塊，方圓數畝，甚至渡水過河，首尾長十餘里，由飛蝗倡引，農人看見蝗蝻，如臨大敵，全民動員，刨挖深坑長溝，驅逐土掩，用帚掃入深坑，或袋裝投進深溝，用滾水澆潑，或火焚掩埋。

　　蝻性向陽，早晨朝東，午間朝南，昏暮朝西，熟悉其性，更易驅逐撲滅。康熙五十一年（1712），因直隸山東蝗蝻成災，康熙皇帝指授方略說：「蝗蝻往南飛，前頭飛了，後頭都跟著飛，再不散的。他要死都在一塊兒，恐地方官跟著後頭打，就趕不上了。看他往那裡飛，在前頭迎著打，打得急些，東西北都是這樣。」地方官率領兵役，農夫遵奉迎頭撲打的方略，果然大有斬獲。寶坻、豐潤兩縣捕得蝗蝻八百餘石，霸州、文安兩縣捕得一百餘石，通州捕得一百四十餘石，濼洲捕得三百餘石。康熙屢諭地方官督率兵民多方撲捕蝗蝻，參用古法，給錢勸賞。

　　乾隆年間（1736-1796），天津等屬蝗蝻成災，直隸總督方觀承議定以米易粟的辦法，在蝗蝻生發地面，多設廠所，運貯米石，凡捕蝻一斗交官者，立即給米五升，於是男婦老幼四出捕捉。乾隆十八年（1753）六月間，據報天津縣收蝻五千八百三十石九斗五升，滄州收蝻一千五百三十石八斗五升，靜海縣收蝻一千四百四十三石七斗八升四合，鹽山縣收蝻六百七十一石五斗六升，四川縣共收蝻九千四百五十石一斗四升四合，計易米四千七百二十五石七升二合，足以說明蝗災遠比水、旱二災更加嚴重。

　　國立故宮博物院典藏《軍機處檔・月摺包》內含有〈捕蚼車式〉構造圖，圖中黃簽標明「中柱高柒寸，加左右雁翅各長貳尺，縛竹為之，推車前行，則兩翅橫掠左右，穀上蚼蚼墜入布兜內。」蚼蟲又名蚼蚼，為稻穀蟲害的一種，體呈綠色，長約六、七分，寬約二公分，牽引稻葉作小繭於其中，成蟲為灰黃色的小蛾。捕蚼車輪徑五寸，截圓木做成，軸長五寸，以堅木製成，橫貫左右木內，順穀隴轉動，前行甚速，〈捕蚼車式〉不失為珍貴的農業資料。將〈捕蚼車式〉圖樣影印於下。

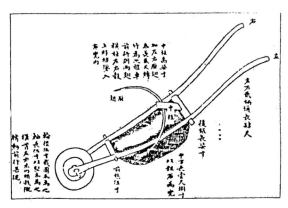

《軍機處檔・月摺包》乾隆年間，〈捕蚼車式〉

鴉鵲效靈　戶慶豐年

　　陳世倌在山東巡撫任內使用火燒湯泡諸法，以竭力撲捕蝗蝻，在山坡則用烈火焚，在窪地則用掘濠湯泡，人力既施，神明應禱，於是率同所屬官員虔祭蜡神，祈求速滅蝗蝻。雍正二年（1724）八月初七日，陳世倌在〈奏明山東地方情形〉一摺略謂，「臣訪得今春三月中，蝗蝻盛發，勢難撲滅，二十七、八、九等日，忽生一蟲，形類螟蛉，其色純黑，其口甚銳，蝗之大者，輒囓其項，隨即中分；其小者，則銜其項，負入土內，分置三穴，次第旋遶，向穴飛鳴，聲如蚊蚋，而第一穴之蝻，倏忽亦變此蟲，以次及二穴、三穴，亦皆如之，所變之蟲，頃刻飛躍，相與驅逐，囓噬掘穴，銜負蝗蝻，立時盡絕。此蟲亦不知所在，土人名之為氣不念。寧陽縣南義社橫嶺口有之，眾耳眾目，驚異稱神，縣丞吳弘任得之目擊，他處亦時有此蟲，臣遣委捕蝗遊擊專為斗亦所親見。」氣不念，又叫做土蜂，質黑腰細，生卵於土中，捕蝗蝻餵食幼蟲。蝗蝻生發不絕，人力撲補，一時未能盡淨。因氣不念，囓噬蝗蝻，所以田禾竟然無損，氣不念就是農業社會的益蟲。山東巡撫陳世倌原摺內所附〈氣不念囓噬蝗蝻圖〉，是農業史上罕見的珍貴史料，附錄於後。

　　山東農村社會裡有「七月七，烏鵲稀」的諺語，其實七、八月間，鴉鵲依然非常活躍，到處可見。雍正二年（1724）八月二十四日，山東巡撫陳世倌具摺委稱，「臣前奉聖諭查山鵲食蝗一事，臣時時確訪，茲登青萊道徐德傲來見，曾目擊其事，言之甚詳。當蝗蝻生發時，有鳥自山中飛下者，土人呼為山鵲，比常鵲差小，青文白質，安丘、益都皆有之。又有自海中飛至者，土人呼為海鷗，亦名山鴉，較山鵲更大，頸腹皆白，其形似鴉，平度

州、萊陽，招遠、掖縣、濰縣，皆有之，動輒千百爲群。晝則飛啄蝗螟，夜則棲宿八蜡廟內。」八蜡廟祭祀，保護農作物。劉猛將軍，江南稱爲猛將，崇主螟螣。陳世倌相信氣不忿、山鵲、海鷗啄食蝗螟，是天心默佑，所以飭令各州府州縣建廟展祀劉猛將軍。雍正七年（1729）六月間，湖廣黃岡縣蝗螟爲災，忽有烏鴉千百成群，凡遇長翅飛蝗，爭相啄食，湖廣總督邁柱即遵奉諭旨在羅湖州地方建造劉猛將軍廟宇，以答神貺。

《宮中檔》，雍正二年八月初七日，氣不忿示意圖

　　雍正九年（1731）六月二十八日，雲南昭通府八仙海、稻田
壩等處的禾苗，忽生赤蟲，長一寸餘，全身無毛，蠶食稻葉。突
然有數千隻烏鴉滿天飛鳴，捕啄赤蟲，一、二日間，啖食罄盡，
烏鴉隨後也消失不見了，禾苗竟無傷損。雍正十三年（1735）五
月十八日，直隸寶坻縣境內工部莊、張家莊等處，萌生螟子。次
日早晨，忽有群鴉無數，從西南而來，飛集生螟地方，將跳躍的
蝗螟往來啄食，從早晨七點至十二點三個時辰，將蝗螟啄食盡
絕，然後又飛集於沿村樹上，約過一時，飛翔四散。

　　滿洲人相信鴉鵲對他們族人有不世之功，其始祖的降生，先
世的延續，戰爭的勝負，在冥冥之中常常得到鴉鵲的福佑。有清
一代的竿祀，就是滿族敬奉鳥圖騰的舊俗。其實，鴉鵲啄食蝗
螟，不過是自然界相生相尅生態平衡的現象罷了。

總管內務府等衙門地方各官騎馬荊密事宜章關防管理軍務兼理糧餉內都察院右副都御史加玖級臣趙弘燮謹

奏為

奏報聖躬將次補淨恭慰

聖懷事切臣於歷月初陸日具摺

奏明貿抵豐潤霸州文安通州等處飛聖蒙

皇上傳諭聖躬往南飛前頭飛了後頭都跟著飛再不散的他

要死都在一塊兒恐地方官跟著後頭打就趕不上了看他

往那裏飛在前頭迎著打打得急些東西北都是這樣欽此

欽遵仰見我

皇上仁心愛民

指授捕蝗方畧真

聖明天縱格物窮理超入神化不但臣等愚昧千慮百思所莫

能及卹自古帝王從未有精察至是皆臣隨卹飭道員

與各屬委員及地方官凡遇蝗蝻悉致遠迎要捕打務期

淨盡外臣再查寶坻豐潤飛蝗委迎道道李成龍遷永道張

連登督捕今報補得卹百餘石霸文貳州縣委霸昌道祁

國祚督捕今報共捕得飛蝗壹百餘石通州處飛蝗委

通永道張連登天津道劉策臣標中軍遊擊楊天經剝馬

閻都司本天太後憊委迎道李成龍筆協捕報補得壹百

卑柗伍石續又報到滎州亦捕得飛蝗叁百餘石俱推貯

候臣委員查驗飛蝗漸次將盡止有零星餘剩臣蓮濠遵

聖訓通飭捕打勿使追補不及以致蔓延上厪

宸衷且奉行良法卹或他處偶有飛騰亦不足為虞臣蓮具摺

先為報明卹慰

飛蝗已過時候了想是不能再飛惟恐遺

種、成蝻晚田可慮九卿過廬倍心

睿鑒

聖懷代乞

康熙伍拾肆年叁月　恭繳

自西蘆菴棟老年人處賣與秀公子宅内巡管田謝奏曾理堂里經手在案理處繕寫恭摺奏聞伏乞睿鑒

太子太保兵部尚書兼都察院右副都御史加玖級臣趙弘燮謹

奏為

奏明補蝗將盡恭慰

聖懷事切惟今歲入夏天時微旱蝻子生發臣時刻留心除武

清靜海天津畬邑青縣豐潤廣平曲周魏縣潘縣滑縣大

名未年薊州等州縣衛蝻子俱旋生旋滅不敢上瀆

宸聰外查寶坻縣生蝻漸成飛蝗其補蝗不力之寶坻縣知縣

沈嵩士經臣特疏糾叅在案但蝗蝥為民食收關臣前

已飛委未平府知府乗朝琮及臣標右營遊擊吳如譯馬

水口都司劉大壯督令多僱人夫周地方各官協力撲補

茲於柒玖日傳文武員弁報稱補蝗已撲滅至捌玖分漸

次淨盡不致飛騰為害臣伏思

皇上愛民心切時時為民

宵旰焦思謹具招將情望將情形

奏明則慰

聖懷仰祈

睿鑒謹具

奏

聞

向聞田間老人說蝗虫不傷穀即是好年成想

是有的朕亦曾經過

康熙五十二年未六月 奏摺 上諭指出有蝗虫吃穀是本年收成不好的兆頭嗎御批並非如此是民間傳說也

山東巡撫臣陳世倌謹

奏為報明事欽惟我

皇上宵旰勤勞無時不以民生休戚為念

天心默應雨暘順時百穀咸登萬民樂業今

者農功已畢處處豐收當數年災祲

之餘歲書大有其歡忻鼓舞歌詠

聖德實有非言詞所能盡者其收成分數

候各屬報到齊日彙具奏

開至民間種麥之候多在七八月間惟怖

七月有雨則不患愆期今自七月望

後以來各州縣報有雨澤絡繹不絕

皆得及時播種兗邢所屬中已有發

茁者其蕎麥豆子並悉茂盛是今歲

之西成已慶全稔而明年之東作又

復可期各屬蝗螬俱已撲滅惟郇城

滕縣尚報時有飛蝗自南而來臣總

令其撲捕務盡并嚴飭各屬赴此田

禾已復令其親督人夫盡力翻犁務

使遺種之在地中者期於盡絕而止

臣訪得今春三月中蝗螬盛發勢難

撲滅二十七八九等日忽生一蟲形

類螻蛄其色純黑其口甚銳蝗之大

者蝤齒其項隨即中分其小者則銜

其項負入土內分置三穴次第旋逐

向穴飛鳴聲如蚊蚋而第一穴之螬

倏忽亦變此蟲以次及二穴三穴亦

皆如之所變之蟲頂刻飛躍相與驅

逐齧噬掘穴銜負蝗螬立時盡絕此

出亦不知所在土人名之為氣不悉

寧陽縣南義社攢嶺口有之眾皆眾

目驚異於神縣丞吳弘任得之目擊

他處亦時有此吏臣遣委捕蝗進擊

傳為斗亦所覩見至山嶺一事訪有

聞再東省衿監往往把持衙門武斷鄉曲

臣已將滕縣之劣衿徐恢遠泰安州

之劣衿趙普劉圭尚方珰及嶧縣之

監生馬如龍等密行訪拏分別咨明

禮部并檄學道斥革究審并刊發吉

示曉諭在案茲奉

聖諭隨升轉訪學道呂文櫻嚴加約束務

使改心易慮守法奉公不敢稍有寬

確實另行奏

奏

縱其有劣紳欺蹟多端貽害地方者

臣訪查得實另疏奏

開請

旨奉單治罪所有原奉

硃批奏摺六件遵

旨恭繳臣謹

其好知道了

雍正貳年捌月初柒日

解毒秘方
——仲苗用毒的故事

　　《三國志通俗演義》是一部膾炙人口的歷史小說，元末明初，羅貫中撰。演魏、蜀、吳三國故事，起自桃園結義，終於西晉統一。取材於陳壽撰《三國志》及裴松之注，並博採民間故事傳說，且雜以臆說。是集合宋以降「說三分」的「話本」演化成書。清聖祖康熙年間（1662-1722），毛宗崗仿金聖嘆改《西廂記》、《水滸傳》例，增刪改削，定爲第一才子書，簡稱《三國演義》。清初以來，《三國志通俗演義》除蒙文譯本外，還有滿文譯本。蜀漢建興五年（227），諸葛亮出兵北伐曹魏，駐屯漢中，臨出發時，涕泣撰寫〈出師表〉，進呈後主劉禪。〈出師表〉樸實眞摯，爲後人所傳誦。〈出師表〉有一段內容云：「先帝知臣謹愼，故臨崩寄臣以大事也。受命以來，夙夜憂慮，恐付託不效，以傷先帝之明，故五月渡瀘，深入不毛。」句中「深入不毛」，滿文譯作"orho banjirakū bade šumin dosifi"，意即「深入不長草之處」。緬甸境內的新街，又名「八莫」，「不毛」與「八莫」，讀音相近，或許是同音異譯，深入不毛，很可能就是深入八莫。

　　「五月渡瀘」，瀘水在雲南，屬於怒江水系。據《三國志通俗演義》的描述，孟獲是南蠻的渠魁，他率領蠻兵，渡了瀘水下住寨柵，將船筏盡拘在南岸，築起土城。他聲稱「吾等有此瀘水之險，看諸葛亮如何施謀？」每年五月之間，雲南地方，分外炎酷，軍馬衣甲都穿不得，馬岱驅兵裸衣渡水，日間盛熱，毒聚瀘

水，士兵口鼻出血而死。當地山險嶺惡，多藏蛇蠍，煙瘴四起，有四個毒泉；一名啞泉，人若飲其水，則不能言，不過旬日必死；二名滅泉，人若沐浴，則皮肉皆爛，見骨必死；三名黑泉，人若濺之在身，則手足皆黑而死；四名柔泉，其水如冰，人若飲之，則咽喉無暖氣，身軀軟弱如綿而死。後來有一老叟指示諸葛亮口含薤葉芸香一葉，則瘴氣不染。雲貴地區，瘴氣盛行，水有劇毒，軍士無用武之地。

廣西、雲南、貴州邊境的苗族最擅長用毒，其中貴州仲苗的弩箭，毒性尤強。他們所用的毒藥，主要分為兩種：一種是草藥；一種是蛇藥。草藥雖然是一種猛烈的毒藥，但是熬出兩三個月以後便出氣不靈了。蛇藥熬成以後，可用數年，藥性仍然猛烈。不過，單用蛇汁，其毒性只能使皮膚潰爛而已，尚有治蛇的藥物可以醫療。另外還有一種蠻藥，苗族稱為「撒」。將撒配入蛇汁敷箭，毒箭傷人後，其毒全身週流，遂不可醫治。

字諭是由譯站馳遞的寄信上諭。雍正三年（1725）二月二十二日，廣西巡撫李紱奉到字諭一道，略謂：

> 聞此撒藥，係毒樹之汁，滴在石上，凝結而成，其色微紅。產於廣西泗城土府，其樹頗少，得之亦難，彼處蠻人暗暗賣入苗地，其價如金，苗人以為至寶。爾等可下力，速速著人祕密訪問，若果有此樹，必令認明形狀，盡行砍挖，無留遺跡。既有此藥，恐亦有解治之方，爾等可祕密遍處尋訪解毒之術，如有解毒之方，即便寫明乘驛奏聞。

李紱奉到上諭後，即發出雙羽密檄行令思恩府知府、泗城同知及泗城土府三處，即刻查明毒樹，速令砍挖，速覓解毒之方。

雍正三年（1725）四月十七日，據泗城府同知林兆惠稟稱，訪聞仲苗弩箭用藥，彼此不同，苗人多用百草尖熬製而成，仲家

則用藥母配入蛇汁。其藥母是用毒樹汁曬成。李紱指出，凡樹之汁，當地人都叫做撒，撒是汁的土音，因此，有汁的樹，就叫做撒。仲家稱製弩的藥爲礦，漢人稱之爲藥母，其色帶紫。產地在左江萬承土州、太平、南寧府隆安縣等處。

解毒的藥方有：九馬葉、殿納葉、殿細葉、蛇膽葉、治蛇藥五種。其中解治蛇弩的秘方是用膽金消喇歪黃等草藥三十一種，都是草根樹皮和藤葉之類，酒煎服下，並擦傷口，即可治癒。泗城府同知林兆惠覓得蛇藥箭二枝，用牲口試驗，先將藥箭刺傷雞身，隨後看見雞口出血，不久就死了，其毒可知。林兆惠又用藥箭將豬身刺傷，然後再將解藥煎酒灌入，以藥末敷傷口，果然豬隻無恙，靈驗有效。廣西巡撫李紱具摺時奏明已於左江所屬南寧府隆安縣橋建村覓得三株毒藥撒樹，俱高八丈，圍一丈四、五尺，俱已伐倒。

至於食物中毒時，可用牛乳解毒。光緒初年，陝甘總督左宗棠平定回亂，回族頭目白彥虎兵敗逃往伊犁邊界阿裡木臺地方，俄人在食物中置毒，白彥虎飲食後不久就開始腹腫。爲了拔除體內的毒素，白彥虎便整天整夜地坐在牛乳桶中，纔沒被毒死。

除了解毒藥方外，現存檔案中也含有避瘟丹方。譬如：嘉慶十九年（1814）五月間，直隸大名等縣七十餘村莊，因衛水倒灌，保定及省南一帶，瘟疫盛行，直隸總督那彥成奏請頒發太醫院所用的避瘟丹方。同年五月二十六日，嘉慶皇帝諭令軍機大臣寄信給那彥成，信中附寄丹方，其中「清瘟解毒丸方」清單爲：「牛蒡子二兩，馬勃二兩，薄荷五錢，連翹二兩，黃連一兩，元參二兩，扳藍根二兩，黃芩一兩，殭蠶一兩，柴胡一兩，甘草五錢，共研細末蜜重三錢，每服一丸，白開水送下，此方治瘟疫時毒。」此外尚有「藿香正氣丸方」，其祕方爲：「藿香二兩，陳

皮一兩，枳殼一兩，蘇梗一兩，大腹皮一兩，桔梗一兩，蒼朮一兩，白芷一兩，赤茯苓二兩，厚樸一兩，半夏麴一兩，甘草一兩，共研細末蜜丸重三錢，每服一丸，白開水送下，此方治四時一切不正之氣。」直隸總督那彥成奉到寄信諭旨後，立即按照宮中秘方配製，廣為散發，救活了不少的民眾。

廣西巡撫臣李紱謹

奏為欽奉

上諭事二月二十二日臣賚摺家人回粵賚奉到

上諭一道臣謹恭晨捧讀

字諭廣西巡撫李紱提督韓良輔近聞貴州諸苗

之中仲苗之弩最毒藥有二種一種係草藥一種

係蛇藥草藥雖毒熬出兩三月之後即出氣不靈

蛇藥熬成數年可用然單用蛇汁其毒此能潰爛

仍有治蛇之藥可醫更有一種蠻藥其名曰撒以

此配入蛇汁數莆其毒遍處週流始不可治聞此

撒藥係毒樹之汁滴在石上凝結而成其色微紅

產於廣西泗城土府其樹頗少得之亦難彼處

人暗暗賣入苗地其價如金苗人以為至寶爾等

可下力速速着人密密訪問苗果有此樹必令認

明形狀盡行砍挖無留遺跡既有此藥恐亦有解

治之方爾等可容容遍處尋訪解毒之術如有解

毒之方即便寫明東驛奏聞欽此臣即於本日發

覺羽密撤行令思恩府知府泗城同知及泗城

土角三處嚴飭即刻查明毒樹速令砍挖仍飭

速覓解毒之方又於次日差本標左營千總陳

暑茶貴

上諭送交提臣韓良輔茶閱以便協同料理訪問施

行查桂林至泗城一千七百餘里往返顧需時

日至四月十七日據泗城同知林兆惠稟稱訪

聞仲苗弩箭用藥各別苗用百草尖所熬独用

藥母配入蛇汁查藥母係毒樹汁晒成凡樹

之汁土人皆名撒撒為汁之土音故有汁之樹

名撒在独家名製弩之藥曰礦漢人名之為藥

母令此藥已得其色帶紫但此藥雖由泗屬土

人販買賣入苗地其樹實出於左江地方畢職

已經差人徑往太平等處尋覓矣至解治之方

查得有九馬葉殿納葉殿細葉蛇膽葉沿蛇藥

五種之名方得一種其餘俟非月之内漸次亦

可覓獲然未經試驗不敢遽信為確但得能煞

者曰必知解甲職現在密訪其人務令當面煞

試解驗俻訪識其樹方當俻煮陳稟斷不敢草

率從事等語又於五月初六日據泗城同知林

兆惠稟稱自奉憲諭飭查努藥俻解救之方當

經四處審訪務期必獲總緣甲職初到泗城諸

未熟識艱於訪問雖俻解藥之方漸次得聞如前

稟所呈九馬葉等藥俻現在尚有兩方但未試

驗不敢冒昧呈繳茲訪得解治蛇弩之方用膽

金清喇盃黃等草藥三十一種酒煎服下俻擦

傷口即可無虞甲職因無可憑証復覓蛇藥箭

二枝用牲口試驗先將藥箭刺傷雞身旋見雞

口血出不移時即斃此藥箭之驗也復以藥箭

將猪剌傷用前藥煎酒灌入以藥末數口其猪

無恙此解救之效也今數治之法雖屬目擊但

所得三十一種之藥俱係草根樹皮與藤葉之

類其命名盡皆土音其形狀不能辨識即以此

呈繳憲鑒亦屬無益非同官藥一見而知到處

宦有可以為甲職之需也近又訪得一漢人云

專門解救藥箭時常往來苗地所聞之單亦屬

草藥但為數無多易於識認甲職現看人同往

山中採取止得其半尚缺數種據云附近黙地

可得甲職初奉憲諭時有黙省人在甲職著中

行醫已着此人前去查訪令尚未回俟得有的

實與漢人之藥齊俻有驗甲職即偕之赴省面

稟一切因奉憲諭諄切不敢不慎重其事也再

毒藥之樹前差人往左江萬承土州尋覓令於

隆安地方已得其皮葉枝幹俱已採存容易查

驗所有驗救之方與現在尋覓未經試驗

者一併列單呈覽等語臣伏思解毒之方雖已

覓得而藥物非他處所有亦非他處人能識應

俟該同知採齊藥物併帶製藥之人至省臣再

加面試然後

奏聞但臣欽奉

上諭令臣將解毒之方東驛

奏聞必有所用令覓須兼採藥物併須製藥之人

自應先將解方

奏聞恭請

皇上指示將人藥發往何處使用以便人藥到時遵

照施行至毒藥撒樹已於左江所屬南寧府隆

安縣橋建村覓得三株俱高八丈圍一丈四五

尺俱已伐倒其餘自當遍行搜砍但左江地方

千里深山窩林多人踪不到之處恐難盡去其

種然軍中製有解藥即有毒樹亦可無所患矣

臣謹恭摺覆

奏伏乞

皇上批示所有解弩藥方另摺附陳臣謹

奏

雍正三年六月初九日

同風異俗
──邊疆社會的民情風俗

　　《起居注冊》記載的範圍很廣泛，康熙皇帝的見聞，多見於康熙朝《起居注冊》，他曾告訴大臣說：「我國邊界甚遠，向因欲往觀其地，曾差都統、大臣、侍衛等官，皆不能遍到，地與東海最近，所差大臣於六月二十四日至彼，言仍有冰霜，其山無草，止生青苔，彼處有一種鹿最多，不食草，唯食青苔。彼處男女，睡則以木撐頷等語。」東海邊界，就是指黑龍江下游及烏蘇里江以東到海的遼闊地方，後來被俄羅斯人鯨吞蠶食了。

　　庫勒納奏曰：「聞說黑龍江日長夜短，雖晚日落，不至甚暗，不知何故？」上曰：「黑龍江極東北之地，日出日入，皆近東北方，所以黑龍江夜短，日落亦不甚暗。」句中「黑龍江」，滿文讀作 "aihūn i ba"，意即「璦琿地方」，是黑龍江將軍駐箚的黑龍江城。

　　上又曰：「過哈密六百里有土兒番地方甚熱，去雪山有百餘里。其人悉入夜始出耕種，若日出時耕種便熱死。其地皆石，少頃即糜爛於石上矣。」句中「土兒番」，滿文讀作 "turfan"，意即「土魯番」，同音異譯。

　　「哈薩克即古陽關地，其人性好鬥，常結隊以殺擄爲事，人心亦齊。若婦女被人擄去，其擄去婦女必手刃其人而回。此地亦熱，草極肥，馬皆汗血。又產蘋果、葡萄、梨，皆大而美。」句中「哈薩克」，滿文讀作 "hasak gurun"，意即「哈薩克國」，「蘋果」規範滿文讀作 "pingguri" 此音譯作 "pin g'o"。

　　上曰：「種地惟勤爲善，北地風寒，宜高其田壠。若種尋常之穀，斷不能收，必種早熟之麥，與油麥、大麥、糜黍，方爲有益。去歲往彼墾種之人，朕曾以此命之，因違朕旨，多種蕎麥，以致田禾失收。」句中「油麥」滿文讀作"arfa"，意即「燕麥」，俗稱「達達麥」。

　　上曰：「朕曾問老農，皆云將雪拌種，可以耐旱，爾等將穀種少拌雪水試之。朕前帶南方稻穀、菱角種於京師，奈風高霜早，又用泉水灌漑，無南方池塘蓄養之水，因此不熟。以此觀之，若將此地穀種帶往北地，亦難收成，惟將麥與大麥、油麥、糜黍及早播種，務須克勤方善，爾等謹識之。」

　　蒙古崛起後，成吉思汗將天山北路伊犂河流域分封其次子察哈台。元代覆亡後，伊犂河流域爲綽羅斯、杜爾伯特、和碩特及土爾扈特等厄魯特蒙古所佔據，習稱四衛拉特。其後綽羅斯部勢力獨盛，世襲準噶爾汗位，恃強凌弱，土爾扈特與之不睦，部長和鄂爾勒克遷徙裏海以北俄羅斯額爾濟斯河流域。和鄂爾勒克之後，書庫爾岱青、朋蘇克、阿玉氣世爲部長，至阿玉氣始自稱汗。康熙中，表貢不絕。阿玉氣從子阿喇布珠爾嘗假道準噶爾入藏，謁達賴喇嘛。旋因準噶爾汗策妄阿喇布坦與阿玉氣搆怨，阿喇布珠爾不得歸，請內屬，詔封貝子，賜牧於嘉峪關外黨色爾騰。康熙五十一年，阿玉氣汗遣使薩穆坦假道俄羅斯進貢方物，清聖祖欲悉所部疆域，並遣歸阿喇布珠爾，乃命圖麗琛偕侍讀學士殷扎納、郎中納顏等齎敕往諭阿玉氣汗。

　　圖麗琛（tulišen），一作圖理琛（1667-1740），字瑤圃，號睡心主人，葉赫阿顏覺羅氏，隸滿洲正黃旗。康熙二十五年（1686），由監生考授內閣中書。三十六年（1697），轉中書科掌印中書，尋遷內侍讀。四十一年（1702），監督蕪湖關稅務。

四十二年（1703），授禮部牛羊群事務總管。四十四年（1705），以缺牲被控革職。五十一年（1712）四月，特命復職，出使土爾扈特（turgūt）。

康熙五十一年五月，圖麗琛等自京啟行，越興安嶺，過喀爾喀，假道俄羅斯。五十三年（1714）六月，抵達阿玉氣汗駐箚之馬駕托海地方，擇吉頒發諭旨。五十四年（1715）三月，還京，阿玉氣汗附表奏謝。圖麗琛等三易寒暑，往返數萬里，終能不辱使命。

圖麗琛既歸，詳述道裡山川，民風物產，應對禮儀，舉凡盧舍市廛，服器飲食，林木鳥獸蟲魚，蔬果婁羅，靡有漏脫，彙成一書，名曰《異域錄》，滿漢兼書，首冠輿圖，次為行記，其體例略如宋人行記。惟宋人行記，以日月為綱，而地理附見，所載各大聚落，皆為自古輿記所不載，亦自古使節所未經。圖麗琛沿途從容遊覽，將所見所聞，纂述成編，題為《異域錄》，滿漢文本版本多種，為罕見歷史文獻，可以備博物洽聞之助，可以補經史之闕。書中記載俄羅斯的風土人情，俄羅斯國地方寒而濕，雨雪勤，多陰少晴，幅幀遼闊，林木蕃多，人烟稀少，其國俗貴賤難辨，其下人每見尊長，皆免冠立地而叩，尊長不免冠，凡男子或遇於途次及他處，每遇皆有免冠立地而叩。男子與婦人相遇，男子免冠，婦人立地而叩，其俗以去髭鬚為姣好，髮卷者為美觀，婚嫁用媒妁，聘娶之日，往叩天主堂，誦經畢，方合巹。殯殮有棺，俱送至廟內葬埋，起墳墓，無喪禮，喜飲酒，親友至，必出酒以敬之，不知茶，服氈褐苧布，以麥麵做餅食，亦食各項肉魚，不食飯，每食用匙，並小叉，無箸，務農者少，藉貿易資生者多，知種而不知耘，不知牛耕，沿河水居住者多，喜浴善泅，用瓜種大小銀錢，有值三文、十文、五十文、百文之銀錢，

亦有紅銅大錢，與小銀錢通用。以十六寸為一尺，十二兩為一
勸，千步為一里，人性矜誇貪得，平居和睦，喜詼諧，少爭鬭，
好詞訟，每逢吉日，男子相聚會飲，醉則歌詠跳舞，婦女不知規
避，爭相粧飾，各處遊嬉，隊行歌於途。問及節氣，彼云無曆，
俱於伊俄羅斯佛經內選擇日期，不知朔望，或二十九日、三十
日、三十一日不等為一月，以十二月為一歲，知有四季，於康熙
五十一年十二月十六日，係伊國多季大齋完日，為歲初，二十一
日浴佛，於五十二年十一月二十七日為歲初，十二月初三日浴
佛，尚浮屠，齋戒之日多，自伊國王以至庶民，歸入俄羅斯教之
各種人及男婦童稚，每年按四季，大齋四次，每季或四十日、三
十餘日不等，平素皆按七齋戒，七日內戒肉食二日，觀其國俗，
用度尚儉，居處汙濁，最遵法令，極厭兵戎，俄羅斯國向無汗
號，原僻處於西北近海之計由地方，而地界甚狹，傳至依番瓦什
里魚赤之時，其族內互相不睦，以致於亂，依番瓦什里魚赤力甚
微弱，乃求助於西費耶斯科國王，而西費耶斯科國王許助依番瓦
里魚赤兵八千並糧餉，欲取俄羅斯之那爾瓦城，依番瓦什里魚赤
從其言，將那爾瓦城歸於西費耶斯科國，因假此兵力，依番瓦什
里魚赤征收其族類，而自號為汗焉，迄今三百餘年，從此強盛，
將喀山並托波兒等處地方俱已征獲，其後又侵佔伊磊謝幷厄爾
庫、泥布楚等地方，國勢愈大。俄羅斯國現在國王察罕汗之名曰
票多爾厄里克謝耶費赤，年四十一歲，歷事二十八載，所居之城
名曰莫斯科窪。

　　四川西境，地方遼闊，歷代以來，在川康邊境上設立了許多
土司，大金川和小金川就是其中兩個舉足輕重的土司，都是因河
而得名，大金川，土語叫做促浸，意思是大川；小金川。土語叫
做儹拉，意思是小川，或清淨嶺。相傳臨河一帶，可以開礦採

金，所以促浸習稱大金川，儹拉習稱小金川。大小金川就是四川大渡河上游的兩條支流，會合岷江後注入長江。

大小金川地方，春初以後，每當麥類成熟時，鸚鵡千百群飛，蔽空而下，綠羽璀璨，鳥語如歌，伊啞宜人。五、六月間，山崖牡丹盛開，紅白相間，下臨碧水，掩映增妍，彷彿世外桃源。

大小金川地勢險峻，壘石為屋，碉樓林立，堅固高聳，建造精巧，狀如浮圖。大小金川河流湍急，當地往來渡河的工具，叫做皮船，用堅硬樹枝作骨架，蒙以皮革，成一圓形，可以背負行走，每船可以乘坐四、五人。黃河渡河的羊皮筏，叫做渾脫。李太樸開先〈塞上曲〉有「不用輕帆並短櫂，渾脫飛渡只須臾」等句。金川皮船類似渾脫，而勝於渾脫，一人持槳，順流而下，疾於奔馬，輕巧便利。

大小金川地方因不產大米，吃的是糌粑，熬著茶來同吃。土司頭人時常入藏熬茶，學醫求經。小金川頭人達邦是土司色勒奔手下的伴當，曾奉命到西藏第穆呼圖克圖地方學習了六年醫術，醫書都是用藏文寫的。達邦自稱「我學的醫道也是診脈用藥，男子從左手診起，女子右手診起。」

大小金川土著民族的體型，多半是中等身材，瓜子臉兒，膚色略黑而帶紫，留著稀疏的鬍鬚。金川男女都喜愛裝飾，他們用珊瑚、瑪瑙、珠寶、玉器裝飾自己，從《職貢圖》畫卷的彩繪圖像，可以了解金川男女的衣冠服飾。大金川男子椎髻，帽用羊皮染黃色，以紅帛為緣，耳綴銅環，褐布短衣，穿麻布裙，出入必佩兵械，崇尚佛教，知道耕作。婦女結辮於首，綴以珊瑚，耳綴大環，短衣長裙，知道紡織。乾隆年間（1736-1795），大金川人昆布木僧親自看見土司的兩個妻子，平日頭上總是戴著帽子，

帽邊是用黃毛織成的，上面鑲著珊瑚。身上掛的數珠，有用珊瑚做的，也有用硨磲做的。小金川的男女衣冠服飾，大同小異。《職貢圖》彩繪小金川男女的服飾，男子椎髻，戴氈帽，綴以豹尾，短衣革帶摺裙，身佩雙刀。婦女以黃牛毛續髮作辮盤繞，珊瑚爲簪，短衣長裙，跣足，往來負載，亦知紡織。

　　土司是族長，百姓在路上遇見土司夫婦的時候，只要在道旁蹲下，讓土司夫婦過去，就是當地的禮節。大小金川的民曆，和內地不同，他們的新年元旦，相當於內地十一月十三日，到了新年元旦，從土司以下無論男女老幼，都攜手歌舞，以示歡慶，他們所跳的舞步，叫做「鍋椿舞」，短衣長裙，婆娑起舞，舞出金川風光的美麗。

　　《起居注冊》記載康熙皇帝的見聞說：朕又見舟中滿載豬毛雞毛，問其故，則曰：「福建地方，稻田以山泉灌之，泉水寒涼，用此則禾苗茂盛，而亦早熟。」朕記此言，將玉泉山泉水所灌之稻田，亦照此法，果禾苗早熟，而豐收。

　　上曰：「聞瓊州府偏居海中，甚爲炎熱，至夏時日高則不見人影，夜間止見南極、老人等星，並不見北極星，北極星被地遮掉。爾親至彼處，果如是否？」石柱奏曰：「臣等不知天文，不識南極、北極等星，但日在頭上，仰面而視。」句中「北極」，規範滿文讀作"amargi ten"，康熙朝滿文本《起居注冊》音譯作"be gi"。

　　臺灣族群，除閩、粵移民外，主要爲生番、化番、熟番各社原住民。《職貢圖》畫卷是一套瑰麗民俗畫史，畫卷中含有臺灣生熟各社原住民的圖像及滿漢文圖說，有助於了解他們的社會生活及藝術傳統，例如彰化縣水沙連等社一圖，其圖說內容云：

　　水沙連及巴老遠、沙里興等三十六社，俱於康熙、雍正年

間先後歸化。其地有大湖、湖中—山聳峙，番人居其上，
石屋相連，能勤稼穡，種多麥豆，蓋藏饒裕。身披鹿皮，
績樹皮橫聯之，間有著布衫者。番婦挂圓石珠于項，自織
布爲衣，善織罽，染五色狗毛，雜樹皮，陸離如錦。婚娶
以刀斧釜甑之屬爲聘。雖通舟楫，不至城市，或赴竹腳寮
社貿易。歲輸穀十五石三斗，皮稅四兩三錢。

水沙連等社原住民能紡紗織布，陸離如錦，色彩豔麗，充分
表現了他們的藝術傳統。

放練社位於屏東林邊溪口北岸，迤北爲茄藤社、力力社、舊
隸鳳山縣，都是平埔族。畫卷圖說如下：

放練等社熟番相傳爲紅毛種類，康熙三十五年歸化。其人
善耕種，地產香米。男以鹿皮蔽體，或披氈敝衣；女著衣
裙，喜懸螺貝於項間，腕束銅環，而跣足。捕鹿必聽鳥
音，以占得失。婚娶名曰牽手，女及笄，搆屋獨居，番童
以口琴挑之，喜則相就。遇吉慶輒艷服，簪野花，連臂踏
歌，名曰番戲。疾病不事醫藥，用冷水浴之。茄藤、力力
等社皆然。歲輸丁賦三百四十九兩零。

放練社於康熙三十五年（1696）歸化，社中男女婚娶，叫做
「牽手」。女及笄，滿文讀如 " sargan jui tofohon se de isinaha "
意即「女至十五歲。」

簫壠社位於諸羅縣城以南灣裡溪南岸，乾隆年間繪製《臺灣
地圖》作「霄壠社」，同音異譯，是平埔族。畫卷圖說云：

諸羅縣南曰簫壠社、曰加溜灣社、曰麻豆社、曰哆咯嘓
社；服飾大略與諸羅等社同，男以竹片束腰，曰箍肚，欲
其漸細，能截竹爲簫，長二、三尺，以鼻吹之。歲時婦女
多以糍餌相餽餉。又按府志，哆囉嘓社男女成婚後，俱折

去上齒各二，彼此謹藏，蓋亦終身不改之意云，凡諸羅縣各社，歲輸丁賦一百八十餘兩。

加溜灣社在諸羅縣城之南灣裡溪南岸，乾隆年間繪製《臺灣地圖》作「灣裡社」，《諸羅縣志》作「目加溜灣社」。麻豆社在灣裡溪北岸，佳里興之東。哆咯嘓社在濁水溪上游，俱係平埔族。畫卷繪男子以鼻吹簫，女子手捧茶具。《欽定四庫全書》寫本《皇清職貢圖》誤作以口吹簫，已失原意。

臺灣各社原住民的婚姻習俗，反映了母權制社會的特徵，其嫁娶習俗，與漢族不同。福建巡撫趙國麟等具摺時曾指出臺灣北路人甲西、沙轆、牛罵等社的婚俗是「親姪作婿，堂妹為妻，生子歸嫁，招婿同於娶媳，顛倒牽混，與內地倫紀，迥不相同。」

以姪為婿，堂妹為妻，是一種族內婚，對家庭倫常稱謂，產生了很大的變化。謝遂繪製《職貢圖》畫卷圖說對鳳山縣放綍等社原住民的婚俗，描述說：「婚娶名曰牽手，女及笄，搆屋獨居，番童以口琴挑之，喜則相就」。「番童」除了口琴外，也吹鼻簫。《職貢圖》畫卷彩繪諸羅縣簫壠等社原住民「能截竹為簫，長二、三尺，以鼻吹之。」原住民也有折齒的習俗，例如哆囉嘓社男女成婚後，俱折去上齒各二顆，彼此謹藏，以示終身不改之意。郁永河著《裨海紀遊》一書亦記載臺灣原住民女兒長成後，父母使居別室中，少年求偶者，吹鼻簫，彈口琴，女兒擇所愛者，乃與挽手，鑿上顎門牙旁二齒，彼此交換。原住民除婚娶時折齒外，於出草殺人後，亦有折齒的習俗。福建巡撫丁日昌具摺時亦指出，「該生番向例俟秋冬間即須出草殺人，能割取首級者，眾人稱為英雄，即敲折一齒，以為號，番俗方肯以女妻之。」

臺灣內山生界原住門的黥刺習俗，是一種文身舊俗，主要是

在身體上的臉面、手臂、腿腳等處刺字或刺畫圖案花紋。身體上不同部位的文身，代表著不同的意義。《職貢圖》畫卷圖說對彰化縣內生界原住民婦女的紋面習俗有一段描述說：「番婦針刺兩頤，如網巾紋，亦能績樹皮爲罽。」原住民婦女在臉部兩側面頰針刺點青。閩浙總督劉韻珂具摺時，對水沙連生界原住民的文身習俗，描述較詳。他說：「男番眉心間，有刺一王字者，體畫較粗，而女番之眉心頷頰多各刺一小王字，且從口旁刺入兩頰至耳垂，又灣環刺下如蝶翅狀，所刺行數，疏密不一，所塗顏色，黃白亦不同。詢知番女許字後始刺兩頰，遵祖制也。」孫國璽在福建分巡臺灣道任內具摺時，曾對南路鳳山縣山豬毛等社生界原住民黥刺的原因加以描述，「凡番子殺漢人，則刺人形於手背，殺番子，則刺人形於腿腳，又刺花。」福建巡撫劉世明具摺時也有類似的描述，其原摺有一段內容說：

> 各野番俱供，凡殺一漢人，即於上身刺一人形，殺一番子，即於下身刺一人形，並花樣。今驗所獲野番，除已死礁留一名，驗明刺有人形外，又驗一名加難武力氏左肋刺大花痕二條，人形四個。右肋刺花痕三條，人形五個，右腿刺花樣八個，右手膊有舊刀傷痕。當據武洛社土官礁巴丁質認，昔年被其殺伊兄弟，巴丁曾用刀格傷手可證，即該兇番，亦經認不諱。又驗加洛同左右手背各刺人形三個，左腿刺人形一個，右腿刺人形三個，有柳福質認該番係山裡目社生番土官的小廝，屢次下山殺人，回去就迎社飲酒等語。況在其社內現經搜出割去紅孕等頭顱，更無可疑。又驗何難武里右手背刺人形兩個，背上兩手俱刺花紋，左腿刺人形兩個。

山豬毛等社生界原住民殺死他人後，即針刺人形。所刺人形

的位置，各不相同，凡殺一漢人，即於上身刺一人形，或在左右肋，或在左右手背，並刺花痕。生番若殺死熟番，則刺人形於下身，或在左腿，或在右腿，並刺花樣。內山生界原住民身上人形圖案花樣數目的多寡，就是他殺人的紀錄。

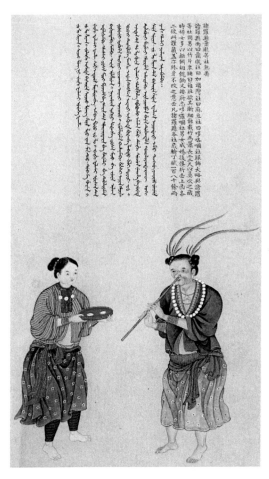

諸羅縣蕭壠等社原住民圖像《職貢圖畫卷》

文化熔爐
──養心殿造辦處的藝術創作

　　清朝造辦處地處紫禁城西華門武英殿以北、白虎殿後，各類匠作都集中在這裡，就是清朝宮廷藝術的創作場所。

　　康熙年間，在中西文化交流過程中，養心殿扮演了重要角色。製作工藝的造辦處，最初就是設在養心殿。

　　白晉（Joachin Bouvet）著《康熙帝傳》指出，康熙皇帝在位期間，展開一項只能由他領導的新工作，這就是幾年來在帝國裡一直進行著的繁榮藝術的工作。促使他產生這種決心的原因是多方面的：康熙皇帝曾看見過歐洲的尤其是法國的各種藝術作品；白晉等人也曾對他描述了法國國王治理下，建立在巴黎的科學、藝術研究院；白晉等人還向康熙皇帝介紹法王路易十四為了使科學藝術達到盡善盡美的高度，以王家的榮譽對在這些方面作出卓越成績的人給予獎勵的辦法。約在康熙三十一年（1692），康熙皇帝曾做此例，開始在他自己的宮殿裡建立起繪畫、雕刻、塑雕以及為製作時鐘和其它計算工具的銅、鐵器工匠之類的科學院。康熙皇帝在北京時，每天都按時讓人送來出自工匠之手的作品，對這些作品，康熙皇帝總是親自檢驗，指出其中不足之處，表彰那些值得頌揚的，並留下其中傑出的作品。從《康熙帝傳》的描述可知康熙中葉的「科學院，就是養心殿的造辦處，供職於造辦處的工匠，或在畫院繪畫，或在做鐘處製作鐘表，或在銅鐵作成做活計，或在琺瑯作燒畫琺瑯，或在玉作製做玉器，或在木作雕刻活計，各作工匠，可謂人才濟濟。

　　康熙四十六年（1707）五月，為西洋人事務到廣州遵旨傳諭廣東督撫將有技藝巧思或內外科西洋人差遣家人護送進京的佛保，是養心殿監造筆帖式。《聖祖仁皇帝庭訓格言》記載皇長子胤禔曾管養心殿營造事務。

　　供職內廷的西洋科技人員，都遵旨送到養心殿。康熙五十年（1711）四月十三日，江西巡撫郎廷極之子郎文焌奉養心殿趙昌、王道化傳旨諭：「江西巡撫郎廷極之子郎文焌將江西臨江府居住西洋人傅聖澤即速送進京，交與養心殿。」江西巡撫郎廷極差員前往臨江府，傳到傅聖澤。因傅聖澤患病初癒，不能乘騎，當從水路而行。同年五月十五日，傅聖澤等從臨江府登舟，郎廷極差家人護送進京。此次傳旨的趙昌、王道化，都是養心殿的總監造。廣東、福建督撫，多以琺瑯器皿進呈御覽，擅長燒畫琺瑯器皿的工匠，亦遵旨送入內務府養心殿，供職內廷。譬如工匠潘淳，原籍福建，徙居廣州，也擅長燒畫法瑯器皿。楊士章燒畫法瑯的技藝，僅次於潘淳。可相幫潘淳燒畫法瑯。烏林大，滿文讀如"ulin i da"，是內務府的司庫。康熙五十五年（1716）九月，內務府烏林大李秉忠奉差到廣州，曾經試驗潘淳等人的技藝，見其所製法瑯器皿頗好。廣東巡撫楊琳令工匠潘淳、楊士章二名，徒弟黃瑞興、阮嘉猷二名，另有西洋人嚴嘉樂、戴進賢、倪天爵三名，俱於同年九月二十六日隨同烏林大李秉忠啟程赴京，並將所覓法瑯表、金剛石戒指、法瑯銅畫片、儀器、洋法瑯料，以及潘淳所製法桃紅顏色的金子攙紅銅料等件交給李秉忠代進，此外尚有已打成底子未畫未燒金鈕坯，亦交李秉忠收帶，預備到日，便於試驗。

　　康熙皇帝以養心殿造辦處所燒畫的琺瑯器皿已極精美，所以常以琺瑯水盛、琺瑯鼻烟壺、琺瑯盒綠松石硯、琺瑯蓋碗等賞賜

臣工。康熙五十五年（1716）九月初八日，廣西巡撫陳元龍家人張文自熱河賷捧御製「法琅五彩玻璃鼻烟壺一、八角盒硯一、水盛一、圓香盒一」，返回家中。陳元龍接獲其姪陳邦彥家信，信中指出，所賜琺瑯寶器四種，都經康熙皇帝「聖心指授，從格物致知之理推求原本燒煉而成。」陳元龍具摺指出，「謹考法琅古所未有，明景泰時始創爲之，然其色凝滯，其質笨重，殊不足貴。邇年始有洋法琅器皿，略覺生動，西洋人誇示珍奇，以爲中國之人雖有智巧，不能髣髴，乃我皇上於萬幾之暇，格其理，悟其原，親加指示，鎔鍊成器，光輝燦爛，製作精工，遂遠勝洋法琅百倍。」琺瑯器皿的製作，始自景泰年間，因當時技術較不足，其色澤凝滯，體質笨重。康熙年間，西洋人供職於造辦處，其燒畫琺瑯的技術，經過改良，融合中西製作經驗，有傳統，也有創新，所以製作精工，光輝燦爛，可以說中國人的智巧，能模倣西法，又加以高度改造，所以大內琺瑯遠勝西洋琺瑯百倍。康熙五十七年（1718）六月初八日，廣西提督左世永家人七十六賷捧御製琺瑯水盛、琺瑯鼻烟壺等回到柳州。左世永逐件捧瞻後指出，「精工無匹，華美非常，眞天上人閒之所未有。」左世永具摺奏稱御製琺瑯器皿，「奴才有生以來不但目未經見，即耳亦未經聞，不識何修而得邀寵錫。」雖屬溢美之詞，但康熙皇帝不輕易將大內所造琺瑯賞賜臣工，則是事實。探討中西文化交流，養心殿造辦處，確實是一個不容忽視的重要歷史舞臺。

　　《張誠日記》記載，養心殿包括當中的正殿和兩翼的配殿。正殿朝南，有一大廳和兩大間耳房一邊一間。大廳的兩個耳房，都是大間，約二十呎見方。張誠等進入左手一間，看見裡面滿是畫匠、雕刻匠、油漆匠。此處也有許多大櫃，放著許多書籍。另一間耳房是康熙皇帝臨幸養心殿時晏息之處，在御座旁邊的多寶

格上，陳設著各種珠寶和珍玩，有各色各樣的瑪瑙小杯、白玉、紅寶石、琥珀小擺設，甚至還有手工精雕的桃核。造辦處雖然初創，然而已經頗具規模了。康熙末年，大內所燒畫的琺瑯器皿，已經相當精美，福建浙江總督覺羅滿保曾於康熙五十八年（1719）正月間進呈西洋物件，並繕寫滿文奏摺及清單。原摺奉滿文硃批，略謂「選幾件留下，琺瑯等物，大內所造已甚好，沒有用處，嗣後勿再尋覓。」康熙五十八年（1719）正月三十日，覺羅滿保具摺奏謝永禁兵丁償馬，原摺附康熙皇帝硃筆上諭，略謂「因大內所燒琺瑯甚好，朕素來眷愛爾，賜下幾件以供觀看，勿給任何人觀看。若有人知道，就於爾不好，僅於摺子內奏陳而已。」大內即指養心殿造辦處。「琺瑯」，滿文讀作"falan"，漢譯又作「法藍」。造辦處燒畫的琺瑯已經很精美，西洋琺瑯沒有用處，就不必尋覓進呈了。同年六月十八日，兩廣總督楊琳等奏聞差人伴送行醫外科安泰，會燒畫琺瑯技藝陳忠信進京。原摺奉硃批：「二人都到了，外科故〔固〕然好，會琺瑯者不及大內所造，還可以學得。」江西巡撫郎廷極繕寫摺子進呈西洋大日表等器物，原清單奉硃批：「近來大內做的比西洋鐘表強遠了，已後不必進。」

　　康熙年間（1662-1722），中西文化論戰，多屬於語法與名詞的爭論，康熙四十五年（1706）六月，武英殿總監造赫世亨等遵旨向教皇特使多羅（Tournon Carlo Tommaso Maillard de）傳宣諭旨，節錄一段內容如下：

> 覽嚴當所書之文，嚴當絕不能講解明白中國文史，即在此居住之眾舊西洋人，亦不能全解釋明白。告訴多羅，凡西洋人，朕皆一視同仁，並無羞辱嚴當之處。再者，當多羅面問畢天祥：爾天主教徒敬仰天主之言與中國敬天之語雖

異，但其意相同。況且中國風伯雨師稱謂，乃文人起名，
即如此地繪神時畫雲，西洋人畫神添翼一樣。今豈可言天
神照爾等所繪真展翅飛翔耶？此特倣效神奇繪製也。今爾
名叫畢天祥，何不照爾教例改爾名為畢天主慈祥耶？可見
各國起名，皆遵本國語法。豈以名詞之故，便言大道理不
同乎？此旨傳諭爾知。

六月十三日，赫世亨等具摺奏聞傳諭經過。原摺所錄諭旨內
容，對研究中西文化的論爭提供很珍貴的史料。中國文化，西洋
固然不能解釋明白，但康熙皇帝優遇西洋人，一視同仁。中西文
化的大道理在本質上並無太大的差異。中國有風伯雨師的稱謂，
西洋有天主教的稱謂，名詞不同，但西洋人敬仰天主之名，與中
國敬天之語，其本意基本相同。譬如中國畫神時畫雲，不是畫羽
翼。西洋人畫天使時則添羽翼，就是講解中西文化名異實同的最
好比喻。西洋有西洋的語法，中國有中國的語法，名詞不同，大
道理卻相同。多羅奉到諭旨後表示：「皇上以神翼及畢天祥之名
為比喻，多羅我聞之，聖旨之言甚少，道理透徹。」

康熙五十九年（1720），教皇特使嘉樂（Carlo A. Mezzabar-
ba）來華後，在康熙皇帝與嘉樂的對話中，也曾經就神翼問題進
行討論。是年十二月初三日，康熙皇帝在九經三事殿筵宴嘉樂。
嘉樂穿著本國服色於丹陛下呈進教皇表章。康熙皇帝命引至御前
親接其表。嘉樂行三跪九叩禮畢，奉命坐於西班頭等大人之次，
賜上用克食，康熙皇帝親自賜酒一爵。在筵宴中，康熙皇帝問嘉
樂云：「朕覽爾西洋圖畫內有生羽翼之人，是何道理？」嘉樂解
釋說：「此係寓意天神靈速如有羽翼，非真有生羽翼之人。」康
熙皇帝說明他提出神翼問題的用意。他說：「中國人不解西洋字
義，故不便辨爾西洋事理，爾西洋人不解中國字義如何妄論中國

道理之是非？朕此問即此意也。」入境隨俗，互相尊重，符合人類文化自然演進的法則。文化人類學派解釋人類文化的起源也主張文化複源說，文化是多元的，深信人類文化依著自然法則演進，人同此心，心同此理，不必一定發源於一地，或創自一人，康熙皇帝的態度是客觀的。

清朝皇帝重視皇子教育，康熙皇帝提倡崇儒重道，他要使自己成爲一位儒家皇帝。雍正皇帝自幼接受儒學教育，熟諳儒家典籍。他在雍親王時期，也喜愛西洋玩意，鑽研西學。雍正年間，宮中大內珍玩器物，頗多貴重罕見者，其來源除了來自雍親王府的收藏、內外諸臣的進獻外，最大的來源就是養心殿造辦處、圓明園活計處各作成做的活計。雍正朝各類匠作已頗具規模，包括：畫作、玉作、琺瑯作、油漆作、刻字作、牙作、徒作、鑲嵌作、眼鏡作、銅爐作、木作、鏇作、玻璃廠、自鳴鐘、匣作、藤作、輿圖作等，各作供職人員，多達一百六十餘人，可謂人材濟濟，西洋畫家就是供職於內廷畫作如意館的佼佼者。其中郎世寧就是供職於如意館的西洋畫家之一。康熙二十七年六月二十二日（1688.07.19），郎世寧（Giuseppe Castiglione）生於義大利北部的米蘭。康熙五十四年七月十九日（1715.08.17）抵達中國澳門，同行的還有一位意大利外科醫生羅懷忠（Joseph d'a Costa）。

郎世寧的繪畫創作，多以山水、花卉、鳥獸等等爲題材，宛若置身於草原對著大自然的寫生。如桂花玉兔月光畫、聚瑞圖、百駿圖、嵩獻英芝圖、雙圓哈密瓜、狗、鹿、虎、瑞穀、蘭花、紅羅卜、牡丹、山水畫、八駿馬、午瑞圖、仙萼承華、松鶴、綠竹、夏日山居圖等等，其作品多見於《石渠寶笈》各編著錄，海峽兩岸的故宮博物院分別典藏頗多郎世寧的著名代表作品。郎世寧的繪畫作品，大多用於室內裝飾。

　　雍正皇帝喜言祥瑞，大小臣工，紛紛以地方祥瑞奏聞，慶雲、嘉禾、瑞穀、靈芝、麟鳳、孔雀等等都成了宮廷繪畫的題材。雍正元年（1723）九月十五日，以符瑞呈祥，郎世寧遵旨畫得〈聚瑞圖〉。《郎世寧作品專輯》所收第一軸〈聚瑞圖〉軸，絹本，縱 173 公分，橫 86.1 公分，設色畫瓶中瑞蓮瑞穀，彙寫瓶花，以記祥應，象徵符瑞疊呈的太平景象，是一幅有著歐洲靜物風格描繪中國傳統習俗的作品，色調明暗對比鮮明，顯示了郎世寧繪畫技巧與藝術風格的變化與轉折。雍正二年（1724）十一月，郎世寧畫得〈嵩獻英芝圖〉軸，絹本設色，縱七尺五寸八分，橫四尺八寸八分。現藏北京故宮博物院，此畫造型準確精細，挺立的白鷹，羽毛的質感很強。彎曲盤繞的松樹，枝葉掩映，樹皮斑駁，並適當地畫出光線照射下出現的陰影，使畫面具有較強的立體感，郎世寧的確充分發展了他紮實的歐洲繪畫功底。

　　雍正四年（1726）十二月二十一日，郎世寧畫得者爾得小狗畫，由郎中海望呈覽。雍正五年（1727）正月初六日，《活計檔・畫作》記載，「太監王太平傳旨西洋人郎士寧畫過的者爾得小狗雖好，但尾上毛甚短，其身亦小些，再著郎士寧照樣畫一張，欽此。」文中「者爾得」，又作「者兒得，同音異譯，滿文俱讀作 "jerde"，意即「赤紅色的」，原指馬的毛色

特徵而言，"jerde morin"，意即「赤馬」、「赤兔馬」。者爾得小狗，意即「赤紅色的小狗」。雍正五年（1727）二月二十一日，郎世寧畫得者爾得小狗畫一張，由郎中海望進呈御覽。同年二月二十九日，《活計檔·畫作》記載，「郎中海望傳西洋人郎士寧將者爾得狗再畫一張，記此。」同年閏三月十六日，郎世寧畫得者爾得狗一張，由郎中海望呈進。《郎世寧作品專輯》等書所見〈花底仙尨圖〉就是雍正年間郎世寧所畫「者爾得小狗」。

由郎世寧畫者爾得小狗的過程，可以反映雍正皇帝的藝術品味及郎世寧和雍正皇帝的互動。

寫生畫也是郎世寧的重要創作活動，圓明園內的牡丹，花美麗，也有綠葉，是百花之王，以歐洲風格繪畫牡丹，頗具創意，郎世寧畫牡丹的技法，也受到雍正皇帝的重視。雍正五年（1727）閏三月二十七日，總管太監陳九卿傳旨著傳郎世寧進圓明園，將牡丹照樣畫下。同年四月二十五日，郎世寧遵旨畫得圓明園牡丹畫一張，由郎中海望呈進。郎世寧進入圓明園看著牡丹，照樣畫下來，是郎世寧擅長的寫生畫。雍正八年（1730）三月二十六日，郎世寧遵旨畫得四宜堂窗內透花畫樣一張，郎中海望進皇御覽後奉旨牡丹花畫在外邊，不必伸進屋內來。同年十月二十一日，郎世寧遵旨畫得四宜堂杜丹花一張，將牡丹花畫在窗外，並未伸進屋內，遵照雍正皇帝的指示作畫，探討盛清時期的宮廷繪畫，不能忽視皇帝所扮演的角色。

蔣廷錫（1669-1732），江南常熟人。初以舉人供奉內廷，康熙四十二年（1703），賜進士。蔣廷錫工詩善畫，擅長花鳥畫。常熟人余省，曾受業於蔣廷錫，亦工畫花鳥蟲魚。雍正三年（1725）九月二十六日，圓明園奏事太監劉玉等人交出鮮南紅羅卜一個，傳旨照此樣著郎世寧畫一張，蔣廷錫畫一張。同年十月

十八日，郎世寧、蔣廷錫遵旨分別畫得鮮南紅羅卜畫各一張，中西畫家的作品，各有所長，引起雍正皇帝的興趣。有些作品則是合筆畫，例如雍正七年（1729）八月十四日，郎中海望奉旨，九洲清宴東暖閣貼的玉堂富貴橫披上玉蘭花石頭甚不好，著郎世寧畫花卉，唐岱畫石頭，著伊二人商議畫一張換上。同年九月二十七日，郎世寧、唐岱遵旨畫得玉堂富貴畫一張，郎中海望帶領徒匠李毅進入九洲清宴東暖閣貼上。唐岱是滿洲人，曾從王原祁學畫，專攻山水，以宋人為宗，供奉內廷日久，筆法更加精進，康熙年間，已有「畫狀元」之號。唐岱與郎世寧商議合筆繪畫玉蘭花石頭，郎世寧畫花卉，唐岱畫石頭，展現中西技法融合的創作。在乾隆時期，郎世寧與眾多的中國畫家合筆畫了許多作品，在合筆畫中，郎世寧大多負責起草圖稿。

　　活躍於北方草原的飛禽走獸，也是西洋畫家描繪的重要題材，這些繪畫作品充滿了大自然的生氣。《資治通鑑》記載，佳鶴是唐太宗心愛的寵物。在郎世寧繪畫作品裡，有許多犬馬是乾隆皇帝的寵物或坐騎。乾隆皇帝喜歡以各種靈禽或勇猛的動物為自己的寵物或坐騎命名。郎世寧等人所畫的許多名犬及駿馬，除了標明漢文名字外，還標出滿文、蒙文的名字，這些滿、蒙、漢各體名字是乾隆皇帝所選定的名字。滿洲、蒙古草原社會的命名，沿襲了他們的傳統習俗，他們喜歡以自然界的飛禽走獸為子女命名。如攝政王多爾袞是滿文“dorgon”的漢字音譯，意即「獾」，蒙古鑲白旗人阿爾薩郎是滿文“arsalan”的漢字音譯，意即「獅子」，探討名犬及駿馬的命名由來，不能忽視草原社會命名習俗。

　　《石渠寶笈三編》記載郎世寧畫蒼猊犬一軸，縱八尺四寸五分（268公分），橫六尺一寸（193.7公分），絹本，設色，以

滿、蒙、漢三體書標題，旁注駐藏副都統傅清（fucing）所進。傅清從乾隆九年（1744）至十二年（1747）充任駐藏辦事大臣。乾隆皇帝為郎世寧所畫西藏名犬取名，漢字標為「蒼猊」，滿文標題讀如"kara arsalan"，蒙文讀如"qara arslan"，意思就是黑獅子，圖文相合。

郎世寧來華供職內廷的藝術創作活動，多見於《活計檔》，根據《活計檔》製作簡表，較易查閱。郎世寧設色畫百駿馬，牧放郊野，平岡淺草，各極其態。原畫款：「雍正六年歲次戊申仲春，臣郎世寧恭繪。」《活計檔》記載，雍正二年（1724）三月初二日，怡親王允祥諭著郎世寧畫百駿圖一卷。雍正十三年（1735）十一月十四日，內務府司庫常保等將郎世寧畫得百駿圖一卷呈進。乾隆十三年（1748）五月初九日，太監胡世傑交出百駿圖一卷，傳旨著郎世寧用宣紙畫百駿手卷一卷，樹、石著周昆畫，人物著丁觀鵬畫。百駿圖手卷，由郎世寧畫馬，補景分別由周昆畫樹、石，丁觀鵬畫人物，屬於一種合筆畫。

〈十駿馬圖〉是以北亞草原的駿馬為題材，分別由喀爾喀、科爾沁、和拖輝特、翁牛特等部所進，所署駿馬名稱，除漢字外，還兼書滿文、蒙文。對照滿、蒙文字，有助於了解乾隆皇帝為駿馬命名的意義。譬如第五軸雪點鵰，滿文標題讀如"saksaha daimin cabdara alha"，蒙文標題讀如"čaγčaγai bürgüd čabidar alaγ"，意即接白鵰銀鬃花馬。

滿文、蒙文名稱淺顯易解，如雪點鵰並非如張照贊語所云「般般麟若，點點雪裝」而得名。所謂馬背有雪點云云，只是漢文標題的望文生義。「接白鵰」，滿文讀如"saksaha daimin"，又作"saksaha damin"，意思是上半黑下半白生後一、二年的鵰，這匹駿馬的毛色與滿文、蒙文的詞義相合。康熙皇帝閱讀西

洋書籍，看到西洋畫片天使帶翅膀，頗不以為然。畫仙女，要畫雲，騰雲駕霧，就是高飛的一種本事。乾隆皇帝要郎世寧畫駿馬奔馳如飛，不用帶翅膀，而以高飛的「神鵰」命名，頗能傳神。又如第十軸籋雲駛，漢字名稱引《漢書・禮樂志》「志俶儻，精權奇，籋浮雲，晻上馳」等語而命名，表示天馬上躡浮雲，意蘊深奧。

科爾沁達爾漢親王策旺諾爾布、喀爾喀多羅貝勒阿約爾等先後進貢白鷹，乾隆皇帝俱命郎世寧圖畫。據《活計檔》記載，乾隆二十二年（1757）正月初五日，太監張良棟持出郎世寧畫白鷹一軸，配做冊頁。同年十月十四日，太監胡世傑傳旨著郎世寧用宣紙畫白鷹一架。十一月初九日，太監胡世傑傳旨鷹架簾子錦袱俱著姚文瀚畫。乾隆二十九年（1764）五月初二日，太監如意傳旨著郎世寧畫白鷹絹畫一幅，方琮畫樹、石。乾隆三十年（1765）正月初五日，喀爾喀多羅貝勒阿約爾進白鷹一架。同日，奏事太監高昇傳旨著郎世寧畫圖。同年正月初九日，郎世寧、姚文瀚合起得白鷹畫稿一張呈覽，奉旨准畫。院藏白鷹畫，設色畫白鷹立韝簾上，就是郎世寧和姚文瀚的合筆畫，郎世寧畫鷹，鷹架簾子錦袱是姚文瀚畫的。

我國隋唐時期，已有版畫藝術的創作，此後隨著印刷技術的發展，版畫藝術也不斷進步，它所用的材料多為木質。銅版畫是歐洲的一種版畫，已經有六百年的歷史，它所用的金屬材料，是以銅為主。它在材料的要求、刻製的方法及印刷技術等方面都比木刻版畫更為複雜，難度更大。歐洲早期銅版畫主要的製作方法，是在光滑平整的銅版上先塗抹一層防止腐蝕的蠟，然後用刀或針刻劃出畫面的形象，再用酸性的腐蝕液腐蝕，經過刻劃的地方，形成凹線，在凹線內填入油墨，經過壓印機將油墨印在紙

上，其成品就是銅版畫。銅版畫作品以其細密變化的線條組成畫面，具有獨特的風格。

由於銅版畫材料的稀少及其價格的昂貴，銅版畫傳到中國以後，只在宮廷內部採用，在民間並未普遍推廣。康熙年間（1662-1722），西方傳教士將歐洲的銅版畫藝術帶來了中國，隨著傳教士在宮廷供職，銅版畫藝術形式也為內府所採用。康熙五十八年（1719），清廷頒發《皇輿全覽圖》，這是我國地理學史上第一部標有經緯線的全國地圖，由義大利傳教士馬國賢攜往歐洲，製成銅版，共四十一幅。

到了乾隆年間（1736-1795），始以銅版畫藝術形式表現歷史事件，製作了一系列描繪征戰的組畫，得勝圖就是其中一組描繪平定準噶爾及回部的銅版畫。

在乾隆皇帝自我標榜的「十全武功」中，最具意義的還是乾隆二十年（1755）至乾隆二十四年（1759）進行的平定準噶爾及回部兩次戰爭。明末清初，西域以天山為限，分為南北兩路，北路為準噶爾所據，南路為回部所據。康熙年間（1662-1722），準噶爾噶爾丹汗崛起，聲勢日盛，屢次侵犯喀爾喀、哈密，窺伺青海，潛兵入藏。康熙皇帝御駕親征，未能直搗巢穴。雍正皇帝籌備多年，悉力進剿，卻遭和通泊之敗。乾隆初年，準噶爾內亂，篡奪相尋，乾隆皇帝乘機大張撻伐，清軍兩路並進，長驅深入，蕩平準噶爾，改伊里為伊犁，以寓「犁庭掃穴，功成神速」之意。回部之役，則為準噶爾之役的延長。五年之間，清軍掃平天山南北兩路，式廓二萬餘里。乾隆皇帝用兵西北固然是繼述康熙、雍正兩朝未竟之志，同時通過這兩次戰爭，使清朝進一步加強了西北邊防和鞏固了國家統一，促進了多民族國家的向前發展。

　　西域軍事告蕆後，乾隆皇帝感念出征將士百死一生為國宣力，不能使其泯滅無聞，於是詳詢軍營征戰形勢，令供職內廷的西洋畫家結構丹青。

　　乾隆二十五年（1760）四月十八日，郎世寧奉命起稿畫伊犁人民投降等圖共七張。乾隆二十七年（1762）六月十一日，姚文瀚奉命將郎世寧起得得勝圖小稿十六張仿畫手卷。乾隆二十九年（1764）十月二十五日，平定伊犁等處得勝圖十六張，命郎世寧起稿呈覽。乾隆三十年（1765）五月十七日，郎世寧等四人起得得勝圖稿十六張，命丁觀鵬等五人用宣紙依照原稿著色畫十六張。得勝圖稿樣呈覽審閱，奉旨准畫後，始正式繪畫，然後陸續交由粵海關，分批送往歐洲製作銅版畫。

　　平定西域得勝圖的漢字名稱，起初因同音異譯，並未規範。乾隆三十年（1765）五月二十六日，《內務府造辦處各作成做活計清檔》記載，將郎世寧畫〈愛玉史詐營稿〉、王致誠畫〈阿爾楚爾稿〉、艾啓蒙畫〈伊犁人民投降稿〉、安德義畫〈庫爾滿稿〉各一張，奉旨先行發交粵海關作速刻做極細銅版。其中〈愛玉史詐營〉即〈格登鄂拉斫營〉，〈阿爾楚爾〉即〈阿爾楚爾之戰〉，〈伊犁人民投降〉即〈平定伊犁受降〉，〈庫爾滿〉即〈呼爾滿大捷〉。乾隆三十一年（1766）二月初九日，內廷交出續畫得的戰圖包括：〈伊西洱庫爾之戰〉、〈烏什酋長獻城降〉、〈拔達山汗納款〉、〈黑水圍解〉各一張，其中〈伊西洱庫爾之戰〉即〈伊西洱庫爾淖爾之戰〉。同年五月二十一日，內廷交出續畫得戰圖包括：〈霍斯庫魯克之戰〉、〈通古思魯克之戰〉、〈庫隴癸之戰〉、〈和落霍斯之戰〉各一張。十月初六日，內廷交出續畫的戰圖包括：〈鄂羅扎拉圖之戰〉、〈平定回部獻俘〉、〈郊勞〉、〈凱宴回部成功將士〉各一張，其中〈鄂

羅扎拉圖之戰〉即〈鄂壘扎拉圖之戰〉，〈郊勞〉即〈郊勞回部成功諸將士〉，〈凱宴回部成功將士〉即〈凱宴成功諸將士〉。銅版畫刊刻刷印完成送京裝裱御製詩文後，得勝圖十六張的名稱才正式作了規範。

平定西域得勝圖的圖樣送達法蘭西後，受到法蘭西藝術界的重視。法蘭西皇家藝術院院長侯爵馬利尼（Marigny）命柯升（C. N. Cochin）主其事。柯升先後挑選雕版名手勒巴（J. R. Le Bas）、聖多米（A. de Saint Aubin）、布勒弗（B. L. Prevost）、蕭法（P. P. Choffard）、郎納（N. de Launay）、德尼（F. D. Nee）等人分別開雕。銅版畫主要是以線條來表現原畫的層次、立體感和深遠感。乾隆年間，法國會雕刻銅版的工匠，雖然不下四百人，但能刻得勝圖銅版的名手不過六、七人。現存得勝圖銅版畫，多注明鑴刻人名及年分，其中布勒弗（B. L. Prevost）刻的是〈平定伊犁受降〉（1769）、〈霍斯庫魯克之戰〉（1774）；聖多米（Saint Aubin）刻的是〈呼爾滿大捷〉（1770）、通古思魯克之戰（1773）；郎納（De Launay）刻的是〈伊西洱庫爾淖爾之戰〉（1772）；勒巴（Le Bas）刻的是〈格登鄂拉斫營〉（1769）、〈鄂壘扎拉圖之戰〉（1770）、〈凱宴成功諸將士〉（1770）、〈黑水解圍〉（1771）、〈和落霍澌之捷〉（1774）；蕭法（Choffard）刻的是〈拔達山汗納款〉（1772）、〈烏什酋長獻城降〉（1774）；阿里默（J. Alianment）刻的是〈庫隴癸之戰〉、〈阿爾楚爾之戰〉；馬斯克立業（L. J. Masquelier）刻的是〈平定回部獻俘〉；德尼（F. D. Nee）刻的是〈郊勞回部成功諸將士〉（1772）。

平定準部回部得勝圖銅版畫是屬於冊頁的形式，同時將各重要戰役採用全景式的構圖，在一個畫面上充分表現出一個戰役的

規模與全貌，得勝圖銅版畫不僅具有史料價值，同時也富於藝術價值。刊刻銅版匠工精細，其所印墨色深淺，亦有區別。

　　承辦得勝圖銅版畫的鐫工首領柯升於〈寄京書信〉中對銅版的鐫刻及印刷曾作說明，節錄一段內容如下：

> 其一，中國紙張易於起毛，以之刷印圖像，難得光潔，且一經潤濕，每每粘貼板上，起時不免破碎，即或取用洋紙，浸潤尤須得法，太濕則淫溢模糊，太乾則摹印不真。至於調色之油，最難熬製，倘不如法，萬難浸入，銅板細紋，必致模糊。所用顏色，並非黑墨，惟取一種葡萄酒渣，如法鍊成，方可使用。若用別項黑色，不惟摹印不真，且易壞板。再者，板上數摸油色，既用柔軟細布擦過，全在以手掌細細揉擦，務相其輕重均勻，陰陽配合，方稱如式，此等技藝，不惟生手難以猝辦，即在洋數百匠人演習多年，內中亦不過四、五人有此伎倆。況此板鐫刻精細，若遇巧匠，每板或可刷印千餘張，其板尚能修理。一經生手，摹印既難完好，且易於壞板。倘將細紋磨平，或將銅板擦傷痕跡，其板反成廢棄。種種緣故，非敢故為鋪張。

　　由柯升〈寄京書信〉可知銅版畫不能如期呈繳的種種緣故，同時也有助於了解得勝圖銅版畫製作的過程。其銅版鐫刻精細，刷印最難，中國紙張易於起毛，取用洋紙，必須浸潤得法；所用顏料，並非黑墨，而是採用一種葡萄酒渣鍊成的顏料，熬製艱難；銅版上敷摸油色，須以手掌細細揉擦，輕重均勻，陰陽配合，銅版畫製作技藝的艱難，必須經過長期訓練才有這種技倆。

　　自乾隆三十年（1765）內務府造辦處傳辦刊刻得勝圖銅版畫，至乾隆三十九年（1774）銅版鐫刻竣工刷印銅版畫連同圖稿

運達北京，前後歷時十年之久。

平定西域得勝圖銅版畫包括兩個部分：其中圖書十六幅在法蘭西鐫刻刷印；各圖題詠詩及御製序文、大學士傅恆等識跋計十八張，則在內廷木刻刷印，然後將圖畫與詩文分別裝裱成册，其圖畫與詩文都可當史料看待。

描繪戰役圖稿樣十六張，交由粵海關發往法蘭西，以銅版畫的形式表現出來。戰圖畫面採用全景式構圖，場面寬廣遼闊，結構複雜，人物衆多，刻畫入微，其描寫景色，明暗凹凸，投影透視等技法，充分反映了歐洲銅版畫製作的高度水平，這是中西文化交流史上的一件盛事。可以圖二〈格登鄂拉斫營〉爲例加以說明。

圖二〈格登鄂拉斫營〉，所繪內容爲清軍深入伊犁後，達瓦齊率領萬餘人移駐伊犁西南的尙圖斯，後負格登鄂拉，即格登山，前臨泥淖，箚營堅守。乾隆二十年（1755）五月十四日夜清軍派遣降人翼領喀喇巴圖魯阿玉錫等帶領士兵二十二人往探達瓦齊大營。阿玉錫奮勇突入，往來衝殺，放鎗吶喊，達瓦齊全營驚潰，自相蹂躪。畫面右部繪阿玉錫等人由山口向敵營衝擊情形，遠景繪清軍大隊繞山策應包圍情形，近景繪放鎗射箭施砲厮殺場面。御製詩中有「大聲策馬入敵壘，厥角披靡相躪奔，降者六千五百騎，阿玉錫手大纛搴；達瓦齊攜近千騎，駾走喙息嗟難存」等句，可知戰況的激烈，阿玉錫的神勇絕倫。畫面描繪勇士阿玉錫在山間行進，衝殺敵人等情景，筆法細膩，同時把接應的清軍主力也組織在同一個畫面上，突破了時空的限制。

圖 貳 格登鄂拉斫營圖

格登鄂拉斫所營
阿玉錫者伊何人準噶爾屬司牧臣其法
獲罪應剿賀何不即斬乃貸等徒步萬里
來向化育之塞外
先朝恩廿有四年薩拉爾來述其事云阿波
中勇絕倫持銃近而來及賊走奪其無
遠迩告見賜銀撲佈即令先驅清誤慶
我師直入定伊犁遠兎齊取近業軍敗其
懷牌領借一依山掃海名登之我兩將軍
阿玉錫統近西哈什副以遠
鎮安絶城建伐毋乃連皇仁億辛捨進二
十二四阿玉錫統其麾四巴圍海東噶爾
五百騎阿玉錫手大喜奮遠兎齊捐近干
時駛走恨喜顉歷荊新五貴一夫勇絕
以蔽甚人摧掄神勇有如阿玉錫如方山
凌知報恩令我作歌壯生走千秋以垂斯
人聞
乙亥季夏月上澣作御筆

Estampe n° 2. « ON FORCE LE CAMP [ÉTABLI] A GADAN-OLA »
(0,899 × 0,522. — M.G 17010)

　　風格是藝術史研究的主題，不同的時代和環境，可以產生不同風格的藝術。歐洲文藝復興時期，有一部分畫家嘗試在平面的畫幅上更眞實地表現出自然界立體的藝術效果，於是將光學、物理學、測繪學、幾何學等自然科學運用在繪畫創作上，繪畫藝術與自然科學的結合，於是產生了與中國傳統繪畫技巧迥異的焦點透視法。明末清初，隨著耶穌會傳教士的來華，西方透視學也傳入了清朝內廷。郎世寧等西洋畫家採用焦點透視法作畫，景物深遠，立體感強，引起清代朝野的注意。郎世寧等人是在歐洲接受的美術教育，熟練掌握了以油畫爲主的西洋畫法。他們初入清朝內廷後，面臨著一個陌生的新環境，他們首先必須認眞學習中國傳統的繪畫技巧及掌握中式筆墨紙張的特性，應用中國筆墨、顏色、紙絹等工具材料作畫，彩線兼施，旣富於立體感，又突出了線的作用，取得了中國工筆畫的效果。郎世寧以西洋畫寫實的技巧畫中國畫，以顏色表達生氣，適度地改變了西洋油畫的繪畫技巧，創造出了盛清諸帝能夠接受的繪畫新體，可以詮釋爲中體西用思想在宮廷繪畫發展的表現形式。郎世寧等西洋畫家的宮廷繪畫作品，是爲清朝皇帝創作的，是以中學爲體的藝術創作。

　　盛清時期，中西藝術在相互接觸過程中，有選擇、改造、融合，也有排斥、拒絕、揚棄。盛清諸帝在中體西用的思想基礎上對西洋藝術通過選擇、改造，而豐富了富有特色的宮廷繪畫。探討盛清時期的宮廷繪畫，不能忽視中西藝術交流的過程，盛清諸帝接受西學的價值，並未揚棄中學的價值，而使盛清宮廷成爲融合中西藝術的歷史舞臺。

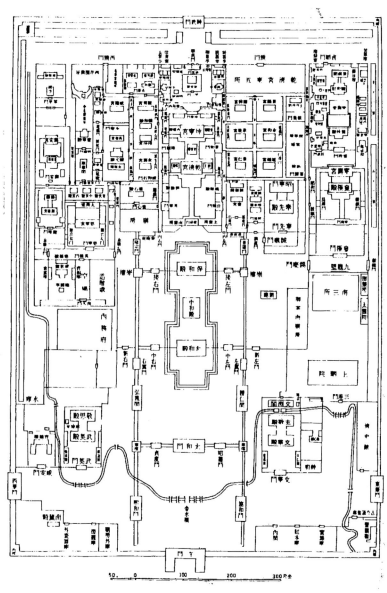

養心殿造辦處位置示意圖

白螺右旋
──避風珠和定風珠的故事

　　厄魯特蒙古，又稱衛拉特蒙古，是漠西蒙古各部的總稱，明代稱爲瓦剌。分佈於錫什錫德河與葉尼塞河等地，經長期發展變化，並融合周圍突厥語各族及東蒙古諸部，至明末清初形成準噶爾、杜爾伯特、和碩特、土爾扈特四大部，及附牧於杜爾伯特的輝特部，信仰藏傳佛教。其牧地不斷向額爾齊斯河中游、鄂畢河、伊犂河流域、青海擴張。清聖祖康熙四十一年（1702）十二月二十六日，《聖祖仁皇帝實錄》有一段記載云：「厄魯特丹津阿拉布坦來朝。上御保和殿，理藩院引見，行禮畢。召入殿內寶座前。上諭曰：「昔厄魯特歸降我朝，未有率人如爾之衆者。爾旣傾心歸嚮，甚是可嘉。朕所用避風石數珠，最利風疾，今以賜爾。」引文中「避風石數珠」，滿文讀作“bi fung ši erihe”，句中“bi fung ši”，是漢字「避風石」的滿文音寫；「念珠」，滿文讀作“erihe”，意即「念珠」，又作「素珠」，滿文讀作“er-ihe tolome nomun hūlambi”，意即「捻珠誦經」。康熙皇帝御用的避風石數珠，最利風疾。

　　右旋白螺，俗稱定風珠，其全名爲「大利益吉祥右旋白螺」，是班禪額爾德尼所進呈的法器。清宮珍藏右旋白螺多種，形式不一，乾隆皇帝御製贊文稱：「螺多左轉，稀有右旋。孰謂生海，而能從天。所以梵帙，標奇著編，丹書呈瑞，弗恒遇焉。寓聲於寂，三乘提全。」又云：「白螺右旋爲至寶，梵音普具三乘法，如是梵音如是聞，群生悉被福無量。」右旋白螺是吉祥靈

物崇拜的產物，其螺既白又右旋，爲罕見神物。乾隆皇帝虔信憑藉右旋白螺，則眾生可以被福無量。

臺灣位於太平洋西側颱風路徑的要衝，每年夏秋之時，經常遭受到颱風的侵襲，這種颱風是一種熱帶氣旋，清代文書稱這種熱帶氣旋爲颶風。由於海上颶風或颱風常常發生，以致海難頻傳，渡海入臺文武大員，多裹足不前。乾隆五十二年（1787）八月，因林爽文領導天地會起事，規模擴大，乾隆皇帝即命大學士福康安渡海來臺督辦軍務，並將右旋白螺賜給福康安帶赴臺灣，往來渡海時祈佛保佑。清軍平定林爽文後，福康安等於乾隆五十三年（1788）五月初九日由鹿耳門登舟內渡。五月十四日，福康安等至廈門。五月十五日，福康安奏聞內渡情形云：

> 伏念臣上年奉命赴臺灣剿捕，疊次被風吹回，及徵調各兵到齊，風色即爲轉順。自崇武澳放洋，一帆即達鹿仔港，兵船百餘號，同時並到，爲從來未有之事。此次凱旋內渡途次，雖遇風暴，瀕危獲安，此皆仰賴我皇上誠敬感孚，神明默佑，並蒙恩賜右旋白螺，渡海得以益臻穩順。臣欣幸頂感，莫可名言，登岸後即至懸掛御書聯匾廟內，敬謹拈香瞻禮，敬謝神庥。茲復奉到加贈天后封號諭旨及御書匾額，一面令於海口廟宇應懸處所，一併懸掛。竊臣上年由崇武澳徑渡鹿仔港，風帆恬利，因於鹿仔港寬敞處所恭建天后廟宇，今駐防兵丁等即在該處港口被風，遇危獲安，疊徵靈異，請將奉到御書匾額齎交徐嗣曾，在鹿仔港新建廟內敬謹懸掛，以昭靈貺。

由於乾隆皇帝賞賜右旋白螺，使福康安等渡海大員獲得神明默佑，吉祥穩順。鹿仔港海口已有廟宇，福康安渡海入臺時，即由鹿仔港上岸，風帆恬利，所以又另於鹿仔港寬敞地方另建天后

宮。

　　天后宮媽祖崇拜，久已成為福建及臺灣民間的普遍信仰。由
於閩省官兵民人渡海入臺時屢遭海難，乾隆皇帝也認為或因閩省
地方官平日不能虔誠供奉媽祖，以致未邀神佑。因此，乾隆皇帝
令軍機處發下藏香一百炷，交兵部由驛站馳遞福建督撫，令地方
大吏於媽祖降生的原籍興化府莆田縣地方及濱海一帶各媽祖廟，
每處十炷，敬謹分供，虔心祈禱，以迓神庥，而靜風濤。閩浙總
督魁倫遵旨將藏香每十炷為一份，共計十份，派員遞送，一份交
給興化府知府祥慶親身敬謹齊赴莆田縣湄洲媽祖廟供奉。閩浙總
督魁倫會同陸路提督王彙率同道府親送一份前往福州南臺海口天
后廟供奉。其餘分送福寧府、臺灣府、廈門、金門、海壇、南
澳、澎湖等處，交提鎮道府親赴瀕海各廟宇敬謹分供，虔誠祈
禱，希望從此船隻往來海上，帆檣安穩，免除遭風沉船之虞。清
朝皇帝順應福建臺灣民間信仰的習俗，提高媽祖信仰的地位，使
媽祖信仰的普及化產生了積極性的作用。

　　福康安等人往返臺灣海峽時，一方面將藏傳佛教的法器右旋
白螺供奉於船中，一方面因虔敬祈禱天后媽祖護佑，果然風靜波
恬，渡洋平穩。乾隆五十三年（1788）三月初七日申刻，凱旋官
兵雖然遭遇颶風，但都平安無事，福康安具摺奏聞這段奇蹟，節
錄一段內容如下：

　　　查福州駐防一起官兵原派在鹿仔港內渡，於撤回郡城時即
　　　令乘坐哨船前往。三月初六日，該起官兵均已更換大船，
　　　候風放洋。有福州駐防領催蘇楞額等三十三名，於初七日
　　　申刻已至港口，未上大船時，陡起風暴，拋碇不住，吹折
　　　蓬桅，船內前鋒德福等四名跳過別船，惟蘇楞額等二十九
　　　名未及過船，隨風飄至大洋，正在危險間，忽有異鳥一

雙，赤喙赤足，眉作金色，飛集船頭，頗甚馴熟。船戶謂
得神佑，必可無虞，飄流兩日兩夜，水已半艙，戽水前
進，幸不覆溺。初九日，於黑水洋地方適遇許長發船自澎
湖駛至，兵丁等遇救過船，軍裝搬運甫竟，原坐哨船下有
數丈大魚浮出水面，船隻登時沉沒，該兵丁等現在由鹿耳
門登岸。

各民族對鳥的信仰，不盡相同，滿族把鴉鵲當做神鳥。航海
家把赤喙赤足的海鳥，視為神鳥，牠是傳達神意的靈鳥，靈鳥飛
集船頭，相信已得神佑，必可無虞。福康安具摺時，亦指出，
「伏思自用兵以來，運送錢糧鉛藥，失風者甚少，臣等自崇武開
駕，一晝夜間駛行千里，兵船百餘隻，同抵鹿仔港，渡洋時即聞
各船傳說靈異，猶以為事屬偶然，未敢形之奏牘。今凱旋駐防兵
丁船隻遭風，危而獲安，復著靈應，此皆仰賴我皇上誠敬感孚天
神默佑。」福康安凱旋回京後，即將右旋白螺繳回宮中供奉，以
期永資護祐，普被吉祥。乾隆五十三年（1788）十一月，命福康
安補授閩浙總督。十一月二十一日，軍機大臣遵旨寄信福康安，
將右旋白螺發交福康安，於閩浙總督衙門供奉，節錄〈寄信上
諭〉內容如下：

> 乾隆五十三年十一月二十一日奉上諭，上年福康安前赴臺
> 灣，特賞給右旋白螺帶往，是以渡洋迅速，風靜波恬，咸
> 臻穩順。今思閩省總督將軍巡撫提督等每年應輪往臺灣巡
> 查一次，來往重洋，均資靈佑，特將班禪額爾德尼所進右
> 旋白螺發交福康安，於督署潔淨處敬謹供奉，每年督撫將
> 軍提督等，不拘何員，赴臺灣時，即令帶往渡海，俾資護
> 佑，俟差竣內渡，仍繳回督署供奉。至前往巡查大臣，亦
> 不必因有白螺冒險輕涉，總視風色順利時再行放洋，以期

平穩，將此諭令知之。

飄洋過海，風強浪大，海難頻仍。因此，乾隆皇帝欲藉靈物或法器護佑，期盼順利吉祥，反映乾隆皇帝對文武大員的關懷與祝福。閩浙總督衙門在福州，督署第五層是樓房，高敞潔淨，福康安派人將樓房加以拂拭灑掃後，即將右旋白螺敬謹安龕供奉。右旋白螺雖然不能解除颶風天災的侵襲，但可使渡海大員免除望洋之驚的心理作用，也是可以肯定的。嘉慶初年，清朝冊封使趙文楷等前往琉球時，亦經閩浙總督玉德奏准將右旋白螺交給趙文楷等供奉於冊封船艙內，希望往返重洋時，能得靈物護佑，而於穩順之中，更臻穩順。由於海盜猖獗，臺灣沿海多遭劫掠。嘉慶十年（1805）十一月間，海盜搶掠南路鳳山縣城，清廷即命欽差大臣賽沖阿渡海入臺督剿海盜，並將右旋白螺發交賽沖阿帶往渡洋。嘉慶十一年（1806）正月初四日頒諭稱：

> 臺灣遠隔重洋，風濤靡定，特發去大藏香五枝，著賽沖阿敬詣天后宮代朕虔禱，以期仰叩神佑。又福康安平定林爽文時，攜帶大利益吉祥右旋白螺，往來渡海，風帆順利，茲亦發交賽沖阿祗領，帶往渡洋，以資護佑，俟凱旋日，派大員齋送回京供奉。

天后媽祖信仰是臺灣較普遍的民間信仰，信眾最多。右旋白螺是定風珠，是藏傳佛教的吉祥法器，對航海人員而言，尤其具有穩定心理的積極作用，臺灣民間信仰，確實有它的地區特徵。

臺灣民間信仰的內容，雖然主要是閩粵內地民間傳統信仰的派生現象，但同時也包含原住民原始宗教信仰的成分，都是構成民眾精神生活與民俗文化的重要內容。因此，了解和探討臺灣民間信仰的性質及特點，對於考察清代臺灣社會的文化內容，了解民眾的心理素質與價值觀，確實具有不可忽視的重要意義。大致

而言，清代臺灣民間信仰只能說是傳統文化中的文化潛流或隱文化，即所謂常民文化，並非主流文化，各種形式的臺灣民間信仰都不是正信宗教，也不具備民間宗教的特徵。但因臺灣地理環境較爲特殊，保留了多元性的民間信仰的原始特質，提供了珍貴的研究資料，對於搶救臺灣文化遺產而言，也是不容漠視的工作。

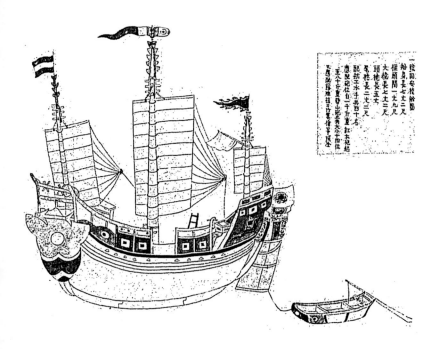

海船圖（34.5 × 37.5cm）

sahaliyan tasha inenggi, ūlet i danjin arabtan hengkilenjihe de, dele, enteheme hūwaliyambure diyan de tucifi, tulergi golo be dasara jurgan i hafasa yarume ibebufi dorolobuha, wajiha manggi, diyan de dosimbufi soorin i hanci gamafi, dergi hese wasimbuhangge, daci ūlet i baci dahame jihengge, sini gese geren be gaifi dahame jihengge akū, si gūnin hungkerefi dahame

壬寅，厄魯特丹津阿拉布坦來朝。上御保和殿，理藩院官引見，行禮畢，召入殿內寶座前。上諭曰：「昔厄魯特歸降我朝，未有率人如爾之眾者，爾既傾心歸嚮，

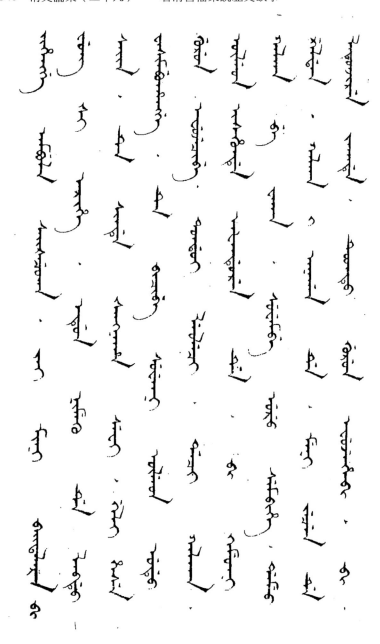

jihengge ambula saišacuka, jai mini baitalara bi fung ši erihe, edun
nimeku de labdu sain, te sinde šangnaha sefi, geli hese
wasimbuhangge, te bicibe suweni ūlet udu gurun efujecibe, tondoi
leoleci, daci kalka ūlet ishunde afandure de, bi kemuni kalka be waka,
suwembe uru sembihe, damu g'aldan, kalka i anagan de, meni jecen
de latunjire jakade, tuttu gurun efujehebi, bi

甚屬可嘉。朕所用避風石數珠，最利風疾，今以賜爾。」又諭
曰：「今爾厄魯特，國雖破滅，從公論之，前喀爾喀與厄魯特互
相搆難，朕常以喀爾喀為非，以爾為是。但噶爾丹乘喀爾喀之
釁，來侵我境，是以國破。

g'aldan be mukiyebuhengge, cohome meni jecen de latunjiha turgun dabala, umai kalka be dailaha turgun waka sehe manggi, danjin arabtan hengkišeme wesimbengge, ejen i hese umesi inu. meni ūlet dubei jecen de banjifi, gasha gurgu i gese ulhicun akū, seibeni abkai gurun be necihe be, te gūnihadari niyaman silhi gemu meijembi seme wesimbuhede,

----

朕之滅噶爾丹者，以其侵犯我境，非爲征喀爾喀之故也。」丹津阿拉布坦叩首奏曰：「誠如聖諭，臣等厄魯特生於絕域，如禽獸無知。昔犯天朝，今每一思及，心膽俱裂。」

dergici hese wasimbuhangge, suweni ūlet i niyalma umesi kenehunjere mangga, mini beye cooha gaifi kerulen de isinafi, g'aldan de ududu mudan elcin takūrafi, dahame jio seci, umai ojorakū ofi, tuttu afafi koro baha, tere fonde dahame jihe bici, bi inu wajimbihe, neneme ūlet i urse dahame jihengge be, bi ambasa i jergi de baitalahangge gemu bi, erebe suwe ainahai akdara, urunakū ere gemu arga,

---

上曰：「爾厄魯特，為人多疑，朕親率師至克魯倫，屢遣使喻噶爾丹歸降，彼不肯從，故至交戰失利。其時設若歸款，朕亦即已。前厄魯特來歸者，朕有授以大臣之職，爾等尚不之信，有言此必是計，

amala toktofi wambi seme gisurembi dere, te ūlet i urse be. amban
obufi ujime juwan aniya oho, arga biheo, arga waka biheo, jai kalkai
niyalma eberhun, ūlet de isirakū, ūlet i dahame jihe urse, udu cooha
dain de dahame faššame yabuhakū bicibe, muran i aba de dahame
yabure de, umesi hūsun bumbi, sini beye giru etuhun be dahame,
amaga inenggi urunakū hūsun bahambi.

後定誅戮。今厄魯特爲大臣者見在，已養至十年，計耶非耶？至
於喀爾喀，人材庸劣，不及爾厄魯特。厄魯特來歸者，雖未遇從
征立功，其扈從巡哨，亦甚盡力。今觀爾體貌壯健，他日得力可
知，

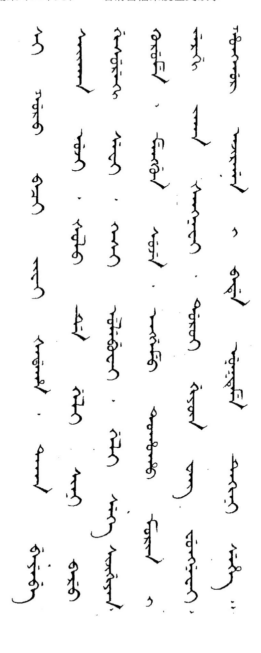

si goro baci jifi šadaha, taka beyebe saikan uji, šolo de geli sini baru gisureki sefi, kesi ulebufi, geli seke sijigiyan, kurume, menggun suje, enggemu tohoho morin i jergi jaka šangnafi, doroi giyūn wang fungnefi, honggur ajirgan i bade nukteme tekini sehe.

念爾遠涉勞乏，且善調攝，暇日更與爾言也。」命賜宴，并賜貂皮、袍褂、銀幣、鞍馬等物，封為多羅郡王。今於洪郭爾阿濟爾罕地方遊牧。

右旋白螺式樣

大利益吉祥右旋白螺乾隆五
十二年八月
朋福康安帶赴臺灣剿平蓮賊林爽
文莊大田等佳來渡海平安五
十三年七月凱旋後繳回供奉
永資護佑普被吉祥

右旋白螺藏、滿、蒙、漢四體記事

螺多左轉希有
右旋軏謂生海
而能從天所以
梵帙標奇著編
丹書呈瑞弗恒
遇馬寓聲於寂
三桑提全
乾隆甲寅新春
御贊

白螺右旋為至寶
先音菩從三乘法
如是梵音如是川
群生患破福無量
御贊

右旋白螺藏、滿、蒙、漢四體贊

奏為欽奉

恩諭覆摺恭奏事竊臣等奉到二月初五日

諭旨大兵凱旋非如前此進剿時關係緊急延不及

待不得不冒險遄行者可比將來凱旋渡洋不但

福康安海蘭察及領兵大員不可冒險輕渡即微

末弁兵亦不可輕易涉險總俟風色順利再行

開駕伊等內渡即稍遲數日亦屬無碍總期全臻

穩順以副朕體恤勤苦優加軫念至意等因欽此

臣等跪讀之下仰見我

皇上恩慈體恤委曲周詳實深欽感之至盡凱旋官

兵等查明鹿耳門鹿仔港船隻多寡酌置官

兵名數奏明於兩處分起撤回而春令風色鹿

仔港洋面更為平穩且水程比鹿耳門為近通

日內地撥來船隻收入該處港口者載多未便

拘沉指定地方致有遲悞已酌分原派鹿耳門

兵丁數起於鹿仔港配渡令海蘭察並各起巴

圖魯侍衛亦由該處登舟畫福州駐防一起官

兵原派在鹿仔港內渡於撤回郡城時即令乘

坐哨船前往三月初六日該起官兵均已更換

大船候風放洋有福州駐防領催福楞額等三

十三名於初七日申刻巳至港口未上大船陡

臣　福康安鄂輝跪

起風暴拋碇不住吹折篷桅船內前鋒德福等

四名跳過別船惟燕楞額等二十九名未及過

船隨颶風飄至大洋正在危險間忽有異鳥一隻

赤喙赤足眉作金色飛集船頭頗甚馴熟船戶

謂得　此處

神佑必可無虞飄流兩日兩夜浮出水面

甫竟見原坐哨船下有數丈大魚浮出水面船

隻登時沉沒該兵丁等現在由鹿耳門登岸具

稟呈報前來臣等不勝奇異隨傳官兵船戶等

面加詢問言之鑿鑿似屬可信已將該官兵等

酌加獎養另行換船配渡伏思旬日來兵以來運

送錢糧鉛藥失風者甚少臣等自崇武開駕一

晝夜間駛行千里兵船百餘復同抵鹿仔港渡

洋時即聞各船傳說靈異猶以為事屬偶然未

敢形之奏牘今凱旋駐防兵丁船隻適風危而

獲安復著靈應此皆仰賴我

皇上誠敬感孚

天神黙佑臣等歡忭下懷允深頂感茲復奉到

恩諭遴即剋行帶兵各員俾知兵丁等不可輕易沙
大船俟回放洋有福州駐防領催縣拋額等三
十三名於初七日中刻巳至港口未上大船陡
險務須仰體
聖慈侯風色順利再行開駕以期全臻穩順該兵丁
等項載
皇仁同深帝領韻撥船戶等僉稱三四月間即遇風
暴日朔風力尚屬平和若待順風開船更屬十
分穩妥等語所有各起凱旋官兵至遲亦不過
四月以前全數可以撤返仰藉
聖主洪福
天后默佑自必一帆遄達安穩渡洋用副我
皇上軫念勤勞
恩恤緣弁兵至意所有奉到
諭旨緣由理合恭摺具
奏伏乞
皇上睿鑒謹
奏

臣福康安跪

乾隆五十三年三月二十二日

《宮中檔》，乾隆五十三年三月二十二日，福康安等奏摺

臣福康安跪

奏為渡洋已抵廈門恭摺奏
聞事竊臣在臺灣善後章程及審擬案件辦理完
竣後於五月初九日由鹿耳門登舟候風茲經
恭摺奏
聞茲適於初十日清晨發有順風揚帆行至日暮
抵黑水洋地方距澎湖內澳二十餘里風息不
能前進測量該處海水甚深碇索長至六七十
大猶未沉底難以寄泊即在洋面往來飄蕩十
二日午後風浪大作竟夜不止船隻雖覺欹側
幸而安穩無虞行糧甚速十三日晚間至大擔
門外溜邊山根礁石並未觸損船身十四日由
廈門港口登岸伏念臣上年奉
命赴臺灣剿捕置次被風吹回及徵調各兵到
齊即為轉順自崇武澳放洋一帆即達鹿仔港
兵船百餘號同時並至到為從來未有之事此次
凱旋內渡途次雖遇風暴瀕危復安此皆仰賴
我
皇上誠敬感孚
神明默佑並蒙

恩賜右旋白螺渡海得以益臻穩順臣欣幸頂感其

可名言登岸後即至聽掛

御書聯匾廟內敬謹拈香瞻禮敬謝

神麻茲復奉到加贈

天后封號

諭旨及

御書匾額一面令於海口廟宇應懸處所一併懸掛
竊臣上年由崇武滇徑渡鹿仔港風帆恬利因
於鹿仔港寬廠所恭建

天后廟宇令駐防兵丁等即在該處港口被風過
免護安置微靈異請將奉到

御書匾額賞交徐嗣曾在鹿仔港新建廟內敬謹懸
掛以昭靈貺現在巴圖魯侍衛及隨從官員俱
已陸續到大擔門一俟登岸後起身前赴泉
州與李侍堯會晤將應行面商事件另行會摺

其

具
奏至廈門一帶甘霖屢沛四野均霑早禾現俱結
穗顆粒充盈豐收可卜現在糧價不昂民情極
為歡慶堪以仰慰

聖懷所有臣抵廈門日期理合恭摺馳奏伏乞

皇上睿鑒謹

《宮中檔》，乾隆五十三年五月十五日，福康安奏摺

奏

乾隆五十三年五月十五日

大學士公阿　大學士伯和　字寄
協辦大學士閩浙總督公福　乾隆五十三年

十一月二十一日奉

上諭上年福康安前赴臺灣將賞給右旋白螺帶往
是以沒洋迅速風靜波恬威臻穩順今思閩省總
督將軍巡撫提督等每年應歸往臺灣巡查一次
來往重洋均資靈佑特班禪額爾德尼所進右
旋白螺發交福康安於督署潔淨處敬謹供奉每
年督撫將軍提督等不拘何員赴臺灣時即令帶
往渡海佇資護佑俟差竣內渡仍繳回督署供奉
至前往巡查大臣亦不必固有白螺昌險輕涉穩
視風色順利時再行放洋以期平穩將此諭令知
之欽此遵

旨寄信前來

《上諭檔》，乾隆五十三年十一月二十一日，字寄

秀才作弊
——看檔案說科舉考試的故事

　　考試制度有它合理的一面，科舉制度是基於尚賢思想所產生的一種傳統考試制度，利用考試的辦法掄拔人才，科甲出身的人才，就成爲各級官員的主要組成部分。明清時期的科舉考試，主要是童試、鄉試、會試、殿試等等。

　　童試是最基本的考試，應試的考生，不論年紀大小，從孩童到白髮老翁，都叫做童生，又稱儒童，並非盡是兒童。童試分爲三級：知縣考的叫做縣試，知府考的叫做府試，將縣府考過的童生造冊送由學政考試，叫做院試。院試取中後入府縣學肄業，稱爲進學，進了學的童生，成爲生員，就是秀才，社會上習稱相公。

　　生員經過學政歲科考試後，始准參加鄉試。古代以天干地支紀年，子丑寅卯辰巳午未申酉戌亥，叫做十二地支，鄉試三年一科，逢子卯午酉各年爲正科，遇有國家慶典，另外加考恩科。因《周禮》有每三年大比考核鄉吏的制度，所以稱鄉試年分爲大比之年。清朝制度規定各省貢監生、拔貢生在朝廷部院擔任小京官，取具京官印結，或領取咨文後，可以參加順天鄉試。

　　鄉試考官有內簾和外簾的分別：主考、房考、內提調、內監試、內收掌爲內簾官；監臨、外提調、外監試、外收掌、受卷、彌封、謄錄、對讀爲外簾官。鄉試共分三場，以八月初九日爲第一場，十二日爲第二場，十五日爲第三場，先一日點名發給試卷入場，後一日交卷出場。應試士子用墨筆作答，稱爲墨卷。爲防

考官暗受囑託，墨卷彌封後例應交由謄錄以硃筆謄寫，送入內簾，稱爲硃卷。內簾房考官批閱試卷及外簾監臨、提調辦理文書，利用藍筆，後來改用紫筆。鄉試中式者，叫做舉人，社會上習稱老爺。第一名舉人，叫做解元，又稱解首，就是由州縣解送省城應鄉試而得元的意思。各省鄉試，都在八月舉行，所以鄉試又稱秋闈。新中式的舉人，常藉拜客的名義，到親戚朋友家去拜訪，大家都要送他一點賀禮或旅費，因拜客在秋闈後開始，所以叫做打秋風，新中式舉人就被稱爲秋風客。

　　現藏《宮中檔》御批奏摺、《軍機處檔・月摺包》含有豐富的鄉試檔案。據統計，從乾隆三十五年（1770）至五十九年（1794）共二十五年間，通計各省考取舉人的秀才，年屆九十歲以上者，計三十七人，其中江西省廣信府興安縣人李煒中式時已達九十九歲高齡，年登耄耋，龐眉皓髮，而安徽懷寧縣人楊星耀，年僅十一歲，雖然乳臭未乾，卻是滿腹經綸。李煒和楊星耀兩人的年齡，相差八十八歲。年屆八十以上的老爺，多達四百二十三人。科舉考試，沒有年齡的限制，可以說是老少咸宜的入仕途徑。《儒林外史》所刻畫的范進，就是一位老童生進學的歷史。廣東學政周進到廣州上了任，行香掛牌，先考了兩場生員，第三場是南海、番禺兩縣童生，周進坐在堂上，見那些童生紛紛進場：也有小的，也有老的，儀表端正的，獐頭鼠目的，衣冠齊楚的，藍縷破爛的。落後點進一個童生，叫做范進，面黃肌瘦，花白鬍鬚，童生冊上寫的是三十歲，但實年五十四歲，他從二十歲開始應考，先後考了二十餘次，一直未能進學。學政周進把他的試卷用心地看了三遍，曉得是天地間的至文，急忙在卷面上加了三圈，便填上第一名。范進中了秀才後，就癩蛤蟆想喫起天鵝肉，於是瞞著丈人到省城參加鄉試，居然高中廣東鄉試第七名亞

元。當捷報傳來，范進歡喜得引動了痰，兩手拍了一下，笑了一聲，往後一跤跌倒，牙關咬緊就不醒人事了。《儒林外史》對老童生的描繪，充分反映古代社會對科舉功名的虛榮和豔羨的心理。

　　科舉考試，既然憑文取士，對文章體裁的要求，必然就很嚴格了。唐詩、宋詞、元曲都有一套嚴格的文體形式，八股文就是明清科舉考試的核心，即以四書、五經命題，有一定的格式、體裁、字數，其淵源可以追溯至宋代的經義，是以經書中的文句為題，由士子作文闡明其中義理的一種文體。南宋以後，又吸收散文及元曲的一些要素，到了明代初年定型為一種獨立的八股文體，即由破題、承題、起講、起股、中股、後股、末股等段落所組成。文章的主要部分是起股、中股、後股、末股四個段落，每個段落又包含兩個小股，股是對偶的意思，其文字繁簡，聲調緩急，都要相對成文，合起來就成了八股。由於八股文體裁形式的強化，使作文程序變得更複雜，內容更形式化，難度也日益加強。清朝初年規定童試第一場就考八股文一篇，鄉試頭場考八股文三篇。現藏《軍機處檔》、《宮中檔》、《上諭檔》等含有頗多清朝科舉考試題目清單。

　　鄉試三場，頭場四書制義，考四書三題，五經各四題，士子各占一經，代聖賢立言，考官去取亦以頭場文章為重。但歷科試題多有雷同之處。譬如乾隆四十四年（1779）己酉恩科廣西省鄉試第一場四書題第三篇為：「天子適諸侯曰巡狩，狩者巡所守也；諸侯朝於天子曰述職，述職者述所職也，無非事者春省耕而補不足，秋省斂而助不給。」乾隆四十八年（1783）癸卯科江南省鄉試題目頭場四書題第三篇為：「天子適諸侯曰巡狩，巡狩者巡所守也。」第二場五經題目雷同之處更是常見，例如乾隆四十

五年（1780）庚子科河南省鄉試第二場易經題第二篇與癸卯科浙江省鄉試題目同為：「自上下下其道大光」。乾隆五十四年（1789）己酉科江南省與浙江省鄉試易經題第三篇同為：「同心之言，其臭如蘭。」而山東省題目為：「其臭如蘭」。乾隆四十四年（1779）己亥恩科廣西省鄉試與四十八年（1783）癸卯科江南省鄉試第二場易經題第一篇同為：「雲行雨施品物流行」。癸卯科福建省鄉試與乾隆五十四年（1789）己酉恩科浙江省鄉試第二場易經題第一篇為：「蒙以養正聖功也」。癸卯科福建省鄉試己酉恩科山東省鄉試易經題第二篇同為：「君子以虛受人」。書經題雷同之處亦層出疊見，乾隆三十五年（1770）庚寅恩科江南省鄉試第二場書經題第一篇為：「詩言志，歌永言，聲依永，律和聲。」同年浙江省鄉試書經題第一篇亦為：「歌永言，聲依永。」乾隆四十四年（1779）己亥科廣西省鄉試書經題第二篇為：「九功惟敘，九敘惟歌。」同年江南省鄉試書經題第一篇亦為：「九功惟敘，九敘惟歌。」同年廣西省書經題第一篇為：「學古入官，議事以制。」四十八年癸卯科福建省書經題第四篇亦為：「學古入官」。第二場詩經題雷同之處亦多，己亥恩科福建省鄉試詩經題第一篇為：「八月剝棗」。癸卯科江南省詩經題第一篇為：「八月剝棗，十月獲稻，為此春酒以介眉壽。」己亥恩科江南省鄉試詩經題第一篇為：「稱彼兕觥，萬壽無疆。」四十五年（1780）庚子科福建省鄉試詩經題第一篇為：「躋彼公堂，稱彼兕觥，萬壽無疆。」同年浙江省詩經題第一篇為：「躋彼公堂，稱彼兕觥。」庚子科河南省鄉試與癸卯科福建省鄉試詩經題第三篇俱係：「梧桐生矣，于彼朝陽。」春秋題雷同之處更是不勝枚舉。自乾隆三十五年至四十八年（1770至1783）十三年之間，江南、浙江、福建、廣西、河南五省歷科春秋題雷同者

竟多達二十八篇，其重複出現次數最多各篇如：㈠秋齊侯宋公江人黃人會于陽穀；㈡會于蕭魚；㈢齊人來歸鄆讙龜陰田；㈣季子來歸；㈤九月及宋人盟丁宿；㈥初獻六羽；㈦衛侯使甯俞來聘；㈧公會齊侯于夾谷；㈨晉匄使士匄來聘；㈩紀子伯莒子盟于密；㈥春晉侯使韓起來聘。禮記題亦見雷同者，如己亥科浙江省鄉試第二場禮記題第一篇為：「毋剿說，毋雷同，必則古昔稱先王。」癸卯科福建省禮記題第一篇亦為：「毋剿說，毋雷同。」

　　直省鄉試第三場試以策五道，其發問範圍較廣，包括經學、文體、字學、守令、錢法、史學、輿地、六書、書籍刊本、制義源流、樹藝、蠶桑、養老、辟雍、官制、儒林、儒行、經筵、選舉、積貯、治道、易理、弭盜、學校等。其經學所問範圍包括易、詩、書、春秋、禮記諸經，稽古論今，惟其中雷同之處亦多，如己亥恩科福建省鄉試策題第一道內有：「易用九六而不用七八及先後甲庚之義解者孰當。」同年廣西省鄉試策題第一道內亦有：「易九六七八之數，說者不同，卦爻用九六，不用七八，程朱何以互異，乾坤獨有用九用六之繫，朱子所引參同契之說可約舉歟？」其文意實相同。策題中談心言性及理學起源者甚多，例如乾隆四十八年癸卯科浙江省鄉試第三場策題第一道為：「問唐虞以來，言心不言性，其所謂中即性歟？湯誥厥有恆性，是為言性之始，伊尹言習與性成，召公言節性惟日。其邁義可互證歟？中庸言性，大學言心與意，孟子言性與情與才，可剖析歟？曰率性、曰盡性、曰知性、曰養性，與性近智遠之旨相表裏歟？荀況、揚雄、董仲舒、韓愈、李翱之言孰優，其與子與氏孰盡反稍合歟？徐幹中論王通中說果可比之論語歟？濂溪太極圖說本於易象，與華山石刻陳摶無極圖同歟？異歟？二程受業於濂溪，其氣象各有得力處，然於師門主靜之說淵源究相合否？張子西銘朱

子爲之作論而龜山楊氏先曾疑之何歟？朱子學於李延平，晚年指歸果盡得之延平歟？元明以後講學者皆有依據，其純駁可切指歟？我皇上德懋日新，聖由天縱，淵源精一，統合君師矣，多士涵泳聖涯由下學以窺上達有心契乎？性道間者願稽聽之。」乾隆五十四年（1789）己酉恩科貴州省鄉試第三場策題第一道亦爲：「問學以明理爲先，唐虞授受言心不言性，所謂中即性也，至湯誥首言恆性，而性之名以立。夫性一也，孔子贊易曰，繼善成性，而論語又曰性相近，孟子言人性皆善，而董子有善性禾之喻，昌黎有性分三品之說，其異同純駁可究晰歟？盡性可以至命，命一也，孔子既罕言命，而又曰不知命無以爲君子，且所云五十知命，與中庸居易俟命，孟子仁之於父子一節所云命也有性，其分合要歸可辨核歟？眾理皆具於心，心一也，而曰人心道心赤子之心，與夫明道所云心有主則虛，伊川所云心有主則實，其同而異，異而同者果安在歟？萬善咸統於仁，仁一也，而孔子於諸賢問仁語各殊焉，且一人而前後所說又殊焉。孔子言仁類多而知兼稱，孟子言仁類多與義對舉，又曷故歟？遭際聖人在上正學昌明，多士講求有素，必有融會貫通者，其親切言之。」

　　鄉試頭場制義是代聖賢立言，考官每因避忌字樣，必摘取經書中吉祥詞句爲題，士子易於揣摩，績學老生反而無由展抒底蘊。三場對策實以淵博爲長，但歷科策題多雷同，士子易於揣摩幸中，坊間均有刻本，士子竟有預擬策題在場前傳播者。乾隆三十年（1765）江西省九江府德化縣人吳光槐參加鄉試，其頭場四書題首篇爲平日讀過坊間選刻舊文，皆能成誦，遂將胸中記憶舊文默寫完卷，竟能中式。江西省饒州府海興縣附生齊廷福平日讀過坊刻舊文甚多，俱能成誦。乾隆四十四年（1779）己亥恩科，齊廷福參加江西省鄉試，分在馳字十一號，抄襲清初金居敬所刻

舊文冒中第十四名舉人，奉旨褫革。據齊廷福供稱「廷福於乾隆三十八年歲試進學，今歲恭逢萬壽恩科鄉試，頭場點名後忽然牙痛，舊病復發，難於作文。又因首篇文字必要出色，恰好所出兩題平時曾讀過金居敬舊文，一時昏憒無知剿襲是實，並非懷挾。」江西巡撫郝碩等據供後即會同學政汪永錫出書題一道，詩題一道，將齊廷福局閉密室覆試，並令其默寫舊文，齊廷福自午刻至酉刻交卷。其所默出四書坊刻舊文二篇，一篇題目為「禹吾無間然矣」，答案原為熊伯龍所作，其文云「觀聖於微憂德其至矣，蓋論聖至無閒綦難矣，上下千古而得一禹聖人之難也。今夫幸生古人之後而知其功，亦幸生古人之後而聞其過，將以考德而警心耳。顧有識之士未嘗不敢於論聖人而要其今日擬議之端，昔之日若逆加焉，而預為之備然後知古之聖人未有不敬小慎微以明其志者也，盍觀之禹。夫所稱聖人者寧自禹始自禹止乎？不自禹始者，若覺其自禹始帝之統盡，帝之心未盡，由前觀之，而禹之為禹也，僅矣，不自禹止者，若覺其自禹止，王之運開王之事未開，由後觀之，而禹之為禹也，僅矣，蓋禹至是而吾閒然一也。天下中主之弊萬不敢以疑聖主而猶有疑焉者，本體自謂無傷，凡事盡付之大度也。夫失其所適豈在大乎？吾觀於禹譽隆文命而精嚴過下士焉。欽寅清者得其道樂明備者得其欲，俯仰之間其亦無憾已，聖主無心之失非不欲以示後人，而卒不示者形跡偶間疑似久且無解於後世也，夫動而違道豈在多乎？吾觀於禹功歸永賴而彌縫亙萬古焉。有為者君之功，無事者民之福，明德之遠至斯而極已罔績配天禹已久釋其憂患，而要之積一身之業，蓋先世之有餘積終身之業，蓋一念之忿不足也，禹之無閒，蓋度量不同矣，聖人行事人爭托焉，而至禹獨無所口實，非其皎然至正歟？安得謂肇開禹貢，而疑有嗜欲日強之勢，元圭反命，禹已盛著其功

名。而要之君父之責，可以一日之平成謝，萬世之責，不可以一日之平成謝也，禹之無閒，蓋學問不同矣。聖人行事綿歷，殷周而吾儒終無刺譏，尚云後有萬年歟？則當其拜首禹謨而已，無入聖未優之論，意其所執者精，窺之而無窺，抑其所守者一，漏之而無可漏，豈不難哉。」齊廷福所默出第二篇四書題為「序事所以辨賢也」，其答案是剿襲坊刻張江所作舊文。其餘士子亦多讀坊刻時文，每遇一題，依類抄撮，動輒千言，陳言濫詞，僥倖中式。

參加鄉試的秀才們，並非每個都是天上的文曲星，很多士子火候不夠，只是癡心想吃天鵝肉，所以秀才作弊的現象非常普遍，槍手、挾帶、跳龍門、八仙過海，各顯神通，奇招百出，鬧出許多笑話，暴露了科舉制度下的種種醜態。清代士風，各省不同，一般士子平日把四書五經束諸高閣，而剿襲坊刻舊文，倩寫蠅頭小字，懷挾入場。乾隆皇帝命各省提調官進場點名時，嚴加搜查，片紙隻字也不許攜帶入場。

乾隆九年（1744）八月，順天鄉試頭場點名時，乾隆皇帝派出親信大臣前往監看，搜出作弊的秀才共二十一人。有的將小抄藏在衣帽裡，有的藏在日用器具內，有的藏在內褲中，有的含在口頰內，因為搜查過嚴而吞進腹中。在貢院門外拋棄的蠅頭小卷，堆積在牆下路邊的不計其數。頭場四書三題，是由乾隆皇帝親自命題，題目稍微冷僻，不容易揣摩，考前猜題多失敗了，交白卷的秀才共六十八人，試卷答不完的共二百二十九人，文不對題的共二百七十人。由於搜檢過嚴，連內褲下體也要檢查，聞風退避臨時散去的多達二千八百餘人，士氣沮喪。工科給事中吳煒頗不以為然，以一、二十人作弊，而累及千萬人露體褻慢，確實是士子的莫大恥辱。乾隆皇帝痛斥士子喪心無恥，竟同「鼠竊狗

偷之輩」、「不務研求於平日，惟思竊取於他人，詭詐潛藏，行同盜賊。」乾隆皇帝指出，搜至褻衣之內，固屬非體，無如竟有藏於褌褲中者，委查各員無從預知，不得不概行搜檢。

乾隆九年九月，禮部議准先期修葺貢院匠役人等搜明放入，以杜士子賄囑將文字埋藏號舍之弊，闈中器用食物先期運進者，在京派巡察御史二員，外省監臨委佐貳二員逐件查閱，內外簾官隨役人等亦一例搜查。士子衣服用單，考籃考具，製用玲瓏，便於標點，所用官蠟，令士子於納卷時附交燭價，於散卷時分給。其搜檢之法，順天於磚門外，外省於貢院頭門外，各派官員令士子聽搜點入，頭門與二門內令搜役兩行排立，以兩人搜檢一人，士子懷挾，其父師一併究治。乾隆十二年（1747）八月，福建巡撫陳大受訪查闔省科場積弊後指出，書役號軍最易作弊，士子坐號向係藩司書吏在卷面印戳，於是盜戳連號，不可究結。陳大受乃督同外簾各官及所帶試用佐雜各員自行戳記，不假手司書，戳號皆按卷取用，多餘各號及與瞭望處所通道盡行封閉，並無空號可以連坐，以杜槍手倩代之弊。闈外堆撥兵丁與闈內號軍，向由各營預為派定，陳大受令其於點名入場時，每號軍給與號單一紙通為另派，歸號後按名查點，不使聚於原派號內。闈外堆撥則密諭營員以東易西，撤南置北，通夕嚴巡，以杜其指認號舍、埋藏文字及隔牆拋空傳遞諸弊。陳大受等防制不可謂不周密，但在乾隆十二年八月初七日四更時分，竟有福協軍丁包雄乘間越出柵欄，潛至岡字號內刨挖文字被拏獲，搜出細書文字六包，小捲三束。據包雄供稱，是看守貢院的陳克濟、盧天儀及福協兵丁王成等包攬作弊。旋拘問陳克濟供出，是福州府學廩生李其祥、閩縣學生員高秀水、侯官縣監生陳治略、福清縣監生李振標、安溪縣監生唐本立、海淀縣生員黃英賢、浦城縣生員蔡漸高等七名輾轉

囑託預先帶入埋藏，其中陳克濟等乃積年占踞科場招攬作弊的雜役。八月初八日，川省鄉試有廩生劉文世以二百兩銀雇請湖廣黃陂縣人吳之華代做文字，第一場點名時彰明縣學生員舒仕任已經唱名給卷入場，吳之華竟冒舒仕任之名混行入場被拏。至於浙江省鄉試懷挾文字入場者屢經搜獲，士子入場後向來多不尊場規，往往亂號雜坐，鼓掌喧呶。廣東士子積習始終未改，是年鄉試頭場點名時有東安縣生員張曰勳抄寫細字經文用油紙包裹藏匿口角。閩省鄉闈試卷向例藩司衙門首領官督匠製造，卷背接縫處先鈐該首領印信發鋪散賣各生填寫卷面，彙交藩司衙門用印，乾隆十七年（1752）二月，閩省恩科鄉試竟有製卷舖匠顏洪育等偽造布政司經歷假印鈐用卷背攙賣圖利，諸生誤買多達三百餘卷。河南省鄉闈，士子點名領卷後多不歸本號，往來行走，遇有熟識親知，邀約聚語。第三場考試向有跳龍門之說，士子在龍門左右喧嚷跳躍以為中式先兆，而乘機越號換卷攙坐，巡查官勸其歸號時竟敢抗違不遵。

　　直省鄉試士子作弊層出不窮，不勝防制。乾隆十八年（1753）八月，湖廣鄉試搜出漢陽縣學生員劉光等六名懷挾小字春秋文表判論及詔誥等，或藏於筆管，或藏於水桶，或藏於炒火盒，或縫於氈內，或握於手中，俱當場被獲。是年河南鄉闈，謄錄書手及對讀生受僱倩頂替者多達二十四名。靈寶縣學生員王綿世等二人將經書文字縛在褲腿之上，南陽府學生員田子堅則在手巾內夾帶二場表文。乾隆二十一年（1756）七月，四川總督開泰訪聞川省向有不法鋪戶慣於製造夾帶器具，當密諭地方官查拏。據知縣王采珍等拏獲製造挖空石硯人犯一名，製造雙層氈帽人犯二名，製造重底銅罐人犯一名。是年八月，河南鄉闈查點頭場，搜獲武陟縣學生員毛豐滿將經書文字縛在褲褲之中。其他懷挾士

子或藏於夾襪內，或摺放帽內，或縫於雙層褐衫，或縫於雙層袖
內，指不勝屈。闈中書吏舞弊更是司空見慣，江蘇巡撫莊有恭查
出書吏焦宗舞私將　卷偷用印戳，於其襪內搜出東署字號印戳一
個，據供稱欲將安縣監生張穀孫與青浦縣生員陸文蔚聯號。又於
蕭永禧身畔搜出西藏字號印戳兩個，欲將元和縣生員趙琰與吳縣
生員顧公望聯號，並於朱鶴年身畔搜出西府字號、西餘字號印戳
各四個，欲將儀徵縣生監汪鴻客、汪蟾客、吳之訓、吳英四人聯
號。

　　乾隆三十年（1765）八月，廣西省鄉闈，號軍劉順搜獲生員
崔奇觀將字紙一束掀開瓦縫傳遞給前號生員。據劉順稱「我是食
字號軍，十二日晚，我在號內看見十六號生員與前號隔牆說話，
當即喝禁，後來見他用手去掀前號屋上瓦片，我就拏住他的手，
搜出一塊字紙，不知他寫的甚麼，正值提調等巡查，我就稟
了。」據生員崔奇觀供稱「我是靈川縣學增生，習書經，今年二
十九歲。我與全廷倫素日同窗讀書，我二場坐的是食字十六號。
十二日晚，我在號內喊叫號軍要茶吃，全廷倫坐在前號，聽見我
的聲音，隔牆喊問姓名，我答應了，他就說第三個經題不甚明
白，要我講解，我與他講了一會，因隔著牆，他聽不清楚，問我
說你的第三篇經文可做完了麼，不如抄幾句與我一看。我也說詩
還沒有做，你的詩若完了也給我看看。他先從號舍瓦縫裡將詩稿
遞過來，我就謄在自己卷內，隨後把第三篇經文寫了幾行走出號
來，正要遞過去，不料被號軍看見搶去。我實因全廷倫是同窗朋
友，他先把詩稿給我，故此也把經文與他遞換，並不是得了銀錢
替他代做。」崔奇觀、全廷倫奉旨革去衣頂，比照積慣鎗手例量
減一等，各杖一百，徒三年，至配所折責四十板。

　　乾隆四十二年（1777）八月，山東省巡撫等訪查科場中向有

積慣經頭，素與士子交往，每遇場期即向士子包攬講索規費，索費多者謄卷較佳，若貧苦生員不能出費者，即故意潦草不堪。廣東鄉闈查有水夫鄭亞柱於腰帶內夾藏油紙小捲二個，其中一捲內含易經文四篇、詩一首，另一卷內含詩經文四篇、詩一首，於是月十二日戌刻為內簾試用吏目袁嘉言拏獲。據供鄭亞柱是廠內水夫，有場內生員蕭允中代生員楊于雝說合僱倩貢生余文靖在外代作文字。又有南海縣民梁泮堂代捐貢林景泰說合僱倩江南人張鳴飛在外代作文字，與場內水夫頭梁玉，廠外水夫頭梁英及水夫伍允明大家說通在水槽邊內外以咳嗽暗號代為傳遞，第一場因稽查嚴密，題目不能遞出，至第二場十二日清晨見牆內水槽邊只有梁玉一人，即咳嗽為號，將題目丟出，天晚仍至水槽邊候至戌刻，聞牆外咳嗽丟進油紙二卷，拾取欲走，即被查獲。

　　乾隆四十八年（1783）九月初一日，廣西省鄉試放榜，取中舉人四十五名，其中廩膳生居十之八，而第一名岑照是思恩府附生，年二十三歲，向無文名，又是土知州岑宜棟之子，家道素豐。廣西巡撫孫士毅於榜發時即疑其中別有情弊。廣西學政查瑩亦稱其文理粗通，不能與各學士子爭勝，平日文理與闈中試卷懸殊。高宗據奏後降旨將岑照革去舉人，提解到省嚴加鞫訊。據岑照供稱「首藝係抄錄其業師南寧府歲貢卜永祺窗稿，次藝係套用窗下做過『為高必因邱陸』二句題文，三藝係抄錄讀過刻文。」孫士毅委員前赴土田州查獲各項書本，並提卜永祺到省跟究，惟所獲讀本內並無前項三藝在內，卜永祺亦否認做過首題。經撩夾嚇問，岑照始供出永安州知州葉道和在闈辦理供給，岑照與葉道和長隨曾興是舊識，故於未入場之前即私向曾興囑託照應，曾興圖賄，隨向在闈湖北舉人曹文藻暗中說合，三場文子俱係曹文藻代倩，由曾興轉遞岑照。岑照是土田州知州岑宜棟長子，於乾隆

四十三年歲考進學，次年十一月，在南寧府城探親，永安州知州葉道和適因事至南寧，岑照往拜認識。四十八年七月，岑照赴省鄉試時即至葉道和寓所連拜二次，囑託葉道和尋人代倩，願出銀兩相謝，並許中式後即拜葉道和爲師，另爲酬報，葉道和應許，隨與幕友曹文藻密商，令曹文藻充作書辦，跟隨入闈，爲岑照代倩三場文字，許中式後謝銀三百兩，曹文藻貪利應允。葉道和密令長隨曾興知會岑照於散給湯飯時將文稿折小粘在碗底遞給，又與岑照議定中式後謝銀一千兩，岑照額外交曾興銀五十兩，內二十兩給曾興，三十兩給曹文藻，不在議定一千兩之內。是年十二月十九日，高宗降旨將葉道和、岑照著即處斬，曾興等應絞監候秋後處決。四川敍州府知府葉體仁爲葉道和之父，不能約束葉道和，旋奉旨革職，土田州知州岑宜棟自行議罰銀十萬兩，奉硃批免其一半。

鄉會兩試關繫掄才大典，必須肅清弊竇能遴拔眞才，高宗屢頒諭旨，加意整飭。乾隆五十二年（1787），高宗恐科場條例日久玩生，且自次年戊申以後鄉會兩試正科恩科連年疊舉，不可不嚴申例禁，預絕弊源，故令大學士九卿將應如何杜漸防微設法釐剔之處，悉心妥議具奏。大學士等遵旨議奏，首先指出京城舉場附近地方，近科以來有積慣姦徒窩藏槍手，專爲場內代倩文字，而不肖舉子，勾通外場巡查兵役及闈中號軍將題目走漏消息，用磚石等物擲出場外，其文字作成後，或遙點鐙竿，連放爆竹，或將馴養鴿鷂繫鈴縱放，作爲記號，預行指定地方，以便關通接遞，仍用磚石等物擲入場內。是以大學士等奏請屆期選派誠實妥幹番役，會同五城順天府密訪窩留槍手之家，查拏治罪，凡附近居民有遙點鐙竿，連放爆竹及舉放鴿鷂抛擲磚瓦等弊即嚴行拏究，至於直省鄉試，即責成監臨一體嚴密查辦。

　　科場功令森嚴，高宗三令五申剔除弊端，然而謄錄書手卻從
中賄弊，受賄包攬。乾隆五十三年（1788）八月，山東鄉闈，竟
有書手張訪攜書入場被獲案件。據供書手張訪籍隸歷城，與同村
居住的高宗孔素相熟識。高宗孔測字度日，粗通文義，張訪選充
謄錄。八月初二日，張訪突患泄痢，不能入場，而私僱高宗孔頂
名代替，給與僱價大錢一千文，高宗孔收錢應允。初四日，有滕
縣生員黨其萃赴省應試，令高宗孔測字，高宗孔起意騙錢，告以
入場謄錄如肯託其謄寫，卷內遇有錯誤之處可以代為更改，囑令
於頭場首藝破題內改抹二字作為記認，黨其萃聽信其言，先給制
錢二千五百文，許於中式後給酬謝銀二十兩。八月初六日，點驗
謄錄書手，高宗孔將舊有刻本類書一冊夾入舖蓋，冀圖入場後覓
取黨其萃試卷，就便翻閱酌改詞語以便索謝。是日夜間，黨其萃
聞得高宗孔被查拏後，即在寓所自縊身故。例載應試舉監用財僱
倩夾帶傳遞，與夫匠軍役人等受財代替夾帶傳遞者，俱發邊充
軍。又例載各衙門辦事官吏倩人代替者問罪黜革為民。高宗孔按
例定擬發近邊充軍，至配所杖一百，折責四十板，張訪藉病私行
僱替以致滋生弊端，照高宗孔軍罪上減一等，杖一百，徒三年。
鄉試為賓興大典，高宗加意整頓，但科場積弊一時難除，士子違
規觸法懷挾文字，希圖弋獲，官吏勾結舞弊，貪賄受賂，高宗亦
深以不能化導而抱愧於心。

欽賜舉人

段二連年九十歲係直隸廣平府威縣人乾隆
四十八年

欽賜舉人乾隆四十九年會試後

賞給都察院都事六品京衔
陳鳳翔年九十歲係廣東肇慶府陽江縣人
乾隆五十三年

欽賜舉人
八十以上者七十三名
吳霖年八十九歲係江南常州府武進縣人乾隆
五十三年

欽賜舉人
劉鳳翔年八十九歲係河南開封府陳留縣人
乾隆五十四年中式舉人
李光旦年八十九歲係湖南衡州府衡山縣人
乾隆五十四年

《軍機處檔》

縫在夾層褲衫內的蠅頭細字

貴州巡撫臣定長謹

奏為請杜武場鎗冒之弊以重試典事竊照本年

舉行丙子科武鄉試臣遵例會同提臣董芳將

外場弓馬技勇詳慎考驗甄別臣於十月十三

日入闈嚴加搜檢痛除懷挾傳遞各弊悉心校

試照額取中程朝桂等二十三名於十七日揭

曉現將題名錄恭疏

題報外謹查武闈首嚴諸鎗冒誠以內外場未必盡

優入內場者或非考試外場之本人是以定例

頭二場馬步箭及技勇合式者令其當堂書寫

親供入而上印用圖記於三場考策論時驗對

點進惟是筆跡易於摹倣而面上圖記又易汗

漫糢糊即細加驗對殊難信為真確查科場條

例姦嚴固無敢頂冒之人然稽查防範立法不

得不慎伏思人之一身材面貌登載文冊不過身

高身中有鬚無鬚大聚相同易於假借惟手工

十指羅紋為某為斗人人互異若據某斗識認

實杜頂冒之弊臣請飭後各省武闈凡武生應

試者責令教官兵丁應試者責令該營營弁各

驗明生兵兩手某斗於起送文冊內所開年貌

之下切實註明頭二場考試馬步箭技勇之時

用粉塗指則某斗顯露對冊驗明始行收考至

三場點名搜檢之時再逐加驗對其斗則收考

者皆係本身鎗冒之徒難售其奸而立法更為

周密矣臣愚昧之見是否可採謹恭摺具

奏伏乞

皇上審鑒訓示謹

奏

乾隆二十一年十月二十二日

《宮中檔》，乾隆二十一年十月二十二日，定長奏摺

奏為欽奉

上諭竊臣於乾隆三十年十一月二十九日接江
蘇撫臣明德來字內開十一月十六日承准大
學士公傅恒大學士尹繼善劉統勳字寄乾隆
三十年十一月初九日奉

江西巡撫臣明山謹

上諭明德奏據廣昌縣知縣李振文稟稱本年鄉試
薦中第一名吳光槐頭場首藝係勦襲江南省夏
東衡觀風考作等語已批交部嚴察議奏但思此
案情罪專在吳光槐或係懷挾漏網或係勦襲倖
中必須訊問吳光槐徹底查完分別辦理此時即交
部察議該部亦無從查辦此摺且不必交部著該
撫將吳光槐親提嚴訊究其因何抄襲之故及有

無夾帶情弊該生於此事刻文尚能成誦其胸中
記憶必多即可令其默寫他文數篇以別真偽再
嚴加覆試視其文理如何若兩者俱不能即為懷
挾無疑自當照例治罪絲伏實無情弊而錄舊中
式之例亦應裭該撫於審明日另行具摺奏聞
再交部辦理至闈中校閱文字止憑文去取雖有
抄襲之卷試官豈能遍查來歷所有取中吳光槐
之主考房官俱可無庸議處再該縣李振文於取
中卷訪有弊實目行檢舉辦事尚屬留心該員平
日居官如何之處並著該撫一并覆奏致此除李
振文居官如何之處其摺

奏覆外所有奉到
上諭敬謹抄錄恭呈遵

旨辦理等因准此臣查吳光根係九江府德化縣人

榜後已經四審隨委員傅暘於十二月初七日

到省當卽率同司道訊問該生頭場首藝因何

抄襲夏東蘭所作刻文明係懷挾作縣令家

聖恩寬大不卽治罪應速據實說出若茇頼不吐提

罪更重擬供先愧於乾隆二十二年進學二十

五年歲考一等二名補增本年鄉試頭場首藝

題目恰妙過看平日讀過考卷一時悟憶無如

抄襲是實並不能懷挾作縣若是懷挾焉肯帶

坊閣選刻之文被人看破詰其二篇三篇文字

又二三場有無夾帶抄襲據供俱係自作又詰

以此等刻文皆能成誦則胸中記憶舊文若干

可能默寫據供讀過之文甚多皆能默寫問畢

時已巳刻臣隨會同學臣周煌出書題一道詩

題一道將該生扃閉密室派員監看覆試并令

其默寫舊文數篇據該生於申刻一並交卷謹

將訊過供情及該生所作詩文默寫舊文原稿

四紙恭呈

御覽伏祈

皇上睿鑒施行至廣昌縣李振文現在丁憂其患

如何已經署撫臣明德

奏覆在案合并陳明謹

奏

　　　　　　　　候補訓導臣

乾隆三十年十二月　初九　日

副都御史努覺羅巴彥學謹

奏為請更定科場詩論以杜關節以端士習事竊

奴才蒙

皇上豢養生成擢至副都御史自分庸材毫無知識

何敢冒昧妄陳上瀆

聖聰伏惟我

皇上處累洽重熙之運深持盈保泰之謨近因閱圍

史內所載原任侍郎任克溥條奏各事宜皆有

關於士習民風官方吏治

皇上陳之伏思人材為吏治民風之本立品貴於端

膚廮周詳惟恐日久弊生現在尚有未盡釐別者

特詔內外大臣直抒所見謹就奴才管窺所及敬為

代孔孟立言必須按脈切理始為佳搆而二場

排律詩一首五言八韻立體精嚴更難揣摹浮

詞惟頭場性理論一篇浮廓寬泛之語皆可隨

手寫入是以不肖之徒藉以施其巧技即如已

丑科

朝考第一名嚴本論內首二句人心本渾然也而

要必嚴辨於動靜之殊中嵌嚴本二字以下數

名皆有疑實一經

聖主指出如見肺肝以此類推士子巧弋功名關節

之弊難保必無奴才請嗣後鄉會試竟將二場

排律詩一首移置頭場制藝後即以頭場之性

理論一道移置二場經文後三場五策照舊系

行併請

飭令內簾監試及至考同考等官將頭場卷閱篇既

方而拔取尤嚴於始進即令鄉會兩科三場規

條定制已久未可輕議更張但頭場制藝三篇

畢再分閱二三場既閱二三場卷即不得復為

頭場蓋士子頭場詩文優劣既分策論亦可想

見詩文既不中選二三場策論雖佳大抵抄襲

坊本者居多耳倘同考官有意遲延藉口於留

心後場以為取巧之地一經察出即指名參處

如此則轉移間於三場舊制既無增減而於士

子奔競取巧之習似亦可以少杜其漸矣奴才

為取古核實科場剔弊起見不揣冒昧繕摺恭

奏是否有當伏祈

皇上睿鑒訓示再數年以來屢逢正科

恩科鄉會試科場條陳例應迴避合併聲明謹

奏

乾隆四十七年七月十六

日

此奏深切妥葉依議行

《宮中檔》，乾隆四十七年七月十六日，覺羅巴彥學奏摺

洗冤別錄
——亡魂附身喊冤破案的故事

　　萬物有靈，靈魂不滅和靈魂相通的思想，是複雜靈魂概念的文化現象。傳統社會的人們相信已故的亡魂與各種靈魂，可以交往溝通，互相轉移或滲透，因而產生一種靈魂轉體的思想，亡魂可以附在人體內，亡魂附身後，可以發生異常現象。

　　在傳統漢族社會裡，借屍還魂或亡魂附身的傳說，可謂耳熟能詳。《西遊記》第十一回記載均州人李翠蓮的亡魂借唐太宗御妹玉英公主的屍體還魂死而復生的故事。但是，因亡魂附身而洗冤的案件，卻是法制史上較罕見的個案。清代嘉慶年間，江蘇山陽縣水災冒賑毒害查賑委員李毓昌的命案，經由亡魂附身而查明真相，可以作為清代洗冤錄的補充奇案，對研究清代民間信仰及法制史，都提供珍貴的參考價值。

　　李泰運、李泰清、李泰寧兄弟三人，籍隸山東即墨縣。李泰清於乾隆四十四年（1779），入即墨縣武學。李泰運之子李毓昌，就是李泰清的姪子。嘉慶十三年（1808），李毓昌中式進士，嘉慶皇帝於引見時，以知縣分發江蘇即用。經江蘇上司委赴山陽縣查勘水災，竟因查賑自縊身故。《上諭檔》抄錄李泰清供詞頗詳，節錄一段內容如下：

> 　　我于乾隆四十四年入本縣武學，兄弟三人，我行二，這李毓昌是我大哥李泰運的兒子，他並無弟兄子嗣，現有一女，我與三兄弟李泰寧及姪媳，林氏俱係同居度日。我兄弟李泰寧生有兩子，我現有四子，次子生有一孫，名叫齡

雙，現年七歲。上年十月十七日，我自本籍起身。十一月
初九日到江寧，姪子李毓昌已往山陽查賑去了。我隨前往
看望。次日，到山陽找到善緣菴，見逢李祥們腰繫白布
帶，即向查問。李祥們說我姪子已自縊死了，我當時痛
哭，問他們因何吊死？李祥們說姪子到山陽後精神恍惚，
語言顛倒，像瘋迷的樣子，因病吊死，府縣一同相驗裝殮
的。我信以為實。所以沒有將屍棺開看。李祥們說姪子死
後，一切衣衾棺木，俱係王知縣料理，知府曾來祭弔，叫
我都去謝過的。我面見王知縣時，他說與我姪子相好，我
搬柩回籍盤費，他都預備，後來送過元絲銀一百五十兩。
我于十二月初六日起身，本年正月十六日到即墨，值姪子
五七燒紙，我與姪媳林氏商量，要將他平素穿的蟒袍燒給
他，打開衣箱，取出蟒袍，隨查看別的衣服，見他皮袍前
面有血跡一道，自胸前直至下衿，兩袖口外面，亦有血
跡，似反手在嘴上揩擦的，馬掛面衿也有一大塊血。我與
姪媳心裡惑怕不是吊死的，要開棺看視，就拔釘揭開棺
蓋，見姪子臉有石灰，將石灰擦去，臉上青黑色，解開衣
服，渾身青黑。照著《洗冤錄》用銀針探視，果然是黑
的，用皂角水洗之不去，纔知道是受毒死的，所以來京告
狀是實①。

　　由引文內容可知李毓昌遇害後，李泰清扶柩返回山東即墨縣
原籍，於嘉慶十四年（1809）正月十六日抵達即墨縣後開棺發現
李毓昌是被毒害的，所以入京告狀。山東巡撫吉綸遵旨派委多員
開棺檢驗李毓昌屍身，上下骨節，多係青黯黑色，實屬受毒後縊
死。山東所派人員曾訪聞李毓昌亡魂附身的傳說，《上諭檔》有
一段記載說：

訪聞有李毓昌故友荊崇發於本年正月二十二日陡發狂言，昏迷倒地。自稱我係李毓昌自山陽回來，我死得好苦，哭泣不止。荊崇發旋即氣絕等語②。

引文中的荊崇發是李毓昌的故友，因已故李毓昌的亡魂附身，所以荊崇發自稱是李毓昌，從江蘇山陽縣回家，哭喊「死得好苦」，身死不明，朝廷震怒，下令嚴辦。《上諭檔》也抄錄李毓昌之叔李泰清供述已故李毓昌亡魂附身的傳聞。節錄其供詞如下：

本年二月，不記日子，有與姪子向日同窗的荊仲法，在本縣豆腐店地方騎著驢走，見有人夫轎馬從對面西大路來了，是一個官長，隨即下驢，那官長下了轎，他認得是我姪子，向我姪子說，他做了棲霞縣城隍去上任的。荊仲法當時害怕走回，向他女人告知，並說他頭疼得利害，叫他女人扶上炕去躺下後，就要茶喫。拿得茶來，就大哭說：是我見了茶，想起我從前喫茶時服毒後死得好苦。荊仲法的女人聽得不像他男人聲音，問他是誰？他說我是李毓昌，我到棲霞上任，遇著同窗荊仲法，請他去幫我辦事的，荊仲法旋即死了。這話是荊仲法女人說出來的是實③。

引文中的荊仲法，當即荊崇發，同音異寫，是李毓昌的同窗故友，亡魂附身的情節雷同。惟供詞中的角色錯亂，語焉不詳。供詞的情節，重新整理後，其大意是說嘉慶十四年（1809）二月，荊仲法在即墨縣豆腐店地方騎著驢走，見有人夫轎馬從對面西大路過來，是一個官長，荊仲法隨即下驢，那官長下了轎。荊仲法認得那官長是李泰清的姪子李毓昌的亡魂，姪子李毓昌的亡魂向荊仲法說他做了棲霞城隍去上任的。荊仲法當時害怕走回家，向他女人告知，並說他頭痛得利害，李毓昌的亡魂開始附身，見了茶就想起在山陽縣喫茶時被毒死而大哭。因為附身的是

李毓昌的亡魂，所以不像荊仲法的聲音。李毓昌的亡魂要到棲霞當城隍，請同窗故友荊仲法幫他辦事，荊仲法不久就突然死了，荊仲法的亡魂也到棲霞幫城隍李毓昌辦事去了。山東即墨等地，亡魂附身的傳說，不脛而走。姑且不論亡魂附身的真實性究竟如何？但是，李毓昌命案受到嘉慶皇帝的重視，卻是事實。

《寄信上諭》中已指出，此案江蘇省於初驗時，若先無情弊，該府縣何以將該故員服毒一節，全行隱匿不報，而該上司亦即據詳率題，若該故員自行服毒縊死，棺殮時又何以有黃紙、符籙，並小鏡等件，且用石灰塗抹屍面，種種情節，弊實顯然。嘉慶十四年（1809）六月二十一日，辦理軍機處遵旨寄信兩江總督鐵保，密委精細誠實之員，確加體訪，究竟李毓昌如何被毒，係屬何人起意同謀，務得實情，詳悉具奏。嘉慶皇帝同時諭令將一干要證解京審訊，交軍機大臣會同刑部將挐到犯證嚴切訊究，不能絲毫掩飾。

馬連升，又作馬連陞，是李毓昌的家人。嘉慶十四年（1809）六月二十三日，軍機大臣會同親提馬連陞詳加訊問。《上諭檔》抄錄馬連陞供詞云：

> 我於上年九月跟隨故主李毓昌前往山陽縣各鄉查賑，於十月二十八日回至淮安城。初六日，山陽縣王太爺請我主人吃酒。我主人行至縣署大門前，王太爺適有公事出門，未得親陪，有王太爺之弟同幕友李姓並同派查賑之委員林姓、龔姓一同吃酒，至二更席散，王太爺方繞回署，令伊家人重與在座各客徧行換茶。我主人吃茶後，即覺言語有些顛倒，問我的鋪蓋曾否取來。縣署眾人俱覺其言恍惚。我主人隨即回至所住善緣菴寓處，並向我們說縣裡可曾來抄我家，怕要將我解到蘇州去的話。我同李祥解勸了幾

句，顧祥將預先泡下壺茶斟了一盃，放在桌上，我主人吃
了坐了一會，即上床要睡，並吩咐我們說明日早起到淮安
府稟辭收拾，雇船回省銷差，隨令我們挈出燈去帶掩房
門，自行脫衣睡下。我們三人亦即至南房東間，各自睡
了。次早，李祥先起，到主人房內，忽然聲喊說主人上了
吊了。大家進房瞧看，已經氣絕，隨赴山陽縣報明。少刻
淮安府同山陽縣同來相驗，仵作將主人屍身解下驗畢，喝
報係屬自縊身死。我在旁觀看，只將胸前衣服解開，並脫
去襪子一隻看視，其餘別處，並未細驗，當即脫換衣服殯
殮，脫下馬掛時，我見前面有幾點血跡，口角上有血痕，
仵作等當將血痕拭去。次日盛殮，陰陽生用紙符、小鏡放
在胸上，是我親見的。至我主人因何自尋短見？我寔不知
道。惟十一月初三、四日間，聽得李祥說主人赴縣署與王
太爺講起查賑事務，因報冊數目，彼此爭論，意見不合。
主人原派查四鄉，查過二鄉，餘下二鄉，王太爺要叫典史
代查，算我主人查的，我主人不肯，又曾向書吏要戶口總
冊，書吏不肯付與。至初五日方纔送來，主人曾說他欺我
初任，將我當小孩子看待，我寔氣不過的話。又初六日赴
席時，我見王太爺回署時，有林姓委員同伊在院內密語，
聽得林委員有你上緊辦，我一、二日就回去之語，王太爺
說我曉得了，亦不知所說何事？或此內有可疑情節，此外
我寔不能指出等語④。

　　引文中的王太爺即山陽縣知縣王伸漢。李毓昌與王伸漢因查
賑事務，意見不合，雖然是事實，但是，軍機大臣認爲馬連陞言
辭狡猾，所供之語，多似預先揑就，藉以搪塞，未足憑信。馬連
陞又供出，嘉慶十三年（1808）十一月初七日，淮安府、山陽縣

同來菴內相驗李毓昌，淮安府知府走後，山陽縣知縣王伸漢將李毓昌家信撕掉，查賑賬簿二本，零星紅紙書扎、白紙字跡等全行拿去。江蘇將王伸漢等押解入京後，軍機大臣遵旨會同刑部連日熬訊。軍機大臣等親提王伸漢等嚴究李毓昌如何受毒？又因何縊斃各情。王伸漢始猶狡展，加以擰耳跪鍊，逐細究詰，直至日晡，王伸漢始供出起意謀毒原因。《上諭檔》抄錄王伸漢供詞云：

> 李毓昌身死一事，因李毓昌查來戶口有九千餘口，我要他添至一萬餘口，我向李毓昌的家人李祥商量，叫他勸主人通融，都可沾潤。李祥隨告訴我，他主人不肯，後來李毓昌來署，我又當面與他商量，他仍是不肯。隨後李祥通信與我說他主人要稟藩司，稿底已預備了。我說此事你主人不依，反要通稟，你且回去，我再商量。李祥走後，我就向我管門家人包祥說李委員要通稟了。包祥就說何不與李祥商量謀害他？我說此事太過，你們且打聽他到底稟不稟再說，這是初五日的話。初六日，因是節下，我請委員們來署喫飯。我因本府傳去審海州的命案，夜深回署，酒席已散，送客後我就睡了。初七日早，包祥說前日的話已與李祥說了，許他一百兩銀，薦他地方，他已應許。但一人不能辦，他又與馬連陞商量，也許他一百兩銀，薦他地方，馬連陞也應許了。昨晚李知縣回寓，李祥預備了一壺茶，內放毒藥，乘李知縣要茶時與他喫了，後因毒輕，恐不濟事，因與馬連陞商量，將李知縣吊上身死，這是李祥於初七日報他主人自縊時私向包祥說知，包祥告訴我的。我因此事業已辦成，我也不得不迴護了。當時將委員自縊如何相驗之處，稟府請示，本府吩咐說我去同你相驗，當時同到菴內。我見李毓昌口內有血跡，即吩咐仵作先將血

跡洗去，以便相驗。那時本府並未留心驗看，祇就未卸吊時在房門外望了一望，後來就到公座上坐了，離得尚遠，因未看出被毒情形，仵作我只叫他洗去血跡，微示其意，並未向他明說。後來李祥、馬連陞我都照數酬謝他，每人一百兩銀子，這些情節，都可與包祥、李祥、馬連陞們質對的是實⑤。

　　山陽縣已革知縣王伸漢經擰耳跪鍊後，雖然供出王伸漢因辦賑要多報戶口，李毓昌不肯，因此，起意謀毒。但軍機大臣等詰以如何謀毒情形，王伸漢並未指出確據，反覆究詰，忽認忽翻。軍機大臣即飭司員等將各犯押赴刑部，將王伸漢所供情節向馬連陞嚴切跟究。馬連陞尚復飾詞支展，經熬訊至四更以後，馬連陞始將輾轉商謀下手致死各情節逐細指供如繪。《上諭檔》抄錄馬連陞供詞全文如下：

　　上年冬月初六日，山陽縣請李本官，我與李祥跟去，至二更時回寓的，本官已有些醉了，就坐下要茶喝，李祥在外間屋裡倒了一鍾茶送給本官接過喝了，李祥又倒了一鍾茶放在桌上，本官坐著吸烟，說了會閒話，又把那鍾茶喝了，我伺候脫了衣服睡下了，我也各自回房脫了衣服在被窩內坐著，聽見有人叫門，李祥出去，隨同著一人進來，在黑暗中說話。我問李祥是誰？問了幾句，李祥纔說是包祥、顧祥，隨出去了。三人又說了一回話，我說你們何不到屋裡有燈的地方坐。李祥先進來了，我問包祥這會來做甚麼？包祥說要請老爺起來，有要緊話說，包祥就與顧祥一同進來。我說有話我去告訴，何必請老爺起來。李祥說老爺吃了藥了，我說老爺沒病，為甚麼吃藥呢？李祥說老爺吃的是毒藥。我嚷說你為甚麼給老爺毒藥吃？李祥說包

祥拿了毒藥來交給他，他放在茶鍾裡給老爺吃了。我就向
包祥、李祥不依，問他為甚麼害我們老爺？我要喊嚷。包
祥、李祥說不用嚷，毒藥已經給老爺吃了，你嚷也有你，
不嚷也算有你，我就不敢聲張，包祥隨許給我一百銀子。
包祥就叫李祥去騙老爺起來。老爺還說這會有何話說？李
祥答應包祥說有要緊的話，老爺就穿好了衣服襪子起在床
面前站著。李祥隨叫包祥進去，顧祥也進去了，我隨跟到
門外睄看，李祥、顧祥走到老爺挨身兩傍站著，包祥走到
背後，兩手抱住當腰，李祥們拉住兩邊胳膊，老爺嚷說這
是做甚麼？李祥緊拉兩胳膊。包祥乘空解下他自己的裀
包，將老爺連頭帶嘴繞了幾圈，包祥向門外叫我說你還不
進來嗎？他就在床上取了老爺繫腰的藍裀包撩給我，並說
快拴在房樑上罷！我因被包祥們嚇唬，只得依從進屋，站
在床上，將裀包在樑上繞了兩道，底下打上扣，他們三人
將老爺扶上吊起，我就出來了，他們三人略遲一會也出來
了，我問包祥你們到底為甚麼將老爺害死？包祥說因我們
老爺嫌他查賑礙手，還要稟上司，不但將來難領銀子，還
怕鬧出事來，原是要毒死他的，因怕毒輕不能就死，裝作
縊死，又好掩飾，這纔妥當了，他就走了。那時有三更多
天，我同李祥、顧祥就睡了，也不知和尚元福是多早回來
的。初七日早，李祥推門進去喊叫起和尚來，就叫我同他
到縣裡報去。隨後王知縣同本府來相驗，寫了我們三人的
口供就走了。次日，王知縣又來看著，叫人裝殮的。過未
幾天，李祥回來說他去找包祥要銀子，包祥不肯給，反問
李祥要甚麼銀子的話，李祥就不敢問他了，許我的一百
銀，我也不敢向他要了，所供是實⑥。

　　嘉慶十四年（1809）七月初六日，軍機大臣等遵旨將續行解到
的李祥、顧祥等擰耳跪鍊，分別嚴審，各犯俱供出實情。同年七月
初十日，《內閣奉上諭》指出，「似此慘遭奇冤，實從來未有，允
宜渥沛恩施，以示褒慰，故員李毓昌前已有旨令吉綸即委妥員將
其屍棺加槨送回，交伊家屬安葬，著施恩加賞知府銜，即照知府
例賜卹，並著吉綸派令登州府知府前往李毓昌墳前致祭，仍俟案
犯定擬後，將要犯二人解往山東，於李毓昌墳前正法，以申公
憤，而慰忠魂。朕昨親製『憫忠詩』五言排律三十韻，爲李毓昌
闡揚幽鬱，並著吉綸採取碑碣石料，量定高寬丈尺奏明，再將御
製詩章發往摹刻，俾循吏清風勒諸貞珉，用垂不朽⑦。」李毓昌
命案，確實是慘遭奇冤，御製「憫忠詩」的摹刻碑碣，旨在闡揚
幽鬱，以慰忠魂。《上諭檔》抄錄〈御製憫忠詩三十韻〉如下：

　　君以民爲體，宅中撫萬方；分勞資守牧，佐治倚賢良；切
　　念同胞與，授時較歉康；罹災逢水旱，發帑布銀糧；溝壑
　　相連續，飢寒半散亡；昨秋泛淮泗，異派並清黃；觸目憐
　　昏墊，含悲覽奏章；痌瘝原在抱，黎庶視如傷；救濟蘇窮
　　姓，拯援及僻鄉；國恩未周遍，吏習益荒唐；見利即昏
　　智，圖財豈顧殃；濁流溢鹽瀆，冤獄起山陽；施賑忍吞
　　賑，義忘禍亦忘；隨波等瘝狗，持正犯貪狼；毒甚王伸
　　漢，哀哉李毓昌；東萊初釋褐，京邑始觀光；筮仕臨江
　　省，察災蒞縣莊；欲爲眞傑士，肯逐黷琴堂；揭帖纔書
　　就，殺機已暗藏；善緣（庵名）遭苦業，惡僕逞凶鋩；不
　　應干刑典，惟知飽宦囊；造謀始一令，助逆繼三祥；義魄
　　沉杯茗，旅魂繞屋梁；棺屍雖暫掩，袖血未能防；骨黑心
　　終赤，誠求案盡詳；孤忠天必鑒，五賊罪難償；癉惡法應
　　飭，旌賢善表彰；除殘警邪慝，示準作臣綱；爵錫億齡

　　煥，詩褒百代香；何年降申甫，輔弼協明揚⑧。

　　嘉慶皇帝〈御製憫忠詩三十韻〉是爲李毓昌而作，君以民爲體，佐治倚賢良，冤獄起山陽，施賑忍吞賑，毒甚王伸漢，哀哉李毓昌，揭帖纔書就，殺機已暗藏。造謀始一令，即指知縣王伸漢。助逆繼三祥，即指家人包祥、李祥、顧祥三人。然而孤忠天必鑒，冤獄終獲平反，嘉慶皇帝含悲覽奏章，〈御製憫忠詩三十韻〉描繪了江蘇山陽縣慘絕人寰冒賑害命奇案，字裡行間，充滿血淚。各犯俱按律例治罪，嘉慶十四年（1809）七月十一日，奉旨，李祥、顧祥、馬連陞俱著凌遲處死，包祥著即處斬。李祥等三犯均謀害其主，而李祥於其主李毓昌查出王伸漢冒賑，欲稟藩司之處，先行密告包祥，轉告王伸漢。迨包祥與王伸漢謀害其主，亦先與李祥密商。李祥首先應允，商同顧祥、馬連陞一同下手。因此，李祥一犯尤爲冒賑案緊要渠魁，奉旨派刑部司官一員將李祥解赴山東，沿途飭令地方官多派兵役防範，到山東後交巡撫吉綸轉飭登州府知府押至李毓昌墳前，先刑夾一次，再行處死，然後摘心致祭，以洩憤恨。包祥首先設計，狠毒已極，奉旨先刑夾一次，再行處斬。顧祥、馬連陞二犯奉旨各重責四十板，再行處死，派刑部堂官押赴市曹，監視行刑。王伸漢一犯，因李毓昌持正不肯隨同冒賑，竟與包祥謀毒致死，奉旨立予斬決。仵作李標於王伸漢斬罪上減一等，杖一百，流三千里。雖年逾七十，不准收贖。兩江總督鐵保奉旨革職，發往烏魯木齊效力贖罪。江蘇巡撫汪日章年老無能，奉旨革職回籍。江寧政使查楊護奉旨革職，留河工效力，兼署按察使胡克家，奉旨革職，留河工效力。淮安府知府王轂知情受賄，同惡相濟，奉旨絞立決。同知林泳升是查賑總查之員，奉旨發烏魯木齊效力贖罪，其餘查賑各委員分別杖流，以慰忠魂。王伸漢之子四人，本應全行遣戍，因

皆幼稚無知，奉旨將其長子恩觀收禁，俟其及歲時，發往烏魯木齊，其餘三子加恩釋回。江蘇山陽縣冒賑案，至此告一段落。

【註　釋】

① 《上諭檔》，嘉慶十四年七月十一日，李泰清供詞。
② 《上諭檔》，嘉慶十四年六月二十一日，字寄。
③ 《上諭檔》，嘉慶十四舞七月初十日，李泰清供詞。
④ 《上諭檔》，嘉慶十四年六月二十三日，馬連陞供詞。
⑤ 《上諭檔》，嘉慶十四年六月二十九日，王伸漢供詞。
⑥ 《上諭檔》，嘉慶十四年六月二十九日，馬連陞供詞。
⑦ 《上諭檔》，嘉慶十四年七月初十日，內閣奉上諭。
⑧ 《上諭檔》，嘉慶十四年七月十一日，〈御製憫忠詩三十韻〉。

御製憫忠詩三十韻

君以民為體宅中撫萬方分勞資守牧佐治倚賢良

切念同胞與授時穀歉屢災連水旱發帑布銀粮

溝壑相連績佩寒年救亡昨秋泛淮泗異漲益清黃

彌日悽睿墊含悲覽奏章病瘝原在抱眾庶視如傷

救濟蘇窮姓拯援及僻鄉恩未周遍史習益荒居

見利即忘智國□苴顧俠瀆流逆盜清冤獄起山陽施

賑忍吞眼義忘禍亦忝隨波等疾狗持正忆貪狼甚

甚王伸漢永弐手無昌東萊初輝禍京邑始觀光曷

仕臨江省察災發縣莊欲為真供士忭迓蹕琴堂揭

帖竣書就設橫己暗藏善緣庇遺苦葉恩僕還山鈙

不應十刑典惟知飽官囊造謀始一命即送繼三祥

義愧沉杯茗旅魂繞屋梁棺尸雖瘖拖褪血未能防

骨黑心終赤求索書詳狀忠天必鑒五威罪難償瘴

惠法應飭祛賢善表彰除殘邪慝示準作臣綱爵錫

億齡煥詩褒百代香何年降申甫嵋嶺煬明揚

《上諭檔》，嘉慶十四年七月十一日，御製憫忠詩

臣等昨日會同親提馬連升詳加訊問據該犯供稱我於上年九月跟隨故主李毓昌前往山陽縣各鄉查賑於十月二十八日回至淮安城初六日山陽縣王太爺請我主人吃酒我主人行至縣署大門前王太爺因有公事出門未得親晤有王太爺之弟同幕友李姓並同汆查賑之妻員林姓龔姓一同吃酒至二更席散王太爺方將回署令伊家人重與在座各客編行換茶我主人吃茶後即覺言語有些顛倒問我的鋪蓋曾否取來縣署衆人俱覺其言忧惚我主人隨即同至所住善緣巷寓慶並向我們說縣裏可曾未抄我家怕要將我解到蘇州去的話我同李祥解勸了幾句領祥將預先泡下壺茶斟了一盃故在桌上我主人吃了一坐了一會即上床要睡並吩咐我們說明日早起到淮安府京辭收拾盤船回省銷差遂令我們掌出燈去帶捲房門自行脫衣睡下我們三人亦到南至房東間各自睡了次早李祥先起到主人房內忽然殺喊說主人上了吊了大家進房懸看已経氣絕随即赴山陽縣報明火剿淮安府同山縣同來相驗作將主人尸身屍下發畢喝報你屬自縊身死我在旁覥看只將胸前衣服解

開並脫去襪子一隻看視其徐別處並未細驗當即脫挢挢衣眼瑣瑣脫下馬褂時我見前西有熱點血跡口角上亦有血痕仵作當將血痕拭去次日血痕陰陽生用紙符小錠我住胸上這是我親見的至我主人因何身縊我見我寔不知道惟十一月初三四日間聽得李祥說主人赴縣署與王太爺講起查眼事務同報冊數目彼此爭論意見不合主人原汆查四鄉查過二鄉餘下二鄉王太爺要叫典史代查我還不過他慫我初任將我當小孩子看待我定氣氛不過的話又初六日赴席時我見王太爺回署時有林姓委員同伊在院內密語聽得林委員有保上紫辭我一二日就回去之語王太爺說我晚得了亦不知所說何事或此內有可疑情節此外我寔不能指出等語查訊記言辭似猶所供之語多似預先捏就藉以搪塞未盡憑信容再嚴加熬審俟得確供再行具

奏謹

六月二十三日

《上諭檔》，嘉慶十四年六月二十三日

軍機大臣　字寄

兩江總督鐵　江蘇巡撫汪　嘉慶十四年大

月二十九日奉

上諭據江南省將王仲漢等到案令軍機大臣會
同刑部申日熱訊據伸漢供說向李毓昌商量虛
增戶口以冀行兇揭因而謀害又覓兇行到案
之李毓昌竟如此臣等據供查相持殊堪駭異設
私肥己案共查委員貪圖分潤者即與之通同
作弊是且向垂斃之飢民奪其口食已屬毫無人
心不亮山陽縣造辦賑務因委員實貪公正不肯
扶同累其專揭致謀命滅口實為從來未有之
事前果其東窗事發何以忍致投環欲提狃
即疑乃李毓昌查眼事竟玷汙官業退李毓昌家人
眾人甚切查辦嗣懷謨地坊官稟退李毓昌願
馬達計之回山東李祥往王仲漢薦與長洲縣頗
程已四護州派不復開查到案詳究根由草率

完結可謂軟弱無能汪日章駐扎首垣李祥領供
近在蘇州豈竟毫無聞見乃率撫府縣等詳文具
題竟似尋常題報病故之員竟屬彼此捕試思
職案身死不明頭面飲實赳地方官竟率奏混不為完
辦若無告窮民冤屈又豈肯盡心挺爲之伸理供草案人令
之事不知凡幾夾外省凡官相護者尤未忍情
可恨殊堪駭之事不加究詰該犯根此相護者光本忠憤
理並且其申等將申轉李毓昌自緶身死一案各贓名
查明系奏數狀保汪日章俱奏明白回豢望有行議
罪候奏到時候朕隆旨司據王仲漢供山陽查賑
共有委員十人王仲漢現同李毓昌不肯浮開戶
口送兩誅害其餘九人據王仲漢供出即有扶同
舞弊者此九人姓名並著嚴究其奏並將李
毓昌查眼親筆底冊及山陽縣申報之冊調齊送
京憲辦將此諭令知之欽此遵

旨寄信前來

《上諭檔》，嘉慶十四年六月二十九日，字寄

軍機大臣　字寄

兩江總督鐵　嘉慶十四年六月二十一日來

上諭李毓昌身死不明一案現已據東省淤妻多員

開棺檢驗李毓昌身上下骨節多係青黑色

實屬受毒後繼死據實覆奏並訪聞有李毓昌故

友荊崇發於本年正月二十二日陡發狂言旋述

倒地自稱我係李毓昌自山陽回來我死得好苦

哭泣不止荊崇發旋即氣絕等語將一千要証解

京霞訊現已交軍機大臣會同刑部將芋到犯証

嚴切訊究不能絲毫掩飾此案江蘇省於初驗時

若先無情弊該府縣何以將該故員服毒一節全

行隱匿不報而該上司亦即據詳率題若該故員

自行服毒蘊死棺殮時又何以有黃紙抹錄並小

鏡等件且用石灰塗抹屍面種種情弊實顯然

該督從前不過失於覺察被人朦蔽現今此案端

倪已破着鐵保再家委精細識實之員確加體訪

究竟李毓昌當日如何被毒係屬何人起意同謀

務得實情詳卷具奏以便與此問訊出供辭互相

印證不可稍有欺飾若該背已失察於前又不據

實查辦于後恐不能當此重咎也慎之將此諭令

知之欽此遵

旨寄信前來

《上諭檔》，嘉慶十四年六月二十一日，字寄

旨寄信前來

直隸總督溫　山東巡撫吉　嘉慶十四年六月二十九
日來

上諭東省李泰清控告李毓昌身死不明案內有李

祥顧祥二犯並解任質審之淮安府知府王轂前

據殘保奏稱於六月初十日起解又包祥一犯前

據未錫爵奏稱於六月十六日由東起解省係案內緊

委人証計此時應在直隸又山東一帶著溫承忠

吉綸即飭知沿途迅速解京並加意防範如兩起

人犯行至一處不得令該犯等見面致有串供情

弊為要將此各諭令知之欽此遵

臣等昨日遵

旨親提王仲漢等嚴究李毓昌如何受毒又因何繼

斃各情該革員始傷誣惑如以擇耳服辣逼細兇

詰直至口脯始稱李毓昌不肯擔報戶口反

欲據實票揭因與李毓昌家人李祥及伊家人

包祥密商馬連陞一同將李毓昌

害死各情供出臣等當約司員將各犯押赴

刑部將王仲漢所供情節向馬連陞發切跟究

該犯尚復飾詞支展熬訊至四更以從掟馬連

《上諭檔》，嘉慶十四年六月二十九日，字寄

陸將鞍捎商謀下手致死各情節逐細指供如
鐵除俊包許李祥顏詳及案內一干人証辭到
地方馬連陞也應許了非陀李知縣回高李祥
另行賢審外謹將現訊王仲漢馬連陞供詞繕
錄呈

覽謹
奏

王仲漢供李就昌身死一事因李就昌查來戶
口有九十餘口我要他添至一萬餘口我向李
就昌的家人李祥商量叫他勁主人通融都可
沾潤李祥隨吾話我他主人下肯隨來李就昌
來署我又當面與他商量傌是不肯隨後李祥
通信與我說他主人要票藩司稿底已預借了
我說此事你不依反要通裏你且回去向李祥
再商量李祥走後我託向他官門家人包祥說
李委員要通裏何不與李祥商量
謀害他我說此事太過你們且打捻他到底票
不稟再說這是初五日的話初六日因是期下
我請委員們來署喫飯我因本府倚我審海州
的命案夜深回晉酒席已散送客俊我託牆了
記七日早已祥說前日的話已散已與李祥說了
他一百兩銀爲他地方他已應許但一人不能

辭化又與馬連陞商量也許他一百兩銀爲他
地方馬連陞也應許了非陀李知縣回高李祥
預備了一壺茶內故毒藥囊李知縣要茶將與
他喫了後因趕恐不濟事因與馬連陞商量
將李知縣吊上身死這是李祥扵初七日報他
主人自縊將私向包祥說知包祥吾訴我的我
因此事業已辦成我也不得不迴護了當將將
委員我如何相驗之處票內請示本府吩咐
說我去同你相驗當時同到到府請示本府
口內有血跡即帶咐仵作先將血跡洗去以便
相驗那將本府並未留心驗看說未卽吊將
在旁門外望了一望俊我說到公座上坐了離
得尚遠因未看出仵作仵作我只叫他洗去
上味做示其意是未向他明說俊來李祥馬連
陞我都照欵酬謝他每人一百兩銀子連坐情
即部可與包祥李祥馬連陞們賢對的是實

《上諭檔》，嘉慶十四年六月二十九日，王仲漢供詞

馬連陞供上年冬月初六日山陽縣請李本官

我與李祥限去主二史時吩萬的本官已有有

坐醉了說下要茶喝李祥在外間屋裏倒了

一鍾茶送給本官接過喝了李祥又倒了一鍾

茶放在桌上本官坐著吸烟說了會開話又把

那鍾茶喝了我伺侯時下了我也各

自回房脫了衣服在破窩內坐著總見有人呌

門李祥出去隨同著一人逃來在黑暗中說話

我問李祥是誰問了幾句李祥終說是包祥頭

不到屋裏桌有燈的地方坐李祥先進來我問

包祥這會來做甚麼包祥說要請老爺起來有

要緊話說包祥就與顏祥一同進來我說有話

我去告訴何必請老爺起來李祥說老爺吃了

藥了我說老爺沒病為甚麼吃李祥說老

爺吃的是毒藥我慌說你為甚麼給老爺毒藥

吃李祥說包祥拿了毒藥來交給他他放在茶

裏給老爺吃了我說向包祥李祥不依問他

為甚麼害我們老爺我要威嚇包祥李祥說不

用喊毒藥已經給老爺吃了你喊也有你不喊

也笑有你我就不敢聲張包祥隨許給我一百

銀子包祥說呌李祥去騙老爺起來還說

這會有何話說李祥答應包祥起要緊的話

老爺就穿好了衣服詀子起在床面前站著李

隨呌包祥進去顏祥也進去了我隨跟到門外

睄看李祥走到老爺挨身兩傍近看包祥

走到背後兩手扝住當腰李祥們拉住兩邊胳

睄老爺喪說這是故甚麼李祥緊拉兩胳包

祥奪空了他自己的話你將老爺達頭帶嘴

他就在床上取了老爺腰的藍搭包擦給我

統了幾圉包祥向門外呌我說你還不進來嗎

並說快捺在房樑上罷我因故包搭包祥們味唬只

得依從進屋站在床上將搭包結了兩

道底下打上扣他們三人將老爺扶上吊起我

就出來了他們三人暑過一會也出來了我問

包祥你們到底為甚麼將老爺氏包祥說因

我們老爺媽他查張辮子還要棄上司不但將

朱雍領銀子還怕開出事來原是要害死他的

為甚麼害我們老爺我要威嚇包祥李祥說不

因怕妻程不能就死裝作縊死又好挽飾這麼
安當了他就走了那時有三更多天我同李祥
顧祥就膊了也不知和尚元福是多早回來的
初七日早李祥推門進去喊呌起和尚來就呌
求同他到縣裏報去隨後王知縣同來府來相
驗寫了我們三人的口供就走了次日王知縣
又來盾着呌人裝殮的過來幾天李祥回來說
他去我包詳要銀子包詳不肯絡反問他了許我的一
甚麼銀子的話李祥就不敢問他了許我的一
百銀我也不敢向他要了雨供是實

《上諭檔》，嘉慶十四年六月二十九日，馬連陞供詞

李泰清供年五十九歲生于乾隆四十四年入
本縣武學兄第三人我行二這李毓昌是我大
哥李泰運的兒子他並無弟兄子姪現有一女
我與三兄李泰寧及姪媳林氏俱係同居度
日我兄弟李寧生有兩子我現有四子次子
生有一孫名呌齡雙現年七歲上年十月十七
日我自本籍起身去十一月初九日到江寧姪子
李毓昌已往山陽查訪去了我隨前往看堂侄
刑刻訪緣詳即訪緣詳俱緊白布帶即向查問
李祥說我姪子已自縊死了我當時痛哭問他
們因何吊死李祥們說姪子到山陽後精神恍
惚語言顛倒像疯迷的樣子因病吊死府縣一
同相聴裝殮的我信以為實而以沒有將屍棺
開看李祥們說姪子死後一切殮棺木俱係
王知縣料理他曾來吊呌我部去謝過的
我面見王知縣時他說與我相好我撤起
回籍盤費他部損俗後送過元絲銀一百五
十兩我于十二月初六日起身本年正月十六
日到他平素穿的綉花燒姪子五七燒紙我與姪媳林氏商
量要將他平素穿的綉花燒他打開衣箱取
出綉花隨處看看別的衣服見他皮祆前面有血

《上諭檔》，嘉慶十四年七月十一日，李泰清供詞

嘉慶十四年七月初十日內閣奉

上諭前因山東即墨縣武生李泰清來京呈控伊姪
李毓昌在山陽縣查賑身死不明一案當將全案
人犯提京審訊今案情已翔訊明確除另行按律
辦理外李毓昌於上年中式進士後揀發於山陽縣
以知縣分發江蘇即用經詩肯上司委赴山陽縣
查勘水災不肯捏報戶口侵冒賑狼居心實為清
正乃山陽令王伸漢因李毓昌不肯扶同捏飾侵
賑膽敢起意與長隨包祥串謀於李毓昌家人李
祥顧祥馬連升等將李毓昌抬則用信本毒傷繼
後勒斃懸掛似此慘遭奇冤實從來未有之宜洩
沛恩施以示懲懲故員李毓昌前已有吉令吉綸
即委妥員將其屍棺加擲送回文伊家屬安葬著
施恩加賞如府衙即卹卹並著吉綸派
今歷州府如府前往李毓昌墳前致祭仍俟案犯
定擬後將要犯二人解往山東於李毓昌墳前正
法以申公憤而慰忠魂聯排親製倒忠詩五言排
律三十韻為李毓昌闡揚幽闡並著吉綸撰取
碑碣石料量定高寬丈尺泰明再將御製詩章較
往墓刻俾循吏清風勒詰貞珉用立不朽至李泰

清因驗視伊姪皮衣帶有血跡心疑身死不明即
同伊養屬開棺驗視辦出毒傷情形來京呈控
奇冤將以中雪珠堪嘉憫李泰清著加恩賞給武
舉其應如之嗣之處應懲伊家自行辦理欽此

李泰清又供本年二月不記日子有與姪子向
荊仵法當時官怕走回在本縣豆腐店地方對着轎
走見有人夫轎馬從對面大路來了一個官
長隨即下轎那官長下了轎他總得是我姪子
向問我姪子說他做了接廣縣城隍去上任的
日同窓時官恰走回向他女人告知並說他
茶喫拿得茶來就大哭說是我見了茶愁起我
喫前喫茶時恨妻復死將行苦荊仵法的女人
從前不恨他另人聲音問他是誰他說我是李
毓昌我到該處上任遇著同窓荊仵法請他去
幫我辦事的荊仵法旋即死了這話是荊仵法
女人說出來的是寔

初吉

《上諭檔》，嘉慶十四年七月初十日，內閣奉上諭

臣等遵

旨復提王伸漢詰以你當時謀毒李毓昌身死如此

大事當下若不重重許送王毅銀兩宣肯為你

隱瞞又相瞹無事之後斷不止僅送銀一千兩

據王伸漢供我與王毅在山東時是最相好的

上年冬間到淮安府任時我見面就送過銀二

百兩所以王毅待我甚好李毓昌之事我再四

哀求并說征此苦之後我身家供是大老爺的

了王毅也曉得我尖不忘情的是以肯替我擔

當此事當下實永許謝銀兩後來臘月初間送

過銀一千兩本年正月內又送過銀一千兩此

外實沒有了臣等復詰以林同知席款之後拉

你出外耳語自係有秘密的話馬連升即供稱

聽見林同知有你止緊辦我一二日就回去之

語你謀毒李毓昌即於是夕下手自係同謀此

事若怕象人送他同知官大宣反怕知事等官

送他呢據王伸漢供那晚林同知拉我出外寶

因怕象人送他找跟出寢外並沒與我說有秘

密的話至他說上緊辦我一二日就回去遣話

是有的林同知查贓已早就要回省他叫我與

他快辦躲些至謀毒李毓昌的事除包祥李祥

頭祥馬連升之外並沒別人知道當時如果林

同知拉我出去商量此事便是林同知起的

意我又豈肯代林同知隱瞞自己

反當重罪呢林同知我實送過他五百兩銀次

人一百兩此外再沒有了臣等復詰以你因辦

理贓務至於謀妻人命你怎供摺冒賑銀止三

千兩分送委員之外已銀止一千六百餘兩

苦惟為此致你又何藉生此毒計據王伸漢供

我冒賑銀共有六千餘兩各委員除林同知外

其餘四人送過銀也有三百的也有四百的記

其餘是我入已的我此時身犯此大罪豈家諒來

不保銀數多少提是一樣若果不止此數我又

何必再為隱瞞等語臣等復再四所詰堅供如

前自尚有不實不盡之處俟王毅等即日解到

之後隔別嚴究自不難水落石出謹奏

奏

《上諭檔》，嘉慶十四年七月十一日，軍機大臣奏稿

跡一道自窩商直至下裕兩袖口外面亦有血跡似反手在嘴上揩搽的馬掛面裕也有一大塊血我與妮媳心裡栽怕不是吊死的要開棺看視說拔釘揭開棺盖見妮子臉有石灰將石灰擦去臉上青黑色辩開次服潭身青黑照著洗寃錄用銀針探視果然是黑的用皂角水洗之不去總知道是受毒死的所以來京告狀是寔

包祥供係杭州人年五十八歲這主人王仲漢是上年五月跟起派我門上十一月初四日因李氣昌查賬不肯你求主人控添戶口反要稟明筆習我就着急要我同李氣昌家人想個法況我就告知李祥初五日李祥來囬報說我老爺要稟定在棚化不住我將此話囬明主人與我商量我就找他們商同謀害只要多多賞他們很子謀無不妥的主人應允我就向李祥商

量謀毒後吊起裝作自縊的話李祥說這要與包祥為連陞說通然好下午李祥來說大家都肯了我就於是日假說合亦瘆藥向不知姓名藥舖買了紅信交給李至初六日李知縣呉洄囬去有二蚨了不多一會我到巷內李知正在呌肚腰痛李祥隨把汗巾攔住嘴馬連陞隨用裕包捻在梁上領祥抱住胎膀我抱住腰一同吊起我囬至門已是四更了至初七日清晨我囬明主人隨教李祥及地方也來報說李氣昌吊死了後許李祥們的娘子主人交出二百兩我給過李祥一百兩那一百兩是我花用了是寔

《上諭檔》，嘉慶十四年七月十一日，包祥供詞

臣慶桂等謹

奏為遵

旨會同審明先行定擬其奏事竊已革山陽縣知縣
王仲漢因胃眼誤毒李毓昌復行縊死一案經
臣等連日究明王仲漢故意害人包祥將商李
祥領祥馬連性一同下手縣令各情偽實詩
各犯供詞即次奏簽

聖鑒在案茲復會同詳鞫緣王仲漢係陝西人由從
九揹性知縣於上年五月調任江蘇山陽縣上
年山陽水災辦眼藩司派委該省知縣李毓昌
及同知林永升等赴該縣分查各鄉戶口李毓
昌隨帶家人李祥領祥馬連性於十月內
查過兩鄉王仲漢意欲捏報戶口希圖多領眼
銀向李毓昌面商不允遂令管門家人包祥向
李祥告知轉央伊主通融李毓昌仍不允並弄
稱欲稟藩司當將李祥斥退李祥生氣向包祥
回覆包祥當即將告王仲漢德閒惱怒事
竊向包祥密商如何設法包祥遂以李祥等困
伊主管束嚴緊不能嬾錢均各抱怨不如多給

伊等銀兩商量將其滅害王仲漢應允包祥隨
興李祥密商謀毒帀起裝自縊情形李祥
隨向顏祥密商謀毒包祥言預信未交李祥
收存的於十一月初六日二更後乘本寓僧人
元禍外出一同下手李毓昌自縣青歐酒回寓
李祥即將信末放入茶內給李毓昌飲訖包祥
亦即來寫時李毓昌毒發勢張股潰脛李祥用
手巾捆住其口與包祥前祥祥馬連性一同將李
毓昌懸掛樑上頃命次早王仲漢故泉請縣差
府王牧一同相驗王仲漢令作李樣找去口
逸血跡李毓昌意不將受毒情形故出經該府
王牧等以李毓昌自縊身死詳報嗣經叔李
王毓樹疑遍開棺看

出服姜情形赴都察院街門呈控奏奉
諭旨交山東臬司未錫爵提棺檢驗檢明屍骨委係
受毒後縊死至棧江蘇山東地方先後將各犯
孥解到部臣等會同逐細展訊拷各犯恐前
情不諱案關職官投志家人謀毒並長隨
勾通外人妻害本主竊先極恐嚇人聽聞現經

審明得寶未使稍將顯殺應即按律先行擬結

查律氣謀殺人造意者斬監候從而加功者絞

監候又奴婢産工謀殺家長者罪與子孫同又

謀殺祖父母父母已殺者皆凌遲處死又作作

者以全罪擬因放而還被減一等各等語此案

已革知縣王仲漢因李毓昌查賑認真不允抵

報欲行索詐挾恨結家人李祥每計將柬持公

正不肯狀同彝舞之員謀令溘口殘去範法英

此為惡誠如

聖諭實從未未有之事自應嚴辦末恐王仲漢應即

依謀殺人造意者斬律從斬監候請

旨即行正法以昭炯戒惟該犯尚有應與知府王殺

同知林永升等質訊之處應俟王殺等解到訊

明後再行辦埋包祥身充長隨胆敢為伊主毀

計將李毓昌毒斃喉成巨案與王仲漢欧罪雖

均未使但依謀殺殺加功体退絞致法輕絞已祥

應與王仲漢一律殺斬訟

旨即行正法李祥胸祥馬連引三犯以長隨家人脈

從李毓昌查賑胆敢貪利邪送謀寶本主均屬

罪惡極李祥賴祥馬連升均應依雇工人謀殺

家長照子孫謀殺父母世父母皆凌遲處死律

凌遲處死祥作李探原驗李毓昌屍身訊無交

昭別情惟該犯因本官令共拭去口邊血跡曾

意不行唱報即屬應以故出故檢驗不以寶全

罪論今王仲漢等現供伏法李探應依故出人

罪因而還被減一等律於王仲漢斬罪工減一

等枚一百流三千里離年通七十不准收贖刺

發順天府定地發配至配所訊責安五厄李

泰清應與訊明無干之棄反沉延抉僧人元福

即予釋李謹將旧等先行按緣由恭招具

奏請

《上諭檔》，嘉慶十四年七月十一日，慶桂等奏稿

平反冤獄
──楊乃武與小白菜的故事

　　清穆宗同治十一年（1872）三月，浙江杭州府餘杭縣人葛品連娶畢氏為妻。畢氏冠夫姓，稱葛畢氏，就是民間口耳相傳的「小白菜」。餘杭縣人楊乃武（1837-1873），是同治十二年（1873）癸酉科舉人，平日讀書授徒糊口。楊乃武與小白菜的愛情故事，街談巷議，喧騰一時。同治十一年（1872）四月間，葛品連夫妻租賃楊乃武房屋隔壁居住。葛品連在豆腐店傭工幫夥，時宿店中，其母葛喻氏因夫亡故，改嫁沈體芢，又稱沈喻氏。同年七、八月間，葛品連因屢見其妻葛畢氏與楊乃武同坐共食，疑有姦私，曾在門外簷下竊聽數夜，僅聞楊乃武教葛畢氏經卷，未曾撞獲姦情。沈喻氏至葛品連家時，亦曾見媳婦葛畢氏與楊乃武同坐共食，疑有姦情，每向外人談論緋聞，於是傳遍大街小巷。後因葛品連與楊乃武產生嫌隙，楊乃武以增加房租，逼令葛品連遷居。同治十二年（1873）閏六月間，楊乃武投保押令移徙。葛品連搬到喻敬添表弟王心培隔避居住。同年十月初九日，葛品連猝死。十月十一日，其母沈喻氏以葛品連口中流血，恐有謀毒情事，叩請餘杭縣知縣驗訊。知縣拘拏葛畢氏到案審訊。葛畢氏供稱，葛畢氏因姦聽從楊乃武謀害。知縣即傳楊乃武到案，楊乃武將葛畢氏挾嫌誣陷逐一面訴。知縣以楊乃武狡猾，又出言頂撞，以致十分震怒。衙役阮德因到楊詹氏家中訛索銀錢不遂，所以本官譖愬。知縣即據葛畢氏所供通詳，將葛畢氏、楊乃武由縣解省審訊，遭到刑逼。知縣由省城返回餘杭縣途中經過東鄉倉前鎮，

於愛仁堂藥鋪內囑咐店夥錢寶生到縣城，錢寶生進入縣署，知縣在花廳接見。次早，錢寶生供認楊乃武向他購買砒末。知縣將錢寶生供結送杭州府，府署問官即以錢寶生供結為憑，屢將楊乃武杖責、夾棍、踏槓、跪鍊、天平架等，施以酷刑。問官即將葛畢氏等供寫造供詞，逼令楊乃武承認。楊詹氏曾向杭州知府、浙江按察使、浙江巡撫呈訴冤情。楊乃武胞妹葉楊氏遣抱都察院控訴，經都察院咨回浙江省巡撫批示杭州府覆審。因原問官意存迴護，以致葛品連命案，真相不明。葛品連之死，究竟是被毒死？還是病死？出現不同的版本。

　　姚士法是浙江杭州府餘杭縣人，是楊乃武的表弟。同治十三年（1874），姚士法年二十八歲，在餘杭縣屬仇祺地方居住，種田度日。同年九月，楊乃武之妻楊詹氏以葛畢氏毒斃本夫葛品連誣陷其夫楊乃武因姦謀害等詞遣抱姚士法入京控訴。同年九月二十六日，步軍統領廣壽等將受理控詞情形，繕摺具奏，並抄錄原呈進呈御覽。現存涉及葛品連命案相關檔案，包括：《軍機處檔・月摺包》、《月摺檔》、《上諭檔》等多件。其中《軍機處檔・月摺包》含有步軍統領廣壽等奏摺及步軍統衙門所抄錄楊詹氏的原呈。廣壽等奏摺是原摺，未奉硃批，而於封面注記「步軍統領衙門摺，浙江抱告姚士法控案由，隨旨交，九月二十六日」字樣，並以原摺歸入《軍機處檔・月摺包》。原摺指出，此案是「遵照奏定章程取具該抱告姚士法結稱曾在巡撫前控告，並未親提，合併聲明。」原摺附呈步軍統領衙門所抄錄的楊詹氏原呈全文，原呈列舉不可解的疑點八款，其要點如下：

　　　一、查縣主通詳原文據葛喻氏呈報，十月初九日，伊子葛
　　　　　品連身死內稱，查訊葛畢氏語言支吾，未肯吐實。但
　　　　　伊子口中流血，恐有謀毒情事，叩請縣訊。又查府憲

定案所據葛畢氏供稱毒死葛品連後，葛喻氏當向葛畢氏盤出聽從氏夫謀害情由，投保報驗各等語。伏思葛畢氏所供如果確實，是葛喻氏呈報之先業已盤出氏夫因姦謀害情節，正應指控氏夫，以冀報讎，豈有於呈報之時，僅稱葛畢氏言語支吾，恐有謀毒情事，反肯隱匿不言之理？從前題結所敘縣主詳據葛喻氏呈報之詞是否如此，氏無從知悉，而葛喻氏報縣驗訊，祇有一呈，葛畢氏之供，與葛喻氏之呈，矛盾如此，當時問官並不究訊，不可解者一也。

二、查縣主通詳原文於驗屍後帶葛畢氏回署，據供同治十一年九月間有同居楊乃武與伊通姦。次年六月間遷居別處，楊乃武不復往來。十月初五日，復至伊家續舊，給與藥末一包，囑將伊夫毒斃等語。伏思氏夫果與葛畢氏通姦，方以隔壁居住為便，豈有押令遷居之理？且自六月遷居後直至十月初五日始行見面而毒斃葛品連之謀，氏夫與葛畢氏未見之先謀何由生？且葛畢氏是否允謀？亦尚未可知，豈有先已攜帶藥末前往之理？又葛畢氏果與氏夫戀姦情熱，甘心謀害本夫，自必與氏夫親暱逾恒，豈有甫經到案，尚未受刑，即肯攀害氏夫之理？從前題結所敘縣主於驗屍後帶葛畢氏回署，所據之供是否如此，氏亦無以知悉，當時縣主不加駁究，不可解者二也。

三、查府憲定案時所據葛畢氏供稱八月二十四日氏夫與伊頑笑，被葛品連撞見責打，禁絕往來。九月二十日，氏夫往探前情，起意謀害等語。伏思氏夫於八月間在省鄉試，八月底回家，烏得有八月二十四日之事？訪

得八月二十四日，葛品連回家時，撞見里書何春芳與葛畢氏頑笑，將葛畢氏責打，葛畢氏忿激剪髮，誓欲為尼。是日，葛家門前有盂蘭盆會，因此，鄰里共見共聞，是八月二十四日之事，實非氏夫確鑿可查。氏夫既無八月二十四日之事，更何有九月二十日之事？又錢寶生送縣供詞內稱，十月初三日，氏夫向伊買砒。葛畢氏供稱，十月初五日，給與砒末各等語。伏思氏夫於九月十五日中式後措貲上省，料理參謁領宴事宜。因氏母家南鄉詹宅有十月初四除靈釋服，初五日公議立繼之事，氏夫於十月初二日傍晚由省雇船，初三日早抵家，即乘輿往南鄉詹宅，初六日事畢回至家中，是初三日氏夫身在南鄉詹宅，何從在東鄉倉前鎮買砒？初五日氏夫尚在詹宅，又何從給與葛畢氏砒末？當時同在詹宅，親友聞氏夫受誣，曾遞公呈，氏夫堂弟恭治亦將誣陷各情呈訴縣署，縣主既不查察，又不稟詳，不可解者三也。

四、葛喻氏係為子報讎之人，現在覆審，氏當堂聽得伊供稱楊乃武謀害情事，婦人並不曉得等語。是伊自報縣以至覆審，始終不知何人謀害，未肯誣指氏夫，則葛畢氏所供葛喻氏當向盤出之語，確係揑稱，顯而易見，葛畢氏於其姑尚且揑稱，何況於氏夫，乃縣主及問官皆偏聽葛畢氏一面之詞，並不將葛喻氏現在覆審所供切實追問，亦不提出葛畢氏當堂質對，不可解四也。

五、王心培係葛畢氏鄰證，現在覆審，氏當堂聽得伊供稱，初不見楊乃武往葛家，亦不曉得葛品連撞見楊乃

武，並責打葛畢氏之事，從前題結所敘王心培之供是否與現在親口所供符合，氏亦無從知悉。惟現在既有此供，何以問官又不提葛畢氏確究，不可解者五也。

六、何春芳係住城中澄清巷內，現在到案，氏當堂聽得伊供稱，並不認得葛品連夫婦等語。伏思葛品連夫婦前與氏家隔壁居住時常見何春芳到葛畢氏處，至葛家遷居澄清巷，何春芳尤係近鄰，萬無素不相識之理，乃問官聞伊此語，即不復再問，不可解者六也。

七、錢寶生係賣砒要證，理應當堂審問，何以縣主在花廳接見，且應將錢寶生解省，與氏夫質對，方無疑實，何以放令回家，僅取供結，由縣送府，府署問官何以不提錢寶生到省，但憑縣主所送供結，即為買砒實據，刑逼氏夫定案。現在覆審，甫經府憲親提，縣主方令到案。豈知錢寶生不肯到案，據云從前縣主要我承認，我因並無其事，不肯承認。縣主先加恐嚇，又復再三許我如肯承認，即放回家，保我無事，並指天立誓，今日何又傳我到案等情。聞者莫不詫異，又不知如何哄騙錢寶生始允上省。既經到案，何以問官仍不令氏夫與錢寶生對質？不可解者七也。

八、氏夫身有暗記，如果氏夫與葛畢氏通姦，葛畢氏定必曉得，一經訊問，虛實不難立見。氏因呈明本省各憲在案，乃問官翻問氏云，爾夫暗記在何處？豈要氏當堂說出，俾眾耳共聞，可傳遞消息於葛畢氏耶？竟不肯提出葛畢氏一問，不可解者八也①。

由前引楊詹氏呈詞所列舉八不可解內容，可知葛品連猝死後，其妻葛畢氏赴縣控告楊乃武因姦謀害葛品連，餘杭縣知縣傳

楊乃武到縣署審理，並由餘杭縣解到杭州省城審訊，刑逼招認。楊詹氏曾在浙江巡撫、按察使及知府前呈訴冤情。楊乃武胞姊葉楊氏遣抱赴京師都察院呈控，都察院咨回浙江省覆審，浙江巡撫批示知府審訊。因原問官意存迴護，仍復含糊訊結，楊乃武含冤待斃，楊詹氏不得不再行呈訴，於是遣抱姚士法入京赴都察院呈控。楊詹氏呈詞已指出覆審時，原問官並未親提葛畢氏、錢寶生等人與楊乃武當堂對質，疑點頗多，於是引起朝廷的重視，亟應詳切根究，以成信讞。楊詹氏遣抱姚士法入京呈控，可以說是探討清代京控案件的一個重要例子。

　　光緒元年（1875）十月三十日，《內閣奉上諭》已指出浙江學政胡瑞瀾具奏覆訊葛畢氏因姦毒斃本夫葛品連分別定擬一摺，奉旨交刑部速議具奏。刑部以原題情結，與覆訊供詞，歧異甚多，奏請再行研訊。給事中邊寶泉也以案情未協，奏請提交刑部辦理。奉旨命浙江學政胡瑞瀾按照刑部所指各節提集犯證逐一研究明確，不得稍涉含糊。光緒二年（1876）十二月十六日，《內閣奉上諭》指出，浙江餘杭縣葛品連身死一案，原驗葛品連屍身係屬服毒殞命，刑部覆驗後確係無毒因病身死，相驗不實的餘杭縣知縣劉錫彤即行革職，刑部即提集案證，訊明有無故勘情弊，葛品連何病致死，葛畢氏等因何誣認各節，俱著按律定擬具奏。御史王昕具摺指出疆吏承審要案，任意瞻徇，原審巡撫楊昌濬，覆審學政胡瑞瀾捏造供詞，奏請嚴懲。同年十二月二十七日，命刑部徹底根究。刑部遵旨遣派司員提集全案犯證，悉心研讞。

　　國立故宮博物院典藏清代光緒朝《月摺檔》中含有刑部尚書卓保等奏摺抄件，內容詳盡，有助於了解清朝重視人命重案的情形。原奏指出，同治十二年（1873）八月二十四日，葛品連因醃菜遲誤，將葛畢氏責打。葛畢氏情急，自將頭髮剪落，欲為尼

僧。喻王氏及沈喻氏聞鬧踵至，與王心培等詢悉情由，沈喻氏斥
罵其子葛品連，葛品連被罵，始有為楊乃武藉此出氣之語。同年
十月初七日，葛品連身發寒熱，膝上紅腫。葛品連素有流火瘋
疾，其妻葛畢氏勸其央人替工。葛品連不聽。十月初九日早晨，
葛品連由店回家，沈體茫在大橋茶店見其行走遲慢，有發冷情
形，地保王林在點心店前見其買食粉團，即時嘔吐，面色發青。
葛品連到家時，王心培之妻在門首站立，見其兩手抱肩，畏寒發
抖。葛品連走進家門，上樓即睡，時欲嘔吐，令葛畢氏蓋被兩
床。葛品連以連日身軟發冷，兩腿無力，疾發氣弱，囑葛畢氏攜
錢一千文託喻敬添代買東洋參、桂圓，煎湯服食。因葛品連喉中
痰響，口吐白沫，不能言語，葛畢氏情急喊嚷，央求王心培將沈
喻氏、喻王氏等喚來，見葛品連咽喉起痰，不能開口，即延醫診
視，料是痧症，用萬年青、蘿蔔子灌救不效，申時身死，沈喻氏
為之易衣，查看屍身，毫無他故，亦稱是痧脹致死，並無疑意。

　　原奏指出，葛品連年少體肥，死時雖屆孟冬，但因南方氣
暖，至初十日夜間，屍身漸次發變，口鼻內有淡血水流出。葛品
連義母馮許氏揚言速死可疑，沈喻氏又見葛品連面色發青，恐係
中毒，盤詰葛畢氏，葛畢氏堅稱並無他故。沈喻氏以其子身死不
明，懇求地保王林赴縣喊告，代書呈詞。十月十一日黎明，投遞
餘杭縣劉錫彤接收。因生員陳湖即陳竹山到縣署醫病，提及葛畢
氏曾與楊乃武同居，不避嫌疑，外人頗多談論，葛品連暴亡，皆
說被葛畢氏謀毒。劉錫彤訪查得所聞無異。當天午刻帶領門丁、
仵作親詣屍場相驗，見屍身胖脹，上身作淡青黑色，肚腹膨肭起
有浮皮疹皰數個，按之即破，肉色紅紫。仵作沈詳辦驗不真，因
口鼻內有血水流入眼耳，認作七竅流血；十指十趾甲灰黯色，認
作青黑色；用銀針探入咽喉作淡青黑色，致將發變顏色，誤作服

毒；因屍身軟而不僵，稱似煙毒。知縣劉錫彤當場訊問屍親鄰右
等人均不知毒從何來？即將葛畢氏帶回縣署審問。葛畢氏供稱不
知情，加以刑訊，葛畢氏受刑不過，遂誣認從前與楊乃武同住通
姦，移居後，楊乃武於十月初五日授與砒毒謀斃本夫。隨傳到楊
乃武質對，楊乃武不承認。十月十六日，楊乃武堂弟增生楊恭
治、妻弟詹善政等各以楊乃武十月初五日正在南鄉詹家，何由交
給砒毒，赴縣署稟訴，葛畢氏畏刑認通姦謀害，楊乃武仍不承
認，知縣劉錫彤將人犯於十月二十日解往省城，經杭州府知府陳
魯刑訊。楊乃武畏刑誣服，將葛畢氏、楊乃武擬以凌遲斬決。十
一月初六日，知府陳魯詳經按察使蒯賀蓀審解巡撫楊昌濬。楊昌
濬按照知府陳魯等原擬罪名勘題，草率定案。同治十三年
（1874）九月，楊詹氏遣抱姚士法入京赴步軍統領衙門呈控，同
年十二月，浙江紳士汪樹屏等以覆審疑獄，跡涉迴護，遣抱聯名
赴都察院呈控，刑部秉公審訊。《月摺檔》抄錄刑部尚書卓保等
提到犯證所供情節作出結論，節錄原奏一段內容如下：

> 葛畢氏供因縣官刑求與何人來往謀毒本夫，一時想不出
> 人，遂將從前同住之楊乃武供出，委非挾嫌陷害，亦非官
> 役教令誣扳，並據劉錫彤供稱，賣砒之錢寶生係憑楊乃武
> 所供傳訊，如果是伊串囑，斷無名字不符之理，現經錢寶
> 生之母錢姚氏供稱，伊子名喚錢坦，向無寶生名字。鋪夥
> 楊小橋供亦相同，可為楊乃武畏刑妄供之證。至原題據陳
> 魯、劉錫彤會詳，有沈喻氏向葛畢氏盤出聽從楊乃武謀毒
> 情由報驗一節，檢查沈喻氏控縣初呈並無是語，復恐問官
> 有改造口供情弊，嚴鞫劉錫彤供稱，因沈喻氏在杭州府供
> 有是語，率謂該氏原報不實，遂憑現供情節敘入詳稿，致
> 與原呈不合，委無捏造供詞情事。提質沈喻氏供認，府讞

時，曾妄供有盤出謀毒報驗之語，與劉錫彤所供尚屬相
符，反覆推究，矢口不移。是此案劉錫彤因誤認屍毒而刑
逼葛畢氏，因葛畢氏妄供而拘拏楊乃武，因楊乃武妄供而
傳訊錢寶生，因錢寶生被誘捏結而枉坐葛畢氏、楊乃武死
罪，以致陳魯草率審詳，楊昌濬照依題結，胡瑞瀾遽就覆
奏。歷次審辦不實，皆由輕信劉錫彤驗報服毒釀成冤獄，
情節顯然②。

　　由於問官刑逼，葛畢氏等人妄供，錢寶生被誘捏結，而枉坐
葛畢氏、楊乃武死罪。歷次審辦不實，則因輕信知縣劉錫彤驗報
服毒，以致釀成冤獄。冤獄既已昭雪，葛品連病死一案，至此擬
結，相關失職人員，俱受嚴懲。刑部援引律例如下：

一、例載州縣承審逆倫罪關凌遲重案如有失入業經定罪招
　　解者按律定擬。

二、律載檢驗屍傷不實，罪有增減者，以失入人罪論，又
　　斷罪失於入者，減三等，並以吏典爲首，首領官減吏
　　典一等，因未決聽減一等。

三、例載承審官草率定案，證據無憑，枉坐人罪者革職。

四、律載誣告人死罪未決杖一百，流三千里，加徒役三
　　年。

五、例載地方官長隨侍官滋事，恣令妄爲累及本官罪至流
　　者與同罪。

六、律載制書有違者杖一百，不應爲而爲之者笞四十，事
　　理重者杖八十。

　　仵作沈詳率將病死發變屍身誤報服毒，致入凌遲重罪，殊非
尋常疏忽可比，合依檢驗不實失入死罪未決照律遞減四等，擬杖
八十，徒二年。已革餘杭縣知縣劉錫彤雖訊無挾讎索賄情事，惟

始則任聽仵作草率相驗，繼復捏報擦洗銀針，塗改屍狀，及刑逼葛畢氏等誣服，並囑令訓導章濬函致錢寶生誘勒具結，羅織成獄，僅依失入死罪未決本律擬徒，殊覺輕縱，從重發往黑龍江效力贖罪，年逾七十不准收贖。杭州府知府陳魯於所屬州縣相驗錯誤，毫無察覺，及解府督率馮刑訊混供具詳定案，復不親提錢寶生究明砒毒來歷，實屬草菅人命，寧波府知府邊葆詩等俱依承審官草率定案證據無憑枉坐人罪例各擬以革職。浙江巡撫楊昌濬據詳具題，不能查出冤情，京控覆審，不能據實平反，意涉瞻徇。學政胡瑞瀾以特旨交審要案，斷訊情節，既有與原題不符之處，未能究詰致死根由詳加覆驗，草率奏結，幾致二命慘罹重辟。惟楊昌濬、胡瑞瀾均係大員，所有應得處分，奏請欽定，其他涉案人員俱依律例審擬定罪。葛畢氏捏供楊乃武商令謀毒本夫葛品連，訊因畏刑所致。惟與楊乃武同居時不避嫌疑，致招物議，雖無姦私實據，究屬不守婦道，應依律擬杖八十。楊乃武訊無與葛畢氏通姦確據，但就同食教經而論，亦屬不知遠嫌，又復誣指何春芳在葛家頑笑，獄囚誣指平人，有違定制，應杖一百。業已革去舉人，免其再議。光緒三年（1877）二月十六日，奉諭旨，巡撫楊昌濬、學政胡瑞瀾均著即行革職，其餘照刑部所擬完結。諭旨中指出，嗣後各直省督撫等於審辦案件，務當悉心研究，期於情真罪當，用副朝廷明慎用刑至意。同年二月二十五日，因給事中郭從矩具奏京控發審案件請飭明定章程一摺，奉諭旨云：

> 嗣後各省督撫，於京控發回案件呈內牽連之人，務須詳慎，分別提訊，不得濫及無辜，致滋拖累。其在京各衙門收呈後照例解回者，應如何將原告抱告年貌供招查訊確實之處，著該部明定章程，以杜弊端。至京控發交各省案件，該督撫等往往仍交原問官審訊，該員意存迴護，輒照

原審擬結，致多冤抑。嗣後該督撫等於京控各案，不得仍交原問官覆審。倘承審之員有意瞻徇，即行從嚴參辦，以重刑讞③。

引文內容，反映了清朝中央政府明慎用刑的政策，楊乃武、葛畢氏等藉由京控途徑，終於真相大白，葛品連以病死結案，楊乃武、葛畢氏冤獄得以平反。然而京控案件，頗多弊端，其中京控發交各省案件，各省督撫往往仍交原問官覆審。原問官意存迴護，輒照原審擬結，致多冤獄，草菅人命。因此，諭令各省督撫於京控各案，不得仍交原問官覆審。此道諭旨對司法改革起了積極的作用。

【註　釋】

① 《軍機處檔‧月摺包》（臺北，國立故宮博物院），117091 號，楊詹氏呈詞。

② 《月摺檔》（臺北，國立故宮博物院），光緒三年二月十六日，刑部尚書皂保等奏摺抄件。

③ 《光緒朝東華錄》（臺南，大東書局，民國 57 年）第一冊，頁359。光緒三年二月辛亥，諭旨。

又奉

諭旨刑部奏永審要案覆驗明確一摺浙江餘杭
縣民人葛品連身死一案該縣原驗葛品連屍
身係屬服毒殞命現經該部覆驗委係無毒同
病身死所有相驗不實之餘杭縣知縣劉錫彤
著即行革職即著刑部提集案證訊明有無故
勒情弊及葛品連何病致死葛畢氏等因何誣
認各節按律定擬具奏

《起居注冊》，光緒二
年十二月十六日，諭旨

諭旨前因浙江學政胡瑞瀾奏覆訊民婦葛畢氏

　　　　　　　　　內閣奉

毒斃本夫葛品連分別定擬一摺當交刑
部速議具奏旋據給事中邊寶泉奏葛情未協
請提交刑部辦理亦經諭令該部詳細研求茲
據該部奏稱此案原題情節與現供歧異
甚多請飭再行研訊等語命案重情亟須覈實
研訊以成信讞著胡瑞瀾按照刑部所指各節
提集犯證將覆訊與原審情節自何歧異之處
逐一研究明確母枉母縱期情真罪當一一
持平不得稍涉含混意圖遷就並將詳細供詞
聲敘明晰定擬具奏

《起居注冊》，光緒元年十月三十日，諭旨

光緒三年丁丑二月士寅諭內閣前因給事中王書瑞奏浙江覆訊民人葛品連身死一案宜存瞻徇狥派胡瑞瀾提訊嗣據該侍郎仍照原擬具奏經刑部以情節歧異議駁旋據都察院奏浙江紳士汪樹屏等聯名呈控降旨提交刑部審訊經刑部提集人證調取明實係因病身死並非服毒當將相驗不實之知縣劉錫彤形革審並摭御史王昕奏承審大員任意聽徇復諭令刑部徹底根究茲據該部審明定擬具奏前案已革餘杭縣知縣劉錫彤因姦誤認屍毒過萬葛畢氏楊乃武妄供因姦謀毒毫葛品連妄坐重罪荒謬已極著照所擬從重發任其龍江效力贖罪不准收贖前杭州府知府陳魯於所屬知縣相驗錯誤毫無覺察並不究明確懷率行具詳實屬玩視人命宵波府知府邊葆誠嘉興縣知縣羅子森候補知縣顧德恆

龔世潼承審此案未能詳細訊究革審定案候補知縣鄭錫滜經派委密查案情含糊稟覆均著照所擬革職迎縣令楊昌濬據詳具題訊不能容出冤情迨京控覆審又不能據實平反且於奉旨交胡瑞瀾提訊後復以問官並無嚴刑逼供等詞噯嗪置辯迴護尤屬非是侍郎胡瑞瀾於特旨交審要案所訊情節既與原題不符未能冤結根由詳加覆驗率行奏結殊屬大負委任楊昌濬胡瑞瀾均著即行革職餘著照所擬完結人命重案名出入攸關全在承審各員盡心研鞫期無枉縱此次葛品連身死一案該巡撫等訊辦不實始終迴護釀致二命慘罹重辟殊出情理之外嗣後直省皆當懍等於審辦案件務當實飭所屬悲心研究期於情真罪當不得稍涉輕率用副朕廑明慎用刑至意

《大清德宗實錄》，光緒三年二月十六日，諭旨

奏

步軍統領衙門摺　奏由

浙江抵告姚士傳控

隨

百文

奏為哷

九月二十六日

奴才廣壽等謹

十月有葛畢氏毒死本夫葛品連一案葛畢氏
執姦誣指我表兄楊乃武因姦謀害本縣將楊
乃武傳案刑逼誣服我表嫂楊詹氏曾在本府
呈控又在臬司巡撫前呈控批回本府我表
胞姊葉楊氏遣抱赴都察院呈控卷回本省餘
交本府仍復含糊了事我表嫂楊詹氏情急共
呈遣我來京赴案抱告的今蒙訊問至呈內細
情我不知道只求查問原呈完辯就是恩典等

昔事據浙江餘杭縣民婦楊詹氏遣抱姚士法以葛
畢氏毒斃本夫葛品連誣陷伊夫楊乃武因姦
謀害等詞控訴前來奴才督飭司員詳加訊問
語　查楊詹氏遣抱姚士法所控葛畢氏因
毒斃本夫狹媳誣陷伊夫楊乃武因姦謀害等
據姚士法供我係浙江杭州府餘杭縣人年二
十八歲在縣屬仇桃地方居住種田度日上年
情經該縣將伊夫傳案刑逼認誣前曾在本省

《軍機處檔‧月摺包》，同治十三年九月二十六日，廣壽奏摺㈠

巡撫前控告並遞抱來京走都察院呈控姿回

該省批府仍復含糊訊結是否屬實並應詳切

根究以成信讞謹抄錄原呈恭呈

御覽伏俟

訓示遵行再遵照奏定章程取其該抱告姚士法結

稱曾在巡撫前控告並未親提合併聲明為此謹

奏詣

旨

同治十三年九月　　廿六　日奏　廣　壽

　　　　　　　　　　　　　　　奏紫祿

　　　　　　　　　　　　　　　奏成　林

《軍機處檔·月摺包》，同治十三年九
月二十六日，廣壽奏摺(二)

其呈楊詹氏浙江杭州府餘杭縣人遣抱告姚

士法呈為無辜慘罹死罪覆審仍存鍛鍊瀝訴

沈冤籲求奏請提交刑部徹底根究事竊氏夫

楊乃武年三十六歲向係讀書授徒湖口上年

十月初九日有葛畢氏妻死本夫葛品連一案

葛畢氏誣指氏夫因姦謀害由縣解省審刑

逼氏夫誣服氏於撫憲臬憲及府憲呈訴冤情

氏夫胞姊葉楊氏遣抱赴都察院控訴經都察

院咨回原省覆審在案茲因原問官遠存廻護

氏夫含冤待斃不得不再行呈訴實情先是葛

畢氏許葛品連為妻繼欲賴婚葛品連係屬鄰

里來懇氏夫理論乃得娶葛畢氏已懷怨恨

《軍機處檔·月摺包》，同治十三年九月二十六日，呈詞(一)

十一年四月間葛品連租賃氏夫之屋隔壁居

住知葛畢氏嫌葛品連家貧年大時聞誥詈不

安於室葛品連日在豆腐店傭工葛畢氏在家

常有本縣差役及里書何春芳等往來蹤迹可

疑氏家與伊僅隔一壁跌嫌不便氏夫曾囑葛

品連勸戒伊妻葛品連直述氏夫所言痛加訊

責葛畢氏益恨氏夫氏夫令伊遷居遲人不搬

氏夫不得已於上年六月間投保楊仁押令移

從葛畢氏怨詈氏夫而去上年十月初九日間

葛品連猝死死後有本縣差役訽在葛家私議

兩日十一日始經葛品連之母沈喻氏即

葛喻氏報縣驗訊縣主拘莘葛畢氏到案審訊

葛畢氏即誣攀氏夫因姦謀害縣主當傳氏夫

到案氏夫即將押令遷居各前嫌面訴縣主並

不平情細究翻調氏夫校慣氏夫出言抵撞縣

主大怒衙役阮德因衆氏家託索銀錢不遂所

欲又向本官譖愬縣主即據葛畢氏所供通詳

將氏夫斷刑訊於刑逼氏夫時曾提葛畢氏

對質葛畢氏忽發天良供稱實非楊某謀害縣

主並不從此追問究係何人謀害翻怒葛畢氏

翻供當即用刑致葛畢氏畏懼不敢吐實仍誣

指氏夫縣主遂不覆審將葛畢氏及氏夫觀押

解省追縣主由省回經過柬鄉倉前鎮於受

仁堂藥鋪內囑店夥錢寶生到縣錢寶生進署

《軍機處檔·月摺包》，同治十三年九月二十六日，呈詞(二)

縣主在花廳接見時復令出署次早開錢寶
生已將永認氏夫賣伊砒末供結送縣縣主即
令回寓一面將供結送府署問官即以錢寶
生供結為憑屢將氏夫杖責夾棍踏楹跪鍊天
平架諸極刑無不用到氏夫氣絕復蘇者不下
十數次問官偏聽縣主慫恿竟照葛畢氏等供
寫造供詞逼令供認氏夫係識字之人並不給
與閱看又不令自行畫供於氏夫極刑昏絕時
將氏夫一指染墨蓋印供狀即以此為氏夫親
供碻據此氏夫含冤之實在情形也嗣經都察
院咨回覆審問官雖知案係冤抑因皆自顧考
成仍復含糊了事似此酷虐奇冤實有出於情

理之外者查縣主通詳原文據葛喻氏呈報十
月初九日伊子葛品連身死內稱查訊葛畢氏
言語支吾未肯吐實但伊子口中流血恐有謀
毒情事叩請縣訊又查府憲定案所據葛畢氏
供稱毒死葛品連後葛喻氏當向葛畢氏盤出
聽從氏夫謀害情由投保報驗各等語伏思葛
畢氏所供如果碻實是葛喻氏呈報之先業已
盤出氏夫因姦謀害情節正應指控氏夫以冀
報讎豈有於呈報之時僅稱葛畢氏言語支吾
恐有謀毒情事反肯隱匿不言之理從前題結
所敘縣主詳據葛喻氏呈報之詞是否如此氏
無從知悉而葛喻氏報縣驗訊祇有一呈葛畢

氏之供與葛喻氏之呈矛盾如此當時問官並

不究訊不可解者一也又查縣主通詳原文於

驗屍後帶葛畢氏回署療供同治十一年九月

間有同居楊乃武與伊通姦次年六月間遷居

別處楊乃武不復往來十月初五日後至伊家

續舊給與藥末一包嚇嚇伊夫毒斃等語伏思

氏夫果與葛畢氏通姦方以隔壁居住為便豈

有押令遷居之理且自六月遷居後直至十月

初五日始行見面而毒斃葛品連之謀氏夫與

葛畢氏未見之先謀何由生且葛畢氏是居允

謀志尚未可知宣有先已預帶藥末前往之理

又葛畢氏果與氏夫戀姦情熱甘心謀害本夫

自必與氏夫親暱逾恆豈有甫經到案尚未受

刑即肯攀害氏夫之理從前題結所敘縣主於

驗屍後帶葛畢氏回署療所據之供是否如此

亦無從知悉當時縣主不加敢究不可解者二

也又查府憲定案時所據葛畢氏供稱八月二

十四日氏夫與伊碩笑被葛品連撞見責打禁

絕往來九月二十日氏夫往探前情起意謀害

等語伏思氏夫於八月間在省鄉試八月底回

籍烏得有八月二十四日之事訪得八月二十

四日葛品連回家時猶見里書何春芳與葛畢

氏頑笑將葛畢氏責打葛畢氏忿激剪髮誓欲

為尼是日葛家門前有孟蘭盆會因此鄰里共

《軍機處檔·月摺包》，同治十三年九月二十六日，呈詞（四）

見共聞是八月二十四日之事實非氏夫確鑒親友聞氏夫受証曾遍公呈氏夫堂弟恭治亦

可查氏夫既無八月二十四日之事更何有九辦証陥各情呈許縣署縣主既不查案又不稟

月二十日之事又錢寶生送縣供詞內稱十月詳不可解者三也葛喻氏係為于報雠之人現

初三日氏夫向伊買砒葛畢氏供稱十月在覆審氏當堂聽得伊供稱楊乃武謀害情事

日給與砒末各等語伏思氏夫於九月十五日婦人並不曉得等語是伊自報縣八至覆審始

中式後措質上省科理恭詞宴事宜因氏女終不知何人謀害未肯認指氏夫則葛畢氏所供

家南鄉詹宅有十月初四日除靈輝叚初五日葛喻氏當向盤出之語確係捏稱嚙而易見葛

公謀立繼之事氏夫於十月初二日傍晚由省畢氏於其姑尚且控稱何況於氏夫乃縣主及

庭船初三日早抵家即乘與往南鄉詹宅初六問官皆偏聽葛畢氏一面之詞並不將葛喻氏

日事畢回至家中是初三日氏夫身在南鄉詹現在覆審所供切實追問亦不提出葛畢氏當

宅何從在東鄉倉前鎮買砒初三日氏夫尚在堂質對不可解者四也王心培係葛畢氏鄰證

詹宅又何從給與葛畢氏砒末當時同在詹宅現在覆審氏當堂聽得伊供稱初不見楊乃武

《軍機處檔·月摺包》，同治十三年九月二十六日，呈詞㈤

往葛家亦不曉得葛品連擅見楊乃武並責打

葛畢氏之事從前題結所敘王心培之供是否

與現在親口所供符合氏亦無從知悉惟現在

既有此供何以問官又不提葛畢氏確究不可

解者五也何春芳供住城中澄清巷內現在到

案氏當堂聽得伊供稱並不認得葛品連夫婦

等語伏思葛品連夫婦前與氏家隔壁居住時

常見何春芳到葛畢氏處至葛家遷居澄清巷

何春芳尤係近鄰萬無素不相識之理乃問官

聞伊此語即不便再問不可輕者六也錢寶生

條責砒要證理應當堂審問何以縣主在花廳

按見且應府錢寶生解省與氏夫質對方扺疑

實何以放令回家僅取供結由縣送府府署問

官何以不提錢寶生到省但憑縣主所送供結

即為買砒實據刑逼氏夫定案現在覆審甫經

府憲親提縣主方令到案豈知錢寶生不肯到

案據云從前縣主要我承認我因並無其事不

肯承認縣主先加恐嚇又復再三許我如肯承

認即放回家保我無事並指天立誓今日何又

傳我到案等情聞者莫不詫異現又不知如何

哄騙錢寶生始允上省既經到案何以問官仍

不令氏夫與錢寶生對質不可解者七也氏夫

身有暗記如果氏夫與葛畢氏通姦葛畢氏定

必曉得一經訊問虛實不難立見氏因呈明本

《軍機處檔·月摺包》，同治十三年九月二十六日，呈詞(六)

省各憲在案乃問官翻問氏云爾夫暗記在何

處宜要氏當堂說出俾眾耳共聞可傳遞消息

於葛畢氏耶乃竟不肯提出葛畢氏一問不可

解者八也以上各情原思於現在覆審時一一

剖訴不料問官竟不容氏置喙總以案已其題

各顧考成不肯再為翻案忍心害理莫此為甚

伏思此案如再由本省問官審訊勢必迴護前

非仍照原審讞結不過氏與氏夫又多受一番

刑楚而沈冤終無由昭雪氏與葉楊氏並氏之

兩歲小孩均經禁押公所呼籲無從不得不瀝

叙冤情遣抱上呈

列事作傳
──清朝歷史人物的點滴

進退有據──洪承疇降清的傳說

洪承疇（1584-1630），字彥演，亨九，福建南安人。明神宗萬曆四十四年（1616），進士出身。他當過陝西的布政使，延綏的巡撫，節制楡林、寧夏、甘肅三鎮的總督。崇禎初年，流寇猖獗，洪承疇奉命專督關中軍務，在臨潼俘了闖王高迎祥，在潼關大破李自成，李自成只剩下十八騎，落荒而走。崇德三年（1638），清太宗皇太極攻明，明廷召洪承疇入衛。崇德四年（1639）春，洪承疇奉命總督薊遼軍務，守松山。皇太極出奇制勝，破明兵十三萬。多鐸奉命掘壕圍松山。崇德七年（1642）二月，松山被圍六個月之久，餉援俱絕，城破，洪承疇等人被活捉，解送盛京。

明思宗崇禎皇帝最初聽說洪承疇戰死，予祭十六壇，建祠於都城外，並將親臨祭奠。後來查明洪承疇已經投降了皇太極，即時停止了祭奠。關於洪承疇降清的傳說，各書記載，異說紛紜。蕭一山著《清代通史》記載，洪承疇被俘至盛京後，以死自誓，絕粒累日，精神漸萎。皇太極令人百計勸降，他始終不爲所動。皇太極問了明朝降人，得知洪承疇好色，可用美人計。皇太極大喜，於是令美女數人服侍洪承疇，結果無效。

崇德五宮中的莊妃，是後來的孝莊皇后，他年輕貌美，皇太極即令莊妃向洪承疇勸降。莊妃密貯人參汁於小壺，裝扮成宮中

婢女入侍洪承疇。洪承疇閉目面壁，哭泣不已。莊妃好言相勸，洪承疇仍然不理會。莊妃又強勸說：「將軍縱絕粒，獨不可稍飲而後就義也？」言語之間，情態婉嫕，意致悽愁，且以壺承其唇。洪承疇不得已，沾唇稍飲，逾時竟不死。莊妃又進人參汁，洪承疇接連飲用，不但未死，精神反而更佳。接連數日，莊妃多方勸慰，並進美饌。她日夜相勸，反覆喻以利害，洪承疇終於投降了皇太極。孟森認爲以妃后說降，原本無理，招駙馬猶可，謂以妃惑人，則太過矣。

　　《清史稿‧洪承疇傳》引《嘯亭雜錄》的說法，謂奉命勸降的人是范文程（1597-1666）。范文程，字憲汁，宋觀文殿大學士范紀仁十七世孫。其先世於明初自江西謫瀋陽，遂爲瀋陽人，居撫順所。曾祖范鏓，明正德間進士，官至兵部尚書。范文程少好讀書，穎敏沉毅，爲瀋陽縣學生員。天命三年（1618），清太祖努爾哈齊取撫順，范文程與兄范文寀並降努爾哈齊，頗受禮遇。天聰、崇德年間，因功擢至內秘書院大學士，爲皇太極所倚重。《清史稿》記載洪承疇降清的經過云：

> 上欲收承疇爲用，命范文程諭降。承疇方科跣謾罵，文程徐與語，泛及今古事，梁間塵偶落，著承疇衣，承疇拂去之。文程遽歸，告上曰：「承疇不死。惜其衣，況其身乎？」上自臨視，解所御貂裘衣之，曰：「先生得無寒乎？」承疇瞠視久，歎曰：「眞命世之主也！」乃叩頭請降。上大悅，即日賞賚無算，置酒陳百戲。諸將或不悅，曰：「上何待承疇之重也！」上進諸將曰：「吾曹櫛風沐雨數十年，將欲何爲？」諸將曰：「欲得中原耳！」上笑曰：「譬諸行道，吾等皆瞽，今獲一導者，吾安得不樂？」

皇太極是一位命世之主，洪承疇投降了清朝。皇太極為了爭奪明朝的中原，他接受了洪承疇的投降，得到了一個嚮導，他怎麼能夠不開心呢？

君前失禮——康熙皇帝殺權臣鰲拜

順治十八年（1661）正月初七日，清世祖順治皇帝崩殂。正月初九日，皇三子玄燁，年方八歲，奉遺詔即位，以上三旗異姓功臣即滿洲正黃旗索尼、滿洲正白旗蘇克薩哈、滿洲鑲黃旗遏必隆與鰲拜四人為輔政大臣，總攬朝政，專橫獨斷。康熙元年（1662）十一月，朝鮮陳奏使鄭太和等從北京返國，朝鮮國王在養心閣召見鄭太和等人。鄭太和等人指出，「輔政大臣，專管國政，一不稟達於兒皇帝。」

在四位輔政大臣之中，論資格是索尼第一，蘇克薩哈第二，遏必隆第三，鰲拜第四，但是鰲拜卻最專權跋扈，他們四人，並不能和衷共濟，共謀國是，他們互相傾軋。康熙六年（1667）六月，索尼病故。七月，鰲拜攘臂強奏，坐蘇克薩哈處絞，遏必隆不敢立異，朝廷政權，操於鰲拜一人之手，專恣獨斷。

康熙皇帝親政後，鰲拜託病不朝，康熙皇帝親往視疾。蕭一山著《清代通史》記載說，玄燁幸其第，入其寢，御前侍衛和託見鰲拜色變，急趨榻前，揭席刀見。玄燁笑曰；「刀不離身，滿洲故俗，不足異也。」康熙皇帝回宮後，以奕棋召見索額圖入謀。數日後，鰲拜入見，即為羽林士卒所執。姚元之著《竹葉亭雜記》也有一段記載說：

> 聖祖仁皇帝之登極也，甫八齡，其時，大臣鰲拜當國，勢燄甚張，且以帝幼，肆行無忌。帝在內，日選小內監強有力者，令之習布庫，以為戲（布庫，國語也，相鬥賭力）

鰲拜或入奏事，不之避也。拜更以帝弱，且好弄，心益坦然。一日入內，帝令布庫擒之，十數小兒立執鰲拜，遂伏誅，以權勢薰灼之，鰲拜乃執於十數小兒之手，始知帝之用心，特使權奸不覺耳。使當日令外廷拿問，恐不免激生事端，如此除之，行所無事，神明天縱，固非凡人所能測也。

引文中的「布庫」，滿語讀如"buku"，意即善撲的摔跤手。鰲拜以康熙皇帝童心好欺，終為布庫小兒所擒執。《清史稿‧聖祖本紀》，康熙八年（1669）五月，有一段記載說：

上久悉鰲拜專橫亂政，特慮其多力難制，乃選侍衛、拜唐阿年少有力者為撲擊之戲。是日（戊申），鰲拜入見，即令侍衛等掊而繫之。於是有善撲營之制，以近臣領之。庚申，王大臣議鰲拜獄上，列陳大罪三十，請族誅。詔曰：「鰲拜愚悖無知，誠合夷族。特念效力年久，迭立戰功，貸其死，籍沒拘禁。」

善撲營的成員，主要是善撲的摔跤手。戊申，是五月十六日，鰲拜被年輕的侍衛、拜唐阿掊而繫之。黎東方著《細說清朝》記載說：「這些少年侍衛之中，有一個叫做拜唐阿的，力氣最大。到了康熙八年五月初三日，鰲拜照例上朝，康熙使了一個眼色，拜唐阿邁步向前，出其不意，把鰲拜抓住，摔倒在地。眾少年蜂湧而上，就把鰲拜捆了。」「拜唐阿」是滿語"baitangga"的漢字音譯，又作「柏唐阿」，是內務府的一種小差使，即當差人，或執事人。內外衙門部院管事無品級人，隨營聽用的各項匠人、醫生等，都是拜唐阿，不是某一個人的姓名。

諸書所載，都說鰲拜是被年輕善撲的布庫所繫。宣統皇帝溥儀的說法，並不相同，他在《我的前半生》一書裡記載說：

有位在內務府幹過差使的「遺少」給我說過，當時攝政王，爲了殺袁世凱，曾想照學一下康熙皇帝殺大臣鰲拜的辦法。康熙的辦法是把鰲拜召來，賜給一個座位，那座位是一個只有三條好腿的椅子，鰲拜坐在上面而不提防給閃了一下，因此構成了「君前失禮」的死罪。

引文中的「遺少」，可能也是內務府的拜唐阿，或善撲的布庫。姑且不論那一種說法較符合歷史事實，但因鰲拜專橫亂政，終於招致殺身之禍，確實是咎由自取了。

六丁六甲──道士練兵與準噶爾之役

明末清初，蒙古勢力仍極強盛，除了漠北蒙古、漠南蒙古外，最強盛的是漠西厄魯特蒙古，以天山北路準噶爾盆地爲主要遊牧地區。康熙初年，噶爾丹繼承準噶爾汗位後，其勢力積極向東發展，入侵喀爾喀，掠奪牲口。康熙三十五年（1696），康熙皇帝御駕親征，生擒噶爾丹之子色布騰巴爾珠爾。康熙三十六年（1697）三月十三日，噶爾丹雖然因病身故，但是，準噶爾勢力並未受挫。當噶爾丹引兵搶掠喀爾喀期間，策妄阿喇布坦乘機搶佔伊里，繼立爲準噶爾汗。康熙五十四年（1715），策妄阿喇布坦侵犯哈密，窺伺青海，派兵入藏。康熙皇帝命吏部尚書富寧安馳赴西寧視師，許以便宜調遣。康熙五十六年（1717），授富寧安爲靖逆將軍，駐兵巴里坤，與將軍傅爾丹分路堵禦。康熙五十七年（1718）四月，準噶爾入藏軍隊攻陷大招小招，殺害拉藏汗，康熙皇帝決定興師進剿準噶爾。

在進剿策妄阿喇布坦的靖逆將軍富寧安陣營中，康熙皇帝曾配置道士所操練的神兵營。道士李慶安自稱是出家修道人，法力高深，得到康熙皇帝的信任。他曾向康熙皇帝面奏，不用大軍，

只要操練數百神兵，由道士李慶安施用神術，親自率領進攻，即可剿滅策妄阿喇布坦。康熙皇帝特賜寶刀、紅坐墊、青綢坐墊等項，同意他練兵助剿。北京中國第一歷史檔案館典藏康熙朝滿文硃批奏摺中含有道士李慶安以神法練兵的檔案資料。

康熙五十七年（1718）十月十八日，道士李慶安等人抵達巴里坤靖逆將軍富寧安軍營。十月二十三日，祭祀南大山，以活羊一隻為祭品，祭畢，山內回聲大作，由東向西而去，官兵聞後，無不驚異。十月二十八日，將軍富寧安陪同道士李慶安巡視軍營。道士李慶安稱，神兵營不用蒙古兵，只從滿洲、綠營兵內挑選年輕者八百名，另行設營。道士李慶安將以六丁六甲神法進行操練，士兵身穿紅布，穿戴盔甲，不用鳥鎗，但佩帶撒袋，使用紅色纛旗。八百名士兵，於四面和四角各一百名，各設頭目督管操練。

十一月二十日，再度祭山，仍以活羊祭祀，靖逆將軍富寧安及官兵都清楚地聽到山內由東向西作回聲，眾人都說道士李慶安是特異之人。在巴里坤軍營內有一小土山，道士李慶安勘察後向將軍富寧安稟稱，此山甚好，是風水之地，最宜建廟，北側可建御鑾殿一座，供奉關帝神，中建白極殿一座，以祭真武神，兩帝建配殿、碑亭，周圍做木柵結營，南立大門及牌樓。將軍富寧安將建廟工程告知營中文武官員後，眾人俱喜悅，各自分頭取木集匠，開工修造。在建廟期間，因刮風寒冷，經道士李慶安祈禱神靈佑助。一、二日後，果真天氣轉暖，停止刮風，曠野和大山的冰開始融化，露出黑土，較往年溫暖，將軍富寧安等俱感驚奇。

道士李慶安在巴里坤神兵營中製作大紅纛一面，旗面中間繪畫太極，周圍繪畫八卦，另又製作紅纛一面，繪畫南斗星，黑纛一面，繪畫北斗星，並製作黃錦囊一件，用以裝貯符籙、硃砂等

項。道士李慶安在神兵營內東南角樹立木柵，架設小營，營內架設蒙古包而居，內設神壇，張貼符咒，每晚帶領幼童二名，高聲念誦咒語。道士李慶安能算八卦，他推算出康熙五十八年（1719）是策妄阿喇布坦應滅之年。

道士李慶安的作戰計劃，預定當大軍行進時，他的位置是在將軍富寧安附近二、三十里處，在大軍旁行走，李慶安為道士妝扮，沿途若遇敵人，李慶安即施展天魂招神法。當官兵與厄魯特交戰時，李慶安則帶領神兵另行列陣。據道士李慶安稱，六丁六甲神法，惟用於汛地，不可凡處皆用。當官兵進剿時，於狹隘關口設兵固守，將軍富寧安統率大軍正面攻擊，道士李慶安帶領他所操練的神兵扼守要口，施展神術，斷山橫入，逕攻策妄阿喇布坦內部。道士李慶安稟明來年大舉進剿時，神兵營需用紅色妝緞數塊，經將軍富寧安繕摺奏聞。原摺奉硃批：「李慶安所請諸物，俱命內府製作，裝妥發往。」

據道士李慶安稟稱，他能施神術，使策妄阿喇布坦暗中改變心肝，迷惑其靈魂，數日之內自行滅亡。康熙五十八年（1719）二月，因清廷遣使赴伊里交涉之便，將軍富寧安令道士李慶安扮作筆帖式，與侍讀學士殷札納、筆帖式齊納爾圖等同赴伊里。因李慶安懂繪畫，將軍富寧安令李慶安將沿途直抵伊里路程遠近，水草優劣，逐一繪圖。李慶安改名安瑪利，帶領身邊使喚男丁一名，幼童二名外，將軍富寧安另外又從綠營內挑選健壯兵丁十四名，共計十七人隨同前往。在李慶安行囊中暗藏所佩腰刀及施符咒用的硃砂等項。因康熙皇帝所賜紅坐墊、青綢坐墊不便攜往，富寧安另備藍坐墊帶去。臨行前，富寧安密囑李慶安，「務謀成功，行刺成仁為要，如此則不用軍隊，準噶爾即可平定。」

道士李慶安扮妝行刺準噶爾汗策妄喇布坦的計劃，並未成

功。道士李慶安欲施神術，暗中迷惑策妄阿喇布坦靈魂，令其自滅的黑巫術，亦未見效。將軍富寧安原訂康熙五十八年（1719）七月，興師進剿準噶爾，並未如期進兵，準噶爾的勢力，並未受挫。清軍中的道士神兵營，並未發揮神力。道士李慶安雖有神術，然而神術終究不可恃。

邪不勝正——雍正皇帝與白雲觀道士賈士芳

　　康熙四十八年（1709），皇四子胤禛封雍親王。康熙六十一年（1722）十一月，雍親王即帝位，以明年爲雍正元年（1723），雍親王成了雍正皇帝。雍正皇帝即位以前的藩邸，稱爲雍親王府，他即位以後，雍親王府改爲雍和宮。雍正皇帝在藩邸期間，於潛心經史之餘，亦抉性宗，頗有所見。他認爲儒、釋、道三者，兼具治世、治心、治身的長處，以儒治世，以佛治心，以道治身，各具正面的作用，可以相輔相成，以佛、道二氏的教義思想，可以作爲儒家教化的輔助力量。他曾經頒諭說：

　　域中有三教：曰儒，曰釋，曰道，儒教本乎聖人爲生民立命，乃治世之大經大法，而釋氏之明心見性，道家之鍊氣凝神，亦與吾儒存心養氣之旨不悖，且其教旨主於勸人爲善，戒人爲惡，亦有補於治化。道家所用經籙符章，能祈晴禱雨，治病驅邪，其濟人利物之功驗，人所共知，其來亦久矣。

　　道教能祈晴禱雨，治病驅邪。江西貴溪縣龍虎山，是漢代張道陵煉丹成道勝地。雍正皇帝指出張道陵「嘗得秘書，通神變化」，能驅除妖異。雍正年間，域內眞人，深受禮敬。

　　雍正皇帝的生母是孝恭仁皇后吳雅氏，皇十三子胤祥（1686-1730）的生母是敬敏皇貴妃章佳氏。胤祥和雍正皇帝雖

然是同父異母兄弟，但是，他們的感情卻十分深厚。雍正皇帝即位後，胤祥封爲和碩怡親王，總理戶部三庫，管理會考府事務。胤祥公忠體國，勤愼廉明，深獲雍正皇帝的信任，孔懷之誼，最爲誠篤。雍正七年（1729）十一月，胤祥生病，雍正皇帝諭令京外臣工訪查精於醫理及通曉性宗道教之人，以爲調攝頤養之助。京師白雲觀道士賈士芳奉召醫治胤祥疾病，並蒙賞賜。

雍正八年（1730）七月，雍正皇帝患病，白雲觀道士賈士芳由田文鏡差人送入宮中。賈士芳入宮後，雍正皇帝命內侍問話，並試以占卜之事，賈士芳確實是異能之士。雍正皇帝召見賈士芳，諭以自上年賈士芳入宮之後，雍正皇帝聖體即覺違和。賈士芳自稱長於療疾之法，雍正皇帝即令賈士芳調治他的身體。賈士芳開始口誦經咒，兼施以手按摩之術，立時見效奏功，雍正皇帝通體舒暢。賈士芳也擅長清淨無爲、含醇守寂的靜養方法。

有一天，雍正皇帝因體中不適，賈士芳即傳授念誦密咒的方法。雍正皇帝試行其法，頓覺心神舒暢，肢體安和，他深感喜慰，對賈士芳隆禮有加。

自從賈士芳入宮一個月以來，雍正皇帝的肢體，果然大癒。但是，賈士芳仗著他的咒術，以操縱雍正皇帝的健康。雍正皇帝心生恐懼。他指出：

> 此一月以來，朕躬雖已大愈，然起居寢食之間，伊欲令安則安，伊欲令不安，則果覺不適，其致令安與不安之時，伊必先露意。

賈士芳調治雍正皇帝的身體，安或不安，賈士芳竟能手操其柄，不能出其範圍。賈士芳憑藉其密咒法術，以超自然的能力，驅遣鬼神，以操縱人們的禍福。雍正皇帝也承認，賈士芳「治病之處，預先言之，莫不應驗。」雍正皇帝相信賈士芳確實擅長治

病，法術高深，但是，他認爲賈士芳挾其左道邪術，欺世惑衆，於是降旨切責說：「若如此處心設念，則赤族不足以蔽其辜。」句中「赤族」，一說：一族盡空；一說：見誅殺者必流血，引伸爲全家族被殺的意思。賈士芳初聞嚴旨，雖覺惶懼，但他倚恃邪術，竟公然向雍正皇帝施法，挑戰權威。雍正皇帝認爲邪不勝正，是古今不易之理，他說：

> 彼不思邪不勝正，古今不易之理。況朕受命於天，爲萬方之主，豈容市井無賴之匹夫狗彘不如者，蓄不臣之心，而行賊害之術乎？前日京師地動，朕恐懼修省，誠心思過，引咎自責，又復切頒諭旨，訓飭官員兵民人等，而地動之象久而不息。因思前月之震動實在朕加禮賈士芳之次日，意者妖邪之人，胸懷叵測，而朕未之覺察，仰蒙上天垂象，以示儆乎？況伊欺世惑衆，素行不端，曾經原任巡撫楊宗義訪聞查挐，伊始稍稍斂跡，厥後仍復招搖。今則敢肆其無君無父之心，甘犯大逆不道之罪，國法具在，難以姑容，且蠱毒壓魅，律有明條，著挐交三法司會同大學士定擬具奏。若伊之邪術果能操禍福之柄，貽患於朕躬，則伊父祖之墳塋悉行掘發，其叔伯兄弟子孫族人等悉行誅戮，以爲異常大道之炯戒。夫左道惑衆者，亦世所常有，若如賈士芳顯露悖逆妄行於君上之前，則從來之所罕見，實不知其出於何心？其治病之處，預先言之，莫不應驗，而伊遂欲以此脅制朕躬，恣肆狂縱，待之以恩而不知感，惕之以威而不知畏，竟若朕之禍福，惟伊立之，有不得不委曲順從者。朕若不明於生死之理，而或有瞻顧游移之見，乞憐於此等無賴之妄人，則必不免抱慚，而對天下臣民亦滋愧怍，朕豈如是之主哉！夫貪生惡死者，人之常

情，伊之脅制朕躬者在此，不知朕之知天知命確乎不可惑
者亦即在此，朕爲世道人心綱常名教計，懲彼魑魅魍魎於
光天化日之下一身之休咎所不計也，並諭廷臣共知朕心。

雍正八年（1730）九月二十五日，雍正皇帝降旨將賈士芳拏
交三法司會同大學士定擬具奏。同年十月初二日，賈士芳奉旨立
斬。

賈士芳以邪術脅制雍正皇帝，並未得逞，反遭誅戮，正是所
謂邪不勝正。

當賈士芳被拏交三法司斬立決後，其孫賈若愚亦被解送河南
禹州監禁。雍正十一年（1733），賈若愚被釋放後，他開張藥舖
生理。後來有江湖術士王霱龍，在河南賣卜算命，兼看風水。雍
正十二年（1734），王霱龍到禹州白沙集賣卜算命。賈若愚見他
招牌上寫有「子平堪輿」字樣，想要爲他祖母即賈士芳的妻子擇
地安葬，所以邀請王霱龍看好一塊墳地。但因賈若愚見他堪輿平
常，並沒有用他。乾隆二十五年（1760）正月，王霱龍在懷慶府
賣卜算命時，因編寫妖言被捕，供出賈若愚姓名。賈若愚被拏解
軍機處質審，與王霱龍對質。王霱龍奉旨著即處斬，賈若愚因安
分生理，並未與王霱龍交結，亦未收藏不法字跡，而被釋放。

商人報國——吳尙賢與緬甸納貢

吳尙賢因家境清苦，出外謀生，在滇緬邊境採礦而致富。當
時清廷對於西南的經營並不積極，但求邊境無事。吳尙賢不僅說
服邊境少數民族輸誠納貢，並促成緬甸國王向清廷朝貢。

我國雲南地方，雖然山多田少，民鮮恆產，但地富五金，滇
緬交界土司境內，蘊藏銀礦，尤爲豐富。因當地少數民族缺乏開
礦技術，不諳煎煉方法，多由內地漢人前往經營。不僅雲南本地

人藉以食力，即兩廣、江西、貴州、湖廣等省漢人，亦多由騰越、雲州等隘口冒禁出邊開採，蜂屯蟻聚，日益衆多。

　　雲南省境內共有二十六個民族，是我國民族最多的一個省分，卡瓦族就是其中一個跨境民族。卡瓦的「卡」，是傣語「奴隸」的漢字音譯，含有輕侮的意思，他們自稱爲阿瓦族或瓦族，是「山居人」的意思，他們的部長，習稱大山王。瓦族流傳最久遠的一個傳說叫做「司崗里」（si ganglih），「里」是出來的意思，「司崗」，一說是石洞，意即人是從石洞裡出來的；一說是葫蘆，意即人是從葫蘆裡出來的，這兩種解釋，雖然荒誕無稽，但卻是對遠古穴居野處生活的矇矓回憶。卡瓦部相信他的始祖是從葫蘆裡出來的，所以卡瓦部自稱葫蘆國，大山王自號葫蘆國王。部長所居爲木城草房，頭戴釘金葉帽，穿蟒衣，所屬頭目戴釘銀葉帽，穿花衣，百姓仍然穴居野處，男子以布纏頭，敝衣短褲，婦女穿著短衣桶裙，以紅藤纏頭。卡瓦部族就是位於永昌、順寧府徼外的一個生界部落，北接耿馬土司界，西接緬甸木邦界，東接孟艮土司界，面積約二千餘裡，自古以來，未通中原。

　　卡瓦部境內有茂隆山銀廠，簡稱茂隆銀廠，又作募隆銀廠，靠近滾弄江，和緬甸木邦僅一江之隔。乾隆十年（1745），雲南臨安府石屏州人吳尙賢，因家境貧苦，出外謀生，前往茂隆銀廠開採。翌年，開獲堂礦，礦砂大旺，銀廠占地六十餘里，廠丁多達二、三萬人，其銀礦年產量遠超過內地的樂馬銀廠。

　　清代趙州人師範著《緬事述略》一書對吳尙賢有一段簡短的描寫，大意說茂隆銀廠的規矩，沒有尊卑的區別，都以兄弟相稱，大哥主廠，二哥統衆，三哥領兵。吳尙賢是大哥，充廠主，身材雖然瘦小，但是臨陣當先，鬍鬚擢起，見者無不驚走。廠丁多爲大力士，數百斤大砲，可以手挽而發，廠中有警，則兄弟全

出，以致緬人畏避，不敢來侵，各少數民族多敬如神明。同時又得到卡瓦部大山王蜂筑的信任，銀礦產量日增，獲利甚豐，乃於石屏州原籍廣置產業，並捐納通判，官名吳枝，且經雲貴總督張允隨委爲茂隆銀廠課長。

吳尙賢在邊外旣久，與各部族往來習熟，他對邊外部族的歸順內地，扮演了重要的角色。他首先說服卡瓦部大山王蜂筑以廠課納貢內屬。蜂筑即將乾隆十年七月至十月所抽茂隆廠課銀三千七百餘兩，開造收課細冊，懇請耿馬宣撫司罕國楷之叔罕世屛率領頭目召猛，會同課長吳尙賢、通事楊公亮於乾隆十一年（1746）正月十八日將課銀解至雲南省城，並進呈緬字稟文，請求歸誠納貢。雲貴總督張允隨認爲冊開課銀，是四個月所收，若以年計，每年應納課銀一萬一千餘兩，爲數過多，恐銀廠盈虧靡常，難爲定額，於是奏請按照雍正八年（1730）孟連土司刀派鼎所納募洒廠課銀減半抽收成例辦理，而將茂隆銀廠所繳課銀三千七百餘兩，以一半解納，以一半賞給大山王蜂筑，藉慰遠人之心。乾隆十二年（1747 年）正月二十六日，大山王蜂筑遣廠民吳賢斌齎稟謝恩。

滇緬邊界上有許多獨立狀態的土司部落，或內附中國，或投降緬甸，首鼠兩端，蠻觸相爭。明末清初，因政權遞嬗，內地不靖，有許多土司轉而向緬甸輸誠納貢。例如普洱府邊外車里宣慰司自明代嘉靖年間（1522～1566）以來已依附緬甸，清初平滇後，車里宣慰司投誠內附，歲輸國賦，但同時又外納貢。雍正八年（1730），刀紹文承襲車里宣慰司土職，緬甸遣使致賀。景線的猛勇、整欠兩部，長久以來，互相仇殺，刀紹文屢次遣員前往勸息，猛勇恃強侵滋，不服勸諭。刀紹文恐釀大釁，難以了結，憤而差人前往緬甸進貢，成爲緬甸所屬的土司。吳尙賢憑一己之

力，說服卡瓦部長蜂筑向雲貴總督輸誠納貢，對解決邊境糾紛，以及邊外少數民族的歸順朝廷，確實做出了極大的貢獻。

木邦在緬甸境內，乾隆十四年（1749），內地礦工鄒啓周在木邦籌劃開採猛牙、邦迫二廠。吳尙賢深恐銀廠林立，互相競爭，不利於茂隆銀廠，於是率衆逐散。吳尙賢說服木邦土司納貢內附，清廷以木邦土司自明末以來久爲緬甸所屬，以未便准許而加以拒絕。清廷但求邊境無事，對於爭取邊外少數民族的統治權，並不積極。

吳尙賢爲求挾緬自重，以壓服各土司，於是決定進入緬甸首都阿瓦，以遊說緬王朝貢清廷。乾隆十五年（1750）正月初三日，吳尙賢率領廠練一千二百餘人，從孟幹啓程，經木邦、錫箔、宋賽，抵達阿瓦，所過土司，爭先餽贈。但因波龍銀廠貴家頭目宮裡雁向來與緬甸有仇隙，而攔阻吳尙賢。

貴家一族相傳是南明隨桂王進入緬甸的官族子孫，清代文書寫成桂家，又作鬼家。屠述濂著《緬考》指出桂家原爲江寧人，是永明王所遺後裔。師範著《緬事述略》也指出滇緬邊界各土司最敬畏的漢人，首推吳尙賢，其次便是貴家宮裡雁。相傳緬甸劫持永明王後，其屬衆散駐沙洲，各少數民族並不加以驅逐，當地百姓認爲大水來，必然將他們漂失。但是水來洲不沒，當地人相信有神助，而更加敬畏。經過百餘年生聚蕃衍，貴家遂日益強盛。其首領宮裡雁貌偉而怪，滿面髯鬚，臨陣殺敵，矢石不能及身。吳尙賢不敵宮裡雁，爲貴家所敗，改由麻里腳洪地方返回茂隆銀廠。

吳尙賢雖爲宮裡雁所敗，但緬甸國王蟒達喇（Mahada-mmayaza Dipati, 1733-1752），仍然決定遣使來華朝貢。乾隆十五年（1750）四月，緬甸使臣希裡覺塡等人率領從人，齎送貢

物，抵達雲南邊境，暫駐茂隆銀廠，由吳尚賢將緬甸國王遣使緣由代為轉稟雲貴總督碩色，其一切人役及象隻供應，都由吳尚賢備辦。同年十二月初十日，緬甸使臣希裡覺壙等人由邊隘入關，抵達蒙化府。雲貴總督碩色將所需盤費、賞號等項，循照南掌進貢成例，在耗羨章程案內動用公件銀二千五百兩，並派順寧府知事孟士錦，把總趙宋儒等人率領兵役護送入京。

　　乾隆十五年（1750）十二月二十九日，希裡覺壙等一行二十人抵達雲南省城，因天氣嚴寒，暫住省城。署布政使沈嘉徵以緬使由滇入京，旅途遙遠，恐外人飯食嗜好，彼此不同，初入內地，不請中華禮法，沿途或有滋事，內地委員難以照料約束。吳尚賢既熟識緬人性情，易於約束，不致生疑滋事，而且吳尚賢願意自備資斧，沿途照料，故命吳尚賢伴同往返。

　　乾隆十六年（1751）二月十六日，緬甸使團由雲南啟程入京。六月二十五日，乾隆皇帝御太和殿，受緬使朝貢。禮部按照蘇祿國王進貢成例，欽頒敕諭一道，筵宴二次，並賞賜蟒緞、青藍衫緞、藍素緞、錦、紬、羅、紗等物。七月二十一日，緬使返國，清廷派禮部額外主事郁通額伴送。但正使希里覺壙素患弱症，旅途艱辛，舊病復發，十月初十日，途次安順府毛口驛病故。

　　清廷以吳尚賢與緬甸貢使親密日久，與諸「夷」親善，恐其私相往來，勾通外邦，誇張聲勢，軍機處即寄信雲貴總督碩色將吳尚賢留住省城，另行委員護送緬使回國。十二月二十九日，吳尚賢伴送緬使抵達雲南省城時，被碩色派員拘禁，瘐斃於獄。另遣臨安府知府鄧士燦等查封吳尚賢在雲南省城寓所及原籍石屏州貲產，除銀兩外，還搜出金銀首飾、玉磬、玉杯、綠玉素珠、象灘石素珠、茶玉水晶、瑪瑙素珠、番珠、蔥根玉杯、碧霞犀數珠

等物件珍玩，共合銀十二萬五千餘兩。

　　雲南孤懸於西南邊陲，內則「百蠻環處」，仇殺劫奪，習以為常；外則三面臨邊，南接交阯、南掌，西鄰緬甸。秦漢以來，中原已經以緬甸為貿易孔道，經曼德勒轉往阿富汗，以絲茶換取西域的貨物。滿洲入主中原以後，一方面因亟於加強中國本部的統治權，無意勤遠；另一方面因中緬邊界「夷氛不靖」，水土惡劣，往來維艱。因此，當順治十八年（1661）緬王獻南明桂王後，清軍隨即班師，未責以朝貢。乾隆初年，茂隆銀廠課長吳尚賢深入阿瓦，勸服緬甸國王派遣使臣入京朝貢，對於改善中緬外交關係，貢獻至鉅。但清廷卻以吳尚賢坐「交通外夷」等罪狀，而將他拘禁瘐斃，後來又誘殺宮裡雁，自去防邊兩虎，中緬邊境從此多事。

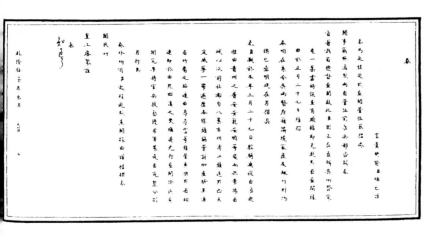

雲貴總督上奏查辦吳尚賢家產乙案奏摺

占卜決疑──吉夢熊與六壬占課的故事

　　占卜是術數家預測吉凶禍福的一種傳統方法。占是觀察；卜是以火灼龜殼，就其裂紋，以預測未來。灼龜觀兆，精微深妙，變化無窮，古法久已失傳。後世民間流行的龜卦、錢卦、米卦、六壬、拆字、占候、星命、鳥占、草占、夢占等等，多具有占卜的作用。古人將占卜徵兆看作是祖靈或神鬼對人們的啟示或警告。龜甲蓍草雖然是枯骨死草，但古人相信由明通公溥無適無莫的靈媒或術士，卜以靈龜，筮以神蓍，即能通天地，愜鬼神，決定吉凶。

　　祀與戎，是古代國家的大事，在祭祀和征伐的過程中，多有占卜的儀式。清朝初年，準噶爾得到俄羅斯的援助，聲勢日盛，屢次侵略喀爾喀，窺伺青海，分兵入藏。雍正皇帝命陝西總督岳鍾琪統師進剿，軍旅中帶兵的將官，其任命陞遷，都必須將他們的生辰八字開列呈覽。雍正六年（1728）四月二十九日，岳鍾琪遵旨開列陞遷將官的生辰八字，具摺奏聞，其原摺略謂：

> 查提臣馮允中、鎮臣袁繼蔭、張元佐三人年甲，臣已查明具奏。其副將王剛年歲，因未送到，亦經奏明在案。今據副將王剛開稱：現年四十六歲，四月十六日子時生，係癸亥丁巳戊子壬子等因開送前來，理合具奏。

　　引文中的提臣，是綠營的提督，鎮臣即總兵官，其下為副將、參將等。副將王剛的八字是：癸亥丁巳戊子壬子，依據八字，可以推算他的禍福壽命及時運的好壞。雍正皇帝頗諳星命，他看了王剛的八字後，就在岳鍾琪奏摺上以硃筆批諭說：

> 王剛八字想來是好的；馮允中看過，甚不相宜，運似已過，只可平守；袁繼蔭亦甚不宜，恐防壽云云；張元佐上

好正旺之運，諸凡協吉；參將王廷瑞、遊擊陳弼此二人命運甚旺好，若有行動，此二人可派入。今既數人不宜用，卿可再籌畫數人，即將八字一併問來密奏。所擬將官中要用人員，不妨亦將八字送來看看。命運之理雖微，然亦不可全不信，即朕此謹慎求全一點誠敬之念，想上天自必洞鑒賜佑卿等所指協吉也。為日上遠，如副參中有可用之人，陞用他一般也。

術數家相信人的命運常同天球星宿的位置及運行有關，所以把人的生年月日時四柱，按照星宿的位置及運行，配以天干地支，就成八字，附會人事，就可以推算人的命運。吉凶禍福，命運好壞，微而難徵，但人生命理，也不可全然不信。

《御製文集》收錄乾隆皇帝撰〈卜筮說〉一文，原文指出：「國家大事，動資卜筮，以定吉凶，則言吉凶者紛至，將何適從？豈不同待議論定而敵兵早過河乎？」乾隆皇帝對卜筮迷信，雖然頗不以為然，但現藏軍機處檔案中卻含有頗多占卜起課的檔案資料，例如《上諭檔》中就含有吉夢熊占課的記載。吉夢熊曾任御史、侍讀學士等職，著有《研經堂文集》三卷，《詩集》十三卷，精於占課。因逃犯燕起久逸未獲，乾隆皇帝諭令軍機大臣將何時可以擒獲逃犯之處，傳諭吉夢熊占課。乾隆五十一年（1786），歲次丙午，二月初五日己卯巳時，吉夢熊占得六壬課辭如左：

吉夢熊所占六壬課辭釋文云：

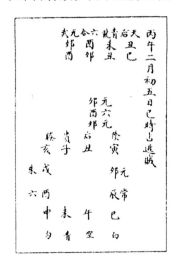

支上酉爲旬空，其陰神爲卯，元武加之，元武爲賊，卯爲
林木，賊應在多樹木之處。占逃亡看遊都，己日以丑爲遊
都。天后加丑，疑爲陰人所庇，而丑之陰神爲未，己日以
未爲遊都。青龍加之，以青龍貴神沖天后，宜可擒獲，惟
酉係旬空，元武卯，遂坐空鄉，或此賊已伏冥誅。如果尚
藏深林密箐之地，則須塡實旬空，或係酉日酉月擒獲也。
擒賊要勾陳得力，勾陳加申臨於寅，寅係東北方，元武卯
臨於酉，酉爲西方，應令東北方之人向西擒賊也。

二月初六日，軍機大臣將吉夢熊所占六壬課辭進呈御覽。六
壬占課是用陰陽五行占卜吉凶的方法之一，與遁甲、太乙合稱三
式。六十甲子天干中因有六個壬，所以叫做六壬。譬如乾隆九年
（1744）歲次甲子，至嘉慶八年（1803），歲次癸亥，共計六十甲子中，有壬申、壬午、壬辰、壬寅、壬子、壬戌，干支中有壬六個。六壬占法，分爲六十四課，並以天上十二辰分野刻有干支的天盤，地上十二辰方位也刻有干支的地盤，彼此相疊，天盤隨時運轉，地盤固定不動。占課時，即轉動天盤，然後得出所值的干支及時辰的部位，藉以判別吉凶。吉夢熊占卜起

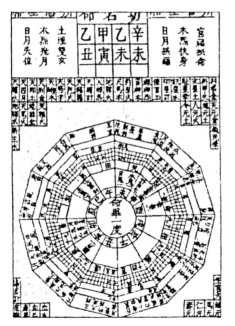

14世紀時中國的命盤

課後，推算出逃犯燕起藏匿深林密箐等地方，應由東北方之人向西追捕。

　　邢士花是直隸元城縣人，自幼得有殘疾，兩腿從膝蓋以下都爛去，短了小腿。但他殘而不廢，平日勤勞種地，得有空閒，常提錢占卦，以貼補家用。乾隆四十八年九月間，邢士花拜徐克展爲師，皈依八卦教，分在震卦。乾隆五十一年閏七月初一日，八卦教的教首段文經與徐克展商議搶占大名府城，劫牢搶庫後即轉山東單縣劫獄放人，於是令邢士花占卜吉日動手。邢士花占了一卦，起事日期是同年八月十五日。閏七月十二日，段文經因所占日期太遠，恐人多走漏消息，又令邢士花再占一卦，提前於閏七月十五日起事。八卦教起事失敗後，段文經、徐克展逃逸未獲，邢士花被解送軍機處，軍機大臣遵旨令邢士花當面照演提錢起課，以便追捕逸犯。邢士花即用九個銅錢團鋪地上，手提穿繩銅錢百十文，口念「關王大士，無生老母」等句咒詞，以錢動爲准。邢士花看後即推算出段文經、徐克展二人的下落是在東方，即在山東單縣附近地方。乾隆皇帝雖然認爲邢士花所占爲懸揣之詞，但他仍傳諭山東巡撫明興在單縣嚴切查究。

扶鸞禱聖——葉名琛扶乩誤國的故事

　　扶鸞是我國傳統社會的一種民俗活動，兩人合作，以箕插筆，在沙盤上畫字，以卜吉凶。扶鸞亦稱扶乩或扶箕，是起源很早的一種占卜術。

　　俞樾（1821-1906），字蔭甫，浙江德清人。清宣宗道光三十年（1850），進士，改庶吉士。俞樾湛深經學，律己尤嚴，篤天性，尚廉直，布衣蔬食，海內翕然，稱曲園先生。生平專意著述，先後著書，卷帙繁富。清德宗光緒三十二年（1906）卒，享

年八十有六。著有《群經平議》三十五卷，《諸子平議》，三十五卷，及《第一樓叢書》、《曲園雜纂》、《俞樓雜纂》、《賓萌集》、春在堂雜文、詩編、詞錄、隨筆，《右臺仙館筆記》、《茶香室叢鈔》、經說，其餘雜著，稱《春在堂全書》。《筆記小說大觀》正編，收錄《茶香室叢鈔》等書。俞樾在《茶香室叢鈔》指出，扶箕插箸爲嘴，使畫粉盤以卜。扶箕之術，唐世已行。宋徽宗政和六年（1116），以京師奸滑狂妄之輩，輒以箕筆聚衆立堂，號天尊大仙，語言不經，詔令八廂使臣毀撤焚棄。後世民間扶乩，多製丁字形木架，懸錐於直端，狀如踏碓的舂杵，承以沙盤，由兩人扶其兩端，作法請神。神至後，其錐即自動畫沙成字，或示人吉凶休咎，或爲人開藥方，或與人唱和詩詞。因傳說神仙來時都駕風乘鸞，所以稱爲扶鸞。事畢，神退，錐亦不動。

　　《古今圖書集成‧神異典》引《江西通志》謂：「文孝廟在吉安府陳，梁昭明太子統，有飛鸞，判事甚靈驗。」文中「飛鸞」，當即扶鸞。扶鸞最流行的時期是在明清兩代，尤其是在文風較盛的江蘇、浙江、江西等省。當地士子多存有「不信乩仙不能考中」的心理。

　　游子安撰〈論清代江蘇長洲彭氏家學、善書與善舉〉一文指出，江蘇長洲彭氏自清初以來，科名之盛，爲時人所推許。彭氏第十世彭定求（1645-1719）一方面尊崇儒學的正宗地位，一方面又出入釋道。他在家修建文昌閣，舉家敬事文昌帝君。康熙十三年（1674），帝君降乩於其家，有訓文三篇，《心懺》一部，彭定求即虔刊印施。彭定求、彭啓豐（1701-1784）祖孫狀元，清人以與彭氏敬奉文昌帝君及惜字積德有關。

　　昭槤（1776-1830），清太祖努爾哈齊第二子禮親王代善後

裔，昭槤好學，自號汲修主人，尤習國故。嘉慶七年（1802），
授散秩大臣。嘉慶十年（1805），襲禮親王爵。嘉慶二十年
（1815），坐陵辱大臣，濫用非刑，奪爵圈禁，次年，釋放，自
此脫離政治活動。所著《嘯亭雜錄》、《嘯亭續錄》，記載清朝
典章制度、名人軼事、史事遺聞等，有很高的史料價值，可補官
方檔案的不足。《筆記小說大觀》正編，收錄《嘯亭續錄》等
書。昭槤在《嘯亭續錄‧彭氏科目之盛》謂：「余素惡扶雞之
事，以為假鬼神以惑眾，為王者所必誅，故律置之重典，良有以
也。然姑蘇彭氏素設文昌神雞壇。南畇先生以孝友稱，其孫大司
馬公復中元魁，祖孫狀元，世所希見，司馬之子（紹觀、紹升、
紹咸），其孫（希鄭、希洛、希曾），其曾孫（蘊輝）皆成進
士。今司寇公（希濂）復登九列，科目之盛，為當代之冠，豈真
獲梓潼之佑耶，抑別有所致之也。」引文中「扶雞」，即扶乩。
「南畇」為彭定求別號。「梓潼」，即梓潼帝君的簡稱，為道教
神名。道教謂玉帝命梓潼掌文昌府及人間功名、祿位等事，因
此，稱為梓潼帝君。彭定求所設文昌神乩壇，就是文昌閣。

　　袁枚（1716-1798），浙江錢塘人，字子才，號簡齋。乾隆
進士，授翰林院編修，散館歷任溧水、江浦、沭陽知縣，並著能
聲。後丁父憂歸，遂絕仕宦，不復出。卜居江寧小倉山，修築園
林，號隨園，時稱隨園先生。博學多識，詩主抒寫性靈，不為格
律所拘。古文駢文，亦縱橫跌宕，自成一家。與紀昀齊名，時稱
南袁北紀。性喜獎掖士類，提倡婦女文學。著有《小倉山房
集》、《隨園詩話》等書。《筆記小說大觀續編》收錄袁枚著
《子不語》。怪力亂神，子所不語。袁枚著《子不語》，雖然是
袁枚管窺蠡測之見，卻是膾炙人口的著述。《子不語‧乩仙示
題》記載，「康熙戊辰會試，舉子求乩仙示題，乩仙書不知二

字。舉子再拜，求曰，豈有神仙而不知之理？乩仙乃大書曰，不知不知又不知。衆人大笑，以仙爲無知也。是科題乃不知命無以爲君子也三節。又甲午鄉試前，秀才求乩仙示題。仙書「不可語」三字。衆秀才苦求不已。乃書曰，正在不可語上。衆愈不解，再求仙明示之，仙書一「署」字，再叩之則不應矣。已而題是知之者不如好之者一章。」科舉考試，請求乩仙示題，蔚爲風氣。

　　乾隆三十八年（1773），因揚州府知府陳用敷奉旨陞授廣東雷瓊道。同年十一月十四日奉上諭，江蘇揚州府知府員缺著於兩江所屬知府內揀選一員調補。江蘇鎮江府知府謝啓昆，年三十七歲，江西進士，由翰林院編修奉旨補授鎮江府知府。江蘇巡撫薩載等具摺指出，謝啓昆才具明白，辦事諳練，到任以後，正己率屬，整飭地方，清理案件，頗著成效，以謝啓昆調補揚州府知府，確實有裨要缺。傳聞揚州府知府謝啓昆頗信扶乩。袁枚撰《子不語・史閣部降乩》云：「揚州謝啓昆太守扶乩，灰盤書正氣歌數句，太守疑爲文山先生，整冠肅拜，問神姓名曰，亡國庸臣史可法。時太守正脩葺史公祠墓，環植梅松。因問爲公脩祠墓，公知之乎？曰，知之，此守土者之責也，然亦非俗吏所能爲。問自己官階，批曰，不患無位，患所以立。謝無子，問將來得有子否？批曰，與其有子而名滅，不如無子而名存。太守勉旃，問先生近已成神乎？曰，成神。問何神？曰，天曹稽察大使。書畢，索長紙一幅，問何用？曰，吾欲自題對聯，與之紙題曰，一代興亡歸氣數，千秋廟貌傍江山。筆力蒼勁，謝公爲雙勾之，懸于廟中。」揚州府知府謝啓昆確實是恪盡厥職的守土循吏。

　　紀昀（1724-1805），直隸獻縣人，字曉嵐，一字春帆。乾

隆十九年（1754），進士，改庶吉士，散館授編修，再遷左春坊左庶子。京察，授貴州都勻府知府。清高宗乾隆皇帝以紀昀學問優長，加四品銜，留庶子，尋擢翰林院侍讀學士，其後復授編修。乾隆三十八年（1773），開四庫全書館，大學士劉統勳舉紀昀，郎中陸錫熊爲總辦。紀昀學問淵通，撰四庫全書提要，進退百家，鈎深摘隱，各得其要指，始終條理，蔚爲巨觀。卒年八十有二，諡文達。著有《閱微草堂筆記》、《紀文達公文集》等書。《筆記小說大觀》續編收錄《閱微草堂筆記》等書。

　　紀昀撰《閱微草堂筆記》指出，「乩仙多僞託古人，然亦時有小驗。溫鐵山前輩（名溫敏，乙丑進士，官至盛京侍郎），嘗遇扶乩者問壽幾何？乩判曰，甲子年華有二秋，以爲當六十二。後二年卒，乃知二秋爲二年，蓋靈鬼時亦能前知也。又聞山東巡撫國公，扶乩問壽，乩判曰，不知。問仙人豈有所不知？判曰，他人可知，公則不可知，修短有數，常人盡其所稟而已。若封疆重鎮操生殺予奪之權，一政善則千百萬人受其福，壽可以增。一政不善，則千百萬人受其禍，壽亦可以減，此即司命之神，不能預爲註定，何況於吾？豈不聞蘇頲誤殺二人，減二年壽，婁師德誤殺二人，減十年壽耶？然則年命之事，公當自問，不必問吾也。此言乃鑿然中理，恐所遇竟眞仙矣。」乩仙雖然多僞託古人，但是亦有小驗。

　　《紅樓夢》第九十五回〈因訛成實元妃薨逝，以假混眞寶玉瘋顛〉有一段記載云：「原來岫烟走到櫳翠庵見了妙玉，不及閑話，便求妙玉扶乩。妙玉冷笑幾聲，說道：『我與姑娘來往，爲的是姑娘不是勢利場中的人。今日怎麼聽了那裡的謠言，過來纏我。況且我並不曉得什麼叫扶乩。』說著，將要不理。岫烟懊悔此來，知他脾氣是這麼著的，『一時我已說出，不好白回去，又

不好與他質證他會扶乩的話。』只得陪著笑將襲人等性命關係的話說了一遍，見妙玉略有活動，便起身拜了幾拜。妙玉嘆道：『何必為人作嫁。但是我進京以來，素無人知，今日你來破例，恐將來纏繞不休。』岫烟道：『我也一時不忍，知你必是慈悲的。便是將來他人求你，願不願在你，誰敢相強。』妙玉笑了一笑，叫道婆焚香，在箱子裡找出沙盤乩架，書了符，命岫烟行禮祝告畢，起來同妙玉扶著乩。不多時，只見那仙乩疾書道：『噫！來無跡，去無踪，青埂峰下倚古松。欲追尋，山萬重，入我門來一笑逢。』書畢，停了乩。岫烟便問請是何仙？妙玉道：『請的是拐仙。』岫烟錄了出來，請教妙玉解識。妙玉道：『這個可不能，連我也不懂。你快拿去，他們的聰明人多著呢！』岫烟只得回來。進入院中，各人都問怎樣了。岫烟不及細說，便將所錄乩語遞與李紈。眾姊妹及寶玉爭看著，都解的是：『一時要找是找不著的，然而丟是丟不了的，不知幾時不找便出來了。但是青埂峰不知在那裡？』李紈道：『這是仙機隱語。咱們家裡那裡跑出青埂峰來，必是誰怕查出，撂在松樹的山子石底下，也未可定。獨是『入我門來』這句，到底是入誰的門呢？』黛玉道：『不知請的是誰！』岫烟道：『拐仙。』探春說道：『若是仙家的門，便難入了』。」引文內容對研究扶乩活動，提供了重要的參考價值。妙玉的個性，不輕易為人扶起，有其脾氣，她不喜歡別人為扶乩纏繞不休。但她的心地慈悲，經不起有緣人的懇求，終於答應為人請神扶乩。「願不願在你，誰敢相強？」請求扶乩，不可相強。妙玉笑了一笑，叫道婆焚香，取出沙盤乩架，還要書符，行禮祝禱，然後由岫烟與妙玉扶著乩，在沙盤推動，八仙之一的李鐵拐，習稱拐仙。請來拐仙後，疾書乩語，都是隱語。乩語書畢，拐仙退去，就乩停不動，結束扶乩儀式。

　　葉名琛是湖北漢陽人，道光十五年（1835）進士。道光二十八年（1848），補授廣東巡撫。咸豐二年（1852），補授兩廣總督。《清史集腋》記載，葉名琛的父親葉志詵素好扶乩，葉名琛自幼耳濡目染，亦篤信扶乩，還特建長春仙館，供奉呂洞賓、李太白二仙，一切軍機進止，都取決於乩筆。葉名琛的乩筆，竟然是一枝誤國誤民的乩筆。

　　咸豐七年（1857），英法聯軍攻打廣州，葉名琛既不設防，不許募集團練，又不與外國人和談，諸事置之不理。同年十一月十二日，英法軍隊六千人登陸，情勢危急。但葉名琛處變不驚，經過扶乩後，乩筆判出，「過十五日可無事。」不料廣州城竟以十四日夜間先陷，葉名琛也被俘送印度加爾各答。途中，他還每日親作書畫，並自署「海上蘇武」。時人嘲笑他說：「不戰不和不守，不死不降不走，相臣度量，疆臣抱負，古之所無，今之罕有。」以此諷刺葉名琛的扶乩誤國，咎由自取。

葉名琛像
清人繪

兩廣總督葉名琛
（1807-1859），咸
豐七年（1857），
英法聯軍進犯廣
州，葉名琛被俘，
囚於印度加爾各
答。

天命難諶——光緒皇帝和慈禧太后的崩殂

　　光緒三十四年（1908）十月二十一日，光緒皇帝駕崩，同年十月二十二日，慈禧太后升遐，光緒皇帝和慈禧太后在兩天之內先後去世，對晚清政局造成了重大的震撼。李劍農著《中國近百年政治史》有一段分析說，慈禧太后是促使清朝覆亡的一個重要人物，但是維持清朝殘局的重要人物也是她。因為她的閱歷和手腕，遠非那班少年親貴所能及。她雖沒有真正革新的志願，尚有駕馭操縱應付的本領。她在世時，無論滿漢的大小奴才臣工，宗室的懿親，無不在她的籠罩之下。漢人臣工固屬奉命維謹，就是極驕縱的皇族子弟，也不能輕易得逞其志。縱然排漢集權，也還有種種的掩飾，所以慈禧太后確是維持晚清殘局的一個重要人物。假若慈禧太后去世了，光緒皇帝不即死，清朝政權的顛覆，固然也是不能免的，但是，時間上或者也要延緩幾年。因為光緒皇帝雖然並無如何的雄才大略，但他也是經過大風浪，受過大磨難的人。縱然沒有方法可以使滿漢的情感融洽無間，或者也不至採用極魯莽的皇族集權政策，加深滿漢的惡感。原書的假設，雖然是事後推測的話，但是，光緒皇帝駕崩的後一日，慈禧太后也升遐，確是清朝政局轉變的一個重要關鍵。

　　從清宮醫案記錄得知光緒皇帝和慈禧太后確是因病而死的。十月十八日，光緒皇帝的病勢已經十分嚴重。十月二十日，病勢危篤，目瞼微而白珠露。十月二十一日酉刻終因病情不斷加重而龍馭上賓。從十月十九日至二十一日，慈禧太后的病情逐漸加重，十月二十二日，她的六脈已絕。是日未正三刻崩於中南海的儀鸞殿。光緒皇帝和慈禧太后一前一後的去世，這是巧合，還是另有內幕，已經議論紛紛。當時對光緒皇帝崩殂的確實日期和死

因，都成了疑問：一說光緒皇帝於十月二十一日以前已經病終；一說光緒皇帝是死於慈禧太后之手，甚至有謂袁世凱也參與其密謀的。惲毓鼎《崇陵傳信錄》繪聲繪影地記載慈禧太后病重，有人向慈禧太后密告，「帝聞太后病，有喜色。」慈禧太后怒曰：「我不能先爾死。」傳說光緒皇帝就是被慈禧太后加害致死的。

溥儀著《我的前半生》記載光緒三十四年（1908）十月，慈禧太后在頤和園度過了她的七十四歲生日，患了痢疾，臥病的第十天，突然做出了立嗣的決定，跟著光緒皇帝和慈禧太后就在兩天中相繼去世。溥儀指出，當時有一種傳說，慈禧太后自知病將不起，她不甘心死在光緒皇帝前面，所以才下了毒手。溥儀還聽見一個叫做李長安的老太監說起光緒皇帝之死的疑案，按照李長安說，光緒皇帝在死的前一天還是好好的，只是因為用了一劑藥就壞了，後來才知道這劑藥是袁世凱使人送來的。按照常例，皇帝得病，每天太醫開的藥方都要分抄給內務府大臣一份。如果是重病，還要抄給每位軍機大臣一份。據內務府某大臣的一位後人告訴溥儀，光緒皇帝死前不過是一般的感冒，他看過藥方，脈案極為平常。加之有人前一天還看到他像好人一樣，站在屋裡說話，所以當人們聽到光緒皇帝病重的消息，都很驚異。更奇怪的是，病重消息傳出不過兩個時辰，就聽說已經晏駕了。溥儀認為光緒皇帝確是死得很可疑的，他指出，如果太監李長安的說法確實的話，那就更印證了袁世凱和奕劻確曾有過一個陰謀，而且是相當周密的陰謀。

溥儀進一步指出，慈禧太后在宣佈他為嗣皇帝的那天，還不認為自己會一病不起。光緒皇帝駕崩後兩個小時，慈禧太后還授命監國攝政王：「所有軍國政事，悉秉承予之訓示裁度施行。」慈禧太后在發現了來自袁世凱那裡的危險之後，亦即她在確定了

光緒皇帝的最後命運之後，從宗室中單單挑選了這樣的一個攝政
王和這樣一個嗣皇帝，也正是由於當時慈禧太后還不認為自己會
死得這麼快。在她來說，當了太皇太后固然不便再替皇帝聽政，
但是在她與小皇帝之間有個聽話的攝政王，一樣可以為所欲為。
在她看來，她這個決定是正確的，因為她選定的攝政王是光緒皇
帝的親兄弟，只有這樣的人，才不至於上袁世凱的當。溥儀對袁
世凱陰謀的合理懷疑，似可否認有關慈禧太后知道自己將死，而
必先除去光緒皇帝的傳聞。由於光緒皇帝和慈禧太后的先後去
世，維持殘局的兩位關鍵人物都不在了，清朝覆亡的日子已經指
日可待了。《清史稿‧后妃傳》論曰：

> 世祖、聖祖皆以沖齡踐祚，孝莊皇后睹創業之難而樹委裘
> 之主，政出王大臣，當時無建垂簾之議者，殷憂啟聖，遂
> 定中原，克底於昇平。及文宗末造，孝貞、孝欽兩皇后，
> 躬收政柄，內有賢王，外有名將相，削平大難，宏贊中
> 興，不幸穆宗即世，孝貞皇后崩，孝欽皇后聽政久，稍稍
> 營離宮，修慶典，視聖祖奉孝莊皇后，高宗奉孝聖皇后，
> 不逮十之一，而世顧竊竊然有私議者，外侮迭乘，災祲屢
> 見，非其時也，不幸與德宗意指不協，一激而啟戊戌之
> 爭，再激而成庚子之亂，晚乃壹意變法，怵天命之難諶，
> 察人心之將渙，而欲救之以立憲，百端並舉，政急民煩，
> 陵土未乾，國步遂改。綜一代之興亡，繫於宮闈，嗚呼！
> 豈非天哉！豈非天哉！

　　姑且不論一代興亡是否繫於宮闈，但有清一代有兩位引人矚
目的皇太后，一前一後，確是不容置疑的。在清朝初年有孝莊皇
太后本布泰（bumbutai, 1613-1688），她歷經三朝，輔立過兩位
幼主。皇太極在位期間，她端莊賢淑，相夫教子；在順治朝，她

是皇太后，由多爾袞攝政，輔佐幼主，度過危機；在康熙朝，她是太皇太后，輔佐愛孫，周旋於四大權臣之間。她崩於康熙二十六年十二月二十五日（1688,01,27），享年七十六歲。她一生聰明機智，善於運用謀略，在誅除權臣鰲拜，平定三藩之亂的過程中，充分表現出她知人善任以及應付突發事件的卓越才能，對穩定清初的政治局面作出了重要的貢獻。在清朝末年有維持殘局的慈禧太后那拉氏（1835-1908），她也歷經咸豐、同治、光緒三朝，輔立兩位幼主，享年七十四歲。她垂簾聽政，操縱清朝政權將近五十年。她鎮壓維新運動，幽禁光緒皇帝。最後，雖欲以立憲救人心，但因百端並舉，政急民煩，而加速清朝的覆亡，所謂陵土未乾，國步遽改，天命難諶，確是令人歎息。

有教無類──溥儀和莊士敦

　　童年的溥儀對於外國人的印象，主要是從畫報上和太監們的口裡得來的。石印畫報上的外國男人，嘴上都有個八字鬍，褲腿上都有一條直線，手裡都有一根棍子。據太監們說，外國人的鬍子很硬，鬍稍上可以掛一盞燈籠。外國人的腿很直，所以庚子年（1900）八國聯軍之役，有一位大臣給慈禧太后出主意說，和外國兵打仗，只要用竹竿把他們捅倒，他們就爬不起來了。太監們還說，外國人手裡的棍子，叫做「文明棍」，是打人用的。

　　民國八年（1919），溥儀十四歲那年的三月四日，他的父親醇親王載灃和中國師傅陳寶琛、朱益藩引見教英文的外國師傅莊士敦，地點就在讀書的毓慶宮。溥儀發現莊士敦這位外國師傅並不十分可怕，莊士敦動作敏捷靈巧，他的腰板很直，溥儀甚至還懷疑過他衣服裡有什麼鐵架子撐著。雖然莊士敦沒有什麼八字鬍和文明棍，他的腿也能打彎，但總給人一種硬綁綁的感覺，特別

是他那雙藍眼睛和淡黃帶白的頭髮，看著很不舒服。

　　溥儀得知這位蘇格蘭老夫子是英國牛津大學的文學碩士，他到北京宮中教書是由老洋務派李鴻章之子李經邁的推薦，經徐世昌總統代向英國公使館交涉，正式被清室聘來的。莊士敦曾在香港英國總督那裡當過秘書，入宮之前，是英國租借地威海衛的行政長官。據莊士敦自己說，他來亞洲已有二十多年，在中國走過了內地各省，遊遍了名山大川，古跡名勝。他通曉中國歷史，熟悉中國各地風土人情，對儒、墨、釋、老都有研究，對中國古詩特別欣賞，他也像中國師傅一樣，搖頭晃腦抑揚頓挫地讀唐詩。國立故宮博物院典藏清宮《弼德院檔》中含有莊士敦履歷單，節錄一段內容如下：

> 莊士敦，年四十四〔五〕歲，西曆一千七百十四年十月三十一日，生於英國蘇格蘭島，今尚未娶。曾於英國愛丁伯並阿斯福兩大學校畢業，於一千八百九十八年得學士位，一千九百零一年得碩士位。在愛丁伯大學校時，於文學、歷史兩論說，曾得獎賞，並於英國憲政上歷史、憲法以及文學各科，亦得頭等獎照，此外於詩詞歌賦，又得特別獎賞。在阿斯福大學校時曾應試，被選赴馬打蓮書院為歷史科競賽代表。在畢業期內，於文學科得特別獎賞，畢業時，於歷史科亦得優獎。一千八百九十八年，印度及英屬文官考試合格，分發香港任用，規定漢文學識均考合格，派充輔政司裏贊員。庚子年，充香港總督府秘書。一千九百零四年，調充威海衛輔政員，遞升領袖知事、巡理府等職，後蒙英皇派為護理威海衛政務使。曾在中國並西藏東部、暹羅、安南、緬甸、高麗、日本等處遊歷幾遍。

　　引文中的「阿斯福大學」即牛津大學（Oxford University）

的漢字音譯。履歷中也指出莊士敦的主要著作爲：《由北京至義大利》（一九〇八年著）；《中國北方之獅龍》（一九一〇年著）；《華人懇求基督教》（一九一一年著）；《中國佛教》（一九一一年著）；《書信與傳教人》（一九一八年著）。此外，關於中國問題，莊士敦亦曾撰寫論說，發表於《十九世紀》等報章。一九一六年，香港大學以莊士敦關於中國歷史及現況的著作甚佳，授以名譽博士學位。莊士敦曾充英國皇家亞西亞研究會、印度研究會、倫敦中國研究會等會員。一九一七年十一月至一九一八年五月，任威海衛行政長官。

莊士敦在北京的別墅是在西山櫻桃溝，別墅門上有溥儀手書「樂靜山齋」四字匾額。內務府後來在地安門油漆一號租了一所四合院的住宅給莊士敦居住。他把這個小四合院佈置得儼然像一所遺老的住宅。莊士敦很欣賞中國茶和牡丹花，常和遺老們談古論今。溥儀指出莊士敦講課很有耐心。有一次，莊士敦在講解外國畫報的時候，溥儀拿出了鼻煙壺，把鼻煙倒在桌子上，在上面畫起花來，莊士敦一聲不響地收起了畫報，等著溥儀玩鼻煙，一直等到下課的時候。

在溥儀的眼裡，莊士敦的一切都是最好的，甚至連他衣服上的樟腦味也是香的。莊士敦使溥儀相信西洋人是最文明的人，而莊士敦正是西洋人裡最有學問的人。莊士敦身上穿的毛呢衣料竟使溥儀對中國的絲織綢緞的價值發生了動搖，他口袋上的自來水筆竟使溥儀因中國人用毛筆宣紙而感到自卑。莊士敦常給溥儀拿來歐洲畫報，溥儀也常按照畫報上的樣式，叫內務府給他購買洋式傢俱，在養心殿裝設地板，把紫檀木裝銅活的坑几換成了抹著洋漆，裝著白瓷把手的坑几，把屋子裡弄得不倫不類。溥儀還按照莊士敦的樣子，大量購買身上的各種零碎：懷錶、錶鍊、戒

指、別針、袖扣、領帶等等。

　　從民國二年（1913）起，民國政府的內政部連著幾次給清室內務府去函，請紫禁城協助勸說旗人剪掉辮子，並且希望紫禁城裡也剪掉它，語氣非常和婉。清室內務府用了不少理由去搪塞內政部，甚至辮子可做識別進出宮門的標誌，也成了一條理由。剪辮子的問題就這樣拖了好幾年，紫禁城內依舊是辮子世界，但因莊士敦譏笑說中國人的辮子是豬尾巴，溥儀就首先剪了辮子。他這一剪，幾天工夫千百條辮子全不見了。後來溥傑等人也藉口「奉旨」，在家裡剪了辮子。旗人剪掉了辮子，滿族舊時代也就正式宣告結束了。

溥儀在宮中留影